科学出版社"十四五"普通高等教育研究生规划教材

# 中医药文献信息检索与利用

主　编　章新友
副主编　折改梅　张　超　王柳萍　李　欣　李启勇
编　委（按姓氏笔画排序）
　　　　王　志（上海中医药大学）
　　　　王　畅（成都中医药大学）
　　　　王柳萍（广西中医药大学）
　　　　王莉宁（天津中医药大学）
　　　　王静波（浙江中医药大学）
　　　　付利娟（重庆医科大学）
　　　　刘明昕（长春中医药大学）
　　　　闫静怡（哈尔滨医科大学大庆分校）
　　　　折改梅（北京中医药大学）
　　　　李　林（南京中医药大学）
　　　　李　欣（湖北中医药大学）
　　　　李启勇（云南中医药大学）
　　　　杨立勇（贵州中医药大学）
　　　　吴园园（浙江大学）
　　　　张　超（山东中医药大学）
　　　　唐琍萍（江西中医药大学）
　　　　章新友（江西中医药大学）
　　　　彭　亮（陕西中医药大学）

科学出版社
北京

## 内 容 简 介

本书是科学出版社"十四五"普通高等教育研究生规划教材之一，由全国约 20 所高等医药院校从事文献检索研究、具有多年教学经验的研究生导师，在结合文献检索学科的最新发展和课程建设等情况基础上，联合编写而成。本书在保证教材的科学性、系统性的前提下，力求与中医药学相关专业的教学、科研和生产实践相结合。本书重点介绍了中医药文献信息获取途径、传统中医药文献资源与检索、电子中医药文献资源与检索、中医药专利文献检索与竞争情报的获取、循证医学证据的检索与利用和中医药论文写作等内容。

本书可供中医学、中药学等中医药学类硕士研究生"文献检索与利用"相关课程选用，也可作为中医药学工作者的参考用书。

---

图书在版编目（CIP）数据

中医药文献信息检索与利用 / 章新友主编. —— 北京：科学出版社，2025.6. —（科学出版社"十四五"普通高等教育研究生规划教材）. — ISBN 978-7-03-082210-9

Ⅰ.G252.7

中国国家版本馆 CIP 数据核字第 2025JX0459 号

责任编辑：郭海燕　凌　玮 / 责任校对：刘　芳
责任印制：徐晓晨 / 封面设计：陈　敬

版权所有，违者必究。未经本社许可，数字图书馆不得使用

科学出版社出版
北京东黄城根北街 16 号
邮政编码：100717
http://www.sciencep.com

固安县铭成印刷有限公司印刷
科学出版社发行　各地新华书店经销

\*

2025 年 6 月第　一　版　开本：787×1092　1/16
2025 年 6 月第一次印刷　印张：16
字数：441 000
**定价：128.00 元**
（如有印装质量问题，我社负责调换）

# 编写说明

中医药文献信息检索与利用是高等中医药院校中医药学类硕士研究生的一门必修课程。本课程旨在强化中医药高层次人才的信息意识，培养其分析和利用中医药文献的能力，帮助其在中医临床研究、中药新药研究、药品开发、药品监督管理、决策和产品定位中把准方向，充分利用现有中医药信息资源，推动中医药事业的发展。

《中医药文献信息检索与利用》是为贯彻落实2020年习近平总书记关于研究生教育的重要指示及全国研究生教育会议精神，由科学出版社组织编写的科学出版社"十四五"普通高等教育研究生规划教材（中医药类）之一。本教材由全国约20所高等医药院校从事文献检索研究、具有多年教学经验的研究生导师，在结合该学科的最新发展和课程建设等情况基础上，联合修订编写而成。本教材可供中医学、中药学等中医药类硕士研究生"文献检索与利用"相关课程选用，也可作为中医药学工作者的参考用书。

本教材共分10章。在分别介绍中医药文献信息检索基础、中医药文献信息获取途径、传统中医药文献资源与检索、电子中医药文献资源与检索、中医药专利文献资源与利用、中医药竞争情报获取与利用、中医药文献信息的综合利用、中医药文献信息的数据挖掘、循证医学证据的检索与利用，以及中医药论文写作与学术不端等内容的基础上，力求与中医药学相关专业的教学、科研和生产实践相结合，在保证教材具有科学性、系统性的前提下，重点介绍中医药文献信息获取途径、传统中医药文献资源检索、电子中医药文献资源检索、中医药专利文献资源检索、中医药竞争情报获取、循证医学证据的检索与利用和中医药论文写作等内容。书内还附有中医药主要中文期刊、医学主要中文期刊、医药信息主要网络资源和古代重要中医药文献以及复习思考题、思政元素等内容，在目录页及书末二维码均可扫码阅读。

本教材的编写分工如下。第一章由章新友编写，第二章由李林、王畅编写，第三章由李启勇、刘明昕编写，第四章由李欣、王志编写，第五章由闫静怡、付利娟编写，第六章由王柳萍、吴园园编写，第七章由彭亮、王莉宁编写，第八章由章新友、王静波编写，第九章由张超、唐琍萍编写，第十章由折改梅、杨立勇编写，附录由章新友编写。

本教材在编写过程中得到了科学出版社和江西中医药大学的支持，亦得到了全国各兄弟院校和同行的支持与帮助，在此表示感谢！为使教材日臻完善，希望广大读者和教师提出宝贵意见，以保留"和"便今后修订提高。

《中医药文献信息检索与利用》编委会

2024年6月

# 目　录

第一章　中医药文献信息检索基础 ······································································· 1
　　第一节　中医药文献检索概述 ······································································· 1
　　第二节　中医药文献资源的特点 ································································· 16
　　第三节　中医药文献研读与利用 ································································· 18
第二章　中医药文献信息获取途径 ··································································· 27
　　第一节　中医药信息获取原则 ····································································· 27
　　第二节　中医药信息获取途径 ····································································· 29
　　第三节　现代中医药信息获取方法 ····························································· 39
第三章　传统中医药文献资源与检索 ······························································· 46
　　第一节　传统中医药文献检索 ····································································· 46
　　第二节　中医药古籍纸本资料检索 ····························································· 54
　　第三节　中医药古籍数据库检索 ································································· 60
第四章　电子中医药文献资源与检索 ······························································· 71
　　第一节　中文电子中医药文献检索 ····························································· 71
　　第二节　外文电子中医药文献检索 ····························································· 86
　　第三节　网络中医药电子信息资源与评价 ················································· 97
第五章　中医药专利文献资源与利用 ····························································· 105
　　第一节　中医药专利文献概述 ··································································· 105
　　第二节　中医药专利文献获取 ··································································· 107
　　第三节　药品专利法规简介 ······································································· 114
第六章　中医药竞争情报获取与利用 ····························································· 118
　　第一节　中医药竞争情报概述 ··································································· 118
　　第二节　中医药竞争情报获取 ··································································· 124
　　第三节　中医药竞争情报的分析 ······························································· 127
　　第四节　中医药竞争情报的应用 ······························································· 129
第七章　中医药文献信息的综合利用 ····························································· 137

第一节　中医药文献资料积累 ................................................................. 137
　　第二节　中医药个人文献管理 ................................................................. 139
　　第三节　中医药文献的评价 ..................................................................... 155
　　第四节　中医药科技项目查新 ................................................................. 161

第八章　中医药文献信息的数据挖掘 ............................................................. 168
　　第一节　数据挖掘概述 ............................................................................. 168
　　第二节　数据挖掘的常用技术 ................................................................. 174
　　第三节　数据挖掘工具 ............................................................................. 178
　　第四节　数据挖掘在中医药学领域的应用 ............................................. 184

第九章　循证医学证据的检索与利用 ............................................................. 194
　　第一节　循证医学与资源概述 ................................................................. 194
　　第二节　循证医学证据检索 ..................................................................... 196
　　第三节　循证医学文献利用 ..................................................................... 212

第十章　中医药论文写作与学术不端 ............................................................. 223
　　第一节　中医药参考文献书写规范 ......................................................... 223
　　第二节　中医药论文写作 ......................................................................... 232
　　第三节　学术不端文献监测系统 ............................................................. 243

参考文献 ............................................................................................................. 248
附录 ..................................................................................................................... 249
　　附录1　中医药主要中文期刊 ................................................................... 249
　　附录2　医学主要中文期刊 ....................................................................... 249
　　附录3　医药信息主要网络资源 ............................................................... 249
　　附录4　古代重要中医药文献 ................................................................... 249
复习思考题 ......................................................................................................... 249
思政元素 ............................................................................................................. 249

# 第一章 中医药文献信息检索基础

## 第一节 中医药文献检索概述

### 一、中医药文献的概念

（一）信息、知识、文献与情报

**1. 信息**

"信息"一词在中国历史文献中最早见于唐诗。"信息"作为一个科学术语，广义指事物属性的表征，狭义指系统传输和处理的对象，最早出现于通信领域。20世纪中叶以后，信息的本质才逐渐被揭示，并被引入哲学、信息论、系统论、控制论、传播学、情报学、管理学、通信、计算机科学等领域。实际上，无论是音信、消息（如通知、报道、新闻等），还是系统传输和处理的对象（如数据、事实、信号等），都是对某一事物某种属性（如状态、外形、构造、成分、重量、数目、运动、静止、声音、滋味等）的反映。因此，信息的日常含义与科学含义，以及广义与狭义，本质上是相通的。

信息不是事物本身，而是由事物发出的消息、指令、数据等所包含的内容。自然界和人类社会中的一切事物都会产生信息。信息是对事物属性的再现和反映。

（1）信息的属性：是指信息本身固有的性质。作为特殊形态的客观事物，信息主要有以下属性。

1）普遍性：信息充满广袤的宇宙，是物质固有的普遍属性。它不仅存在于人类社会，也存在于自然界。无论是人之间、机器之间、人机之间，还是动物之间、植物之间、细胞之间等，都可以进行信息交流。

2）客观性：就世界的整体而言，信息统一于物质世界，信息的根源是物质世界。信息的存储、传播依靠物质和能量，它无所谓始，也无所谓终，与整个物质世界共存。

3）中介性：从物质世界的层次来看，信息既区别于物质，又区别于精神。它的内核不是具体的物质和能量，尽管有些信息是通过文字、图像等具体物质形式表现出来的，但它本身没有质量，也不占有空间。我们见到的占有空间的并不是信息本身，而是存储和携带信息的物质载体。信息不像意识那样依赖于人脑存在，因此不具有主观性，它是介于物质世界和精神世界之间的过渡状态，人们通过信息来认识事物。

4）增殖性：随着事物的不断变化，信息将不断扩充，人们对事物的认识也将不断深入。

5）传递性：信息可以在时间上和空间上从一点转移到另一点，可以通过语言、动作、文献、电话、电报、广播、电视、通信卫星、电子计算机等进行传递。

6）可储性：信息可以被收集、加工、整理、筛选、归纳、综合，并可以通过记忆或各种载体存储和传递。

7）转换性：只要信息的含义、内容不变，其存在形式可以相互转换，如专业论著、技术标准等可以转换成生产工艺、具体产品等。

8）可知性：信息是可以被人们感知的，但由于人们认识水平的差异性，对于同一事物，不同观摩者对其认识可能不同。

9）共享性：信息可以多方向、多层次传播，为人们所共享，且不会因共享失去其内容，这与实物交易不同。

（2）信息的功能：是指信息对人们认识宇宙的作用，主要体现在以下方面。

1）信息扩大了人们对世界的科学认知，揭示了客观世界层次和要素的新特征，有助于人们理解宇宙发展中进化与退化的辩证统一关系。

2）信息可以用来消除人们在认识上的不确定性，其消除不确定性的程度与信息接受者的思想意识、知识结构有关，人类认识的过程就是不断从外界获取信息并加工信息的过程。

3）同物质、能量一样，信息是一种资源。物质提供材料，能量提供动力，信息则提供知识、智慧和情报。

（3）信息的类型与载体：信息的类型可从不同的角度划分。按其形成的领域，可分为自然信息和社会信息；按其存在的状态，可分为瞬时信息和保留信息；按其表现的形式，可分为文字信息、图像信息、语音信息等。

信息本身不是实体，必须借助一定的载体才能表现、传递和利用。载体是信息得以保存的物质实体。从古代的甲骨、金石、锦帛、竹简到现今的纸张、感光材料、磁性材料，信息的载体和存储技术已发生数次质的飞跃，为人类存储、检索和利用信息提供了极大的方便。

在人类步入信息社会的时代，信息、物质、能量共同构成人类社会的三大资源。物质提供材料，能量提供动力，信息提供知识和智慧。因而，信息作为促进科技、经济和社会发展的新型资源，它不仅有助于人们不断揭示客观世界，深化人们对客观世界的科学认识，消除人们在认识上的不确定性，还源源不断地为人类提供生产知识的原料。

**2. 知识** 是人们在改造世界的实践中所获得的认识和经验的总和。从信息的观念看，知识来源于信息，是信息的一部分。人类在认识世界和改造世界的过程中，不断接收客观事物发出的信息，经过大脑的思维加工，形成对事物本质及其运动规律的认识，这一过程就是将信息转化为知识的过程。人类在获得知识后，再将这些知识用来指导实践，又能创造新信息，获得新知识。如此反复循环，便可使信息越来越纷繁，知识越来越丰富，认识不断提高和深化。

（1）知识的类型：知识有个人知识和社会知识之分。个人知识是个人具有的专用知识，与社会知识相对应。个人知识存在于个人大脑、笔记或书信中，只有个人才能加以利用。个人知识主要来自两方面：一是根据愿望学习吸收社会已有的知识；二是通过总结经验、分析研究，创造发现的新知识。个人知识不断为社会知识补充新的内容，个人创造的新知识一旦进入社会交流系统，就会成为社会知识。社会知识是社会系统集体拥有的知识。社会知识既存在于文献中，也存在于人们的口头传说中。社会知识是人类知识的基本部分，一个团体或社会的所有成员能够通过文献等不同媒介自由地获得社会知识。个人知识的不断创新发展丰富了社会知识，而社会知识又是个人知识的丰富源泉。

（2）知识的属性：是指知识本身所固有的性质。知识主要有以下几种属性。

1）意识性：知识是一种观念形态的东西，只有人的大脑才能产生、识别和利用它。知识通常以概念、判断、推理、假说、预见等思维形式和范畴体系表现自身的存在。

2）信息性：信息是产生知识的原料，知识是被人们理解和认识并经大脑重新组织和系统化的信息，信息提炼为知识的过程称之为思维。

3）实践性：社会实践是一切知识产生的基础和检验知识的标准，科学知识对实践有重大指导作用。

4）规律性：人们对实践的认识，是一个无限的过程，人们获得的知识在一定层面上揭示了事物及其运动过程的规律性。

5）继承性：每一次新知识的产生，既是原有知识的深化与发展，又是新知识产生的基础和前提，知识被记录或被物化为劳动产品后，可以世代相传利用。

6）渗透性：随着知识门类的增多，各种知识可以相互渗透，形成许多新的知识门类，形成科学知识的网状结构体系。

（3）知识的作用：知识在人类社会的发展中起着巨大的作用。

1）知识是文明程度的标志。衡量一个国家、一个民族文明程度的高低，主要看其创造、吸收、掌握和应用知识的能力。

2）知识可以转化为巨大的生产力。劳动者素质的提高、工具的进步、劳动对象的扩大、经济的发展，都是知识推动的结果。

3）知识是建设精神文明的动力。知识是科学教育的内容，能促进人类智能的改善。

**3. 文献**

（1）文献的概念："文献"一词在中国最早见于孔子的《论语·八佾》，其含义千百年来几经变化：汉代郑玄解释为文章和贤才；宋代朱熹释为典籍和贤人；宋末元初的马端临理解为书本记载的文字资料和口耳相传的言论资料；近现代的一些工具书又将其解释为"具有历史价值的图书文物资料"和"与某一学科有关的重要图书资料"；1983年颁布的国家标准《文献著录总则》将其定义为"记录有知识的一切载体"。在国外，"文献"一词最早是由法国保罗·奥特勒（P.Otel）于1905年提出来的，之后逐渐在一些国家使用，初期含义不尽一致，后来也逐渐趋于统一。现大多认为文献是各种知识或信息载体的总称。

文献由三项基本要素构成：第一是知识信息内容，这是文献的灵魂所在；第二是载体材料，即可供记录知识或信息的物质材料，如龟甲、兽骨、竹木、帛、金石、泥陶、纸张、胶片、胶卷、磁带、磁盘、光盘等；第三是记录方式，即用文字、图形、代码、符号、声频、视频等方式和技术手段把知识或信息记录在一定物质载体上。知识、载体、记录方式三位一体，不可分割，缺少三者之一都不能成为文献。

（2）文献的属性：是文献本身所固有的性质，可概括为以下四个方面。

1）知识信息性：是文献的本质属性，知识是文献的实质内容，没有记录下任何知识或信息内容的纸张、胶卷、磁带不能称之为文献；离开知识信息，文献便不复存在。传递信息、记录知识是文献的基本功能。人类的知识财富正是借助文献才得以保存和传播的。

2）物质实体性：载体是文献的存在形式，人们头脑中的知识无论多么丰富，只要没有记录在一定的物质载体上，就不能称其为文献。文献所表达的内容必须借助一定的信息符号、依附一定的物质载体，才能长时期保存、传递。

3）人工记录性：文献所蕴含的知识信息是通过人们用各种方式将其记录在载体上的，而不是天然荷载在物质实体上的。

4）动态发展性：文献并非处于静止状态，而是按新陈代谢的规律运动着。随着人类记录水平的提高，信息交流的频繁，文献的数量日趋庞大，形式日益多样；与此同时，文献的老化速度也在加快。生命周期日益缩短，形成了有规律的运动。

（3）文献的功能

1）存储知识信息：文献是知识的物质存在形式，是积累和保存知识的工具，人类所有的知识成果都只有记录于文献中才能保存和流传；文献的产生是人类文明史上的重要里程碑，人们正是通过文献了解相关学科信息，通过文献得悉某一科技成果或创造发明诞生于何时，被记录在何种科技文献之中等具体情况。

2）传递知识信息：文献能帮助人们克服时间与空间上的障碍，传递和交流人类已有的知识和经验，促进知识信息的增加和融合，沟通人们思想感情的联系和交流，成为人类知识信息交流的重要途径。

3）教育和娱乐功能：通过阅读文献，人们可获取科学文化知识，掌握专业技能，提高认识水平和基本素质，还可以娱乐消遣，陶冶情操，丰富精神生活，提高创造能力。

**4. 情报**

（1）情报的概念：情报与信息在英文中为同一个词"information"，但信息的外延比情报广，信息包括情报。情报是人们在一定时间内为一定目的而传递的具有使用价值的知识或信息。情报是一种普遍存在的社会现象，人们在物质生产和知识生产的实践活动中，源源不断地创造、交流与利用各种各样的情报。

（2）情报的属性：是指情报本身固有的性质。主要表现在以下几方面。

1）知识性与信息性：情报必须具有实质内容，凡人们需要的各种知识或信息，如事实、数据、图像、信息、消息等，都可以是情报的内容。没有内容的情报是不可能存在的。

2）动态性：无论多么重要的成果，人们不知道其存在就不能成为情报。情报处于运动状态中，用户主动搜集情报，情报机构采用先进载体和手段主动传递及研究情报，促使更多的静态知识成为动态情报。

3）效用性：人们利用情报是为了获得实际效益，在多数情况下是为了竞争，同一情报因时间、地区、对象不同，呈现出的效益也不同；情报针对性越强，越能促使人们达到目的。

4）社会性：情报来源于人类社会的实践和认识活动，存储于社会系统，并为社会广泛地选择利用。

5）语言性：情报必须通过自然语言和人工语言进行表达和传播，正是由于情报的语言性，才使它能够记录在各种载体上。

6）可塑性：在情报的加工整理过程中，既可概括归纳，使之精炼浓缩，又可补充综合，使之系统全面。

7）时间性：特定情报只有在合适的时间内传递和利用才会产生更大效用，随着时间的推移，情报的效用性也会随之降低。

（3）情报的功能：在信息社会中，情报将发挥越来越重要的作用，具体如下：

1）启迪思维，增长知识，提高人们的认识能力。

2）帮助决策，协调管理，节约各项事业的人力、物力和财力。

3）了解动向，解决问题，加快人们各项活动的进程，以便在信息社会的竞争中获胜。

（二）信息、知识、文献与情报之间的关系

信息、知识、文献和情报是四个既有区别又互相联系的概念，四者的关系如图1-1所示。

信息包含知识、文献和情报。信息是一个从低级到高级的信息集成。其中，知识是人类大脑对低级和高级信息进行加工形成的有用的高级信息；文献则记载着经过加工的高级信息，但文献不是信息的全部；情报传递着能为人类所接受的一切有用的

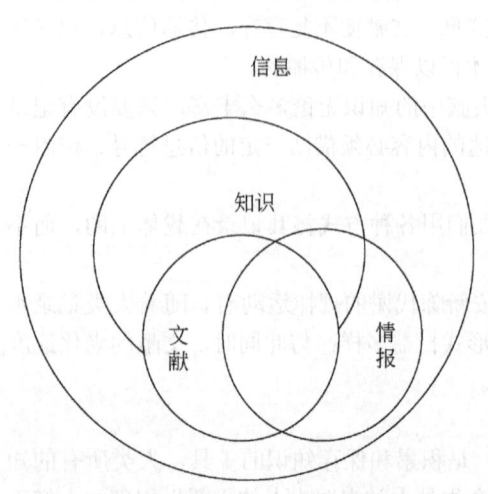

图1-1　信息、知识、文献和情报关系

信息，可以是未经加工的低级信息，也可以是经过加工的高级信息。

知识是人类对各种信息认识和加工形成的精神产品，是人的大脑对大量信息通过思维重新组合的、系统化的信息集合，即高级信息；而信息仅仅是人类大脑加工形成知识的原料。人类既要通过信息来认识世界、改造世界，又要根据所获得的信息组成知识。知识是已经被人类所认识的一部分信息，迄今尚有许多信息未被人类所认识。

文献是一种具有特殊存在形式的信息，是固化在载体上的知识；但并不是所有的知识都已经记录在文献中。文献是传递交流信息、知识和情报的主要媒介，是最重要的情报源；然而文献不是情报的全部。

情报不仅是在传递中为人类所接受和利用的知识，也可能是为人类所感知、接受和利用的信息。情报不是全部的信息、知识和文献，而是经过筛选后能满足特定需要的信息、知识和文献。情报可来自口头、实物，但更多的是来自文献。

由此可见，知识、文献和情报三者具有不同的内涵，但这三者之间有密切的联系。信息、知识、文献、情报之间的相互转换关系如图1-2所示。

由图1-2可以看出，事物由运动产生信息，信息经过大脑的加工可以形成知识，知识被载体记录可以形成文献，文献被有目的地传递使用可以产生情报，情报可经过反馈形成新的信息。从图1-2中还可看出，信息或知识被有目的地使用也能产生情报，情报经利用和传递也可形成知识，情报被载体记载也会形成文献，信息被接收也可直接产生情报。

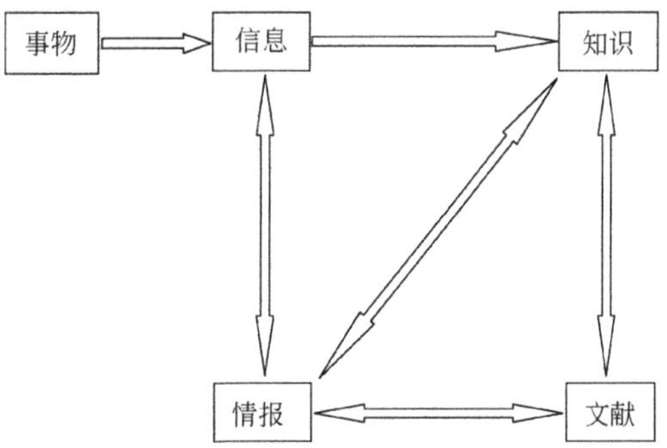

图1-2 信息、知识、文献、情报相互转换关系

（三）文献的类型

**1. 以文献载体形式划分**

（1）印刷型文献：是指通过铅印、油印、胶印、木版印、激光排版等印刷方式，将知识固化在纸张上的一类文献，如图书、期刊及各种印刷资料。印刷型文献是一种有着悠久历史的传统文献，至今仍广为应用。其主要优点是便于阅读、传递，便于大规模印刷，成本低；缺点是信息存储密度低，重量及体积大，占用空间多，保存期短，管理困难。

（2）缩微型文献：是以感光材料为载体，通过光学摄影方式将文献的影像固化在感光材料上形成的一类文献。常见的缩微型文献有缩微平片和缩微胶卷两种。这种文献形式的优点是体积小，信息存储密度高，易传递、易保存；缺点是文献加工困难，阅读必须借助缩微阅读机或缩微复印机，信息查询、利用和自动化处理不便捷。

（3）声像型文献：也称视听型文献，是指通过特定设备，利用声、光、磁、电等技术将信息转换为声音、图像、影视和动画等形式，给人以直观、形象感受的知识载体。它是一种非文字形式的文献形式，常见的有唱片、录音带、电影胶片、幻灯片等。这种文献形式的特点是信息存储密度高，形象直观、生动、逼真，能够使人能"闻其声，观其形"。但缺点是使用时需要借助一定的设备，成本高，不易检索和更新。

（4）电子型文献：原称计算机阅读型文献，是通过计算机对电子格式的信息进行存取和处理，即采用高技术手段，将信息存储在磁盘、磁带或光盘等介质中，形成多种类型的电子出版物。常见的电子型文献录有内容的磁带、磁盘和光盘。这种文献的存储、阅读和查找利用都必须通过计算机或其他电子设备进行，因此具有信息量大、获取速度快、查找方便、易于编制二次文献的优点，以及必须使用设备才能阅读的缺点。在当今电脑较为普及的情况下，电子型文献的利用已呈现逐渐上升的趋势，尤其是相关专业数据库的建立，相较于过去的手工检索工具，实现了质的飞跃。

（5）多媒体型文献：是一种崭新的文献类型。它采用超文本（hypertext）或超媒体（hypermedia）方式，把文字、图片、动画、音乐、语言等多种媒体信息综合起来，在内容表达上具有多样性与直观性，并且有人机交互的友好界面。因此多媒体型文献具有前几种文献类型的优点，发展特别迅速。

**2. 以文献加工程度形式划分**　按内容性质和加工程度的不同，文献可分为以下四类。

（1）零次文献：是指未经出版发行的或未进入交流领域的最原始的文献，如手稿、个人通信、原始记录，甚至包括口头言论等。

（2）一次文献：是以著者本人取得的成果为依据撰写创作的论著、论文、技术说明书等，并公开发表或出版的各种文献。一次文献是文献的主体，是最基本的信息源，是文献检索的对象。其特点是论述比较具体、详细和系统化，有观点、有事实、有结论。一次文献是以科研生产活动的第一手成果为依据而创作的文献。内容丰富，参考价值大，是我们利用的主要对象。

（3）二次文献：是图书情报工作者将大量、分散、无序的一次文献，按一定的方法进行加工、整理、浓缩，把一次文献的外表特征和内容特征著录下来，使之成为有组织、有系统的检索工具，如目录、题录、文摘、索引等。二次文献是一次文献的集约化、有序化的再次出版，是存储、利用一次文献的主要科学途径。其特点是只对一次文献进行客观的罗列，而不对其内容作学术性的分析、评论或补充。

（4）三次文献：是指根据二次文献提供的线索，选用大量一次文献的内容，经过筛选、分析、综合和浓缩而重新出版的文献，如各种述评、进展报告、动态综述、手册、年鉴和百科全书等。其特点是相关学科的信息量大。

从零次文献、一次文献、二次文献到三次文献，是一个由分散到集中，由无组织化到系统化，由博而略的对知识信息进行不同层次的加工过程。零次文献是一次文献的素材，一次文献是二次文献和三次文献最基本的信息源，是文献信息检索和利用的主要对象；二次文献是一次文献的集中提炼和有序化，是文献信息检索的工具，故又称之为检索工具；三次文献是把分散的零次文献、一次文献、二次文献，按照某一特定的目的进行综合分析，加工而成的信息成果，是高度浓缩的文献信息，也是可供我们利用的一种重要情报源。

另外，文献还可以以出版形式进行划分，将在第二章进行介绍。

## 二、中医药文献检索的意义

### （一）促进中医药学文献资源开发

历代流传保存下来的和目前不断涌现的文献，是一个巨大的知识宝库，也是一种重要资源。掌握了文献检索的方法和技能，就可以充分地开发利用这些资源，在药学的海洋中有目的地、迅速地获取信息。

### （二）提高中医药学科学研究效率

文献数量庞大，且增长迅速，加重了药学人员搜集信息的负担。美国一项曾对科技人员（尤其是化学界）工作时间分配的调查结果表明，在一项研究工作的全过程中，科技人员用于计划与思考的时间约占8%，用于收集信息和发表成果的时间约占51%，用于试验与研究的时间约占32%，用于数据处理的时间约占 9%。科研人员在收集信息查文献上花费的时间是相当多的，一般约占33%，在效率较低的情况下甚至要占50%以上。如果有完善的检索设施和周到的检索服务，无疑会为科研人员节省大量时间，使其能够将更多的精力投入到研究中，从而提高科研效率。中医药学研究的效率提升同样也得益于文献检索。

（三）避免科学研究工作重复性劳动

整个科学技术史表明，积累、继承和借鉴前人的研究成果是科学技术发展的重要前提，没有继承就不可能有创新。在研究工作中，任何一个项目从选题、试验研究，到成果鉴定，每一步都离不开信息。只有充分掌握了有关信息，知道哪些工作前人已经做过，哪些目前正在做，进展情况如何，这样才能避免重复，少走弯路，保证研究工作在尽可能高的层次上起步，并获得预期的效果。相反，如果继承和借鉴工作做得不好，就容易造成重复研究。

## 三、中医药文献检索的语言

（一）检索语言的概念

检索语言是根据文献检索的需要创造的人工语言，是在文献标引、文献检索工作中用来描述文献外部特征或文献主题特征及检索提问的一种专门语言。它能使文献存贮者和检索者达到共同理解，实现存取统一，其实质是表达文献主题的一系列概念标识。

文献检索包括存贮和检索两个部分。存贮是指编制检索工具和建立检索系统；检索则是利用这些检索工具和检索系统来查找所需的文献，连接文献存贮与检索这两个密切相关过程的则是检索语言。当存贮文献时，文献标引人员首先要对各种文献进行主题分析，即把文献包含的主题内容分析出来，使之形成若干能代表文献主题的概念，再用检索语言的标识把这些概念表示出来，然后纳入检索工具或检索系统。当检索文献时，检索人员将检索课题进行主题分析，明确其涉及的检索范围，形成若干能代表文献需要的概念，并把这些概念转换成检索语言的标识，然后从检索工具或检索系统中找出用该标识标引的文献。

由此可见，在文献存贮和文献检索的过程中，检索语言起着规范和转换作用，以及知识组织和知识表示作用。因此，检索语言是检索系统的重要组成部分，它是沟通存贮和检索两个过程，以及让标引人员和检索人员双方思想交流的桥梁。

（二）检索语言的种类

检索语言按其构成原理可以分为多种类型，常见的是分类检索语言和主题检索语言两大类。

分类检索语言又称为分类法系统。国际上最广泛使用的《杜威十进分类法》和我国最广泛使用的《中图法》属于分类检索语言。

主题检索语言又称主题法系统，主要分为标题语言、单元词语言和叙词语言三种。我国医药行业影响最大的叙词表《医学主题词表》（MeSH）及《中医药学主题词表》属于主题检索语言。

由于每一种检索语言在词汇控制的类型、程度及实施手段等方面的差异，分别形成了分类检索语言和主题检索语言各自不同的结构、功能和特点。因此，如果对分类语言和主题语言有计划地实施统一的词汇控制，则可以在不同的检索语言之间实现兼容和互换，从而建立一种全新的检索语言。

按照检索语言中所使用语词的受控情况可分为规范语言（controlled language）和非规范语言（uncontrolled language）。

规范语言又称受控语言、人工语言（artificial language），是一种采用经过人工控制了的规范性的词语或符号作为检索标志，来专指或网罗相应的概念，这些规范化的标志能较好地对同义词、近义词、相关词、多义词及缩略词等概念进行规范。例如，"肉苁蓉"这个概念有多个同义词，如淡大芸、苁蓉等，人工语言则规定只能用其中一个词来表示所有"肉苁蓉"的概念，假如人为规定的词是"肉苁蓉"，那么无论原始文献中作者使用的是哪一个词，检索者只需用"肉苁蓉"就能将所有肉苁蓉的文献查找出来。因此，使用规范词能相对提高检索效率，但对检索者和情报存储人员在选词上要求比较严格。在后面所述的单元词语言、标题词语言、叙词语言等都是规范性语言。

非规范语言又称非受控语言、自然语言（natural language），是采用未经人工控制的词语或符号作为检索标志，通常所说的自由词、关键词就属此类。一般当某些特定概念无法用规范词准确表达，或新出现的词语（如"非典"）还未来得及被规范化时，都需要使用非规范词。这类词语有较大的弹性和灵活性，检索者可以自拟词语进行检索。在机检中，非规范词的应用比较广泛。但这类语言对一词多义、多词一义的词语，检索就相对困难些。在后面所述的关键词语言就是一种非规范语言。

**1. 分类语言**　是用等级列举的方法，层层纵横次第展开文献类目的一种人工检索语言，它是一种传统的分类语言。分类语言的依据是各种体系分类法或分类表。体系分类法是一种直接体现知识分类的等级概念的标志系统，它以科学分类为基础，以文献内容的学科性质为对象，运用概念划分与综合的方法，按照知识门类的逻辑次序，从总体到部分，从一般到具体，从简单到复杂，进行层层划分。每划分一次，产生许多类目；逐级划分，就产生许多不同级别的类目。所有不同级别的类目，层层隶属，形成一个严格有序的知识分类体系。每个类目都用分类号作分类标志，每个分类号是表达特定知识概念的词汇，从而展开层累制编号体系。《中国图书馆分类法》就是这种体系分类。

（1）分类语言的优缺点

1）分类法符合人们认识事物的规律和处理事物的习惯，因此容易被人们接受。

2）体系分类是按学科、专业集中文献，能系统地揭示文献内容特征，从学科或专业的范围检索文献，能够满足族性检索的要求，获得较高的查全率。

3）便于组织图书资料排架。

4）体系分类是按知识门类的逻辑次序形成直线性等级关系，这一点不容易反映当代学科相互交叉渗透而出现的多元概念的知识文献，故不易准确标引和检索主题概念复杂的文献。

5）由于类目数量有限，难以满足专业性较强的文献检索需求，故查准率不高。

6）分类语言是一种先组式的标引语言，不能随时修改、补充。因此，当新兴学科和边缘学科一旦出现，往往编排在意想不到的类目下，造成检索上的困难。

7）由于使用不同的分类号，在检索文献时，要将检索的主题内容转换成学科或专业名称，从大类到小类一层一层地查找，还要经过学科转换成分类号，再转成学科的过程，这样，不但慢而且容易出错，造成误标、误检，影响检索效率。

总的来说，体系分类语言比较适合单一学科的专题文献检索，不适合多学科的主题和多维概念的情报检索。

（2）分类检索步骤

1）分析课题内容，明确其学科属性。

2）查阅检索工具的分类目次表，根据分类号（或分类名）确定需查检的类目，记录选定的类目所在的页码。

3）逐条阅读所确定类目下的文献著录，根据文献题目或文摘等提供的信息再次进行筛选，确定所需文献。

4）抄录选定的文献题录或文摘。

5）根据文献题录或文献所提供的线索获取原始文献。

**2. 主题语言** 也称描述检索语言。它是用自然语词作为检索标识系统来表达文献的各种属性的概念，具有表达能力强、标引文献直接、专指度深等特点。主题性检索语言主要包括关键词语言、标题词语言和叙词语言三种，是检索工具中最常用的检索语言。

（1）**关键词语言**：所谓关键词，是指那些出现在文献的标题（篇名、章节名）及摘要、正文中，对文献主题内容具有实质意义的语词，亦即对揭示和描述文献主题内容来说是重要的、带关键性的那些语词（可作为检索入口）。

关键词语言是适应目录索引编制过程自动化的需要而产生的。它与标题词和叙词法同属于主题语言系统，都是以自然语言的词语作标识。但标题词语言、叙词语言都是对自然语言的语词经过严格规范化处理的，而关键词语言则基本上不作规范化处理，或者说仅作极少量的规范化处理。

概括地说，关键词语言是将文献原来所见的，能描述其主题概念的那些具有关键性的词抽出来，不加规范或只作极少量的规范化处理，按字顺排列，以提供检索途径的语言。

关键词是从文献的标题或正文中抽出来的自然语词，所以没有关键词表，而有控制抽词范围的非关键词表（禁用词表）。在电子计算机自动抽词的情况下，凡是非关键词表中未列出的词，都可作为关键词。而列入非关键词表的词都是一些无实际检索意义的词，如冠词、介词、连词、感叹词、代词、某些副词、某些形容词、某些抽象名词（如理论、报告、试验、学习等）、某些动词（如实义动词、情态动词、系动词、助动词）。

（2）**标题词语言**：是在分类语言的基础上发展起来的。分类语言用代码标识符号代表文献学科主题内容，使用起来不直接。为了克服这一缺点，标题词语言直接用规范化语词对文献主题内容的概念进行标引，使检索者和存储标引人员一目了然。所谓标题（subject heading，意为主题标目），是指用以简略地表达文献主题的词语，是完全受控的一种主题标识。

标题语言由主标题、副标题、说明语三部分构成。

1）主标题：是能表达文献核心内容的主题概念。一般由经过控制的自然语言中的词、词组和短语来充当，主标题是从主题途径检索文献的检索入口词。

2）副标题：是从某一特定方面对主标题进行说明、限定，并经过规范化的词、词组或短语。其基本作用是对主标题的以下方面进行限定说明：主标题表达的是文献主题的某个部分、某一应用方面、研究对象和方法性质、场所及文献类型。

3）说明语：是用来进一步详细说明和限定主标题、副标题的内容等方面的词、词组和短语，它由未经控制的自然语言表达，但不纳入词表正文，而是排在主标题、副标题之下。

标题词的词汇由标题词的选择标准、标题词的词义、标题词的词形、专指度及标题词词间关系控制。

（3）**叙词语言**：叙词是在标题词和关键词基础上发展起来的，叙词和关键词语言是目前使用较多的两种检索语言。叙词语言是规范性的后组式语言，但其与上述的检索语言不同的是，它既包括单个的词，也包括词组，它可以用复合词表达主题概念，是概念组配。叙词语言集规范性语言与后组式语言之优势，既在用词上达到统一，又有较好的灵活性，与其他类型的检索语言相比，叙词语言是一种多功能的较完善的检索语言，能极大提高文献检索的查准率和查全率。

（4）**主题检索步骤**

1）分析主题内容及其相互关系。

2）查询主题词表明确主题词。

3）通过副主题词表的查询确定主题词的具体方面，以明确副主题词。

4）根据主题词与副主题词的搭配形式查找相关工具书的主题索引。

5）根据主题索引中提供的流水号逐期索取文献题录或文摘，并依据内容决定取舍。

6）索取原始文献。

**3. 其他检索语言**

（1）题名检索语言：以书名、刊名、篇名、论文题名为标识的检索语言称为题名检索语言。题名检索语言一般规定：题名索引按字顺排列，如西文题名中的虚词不作索引，实词按字母顺序排列，中文按汉语拼音字母顺序或汉字的笔画笔形排列。

题名一般是特指的、专有的，只要能确认题名，直接进行查检，非常方便。在图书馆目录体系中，题名途径是查找图书和期刊的主要途径。

（2）著者检索语言：描述文献著者的姓名、学术团体名与机构名为检索标识的语言称为著者检索语言，由此构成的著者索引提供检索的途径，称为著者途径。这种检索途径大多按字母顺序（汉语按拼音字顺）组织排列起来的。这是一种很重要的检索途径，在国外各种检索工具中占有重要的地位。因为从事科研的科学家和团体，一般都有自己的特有的研究领域，其学术论文常限于某一专题范围。对从事某一领域研究的人员来说，为了解本专业的科学家和团体常利用著者途径检索有关文献。国际上主要的检索工具，都编有著者索引，我国累积型的检索工具大多也有著者索引。

著者途径的检索较为简单，只需按照著者名称字顺在索引中查找即可。只是在著者的写法上，由于不同国家和民族习惯不一样，因而在著者索引的编制上，国际上有一些基本的规则需加以注意：

1）姓名次序：国外著者署名一般名在前，姓在后。但检索工具的著者索引都是将其颠倒过来再按字顺编排，并将名字缩写，两者之间加小圆点。

2）合著者是两人者，按原文献上的著者次序著录，两人以上者只著录第一著者，其余不标出，而是以"等（et al.）"来表示。

3）学术团体和机关单位等，按原名著录，并加国别以便区分。

4）姓前有前缀和冠词等一并计入，按字顺排列。

5）各国作者姓名，由于文字不同，发音和拼写有别，一般检索工具（特别是国际上几种重要的检索工具）常将各种文字的姓名加以翻译，并各有音译办法，如英、美、俄、日等将非本国文字的著者姓名采用音译法著录，中国的姓名按汉语拼音著录。

6）姓名中的 De、Della、Des、La、Van、Van den、Von 等前缀，与姓名一起按字顺排列。如 De Lefeore，Alfred（德莱弗奥尔，阿尔费雷德）、Van Kampf，R.（范坎普夫，R.）。

7）团体著者也与个人著者一样，按名称字顺排列。

著者姓名复杂难分，常因著录而致检索困难，所以应参考各种文字的译名手册、人名录和其他检索工具。

（3）引文检索语言：是一种新型的检索语言，它是利用文献之间的相互引证关系而建立的一种自然语言，其标引词来自文献的主要著录项目。它与传统的检索语言在内容特点、检索标识、词汇来源等方面有所不同，因此引起了学者的广泛关注，并在检索实践中得到了越来越广泛的应用。

引文检索语言正是利用文献之间的"引证"与"被引证"的关系建立起来的。文献大范围内以"引证"与"被引证"关系串联起具有一定相关程序的"著者网络"和"文献网络"，以此原理出发，进而扩大并研究其中的关系，并对其间的规律性加以阐述和证明，用于文献检索工作，即形成独具特色的新型检索语言——引文检索语言。美国的《科学引文索引》是当今世界上主要的引文检索工具之一。我国近年来《中国引文数据库》《中国科学引文数据库》等引文数据库的相继建立，也反映了引文数据库正逐渐得到人们的认可。

（4）序号检索语言：所谓序号，是指文献在某个文献系统中的特有编号，如专利文献的专利号、标准文献的标准号、药品的审批号等。由于序号在一定的文献系统中有着排序的性质，用序号途径检索一些特种文献，非常简便和快速。

(三)《中国图书馆分类法》简介

**1. 基本结构**　《中国图书馆分类法》(简称《中图法》)由书目文献出版社出版，1975年出版第1版，到2017年已经出版至第6版。《中图法》属于一种等级体系分类语言。它以各门学科的特点和规律为基础，按照知识门类的逻辑次序，将学科划分为5个基本部类、22个基本大类。《中图法》的五个部类分别为马克思主义、列宁主义、毛泽东思想、邓小平理论，哲学，社会科学，自然科学，综合性图书。

(1) 基本部类：22个基本大类如图1-3。

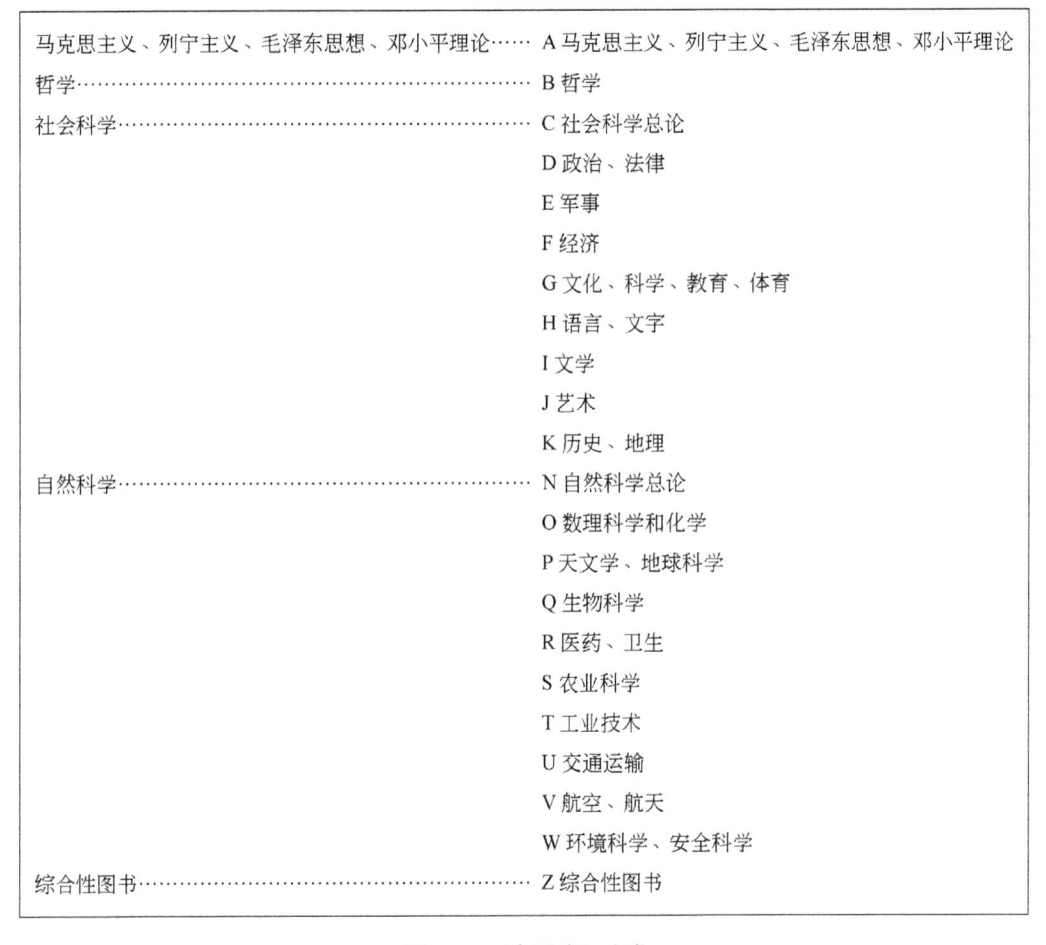

```
马克思主义、列宁主义、毛泽东思想、邓小平理论……A 马克思主义、列宁主义、毛泽东思想、邓小平理论
哲学…………………………………………………B 哲学
社会科学……………………………………………C 社会科学总论
                                              D 政治、法律
                                              E 军事
                                              F 经济
                                              G 文化、科学、教育、体育
                                              H 语言、文字
                                              I 文学
                                              J 艺术
                                              K 历史、地理
自然科学……………………………………………N 自然科学总论
                                              O 数理科学和化学
                                              P 天文学、地球科学
                                              Q 生物科学
                                              R 医药、卫生
                                              S 农业科学
                                              T 工业技术
                                              U 交通运输
                                              V 航空、航天
                                              W 环境科学、安全科学
综合性图书…………………………………………Z 综合性图书
```

图1-3　《中图法》分类

以这22个基本大类为基础，从总到分，从一般到具体，层层划分，逐级展开为二级、三级、四级等类目，从而构成了《中图法》的简表。简表再进一步层层展开，最终形成等级分明、次第清楚的详细分类表(简称详表)。这样就形成了一套完整的分类体系。

分类标记符号又称为分类号，它是用来代表各级类目名称的代号，用以标记每一个类在分类体系中的位置，表达类目之间的先后次序。

《中图法》的标记符号是采用汉语拼音字母与阿拉伯数字相结合的混合制号码。用汉语拼音字母顺序来表示22个基本大类的序列。在字母之后用数字表示大类下类目的划分。数字的设置采用小数制。分类号的位数一般能够表达其概念的大小，号码较短的代表较大、泛指的概念，号码较长的通常是专指的概念。当一个类号数字超过三位时，为使号码清楚、醒目，用小圆点"."作为相隔符号，起易读、易记作用。根据类目的不同等级给予相应的不同位数号码，它不仅能表示类目的先后次序，还能表示类目的等级及其相互关系，这就是层累制，又称等级标记制。它的特点是层层隶属，等级分明，下一级类目必须包括其上一级类目的号码，同一级类目的类号前几位必须相同。从分类号上可以看出类与类之间关系，反映类目表的结构特点。《中图法》基本上遵循层累制的编制原则。

（2）简表：是在基本部类的基础上进一步分划出来的基本大类，主要为第一、二级类目。基本大类多为独立学科，或由相关密切的学科组成，它是整个分类法的骨架，起着承上启下的作用，反映的是分类法的分类概貌。

（3）详表：由各级类目组成，是分类法的主体，也是文献分类标引和分类检索的依据。在结构和内容上，它是由简表扩展而成。详表之中，类目间的排列遵循一定的原则，反映了学科间的联系。

（4）索引：《中图法》（从第 4 版起）有一个附编的"索引"。该索引的作用是通过概念词来查找有关的类号。索引将《中图法》的全部类目名称及相关概念词按字顺排列起来，分别标明其相应的分类号，从而为用户提供了一条按关键词的字顺查找、利用分类法的途径。

**2. 《中图法》的中医药学类目**　医药、卫生类图书是医学、药学、卫生学图书的总称。掌握了分类法体系结构和图书内容的学科性质，在图书馆查找资料时，既省时、省力，又能迅速、准确找到所需资料。要查找某一类或某一本书时，先根据书的具体内容找到基本部类和基本大类。医药、卫生类分类如图 1-4 所示。

| | |
|---|---|
| R-0　一般理论 | R72　儿科学 |
| R-1　现状与发展 | R73　肿瘤学 |
| R-3　医学研究方法 | R74　神经病学与精神病学 |
| R1　预防医学、卫生学 | R75　皮肤病学与性病学 |
| R2　中国医学 | R76　耳鼻咽喉科学 |
| R3　基础医学 | R77　眼科学 |
| R4　临床医学 | R78　口腔科学 |
| R5　内科学 | R79　外国民族医学 |
| R6　外科学 | R8　特种医学 |
| R71　妇产科学 | R9　药学 |

图 1-4　《中图法》医药、卫生类分类

中医药学类目为 R2，即"R2 中国医学"的具体类目如图 1-5 所示。

（四）《医学主题词表》简介

《医学主题词表》(Medical Subject Headings，MeSH)，由美国国家医学图书馆编辑出版，1960年出版第一版。《医学主题词表》有两种版本，一种是《医学主题词注释字顺表》(MeSHAAL)，专供标引、编目和联机检索使用。另一种版本即《医学主题词表》，是指导使用《医学索引》和《医学累积索引》主题部分的工具。《医学主题词注释字顺表》由中国医学科学院医学信息研究所翻译成中文版，在我国使用非常广泛。MeSH 和 MeSHAAL 在收词范围、编排结构、使用方法等方面完全一样，只不过 MeSHAAL 在某些主题词条目下列有一些注释。MeSH 包括字顺表、树状结构表和副主题词表三个部分。

| | |
|---|---|
| R2-0 中国医学理论 | R273 中医肿瘤科 |
| R2-5 中医学丛书、文集、连续出版物 | R274 中医骨伤科 |
| R21 中医预防、卫生学 | R275 中医皮科 |
| R22 中医基础理论 | R276 中医五官科 |
| R24 中医临床学 | R277 中医其他学科 |
| R25 中医内科 | R278 中医急症学 |
| R26 中医外科 | R28 中药学 |
| R271 中医妇产科 | R289 方剂学 |
| R272 中医儿科 | R29 中国少数民族医学 |

图1-5 《中图法》"R2中国医学"的具体类目

**1. 字顺表**

（1）字顺表中的词汇类型：字顺表包含的词汇类型有款目词、主题词、特征词和非医学主题词（non MeSH）等。这些词均按字顺排列。在1991年前字顺表包括的词汇有款目词、主要叙词、次要叙词、特征词和非医学主题词等。在1991年后所有的次要叙词全部升为主要叙词，即主题词，所以字顺表中不再有次要叙词。

1）主要叙词（major descriptor）：是一种从来不以"属"（see under）参照出现的主题词，机检时用作主题词检索文献，在《医学索引》中也能用作主题词检索文献。

2）次要叙词（minor descriptor）：是一种较专指的主题词，在词表中用"属"（see under）归入某一个主要叙词，而在该主题词下用"分"（XU）表示它们之间的从属关系。用次要叙词标引的文献只用于计算机检索。在印刷本 IM 中，不收录次要叙词，有关次要叙词的文献，要在其上位类的主题词下查找。自1991年不再有次要叙词。

3）款目词（entry terms）：MeSH 收入一部分不用作主题词的同义词或近义词，称为款目词，字顺表中用（see）和（X）参照指导读者使用正式主题词。

4）特征词（check tags）：如"animal""human""male""child""preschool"等用于表示文献中涉及的特定内容，如动物、人类、性别、年龄组、文章类型等，通常用于计算机检索时作为特别限定条件时使用。

5）非医学主题词（non MeSH）：不用于标引和检索，只用于组织树状结构表，用来表达词之间的逻辑等级关系。

（2）字顺表的参照系统。

1）用代参照：用"see"和"X"表示，凡词与词之间为同义或近义关系者，用此项参照。

2）属分参照：用"see under"和"XU"表示，是表示上下位概念的包含与被包含关系的一种参照。它于1991年随次要叙词一同被取消。

3）相关参照：用"see related"和"XR"表示，用于处理2个以上主题词在概念上彼此之间有某种联系或依赖的关系。两者可以互相参考，因而在各自的主题词下列出"see related"或"XR"，指引检索者从一个主题词去参考相关的其他主题词（在这些主题词下均收录有相关文献，以扩大检索范围，达到全面检索的目的）。

**2. 树状结构表** 又称范畴表，是将字顺表中所有的主题词和非主题词按其学科性质，词义范围的上下类属关系，分别划分为15个大类，依次用A～N、Z代表。它是字顺表的辅助索引，帮助了解每一个主题词在医学分类体系中的位置，便于通过其上下级主题词的从属关系，扩大或缩小检索范围。它将字顺表中互不联系的主题词通过主题词所属学科体系和逻辑关系,加上一些必要的非主题词组成树枝一样的等级结构。

在每一个大类中主题词和非主题词逐级排列,按等级从上位词到下位词,最多可达 7 级。用逐级缩排的方式表达逻辑隶属关系,同一级的词按字顺排,第一级树状结构号均为一位数字,第二级以下结构号均用与级相等段的数字表示,中间用"·"隔开。一般来说,一个词归入一个类,有一个号码,但事实上有些主题词具有双重或双重以上的属性,这些词可能同时属于两个或多个类目,在其他类目亦给出相应的树状结构号,从而可以查出该词在其他类目中的位置。但是这些结构号只保留三级号码,三级以后的号码省略不写。

树状结构表的作用如下。

1)可帮助从学科体系中选择主题词。树状结构表是按学科体系汇集编排的术语等级表,检索时若找不到适当的主题词,可根据检索课题的学科范围,在树状结构表中查到满意的主题词。

2)可帮助进行扩检和缩检。在检索过程中如需要扩大或缩小检索范围,可根据树状结构表中主题词的上下位等级关系选择主题词。需要扩大检索范围时,选择其上位概念的主题词;需要缩小检索时,选择其下位概念的主题词。手检时,副主题词不能单独用作检索,只能和主题词配合使用。机检时,副主题词可作为检索词。

3)树状结构表可帮助确定主题词的专业范围。

**3. 副主题词表**　《医学主题词表》专门列有与主题词配合使用的副主题词表。副主题词的重要作用之一是对主题词起进一步的限定作用,通过这种限定作用,把同一主题不同研究方向的文献分别集中,使主题词具有更高的专指性。

副主题词表具有以下性质。

(1)**专指性**:每一个副主题词的使用范围仅限于它后边括号内的类目,并不是任何副主题词和任何主题词都能组配使用。

(2)**动态性**:副主题词表每年随着主表的修订再版也在不断地修改变化,增加一些新的副主题词或删掉一些旧的副主题词,或者对某一副主题词的适用范围作一些修改和调整。

(五)《中国中医药学主题词表》简介

《中国中医药学主题词表》由中国中医研究院(现中国中医科学院)中医药信息研究所编制,是我国第一部中医药专业词表,其以独特的学术内涵和广泛的兼容性为中医药学在国内外的推广和应用创造了重要条件,提供了技术保证。

《中国中医药学主题词表》是一部规范化的、动态检索语言叙词表,它既适用于中医药学文献数据库的标引、检索和组织手工检索主题索引,也适用于中医药学书籍的主题编目,还可起到专业汉英字典的作用。其选词原则是:①选用在中医药学文献中经常出现,有一定使用频率的名词术语。②入选词应是词形简练,词义明确,一词一义,通过概念组配能表达特定的主题。③选用一定数量的泛指词,使词间具有上下位关系。④选用一些先组词以避免过多组配。⑤MeSH 词表已收载词的处理原则:MeSH 词表中的中医药词汇尽量收全,西医药词一般不收录;与 MeSH 词表同形之词加"△"符号以便识别。在参项中如参照本表未收的 MeSH 词则在该词后加(M)。

《中国中医药学主题词表》由字顺表、树形结构表、副主题词表、医学家姓名附表、出版类型表和索引表 6 部分组成。新版词表共收录正式主题词 5806 条,入口词 1131 条。

**1. 字顺表**　又称主表,为本词表的主体部分,其收录全部正式主题词及入口词,是文献标引和检索的主要依据。它按汉语拼音字母顺序排列便于检索,以主题词中的单字为单位拼写汉语拼音。同音字按字形集中,首字音形相同者按第二字拼音字母顺序排列,第二字相同时,按第三字排,依此类推。词中出现括号、连字符、逗号等符号时,不影响排序。其正式款目如图 1-6 所示。

汉语拼音→ren dong teng

主题词名称→忍冬藤

主题词英译名→CAULIS LONICERAE

树形结构号→TD27.115.10.505

　　　　　　TD27.125.350

标引注释→为忍冬科植物忍冬的干燥茎叶；属清热解毒药和祛风湿药

历史注释→95；1987—1994 忍冬

检索注释→用忍冬检索 1995 前文献

参照项→C 忍冬

代参照项→D 金银藤

图 1-6　字顺表正式款目示例

**2. 树形结构表**　又称范畴表，其根据中医药学学科体系，将全部主题词按学科门类划分，排列于 14 个类目 59 个子类目，该表明确地显示了每一个正式主题词之间的上下位关系及属分关系，是标引和检索时选用专指主题词的有力工具，也便于从学科角度选用主题词，还可供进行扩展检索之用。各类目采用 MeSH 相应的号码，其前冠以 T（traditional）组成双字母数字号码，各类目之下列出隶属于该类目的全部主题词，按主题词的属分关系逐级展开，呈树状结构。各词的词树号以最高一级类目的词号为首，下连数字组成，按级分段，以"."分隔。根据树形结构号的分段可以显示主题词的级别。其结构如图 1-7 所示。

第一级　　药用种子植物　　　　　TB6+

第二级　　被子植物　　　　　　　TB6.10+

第三级　　双子叶植物　　　　　　TB6.10.15+

第四级　　五加科　　　　　　　　TB6.10.15.605+

第五级　　人参属　　　　　　　　TB6.10.15.605.20+

第六级　　人参△　　　　　　　　TB6.10.15.605.20.10

图 1-7　树形结构表结构示例

**3. 副主题词表**　收录副主题词 93 个，其中 11 个为中医药学方面的副主题词，82 个为 MeSH 副主题词，在标引和检索时用副主题词限定主题词，使主题方面更加专指。每个副主题词都规定了明确的定义和范围，对其允许组配的主题词类目作了严格的限定。此外，对中医药学方面的副主题词，按上下位关系，以拼音顺序列出中医药学副主题词树形结构表，以利于扩展检索及标引时减少概念相似副主题词的使用。具体示例如图 1-8 所示。

汉语拼音————————→sheng chan he zhi bei

副主题词名称——————→生产和制备

副主题词英译名—————→production & preparation

副主题词英文缩写————SZ，product

允许组配的主题词类目→［TD］

副主题词定义或范围——→与中草药、中成药、剂型等主题词组配，指其生产、加工、炮制和制备，如为中草药的炮制，应组配主题词"炮制"。(1987)

图 1-8　专题副主题词表示例

## 四、中医药文献的检索途径

　　选择检索途径是文献检索的关键。文献检索途径是同文献的特征密切相关的。文献特征主要包括文献外表特征和内容特征两个方面。文献外表特征主要是指图书的书名、期刊的刊名、著者姓名，以及会议录名称和其他特种资料名称等。文献内容特征主要是指学科分类和文献主题等。而文献检索工具中的文摘、目录、索引正是对文献特征进行描述，并按一定方式组织而成的产物。因此选择文献检索途径实际上就是选择和使用相应的检索工具，通过各种检索标识进行文献检索。检索标识的确立是依据检索工具的不同特征来确定的。例如，以题名著者为途径的题名索引、目录、著者索引等，是以各种字序法和音序法为检索标识，以文献序号和分类法为检索途径者，则以字母、符号及阿拉伯数字为检索标识；以主题、关键词为检索途径者，则以文字为检索标识。

　　检索途径与检索语言密切相关，其相互关系如图 1-9 所示。

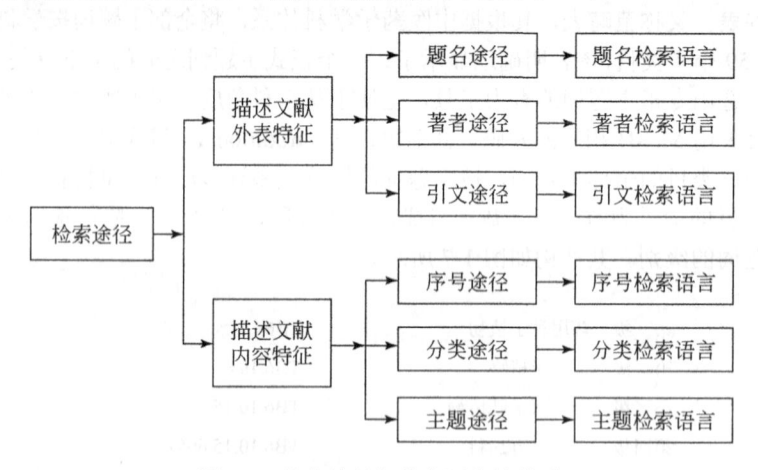

图 1-9　检索途径与检索语言的关系

# 第二节　中医药文献资源的特点

## 一、中医药文献资源的概念

　　文献资源是人类社会发展的产物。人类在改造自然界和社会的实践活动中，获得了来自客观世界的各种信息，这些信息经过人脑的提炼和加工，逐渐转化为知识。知识对人类社会的发展有不可估量的作用。这是因为，知识一旦形成，并与劳动者相结合，就可从潜在的生产力转化为直接的和现实的生产力，创造日益丰富的社会物质财富，从而推动人类社会的进步和发展，知识就成为人类社会发展的驱动力。资源主要是指生产资料和生活资料的自然来源，人类通过不断发现、开发和利用自然资源，不断创造物质财富，为人类提供衣、食、住、行，使人类得以生息、繁衍，使社会不断发展。知识能为人类创造物质财富，并能成为促进人类社会发展的驱动力，所以知识也是一种资源，是一种智力资源。

　　知识必须依赖一定的物质载体才能存在。在人类社会早期，人类是通过自身的大脑来存储和传播知识的，由于各种生理因素的制约，知识难以在广阔的空间和持续的时间内积累和传播。随着社会生产力的发展，人类打破了自身的束缚，将知识转化为一些有规律的信息符号，并在人体以外找到新的物质载体,这种新的物质载体就是文献。显然,文献中蕴藏着人类创造的智力资源。在人类社会发展的历史长河中,随着文献数量的不断增加和文献负载知识功能的不断加强,文献积累、存储了人类的所有知识,已成为人类知识的"宝藏"。同时,人类在改造自然界和社会的过程中,通过不断开发和利用人类的知识"宝藏",借鉴前人的经验及同代人的成果,不断创造物质财富,推动了社会的进步与发展。由此可见,文献已经成为人类社会发展的一种不可缺少的资源。文献不断积累、存储的过程,就是文献资源不断积累、存储的过程。文献数量的积累越多,延续的时间越长,文献资源也就越丰富。从这个意义上说,文献资源是迄今为止积累、存储下来的文献集合。

## 二、中医药文献资源的特点

**1. 再生性** 文献资源不像药材资源那样随着开发和利用的深入而逐渐枯竭,而是具有再生性。这是因为,随着人类对文献资源开发利用程度的提高,反过来会更加促进药学知识的增值,以及文献数量的增加和文献质量的提高,从而进一步丰富文献资源。人类社会越向前发展,文献资源就会越丰富。将来人们关心的不是文献资源枯竭的问题,而是因文献资源剧增而带来的文献资源冗杂等一系列问题。

**2. 可建性** 自然资源是天然的先于人类的客观存在,而文献资源则是由人类创造的,它的生产和分布既是一种客观现象,又更受制于人类的主观努力,明显受到社会政治、经济、文化等诸因素的制约。因此,人们可以通过文献资源建设,采取选择、组织、布局等手段,改造和优化冗杂的文献资源,使文献资源处于有序的分布状态,以利于人们有目的地去充分开发和利用文献资源。

**3. 共享性** 自然资源一般多是一次效用,不再复用的资源,而文献资源则是可以同时使用,不分先后使用、异地使用和反复使用的资源。而且文献资源还可以根据需要,在条件允许的情况下,随时对它进行复制、转录、缩微,但不会改变原来的内容。文献资源的这种共享性的内在依据,不但为人类在更大范围内进行信息交流创造了条件,更向人们表明,文献资源应该属于全人类,人人有权共享全世界的文献资源。随着人们观念的转变和其他条件的成熟,人们的这种美好愿望将会逐步变为现实。

**4. 效益性** 文献资源的效益性特点表现在时间性和潜在性两个方面。自然资源只有被开发,才能产生效益,但对它的开发一般不受时间的限制。如对药物的开发,早开发或晚开发都不会影响本身效益的发挥。文献资源则不同,有些文献资源由于其所含信息和知识具有较强或很强的时间性,若不及时开发利用,就会降低或丧失开发效益。而与此相反,有些文献资源的开发效益具有潜在性,其开发效益未必马上就能显示出来,但若干年后可能就有很高的使用价值,那时再开发利用,就会产生很大的开发效益。

**5. 累积性** 文献资源的多寡不是先天固有的,而是后天不断积累的结果,今天丰富的文献资源离不开历史上各个时期留存下来的各类文献资料,这些文献资料是古代私人藏书家、官方藏书楼及近现代图书馆、各类文献收藏机构保存下来的人类文明的集合。

**6. 冗余性** 文献资源并非各单位文献的简单叠加,庞杂、雷同的文献堆积不仅无法提升信息含量,还可能破坏文献资源体系的完备性和功能性。文献资源建设的具体任务之一就是要把那些重复交叉甚至过时无用的文献——冗余文献进行剔除,否则,有可能造成文献信息通道的阻塞,给用户带来困难。

**7. 价值潜在性** 文献资源的价值实质是文献载体所含知识内容的价值。它在被开发利用之前,这种价值潜在于载体之中,不为人们所见。它在开发利用之后,这种价值间接体现于某种产品、某种成果、某种思想,以及某种观念或行为中,具有隐现性。知识含量越多的产品价值越高,文献资源被开发利用得越好，物质成果和精神成果就越丰富，文献资源的价值是随着文献资源的开发程度而发生变化的。

文献资源的这些特点说明，文献资源是取之不竭的，但要结合其共享性和效益性等特点，通过文献资源建设去优化冗杂的文献资源，以更有利于人们去开发利用文献资源。

### 三、中医药文献资源的作用

人类对文献资源重要作用的认识是随着社会的发展而不断深化的。在生产力低下、科学技术落后的古代社会，人类不可能从"资源"的角度去认识文献，因此对文献资源的作用也就无从认识。即使到了现代，人类也更多地将文献划归为意识形态的范畴，对文献资源作用的认识也只是处于朦胧阶段。只有当科学技术成为第一生产力和信息时代到来的今天，人们才深刻认识到文献资源的重要作用。

（1）**提供决策依据**：为了创造更多的社会物质财富，人类需要制定各种相应战略措施和政策。在决策过程中，需要利用经过加工、分析、评价的文献资源，提取有价值的信息，去伪存真，为药学领域的科学决策提供依据。

（2）**展示最新成果**：当今社会，人类的科学技术成果层出不穷。通过文献资源可以向人们充分展示这些药学技术成果，帮助人们了解当代世界药学技术的发展动向，借鉴别人的研究成果和经验，避免重复劳动，使药学研究和现代技术获得更快的发展，以更好地发挥药学技术对社会和经济的推动作用。

## 第三节　中医药文献研读与利用

### 一、中医药文献的研读方法

根据对中医药文献研究内容阅读要求层次的不同，采用相应的研读方法，有利于完成学习与研究任务。

医药文献研读的方法很多，按研读要求划分，有泛读法、简读法、通读法、精读法。应当依照客观性、重要性、操作性和效果性等原则，选择合适的文献阅读方法。

#### （一）泛读法

泛读法亦称泛阅法或浏览法，是广泛阅读各种文献的方法，即一般所说广泛阅读、广泛浏览、博览群书。在知识爆炸的时代，知识更新迭替迅速，各种书籍和报刊琳琅满目。要在知识的海洋里获得更多的知识，必须广泛阅读相关文献。广泛阅读的必要性主要在于：开阔视野，扩大知识面；博采众长，增进智慧，开拓思路；了解各种思想观点，通过比较鉴别，培养独立思考、探索、创新的思维和能力；在广泛浏览中发现重要文献和精品力作；搜集学习与研究资料，积累信息；丰富文化生活。需要注意的是，泛读不是滥读，博学不是杂乱无章，"开卷有益"也需要有选择地进行。

泛读法的基本要求如下。

（1）**选择文献**：博览群书，对书要有选择，寻找良师益友。要选读基础书、参考文献（具有指导意义的书和论文）和其他有益的书。

（2）**区别阅读**：针对不同的文献可以采用不同的阅读方法，有的浏览目录，了解文献的基本内容；有的结合目录和重点内容进行阅读，了解文献的参考价值和可以借鉴的内容。

（3）搜索目标：按照学习与研究的项目，在广泛阅读中搜索相关的重要文献，如重要的书籍或书中的重要内容，以及重要的论文或其他文献，作为进一步阅读的内容。

（4）善于利用时间：广泛阅读文献需要在一定时期内花费较多的时间，既要有集中阅读时间，更要有零星阅读时间，持之以恒，不断积累知识。

（二）简读法

简读法是简要阅读文献的方法，是根据学习与研究项目确定需要阅读的文献，按照要求对其进行大体了解。简读就是阅读中去繁就简，择其精要。

简读是相对精读而言的，阅读文献时，简读是有必要的。

1）简要阅读，快速了解相关知识。通过简读，了解文献基本内容和主要观点，可以增长知识。

2）信息储备，为精读提供参考。通过简读，在了解文献基本内容和主要观点的基础上，鉴别出对学习与研究项目有重要参考价值文献、一般参考价值文献和暂不需要文献，为精读的内容提供参考。

3）高效阅读，节约时间成本。通过简读，能够减少不必要精读所花费的时间，进而提高学习效率。

（三）通读法

通读法是一种最基本的阅读方法。在阅读文献时，通常首先采用简读法快速简要阅读大量文献，筛选出符合研究需求的内容。通读的主要目的在于全面了解文献内容。通过使用通读法，可以提高阅读速度，快速把握文章的主要内容，为后续精读奠定基础。此外，在通读过程中，还可要求学生识别文献中的生字和生词等基础信息，从而帮助学生在通读的过程中快速获取相关知识。整体来讲，通读法是一种简单且有效的阅读技巧。

（四）精读法

精读法是一种对文献进行深入研究的阅读方法，旨在通过仔细钻研文献的理论与方法，分析文献的内容、理论依据及合理性。精读法适用于具有理论性、启发性、学术性和创新性的文献。

精读法是一种要求较高的阅读方法。在高等院校，该方法是培养学生创新精神及综合素质的重点之一。对于从事科学研究的人员而言，精读文献有助于提高科研能力。通过精读，学生和研究人员能够深入掌握文献的基本内容、主要观点和研究方法，同时培养和提高创新精神、创新思维和科研能力。

精读法的基本要求如下。

（1）精读全文：通读全篇文献，把握整体体系。仔细阅读文献的标题、摘要、引言、实验部分、分析与讨论及结论等内容，了解文献的体系、结构、层次及主要观点，了解作者的写作意图及学术价值，从而确定精读的重点内容和方法。

（2）研究论文的理论表达与方法应用：在通读全文的基础上，采用深思法，深入分析文献主题的实践基础和理论意义，评估其构建的体系、表达的概念、观点、论据及采用的研究方法；探讨其主要内容、理论依据、合理性及学术水平，判断文献的学术性，理论与方法的正确性，以及是否提出了创新性的理论与方法，进而评估学习和研究的参考价值。

（3）充分利用好现有文献：通过精读，分析被研读文献的研究思路与方法等优点和缺点，思考如何提高论文写作水平，以及如何有效利用文献中的相关信息，从而将精读成果应用于实践，发挥其指导作用。

## 二、中医药文献的研读思路

研读一篇有价值的医药文献，首先是泛读或简读，进而是通读，最后是精读。在这个过程中，需要对文献的各部分内容进行系统研读。

### （一）阅读标题

不要轻易忽视一篇文献的标题，阅读标题后，应尝试换位思考：能否写出与作者水平相当的文献，以及如何用更精准的标题来概述文献内容。根据标题，可以推测作者的核心观点。对于较长的标题，可以评估其表达的清晰性和改进空间。此外，还可以设想，如果你是作者，会如何命名文献标题。这种思考不仅有助于提升文献撰写能力，还能为临床和科研中遇到的实际问题提供解决思路。

### （二）阅读摘要

快速通读全文，初步了解作者的核心观点、文献主旨及结论的用途。简略浏览时，难免会遇到一些难以理解的地方，此时无须着急，应仔细阅读全文。通读后，许多疑问往往会迎刃而解。初次阅读文献摘要时，因为摘要过于简洁，可能无法完全把握文献的核心内容，这时需要对全文进行精读，以深入掌握文献内容。

### （三）阅读引言

具备了一定的知识基础，在已经初步了解研究领域的背景下，阅读引言，应该是一件相对容易的事情。引言主要是对文献内容进行介绍，其所述内容大多具有一些相似之处，因此在阅读文献引言时，阅读速度较快。对于有研究价值的文献，应当归类整理收集，以便将来撰写文献时用以借鉴。

### （四）阅读材料及实验

随着文献阅读量的积累，材料及实验部分的内容就会变得相对容易理解，因为其核心是阐述作者的实验设计和方法。同时，随着基础知识储备的不断增加，阅读文献的效率也会明显提高。

### （五）阅读实验结果

在阅读实验结果时，可结合文献中的图表进行理解，这种方式不仅可以提高阅读效率，还可以更深入的理解文献内容及作者的表达方式。此外，阅读完实验结果后，应当反思，就结果部分而言，为何作者能就该观点进行详细论述，而自己却缺乏思路。通过反思对所阅读的文献进行归纳、总结和借鉴，有助于提升自身的研究能力。

### （六）阅读分析与讨论

分析与讨论是文献的核心，通常也是最耗时的。阅读完文献前部分内容后，不应急于阅读分析与讨论，而是可以先换位思考：如果由自己来构思这篇文献，能否写出与作者水平相当甚至更优秀的分析与讨论。随后，再仔细阅读作者的分析与讨论，仔细体会作者的观点，以便内化成自己的观点。当然有时候也会遇到比较新颖或深刻的观点，存在难以理解的内容也是正常的。随着文献阅读量的积累，以及对文献分类整理与归纳总结能力的提升，你的知识和理解力也会不断提升。

（七）阅读结论

在阅读文献结论部分时，可以先假设研究者采用了科学的方法，并进行了严谨的观察和总结，因此其结论具有可信性。同时，需要评估文献的结果是否提供了完整的、符合认知规律的、合乎逻辑的数据链。

（八）阅读参考文献

在阅读文献时，应当关注作者引用的参考文献及被引用的次数，分析参考文献的研究方向、研究领域、研究课题是否与自身的研究相关，以便深化对研究的理解。

在系统研读文献的过程中，应当有意识的培养以下研读思路。
1）提炼文献的核心内容，发现创新点。
2）识别文献的不足之处，找出不完善或不全面的内容。
3）通过研读，掌握研究方法的运用和改进，以及如何进一步推进研究工作。
如能坚持以上思路，能显著提高自身独立思考能力和科学研究能力。

## 三、中医药文献的有效利用

如何对中医药文献进行有效利用，是值得探讨的问题。通过对中医药文献分类、归纳、整理和快速搜索，不仅可以使研究者快速查询到文献，还可以增加研究者对该类文献的了解。

1）从一个典型的研究过程来看，有以下三步。

第一步是查询及搜集文献，并撰写文献综述。

第二步是阅读他人文献，利用他人已有的成果，对文献内容提出问题，并通过自己现有的理解能力，分析并解决问题，在此过程中需要反复利用已有文献，把文献中有利用价值的内容与撰写的文献内容有机地结合在一起。

最后一步是发表文献。除了完成文献撰写外，最主要的是对每一阶段的研究工作进行总结，对所查阅的文献进行分类整理，为下一阶段的研究工作做铺垫。

由此可见，文献的利用和管理始终贯穿研究的始终，因此提升文献利用和管理的技巧是至关重要的。

2）在研究工作开展时，一般会遇到以下两种情况。

第一种是已经有一个较为明确的范围，但并未拟定一个具体的题目。

第二种是已经拟定了一个具体的题目，但需要进一步解决实际工作开展的问题。

当然无论上述哪种情况，都需要搜集整理文献。就文献求助的情况来看，大致可分为四类：①拥有文献信息，需要求助查询大量的文献。②拥有具体的文献信息，需要求助查询到某几篇文献。③缺乏一些理论奠基，需要求助某些经典书籍及理论。④缺乏具体的文献信息，需要根据主题及关键词进行求助。

3）根据研究者所处的不同状况进行分类，具体如下。

第一类：一般来说具有拟定的题目，对搜集的文献有较强的针对性。对这类人群来说，研究工作已有一定的开展，但是需要注意的是，应当实时关注文献内容的更新，应该有意识地搜索相关的文献，防止文献信息遗漏，这样做的主要目的是提高信息收集的及时性，避免重复劳动。

第二类：是一次查询大量文献的情况。出现这种情况的原因之一可能是研究者研究方向的特点，也可能是研究者的目的性不够明确，囤积大量的资料。这种方式在初期有利于拓宽视野，减少遗漏，但也存在潜在问题。众所周知，资料过多不仅难以全部精读，容易导致文献分类混乱，使研究者缺乏重点方向，难以深入开展研究，最终影响研究进展。因此，科学的文献整理、归纳总结、去粗取精，并加强针对性，显得很有必要。

第三类：是经典书籍和理论的求助。针对这类情况，一个重要的问题是，大部分同学并不愿意踏实阅读经典书籍，导致对理论基础的理解较薄弱。

第四类：是对主题和关键词的求助。对于已经明确的主题和关键词，可以通过查询获取一系列文献，再根据具体的研究目的进行搜集和整理。

总而言之，研读一篇文献需要做到"心到、手到、内化、利用"。"心到"即读者必须进行文献中所研究的内容进行独立的思考。"手到"即在阅读的过程中，对于发现的有价值有意义的内容及时进行记录、归纳和整理。"内化"即将文献阅读中所获得的有益知识进行消化、吸收，进而形成自己的认识和理解。"利用"即将在文献阅读中所汲取的知识养分加以使用，从而形成自己独立的研究思路、方法及理论。通过对文献进行"心到、手到、内化、利用"的阅读方式培养，对于研究者养成高效的文献阅读习惯十分有益。

## 四、中医药文献的研读案例

下面以论文《数据挖掘算法在中药研究中的应用》为例［吴地尧，章新友，甘宇汾，等. 数据挖掘算法在中药研究中的应用. 中国药房，2018，29（19）：2717-2722］，进行阅读分析。如何阅读一篇文献，应当进行以下3个步骤。

（一）简读

1）对于此篇文献，我们首先应当阅读题目"数据挖掘算法在中药研究中的应用"，再阅读此篇文献摘要。例如，"目的：为数据挖掘算法在中药研究中的进一步应用提供参考。方法：以中药''Apriori''FP-growth''层次聚类''熵聚类''决策树''随机森林''贝叶斯''支持向量机''人工神经网络''logistic''回归''线性回归'等为关键词，组合查询2000年1月至2018年5月发表于中国知网、万方数据、维普网相关文献，对数据挖掘算法在中药研究各子领域中的应用现状进行综述。结果：共检索到相关有效文献573篇。数据挖掘算法较常应用在方剂配伍规律、药物分析、中药药性研究、制剂工艺研究等中药研究子领域，但在医案研究、谱效关系、量化诊断标准等子领域的应用较少。在各子领域中，以在方剂配伍规律研究中运用的数据挖掘算法种类最多，包括Apriori、FP-growth、层次聚类、熵聚类、决策树、人工神经网络、贝叶斯分类、logistic回归等，并以人工神经网络和支持向量机两种数据挖掘算法在中药研究各子领域中应用最广。结论：数据挖掘算法在中药研究各子领域中应用广泛，可为中药现代化研究提供有力的技术支持。"

2）熟读这篇文献阐述的主要内容，再继续阅读此篇文献的讨论部分，通过分析研究发现，在中药研究领域，数据挖掘算法的运用种类较多，研究范围涵盖方剂配伍规律、药物分析等十多个研究子领域。尤其在方剂配伍规律分析中，数据挖掘算法的运用相当成熟，已形成标准模式化操作，且也有其他研究文献运用多种算法对方剂配伍规律进行深入挖掘，促进了中药新处方的发现，为新药研发提供了新的手段。在药物剂量研究、中药活性成分研究、药物疗效评价等子领域，数据挖掘算法也逐步开展，但相关应用文献较少，一般更倾向于用传统的临床试验或药物试验作为研究分析手段。但是，仅靠烦琐复杂的试验去解决问题不仅耗材、耗力、效率低，且实验得出的大量数据也无法得到有效处理。因此，可将数据挖掘算法与传统试验相结合，用人工智能算法得出的结果指导药物试验，从而减少不必要的损耗或者避免处理烦冗的数据。总体而言，目前结合2种以上算法的文献较少，只出现在方剂配伍规律、药物分析、中药药性研究等子领域，若能在处理中药数据时充分结合各算法的优点，促进数据挖掘算法在中药研究领域的应用。另外，在中药鉴定和制剂工艺研究方面，建议利用支持向量机和人工神经网络来对多个药物属性或工艺条件进行分类预测。综上所述，该文献研究了各数据挖掘算法在中药各子领域的应用，具有一定的参考价值。建议在今后的研究中，拓展数据挖掘算法的应用领域，推动子领域内数据挖掘算法的应用，提升结果可信度，促进数据挖掘算法在中药研究中的应用，为中药现代化研究提供有力的技术支持。再查看文献的参考文献，通过对文献内容的大致了解，分析这篇文献是否是你所需要的。如果是，则再进行下一个环节的阅读。

（二）通读

在简读并熟悉这篇文献主要内容的基础上，应当通过通读对文献内容做出判断，分析是否符合自身要求。从标题到文章的参考文献，认真阅读整篇文献的内容。

（三）精读

通读一遍文献后，仍然可能存在许多不懂的地方，这时应当多读几遍文献内容，而且应当仔细阅读每句话及注意每一个字的用法。例如，在这篇文献中："伴随着中药领域数据的暴涨，中药数据挖掘应运而生。中药数据挖掘是在中医药理论指导下，对中药新药、中药组方规律、作用机制、有效成分和组效关系等多个方面进行深入挖掘的研究。数据挖掘算法是根据数据的需要，创建数据挖掘模型的一系列探索和计算的方法。探讨数据挖掘算法在中药研究中的应用现状既可以直观地阐述中药研究领域中各数据挖掘算法的使用现状，也能更详尽地了解数据挖掘算法应用的特点及领域，拓展数据挖掘算法在中药研究中的应用，为各算法的深入研究提供参考和借鉴。"在这篇文献的引言中，"数据挖掘算法是根据数据的需要，创建数据挖掘模型的一系列探索和计算的方法"应当改为"数据挖掘算法是根据数据分析的需要，创建数据挖掘模型的一系列探索和计算的方法"；"探讨数据挖掘算法在中药研究中的应用现状既可以直观地阐述中药研究领域中各数据挖掘算法的使用现状"应改为"探讨数据挖掘算法在中药研究中的应用现状，既可以直观地阐述中药研究领域中各数据挖掘算法的使用现状"；"拓展数据挖掘算法在中药研究中的应用，为各算法的深入研究提供参考和借鉴"应改为"拓展数据挖掘算法在中药研究中的应用，为中医药各算法的深入研究提供参考和借鉴"。因此，在研读文献时，要逐字逐句地阅读，理解作者的观点和意图。随着阅读文献量的积累，理解文献的能力也会随之提升。

## 五、中医药文献资源的利用

文献资源主要有印刷型文献和电子文献两大类，其中印刷型文献资源包括图书和期刊，电子文献资源包括光盘数据库和网络数据库。文献资源按语种可分为中文和外文两种，外文文献通常以英文为主。

（一）图书资源的利用

图书是出版物的主要类型。药学图书的内容比较成熟和精炼，阐述比较全面、系统，是各专业图书馆收藏药学印刷型文献的主要文献资源之一。其藏书通常是按学科分类排架，当读者了解并熟悉图书分类及排架规则，将会极大提高查找图书的效率。

为了进一步区分内容相同的图书，还应在原分类号的基础上为每种图书取书次号。书次号通常有顺序号和著者号两种，可以用字母、数字或字母数字混合表示。顺序号以图书入藏先后次序从小到大取号；著者号则有多种取法，有的取著者姓名的四角号码，有的取著者姓名的汉语拼音首字母，有的则按某种号码表取号。每本图书都有一个索书号，它是由分类号和书次号组成的，是图书排架和读者查找图书的依据。经过图书分类和排架，内容相同的图书就被集中在一起。图书通常是按图书分类法的学科顺序及书次号依次排列，按文种分别置于中外文书库。

读者借阅图书时，先进行书目检索，了解图书的基本内容，如索书号、书名、作者、出版时间等，然后根据以上信息去查找图书。目前图书馆已经普遍采用计算机书目检索系统，读者不仅可以在图书馆进行本地检索，还可以通过互联网进行远程查询。计算机书目检索是通过图书馆的联机公共检索目录（online public access catalog，OPAC）系统来查询馆藏文献，一般与互联网相连的图书馆都有 OPAC 系统供读者使用。每个图书馆采用的书目检索系统虽然各不相同，但提供的图书检索点基本一致，主要有书名、作者、主题、分类、关键词、书号等途径。OPAC 还可以进行多种逻辑组配检索，如在相同书名很多时，可用书名-作者方法检索；当读者不熟悉分类法或查较小的类目时，可采用分类-主题或主题-分类方法检索。

（二）期刊资源的利用

期刊是一种定期或不定期连续出版的、有连续序号的出版物。根据出版周期的不同，可分为年刊、半年刊、季刊、双月刊、月刊、半月刊、旬刊、周刊等。期刊出版周期短、论文发表快、反映最新学术动态及时，学术研究的最新成果常首先在期刊上发表。期刊发行量大，影响面广，对科研工作有较大的参考价值，是药学专业人员的重要信息源。根据期刊报道内容的不同，可分为以论著为主的学术性期刊（如《中国药学杂志》）、以检索文献线索为主的检索性期刊（《中国药学文摘》）及以知识性、趣味性为主的科普期刊（如《家庭用药》）等。

与借阅图书一样，读者借阅期刊时，也要先检索馆藏期刊目录，确定图书馆是否收藏该期刊。如果有，可去相应的阅览室或期刊库查找，一般按刊名字顺即可找到所需期刊；如果图书馆缺藏，可再检索期刊联合目录，查找收藏单位，然后通过图书馆的馆际互借服务获得所需的资料，或者读者自行前往借阅复印。

（三）电子文献资源的利用

电子文献是电子出版物（electronic publication）的统称，又称数字资源，是随着计算机技术、多媒体技术和通信技术的日益发展而出现的一种文献类型。电子文献是指以数字代码方式将图文声像等信息存储在磁、光、电介质上，通过计算机或者具有类似功能的设备阅读使用，用以表达思想、普及知识和积累文化，并可复制发行的大众传播媒体。媒体形态包括软磁盘（FD）、只读光盘（CD-ROM）、交互式光盘（CD i）、图文光盘（CD-G）、照片光盘（Photo CD）、集成电路卡（IC Card）、网络等，其中以光盘和网络最为常见。电子文献具有信息海量、更新迅速、使用方便等优点，已成为文献收藏单位主要的收藏对象之一。

电子文献可分为包盒型和网络型两大类。前者是将磁盘、光盘等加以包装，以传统的发行方式发行，读者可借助计算机或其他阅读器进行阅读，后者是以互联网为基础，文献信息存储在网络中，读者可以通过网络直接阅读或者下载到本地计算机上再阅读。根据文献类型、服务方式的不同，可分为电子图书、电子期刊、数据库。

## 六、网络中医药信息的利用

（一）专业网络中医药信息的利用

**1. NLM 中的药学信息**　　美国国立医学图书馆（National Library of Medicine，NLM）是世

上最大的医学图书馆，收录有生物医学和健康关怀等各方面资料，包括书籍、期刊、技术报告、手稿、缩微胶片、声像资料、数据库等。其主页共提供如下五方面的信息服务。

（1）卫生信息（health information）：其下为按主题排列的医学信息超级链接，也可由此进入 NLM 几个知名的医学数据库：①MEDLINEplus；②MEDLINE via PubMed；③ClinicalTrials.gov；④卫生组织名录 DIRLINE；⑤美国国立医学图书馆馆藏书目、杂志、声像制品查询系统 LOCATORplus，用户可通过该系统查询 NLM 的馆藏；⑥可检索多个 NLM 检索系统的网络链接 NLM Gateway；⑦数字化生命科学文献库 PubMed Central；⑧关于毒理学、环境卫生和有毒化学物质的数据库 TOXNET。

（2）图书馆服务（library service）：提供了有关目录、MeSH、数据库、出版物、服务、培训及基金等方面的链接，服务项目包括编目（cataloging）、馆际互借[DOCLINE（r）和 Loansome Doc（r）]、保藏和收藏管理、参考咨询和读者服务、系列项目和服务。

（3）研究项目（research program）：提供了进入 NCBI 和 LH_NCBI 两个研究中心的链接，也提供了有关计算分子生物学、医学信息学、数字化计算与交流、数字化图书馆研究、医学信息学培训等方面信息的链接。

（4）新闻（new and noteworthy）：提供了有关 NLM 的新闻（1996 年至今）和声明、展览会及热门话题等信息。

**2. Rxlist 中的药学信息** Rxlist（网上处方药物索引）是美国的一个处方药物查寻网址，其数据库含有 5000 种以上药物。该网站的一大特点是列出了美国处方药市场每年度前 200 个高频使用药，占美国处方中处方药出现次数的 2/3。该网站对其品种的分析，可以为我国医药工业研究人员带来很多启发。同时，该网站对具体药物又有极为详细的介绍，当医院药师面对更新快速的新药市场时，该网站可以作为更新速度相同的处方药物手册供药师查询。

Rxlist 的检索方式。输入 Rxlist 的网址后，即可进入主页。①关键词检索（keyword search）：该检索采用"Swish-E"，具备强大的搜索功能。可以搜索 Rxlist 药物专论上的所有品种。访客可以输入药品的商品名、常用名、疾病症状、副作用，甚至药名片段（词尾模糊部分用"*"代替，但"*"不可用于词头）等，在数秒内即可给出结果。该搜索还支持传统 Boolean 语言（如 and、or、not）。为便于理解输入查寻方式，举例如下："ampi *" "ampi*" "not amox*" "headache and bleed*" "capsule or inject" "sulfa* not septra" "cardiac or hepatic"。对于医院药师而言，如此方便的搜索功能可使他们在面对不同提问时（如患者询问某药何用、某病用何药），可以迅速查到相关资料。②顶尖 200（TOP200）：是该网站最具特色的部分，也是促使笔者介绍 Rxlist 的主要原因。目前，该网站公布了 1995、1996、1997、1998 年度的 TOP200。TOP200 是基于美国 24 亿张处方统计得出，有一定代表性。索引按位次和字母两种方式排列。以 1998 年为例，前 10 位分别是 Conjugated Estrogens（结合雌激素）、Levothyroxine（左甲状腺素）、Amoxicillin（阿莫西林）、Hydrocodone W/APAP（氢可酮）、Fluoxetine（氟西汀）、Omeprazole（奥美拉唑）、Azithromycin（阿奇霉素）、Atorvastatin（阿妥伐他汀）、Amlodipine（氨氯地平）、Loratadine（氯雷他定）。索引采用商品名/论坛/厂商/常用名的格式，因为同一化学成分可有多个厂商生产，因此常用名有重复现象，如 Amoxclin 在第 3 位（商品 Trimox）、第 15 位（商品名 Amoxcilin）、第 40 位（商品名 Amoxil）出现。点击该药"常用名"（generic name）即可得到该药的详细说明书。③备用治疗（alternative medicine）：主要介绍植物药、保守疗法、中草药。科普性较强。④已知链向 Rxlist 的网址（known links to Rxlist）：介绍链向 Rxlist 的网址。多数涉及健康、医药领域，其中不乏药学相关的黄金网址。该栏目提供的链接点有 300 个左右。⑤小型调查（mini-survey）：对访客的职业、性别、年龄进行调查。

**3. WHO 中的药学信息** 世界卫生组织（World Health Organization，WHO）是联合国专门机

构，成立于1948年4月7日，总部设在瑞士日内瓦，下设三个主要机构：世界卫生大会、执行委员会及秘书处。WHO的宗旨是"使全世界人民获得可能的最高水平的健康"。

WHO总部有关药品由诊断、治疗和康复技术处管理。其诊断、防治疾病药物方面的主要工作有：①制订药物政策和药物管理规划。要求各国采取行动，选择、供应和合理使用基本药物约200种。②药品质量控制。编辑和出版国际药典，主持药品的统一国际命名，以避免药品商品名称的紊乱，出版季刊《药物情报》，通报有关药品功效和安全的情报。③生物制品。制订国际标准和控制质量，通过其合作中心向会员国提供抗生素、抗原、抗体、血液制剂、内分泌制剂的标准品，支持改进现有疫苗和研制新的疫苗。④药品质量管理。制定并通过《药品生产和质量管理规范》（简称"WHO的GMP"）及《国际贸易药品质量认证体制》（简称"WHO的认证体制"，1975年制定）两个制度，大会建议并邀请各会员国实施和参加。

（二）公共网络中医药信息的利用

百度是我国最大的商业化全文搜索引擎，其功能完备，搜索精度高，在中文搜索支持方面是超越Google的，它是目前我国综合技术水平最高的搜索引擎。

百度目前主要提供中文（简/繁体）网页搜索服务。使用百度搜索引擎，输入标准编码的繁体中文或简体中文，可以同时搜到繁体中文和简体中文网页，并且搜索结果中的繁体网页摘要信息会自动转成简体中文，方便阅读。如无限定，默认以关键词精确匹配方式进行搜索。百度搜索引擎不区分英文字母大小写，所有的字母均当作小写处理。搜索引擎并不理解网页上的内容，只会找出含有全部关键词的网页。百度的搜索功能包括：①简单搜索功能。直接输入检索关键词查询即可。②高级搜索功能。同时，百度还提供三种相关服务：百度竞价排名服务、火爆地带服务和百度搜索引擎登录。

（章新友）

# 第二章 中医药文献信息获取途径

## 第一节 中医药信息获取原则

随着信息技术的飞速发展,中医药信息如同整个社会信息一样,不仅数量呈指数级增长,流速加快,而且信息老化、污染与分散问题也日益严重。中医药信息的这种情况,要求我们在信息获取工作中必须坚持以下基本原则。

### 一、主动与及时原则

虽然中医药存在大量古代文献,信息相对稳定,但随着研究和从业人员的增加,研究方法的革新,研究内容的深入,中医药信息的时效性亦日益凸显。信息获取应能及时反映事物发展的最新情况,方能使信息的效用得到最大程度的发挥,更好地指导研究和临床。为此,要求中医药工作者和研究人员采取积极主动的工作态度,及时发现、捕捉和获取有关中医药发展的动态信息。要有敏锐的信息意识和强烈的竞争意识,以及高度的自觉性、使命感、洞察能力和快速反应能力,同时也要有过硬的工作本领,熟悉各种信息获取途径如专业数据库、学术期刊、行业报告等,并能掌握先进的信息获取技术和方法。对迫切需要的信息,要千方百计地及时搜集;对他人未注意到的信息,要善于挖掘出其中的效用。一个成功的中医药信息获取人员往往就是从他人不注意的蛛丝马迹中,发现价值连城的信息财富。同时,及时获取信息也非常重要,因为中医药领域的研究和发展日新月异,及时获取信息有助于保持对中医药领域的敏锐度和前瞻性。

### 二、真实与可靠原则

中医药信息的可靠性是保证研究和临床应用质量的关键。在信息获取过程中必须坚持严肃认真的工作作风、实事求是的科学态度及科学严谨的获取方法,对各类信息源的信息含量、实用价值和可靠程度等进行深入细致的比较分析,去粗取精,去伪存真,切忌把个别当作普遍,把主观当作客观,把局部当作全局。另外,要尽量缩短信息交流渠道,减少采集过程中受到的干扰。对一些表述模糊的信息要进一步考察分析,一时弄不清楚则宁可弃之不用。

针对中医药文献,各国的科技工作者掌握的材料、观察事物的角度、研究的方法及哲学观点不同,可能导致结论的千差万别。古代中医药文献在流传和辑录的过程中亦可能出现各种偏差。因此,我们在查阅国外科技文献时,既要承认前人创造的知识财富的巨大价值及现代有关文献的先进性和可靠性,也要善于发现一些错误的观点、片面的认识,不可以盲从,不可以采取单纯的拿来主义,尤其对于一些商业性的宣传要持慎重态度,要将其与实际的科研成果区别开来。

### 三、针对与适用原则

　　中医药学数千年的发展历史中，产生和保存的中医药文献名目繁多，数量巨大，且各学科间相互渗透，而我们所需要的对某一课题有价值的文献，总是特定的，是有层次、有类型、有范围的。信息获取要有针对性，即根据使用者的实际需要有目的、有重点、有选择地获取利用价值大的、适合当时当地环境条件的信息，做到有的放矢。为此，信息获取人员必须认真了解和研究用户的信息需要，弄清用户的工作性质、任务、水平和环境条件，明确信息获取的目的和所获取到的信息的用途，保证信息的适用性。在获取中医药信息时，应根据自身需求进行筛选和整理。例如，在研究某个疾病时，应关注与该疾病相关的中医药治疗方法、药物和临床试验等信息。此外，针对不同受众，如患者、医生和研究人员，获取的中医药信息也应有所区别。

　　平时一般性地阅读和积累各类中医药文献，首先应当确立具体目标，给自己提出明确的任务，明确要解决什么问题及获得什么知识，有了明确的目标，还要有相应的计划，要明确哪些要精读、哪些供浏览、哪些要做文摘等。

### 四、系统与连续原则

　　信息反映的是客观事物的运动状态，客观事物运动既有空间范围上的横向扩展，又有时间序列上的纵向延伸。所谓信息获取的系统、连续，就是指信息获取空间上的完整性要求和时间上的连续性要求，即从横向角度，要把与某一问题有关的散布在各个领域的信息搜集齐全，才能对该问题形成完整、全面的认识；从纵向角度，要对同一事物在不同时期、不同阶段的发展变化情况进行跟踪搜集，以反映事物的真实全貌。信息获取的系统、连续原则是信息整序的基础。只有系统、连续的信息来源，才能有所选择，有所比较，有所分析，产生有序的信息流。中医药文献由于时间跨度大，涉及文献种类多，从数千年前的《黄帝内经》《神农本草经》到现代的《中华本草》，从各种图书、期刊到专利、标准，散布着大量的中医药信息，所以尤其要注意此原则。中医药信息在获取时，应将各类信息有机整合，形成一个完整的中医药知识体系。这需要关注中医药领域的各个方面，如基础理论、治疗方法、药物研究等，并将这些信息相互关联，形成一个系统的中医药知识框架。

### 五、经济与适度原则

　　在获取中医药信息时，还应考虑经济和适度的原则。现代社会信息环境十分复杂，如果不加限制地滥采信息，不仅会造成人力、财力和物力的极大浪费，而且会使主次不分、真伪不明的信息混杂在一起，重要信息湮没于大量无用信息之中。因此，在信息采集时必须坚持适度适量原则，讲求效果。一般来说，获取的信息在满足用户需要的前提下必须限定在适当的数量范围内，即不能超过用户的吸收利用能力。另外，也要从使用方便的角度选择合适的信息源和信息获取途径、方式，以及应采集的信息数量与载体形式等，提高信息获取工作的经济效益和社会效益。

### 六、计划与预见原则

　　在现代社会，人们更关注未来。信息获取工作既要立足于现实需要，满足当前需求，又要有一定的超前性，考虑到未来的发展。为此信息获取人员要随时掌握社会经济和科学技术的发展动向，制定面向未来的信息获取计划，确定适当的获取方针和获取任务。一方面要注意广辟信息来源，灵活、有计划、有侧重地搜集对将来发展有重要指导意义的预测性信息，另一方面要持之以恒，日积月累，把信息采集当作一项长期的、连续不断的工作，切忌随意调整采集方针。盲目变动采集任务。当然，应当在科学的预见性基础上做到灵活性与计划性的统一，要善于通过对国内外中药文献的全面了解和综合分析，发现本学科或本行业的发展趋势，从而制定出合理的研究规划，采取可行的行动方案，使自己在飞速发展且竞争日趋激烈的科技领域处于领先地位。

21世纪是科学技术瞬息万变，人类社会全面进步的大数据时代，知识与信息正在取代资本与能源成为创造财富的主要资产。知识经济已成为这一时代的主要特色，对前人已累积知识的获取、了解、掌握和大数据的挖掘利用变得越来越重要。目前，中医药文献已与现代科学技术同步，对国内外中医药文献的学习和研究，可使我们开阔眼界，增长知识，了解最前沿的研究状况和最新的发展信息。

## 第二节　中医药信息获取途径

面对一个检索问题，研究生应该具备一定的信息检索能力。这就涉及如何选择合适的信息源，通过哪些途径可以获取信息，并具备判断文献信息的真伪、评价文献信息的优劣及学术价值的能力。

### 一、从信息源获取中医药信息的途径

信息源，顾名思义就是信息的来源，即人们在科研活动、生产经营活动和其他一切活动中所产生的成果和各种原始记录，以及对这些成果和原始记录加工整理得到的成品都是信息的源泉。联合国教科文组织出版的《文献术语》（*Terminology of Documentation*）则把"信息源"定义为"个人为满足其信息需要而获得信息的来源"。信息源内涵丰富，不仅包括各种信息载体，也包括各种信息机构；不仅包括传统印刷型文献资料，也包括现代电子图书报刊；不仅包括各种信息储存和信息传递机构，也包括各种信息生产的机构。

一切信息来源于自然界和人类社会。"人"既是信息的来源，也是信息的使用者。从信息源的角度获取中医药信息，通常包括个人信息源、实物信息源、文献信息源、数据库信息源和组织机构信息源等途径。

（一）个人信息源

个人信息源又称口头信息源，在情报学领域称之为"零次文献"。所谓"零次文献"，主要包括两方面内容，一是指形成一次文献前的知识信息，即未经记录、未形成文字材料的口头交谈；二是未经正式发表的原始文献，或未正式出版的各种书刊资料，如书信、手稿、记录、笔记和包括一些内部使用（通过公开正式的途径所不能获得）的书刊资料。

通过个人信息源途径获取中医药信息，在日常交流、传播系统中具有重要的地位和作用。零次文献一般是人们通过口头交谈、参观展览、听取演讲或报告会等途径获取的相关信息。人们往往通过与具有丰富中医药经验的专家、学者和行政管理人员的口头交流获取比公开场所更早的中医药信息资源，不仅在内容上有一定的价值，而且能弥补一般公开文献从信息的客观形成到公开传播之间费时较多的弊病。

**1. 个人信息源的特点**

（1）及时性：通过与中医药领域的专家、学者直接交流或听取演讲报告的形式，能够迅捷、

准确地获取最新的研究成果等中医药学信息。

（2）新颖性：同行交谈的信息内容有时可能是自己未知或不清楚的信息，有时甚至能获取不宜公开的信息，具有较强的新颖性。

（3）强化感知性：面对面地获取信息，除语言信息以外，还可根据信息发出者的声调、表情、语气、身体语言及环境气氛等感受其"言外之意"，进行推理和判断，加深理解。

（4）瞬时性：口头信息提供时间越短，反映的情况越真实，描述得越清楚，信息价值就越高。因此，个人信息源途径获取的信息还具有生存时间短、更新速度快、瞬时性的特点。

**2. 个人信息源的缺点**

（1）信息容易失真：口头信息在传递过程中，可能会自觉或不自觉地对发言者传递来的信息进行自我语义转换，从而导致信息失真。

（2）主观随意性：人们在口头信息交流过程中，往往按照自己的个人意志对信息进行加工和取舍，甚至曲解和割裂，因此这种主观随意性的评价容易导致信息失真。

（3）信息保管困难：由于口头信息没有记录在载体上，这种非记录性决定了其难以保管和留存。

（4）信息传播范围小：口头信息传播的范围有限，受众面较小。

## （二）实物信息源

实物信息源是指实际存在的物品所揭示出来的信息，往往是指没有加工的信息，用户只能根据需求仔细、有目的地搜集、加工、整理、分析和利用。

中医药的研究对象是人的生命、健康与疾病、中药和一切可能具有生理活性和治疗作用的物质。无论是人的生理病理状态，还是中草药、代谢产物、人工合成化合物等，均可视为实物信息源。实物信息源为中医药从业者提供了充分认识和理解中医药的物质条件。

**1. 实物信息的特点**

（1）直观性：实物的最大优势就是形象、直观，它能提供全方位、多角度、立体的信息。

（2）真实性：实物信息源是指客观存在的信息，如病理生理指标、药材、合成物等。中医药工作者可以从这些客观存在的信息中获取真实可靠的实验数据和有效信息，从而有助于指导生产实践活动。

（3）隐蔽性：实物信息源中包含的信息往往是潜在的、隐蔽的，不易被完全发现，因此需要中医药工作者具有较强的信息意识，对潜在和隐蔽的实物信息进行认真细致的研究分析，找出具有规律性的信息，提高科研分析问题的能力和水平。

（4）零散性。实物信息源的时空分布广泛、零散，因此需要把杂乱无序的信息整理成有序状态，以满足人们的特定需求。

**2. 实物信息源的缺点**　①信息挖掘困难；②信息收集、保管、传播困难；③易引起知识产权纠纷。

## （三）文献信息源

我国国家标准《信息与文献　参考文献著录规则》（GB/T 7714—2015）等相关文件，对"文献"的定义为"文献是记录有知识的一切载体。"文献信息源则是指将信息储存在纸张、胶片、磁带、磁盘和光盘等物质载体上而形成的一类信息源。

**1. 文献信息源分类**　按照不同的分类标准，文献信息源可分为以下不同类型。

（1）按照文献的物质载体形式：可以把文献分为印刷型文献、缩微型文献、声像型文献、电子信息源、联机网络信息源。

1）印刷型文献：指以纸张为载体，以印刷技术为记录手段产生的文献，便于阅读，可广泛流传，但信息存储密度小，占用空间大。

2）缩微型文献：指以感光材料为载体，利用光学记录技术产生的文献，包括缩微胶卷、缩微胶片等形式。与印刷型文献相比，缩微型文献具有信息存储量大、体积小、保存时间长等特点，但阅读必须借助于机器。现在缩微型文献通常用于古籍文献、建筑图纸等的复制、保存及使用。

3）声像型文献：指以感光材料或磁性材料为载体，借助特殊的装置对声音或图像信息进行真实记录形成的文献。如唱片、录音带、光盘和电影拷贝等，其记录知识的形式较为直观、生动。

4）电子信息源：即以数据的形式，把文字、图形、图像、声音等多种形式的信息存放在光性物质和磁性物质等非印刷型介质上，再以光信号、电信号的形式传输，通过相应的计算机和其他外部设备显现出来的一种信息源。

当前的电子出版物有电子期刊、电子报纸、电子图书及各种类型的数据库等。非出版物电子信息源主要指电子新闻、电子邮件、电子布告和电子论坛等。电子信息源的特点是费用低、信息更新快，检索范围大，能检索的信息不单以文献信息为主，数据库一般还提供多种信息服务。

5）联机网络信息源：是指借助信息技术将信息存储在互联网上，形式比较特殊的信息源。随着科学技术的进步，联机网络信息源作为一种新的信息载体，能够跨越时空的阻隔，使其所负载的信息内容既可世代代流传，也可在不同国家、不同民族、不同地区之间进行传递。此外，网络上的信息资源十分丰富，价格低廉，并有许多是免费的，因此联机网络信息源已成为信息时代获取信息，联系世界和沟通全人类思想的纽带，如 E-mail、Telnet、WWW 和 BBS 等。目前资料最多、门类最全、规模最大的信息库就是互联网，它是人们检索信息的极为重要的来源。

（2）按照文献信息加工的程度：可以分为零次文献、一次文献、二次文献、三次文献。

1）零次文献：一般是通过口头交谈、参观展览、参加报告会等途径获取，不仅在内容上有一定的价值，而且能弥补一般公开文献从信息的客观形成到公开传播之间费时较多的弊病。主要包括两个方面的内容。一是指形成一次文献前的知识信息，即未经记录、未形成文字材料的口头交谈；二是未经正式发表的原始文献，或未正式出版的各种书刊资料，如书信、手稿、记录、笔记和包括一些内部使用（通过公开正式的途径所不能获得）的书刊资料。

2）一次文献：指作者以本人的工作经验和研究成果为基本素材写成的原始文献，无论其载体形式、出版类型如何，都属于一次文献。专著、期刊论文、科技报告、学位论文、专利文献、会议文献等都是一次文献。一次文献直接记载了科研和生产中创造发明成果的原始资料，具有创新性、实用性和学术性等特征，是文献检索和利用的主要对象。

3）二次文献：又称检索工具，是将大量分散无序的一次文献进行收集、分析、归纳和概括整理，并按一定规则编排而成的文献，包括目录、索引（题录）、文摘及相关数据库。

二次文献具有检索与通报一次文献的双重功能，因此又称通报性文献或检索性文献。它的主要作用在于系统反映原始文献信息，帮助读者用较少的时间浏览较多的文献信息，提供检索所需要的文献线索。但近年来有些文献在全文发表前先以文摘的形式报道其内容，甚至只发表文摘而不发表原文，以至于一次文献与二次文献的界限很难截然分开。

4）三次文献：指在二次文献的指引下对检索到的一次文献进行分析、归纳和概括而成的文献，包括综述研究类文献、参考工具等。综述研究类文献是在大量原始文献成果基础上对科学技术的发展趋势进行分析、综合评述的产物，如专题述评、总结报告、动态综述、进展通信、信息预测等；参考工具类文献是在原始文献内容反映的原理、定律、事实、方法、公式、数据及统计资料的基础上，筛选出稳定、可靠而有用的知识，编写成供查阅参考的工具书文献，如手册、大全、年鉴、指南等。

从一次文献，到二次文献，再到三次文献，是一个由分散到集中、由无序到有序的发展过程。一次文献是掌握信息的直接对象，二次文献是检索原始文献信息的主要工具，三次文献是掌握情报源的主要资料，它们是开展科研活动不可或缺的基本条件。

（3）按发行范围划分：可分为白色文献、灰色文献和黑色文献。

1）白色文献：指一切正式出版并在社会成员中公开流通的文献。

2）灰色文献：指非公开发行的内部文献或限制流通的文献，出版量小，发行渠道复杂。

3）黑色文献：一指处于保密状态或不愿公布其内容的文献，如政府文件、内部档案等；二指人们未破译或未辨识其中信息的文献，如考古发现的古老文字及未经分析厘定的文献。

（4）按照出版形式：可分为图书、期刊、报纸、特种文献（专利、学位论文、标准文献）等。

1）图书：凡由出版社（商）出版的印刷品或手抄方式（古籍）、具有特定的书名和著者、篇幅较大、现今编有国际标准书号、有定价，并取得版权保护的不定期出版物称为图书。图书是记录和保存知识、表达思想、传播信息的最古老、最主要的文献，包括专著、丛书、论文集、工具书、教科书、参考书等，是综合、积累和传递知识的一种重要文献信息源。

图书的特点是内容系统、全面、完整，但出版周期较期刊长，其报道信息在时间上比期刊论文和专业学科文献要晚些，因此传递信息速度较慢。

近年来出版了大量中医药电子图书，读者通过数据库或网络就能方便快捷地获得相关知识信息。

2）期刊：又称杂志，是面向特定主题或专业读者的定期或不定期连续性出版物，一般有固定的刊名、编辑出版单位、内容范围。每种正式出版的期刊均有一个国际标准连续出版物号（international standard serial number，ISSN），我国期刊同时还具有国内统一连续出版物号（CN）。科技期刊具有内容深度、专业性强、信息量大、出版周期短、发行与影响范围广等特点，是科技人员最重要的信息来源。

与图书相比，期刊的特点是出版周期短，时效性强，一般较图书早 2~3 年，报道及时、流通面广、内容新颖、连续性强，能及时反映各国的科学技术水平或科研课题的开发过程。读者可以及时了解该领域的科研动态、前沿信息和进展情况，以拓宽思路，汲取有用的成果。因此，期刊是读者获取专业研究领域的新发现、新思想、新见解、新问题的首要信息源，也是当前信息情报的主要信息源。

3）报纸：是指以频繁的周期发行，提供关于当前事件最新信息并通常附有评论的连续出版物。报纸出版周期最短，内容新、涉及面广、读者多、影响大，是新闻的主要载体，能及时了解社会各方面的信息，因此及时性、新闻性是其主要特征。科学技术上的新发现、新成果有时会作为一条新闻先在报纸上被刊登出来。因此，报纸是不可忽视的文献来源。

但报纸刊登的信息较为零乱、主题略微分散、知识不系统，其专业性不如科技期刊或专业图书强，是一种难以保存和累积的信息。

4）特种文献：出版形式比较特殊的文献资料，其主要包括以下几种。

A. 专利文献：是科技工作者极为重要的信息源，是指已经申请或被确认为发明、实用新型和工业品外观设计的研究、设计、开发和试验成果的有关资料，以及保护发明人、专利所有人及工业品外观设计和实用新型注册证书持有人权利有关资料的已出版或未出版的文件（或其摘要）等围绕专利制度而产生的一系列文献资料。专利文献涉及的技术内容比较广泛，从日常的生活用品到高科技领域，面广量大。广义专利文献包括专利说明书、专利公报、专利分类表、专利检索工具及与其相关的法律性文件，狭义专利文献指各国（地区）专利局出版的专利说明书或发明说明书。

B. 标准文献：有狭义、广义之分。狭义上指按规定程序制定，经公认权威机构（主管机关）批准的一整套在特定范围（领域）内必须执行的规格、规则、技术要求等规范性文献，简称标准。广义上指与标准化工作有关的一切文献，包括标准形成过程中的各种档案、宣传推广标准的手册及其他出版物、揭示报道标准文献信息的目录、索引等。

标准文献在行业内具有约束力、实效性、针对性等特点。技术标准在科学上是可信的，在技术上是可行的，对各国的科技发展和生产技术活动进步起到了很重要的作用。对产品更新换代、改进工艺水平、提高产品竞争力很有帮助，是了解一个国家发展和生产水平的重要信息源。

C. 学位论文：是指作者提交的用于其获取学位的论文。通常情况下，所谓学位论文主要指硕士和博士论文。各国学位论文的保管与报道方式不尽相同，通常在各国的国家图书馆收藏有大量的本国学位论文。目前，我国大多数硕士、博士学位论文可以通过数据库进行下载或查阅。学位论文带有一定的独创性，探讨的问题比较专业，对问题的阐述较为系统详细，也有一定的参考价值，因此也是一种获取中医药信息的重要信息源。

D. 会议文献：是指在国内外各种专业学术会议上宣读的论文和交流的学术报告。其特点是内容新颖，专业性和针对性强，传递信息迅速，能及时反映科学技术中的新发现、新成果、新成就及学科发展趋向，是了解有关学科发展去向的重要信息来源。由于许多科学领域的新进展、新发现、新成就及新设想都是最先在学术会议上发布的，因此科技工作者都把各自领域召开的学术会议视作获取学术信息的重要场所。会议文献按出版时间可分为会前文献和会后文献。会前文献主要有会议论文预印本和会议论文摘要。会后文献是会后经整理出版的文献，如会议录、会议论文集、会议论文汇编、会议丛刊、丛书等。

E. 科技报告：又称科学技术报告、研究报告，是科学研究工作和技术开发结果或研究进展的记录或正式报告，一般都有编号，供识别报告类型使用，是一种典型的机关团体出版物。科技报告大致可以分为基础理论研究和生产技术两大类，所反映的科研水平和成果比期刊论文快，且内容新颖、详尽、专深、具体、完整、可靠，是科研过程的真实记录，能反映一个国家在某一学科领域的科技水平，许多尖端学科的研究信息首先就在科技报告中反映。科技报告具体种类繁多，按时间划分有初期报告、进展报告、中间报告、终结报告；按流通范围划分有绝密报告、机密报告、秘密报告、非密限制发行报告、公开报告等。

科技报告的特点是内容新颖翔实、专业性强、出版及时、传播信息快，但科技报告具有保密性，发行是受控制的，一般以单行本形式出版，只有公开与解密的科技报告流传范围较广。因科技报告反映的是新的研究成果，尤其是某些发展迅速、竞争激烈的高科技领域，所以它是获取信息的重要信息源。在我国，国家图书馆、上海图书馆、中国科技信息研究所和国防科技信息研究所等收藏有较全面的科技报告。

F. 政府出版物：是指各国政府部门及所属机构发表、出版的文献。一类是行政性文件，一类是科技文献。通过政府出版物，可以了解该国家的科技发展动态、政策法规、经济政策的演变和科技策略等状况。

G. 档案：是指国家机关、社会团体及组织在从事政治、军事、经济、科技、文化、宗教等活动以及个人从事社会活动中所形成的历史记录。档案材料形式复杂，内容繁多、真实、详尽，具有原始性、保密性特点，其客观记录真实反映了历史，通常保存在各类档案部门。档案文献的可靠性和稀有性使其具有特殊的使用价值，一般为内部使用，有些有密级限制，因此在参考文献和检索工具中极少引用。

H. 产品资料：是指各国厂商或经销商为介绍或推销产品而印发的商业宣传品。有详细的外观照片和结构图，直观性强，但使用周期短，需及时收集。

**2. 中医药文献信息源的特点**

（1）系统性：中医药文献所记载的信息内容，往往是中医药从业者经过一系列理论、实验和实践研究后形成的信息加工产物，因此比较专业和系统，易于表达抽象概念、理论和反映事物的本质和规律。

（2）稳定性：中医药文献信息是通过文字、图形、音像或其他代码符号固化在一定物质载体上，在传播过程中具有较强的稳定性，从而为中医药活动的认知与决策提供了准确可靠的文献依据。

（3）易用性：用户可根据个人研究需要，自由选择利用中医药文献的途径和方式，并可对照其他文献进行补充印证。

（4）可控性：中医药文献信息可以被加工整理、编辑出版成各种文献，可以达到中医药文献信息有序流动的目的。

（5）时滞性：由于中医药文献生产需要花费一定的时间，从而易出现文献时滞过长的情况，会导致文献内容老化过时，丧失其作为信息源的使用价值。

（四）数据库信息源

数据库是统一管理数据的集合。数据库的定义为："至少由一种文档组成，并能满足某一特定目的或某一特定数据处理系统需求的数据集合。"它能向用户提供最大共享、最少重复的数据，并为多种应用提供信息服务。数据库是目前获取中医药文献最基本和最主要的信息源，是计算机信息管理的基本资源。随着数据库管理系统技术的不断发展，中医药信息数据库的存储量越来越大，检索能力越来越强，开发越来越简易，使用越来越方便。

**1. 中医药信息数据库分类** 按相关中医药信息的数据形式，可把数据库分为以下几类。

（1）参考数据库：能指引用户到另一信息源获取原文或其他细节的数据库，包括书目数据库（如题录库、文摘索引库、图书馆机读目录库）和指南数据库。

（2）源数据库：能直接为用户提供所需原始资料或具体数据的数据库，包括数值数据库、全文数据库、术语数据库和图像数据库。

（3）混合型数据库：能同时存多种类型数据库的数据库。

**2. 中医药信息数据库特点** 中医药信息数据库作为一种新型信息源有以下特点。

（1）多用性：中医药信息数据库是围绕中医药信息来采集的数据库，充分考虑了用户的多种检索需求，为专业人员提供多种检索途径，方便使用。内容可靠，存储量大，有一定的权威性。

（2）动态管理性：系统随时更新，传输速度快，时差短，对新的信息能及时进行建库，便于扩充修改、检索、统计、备份和恢复等多种管理。

（3）技术依赖性：数据库系统开发与管理是以计算机运算速度和容量、存储能力为基础，依赖于技术的进步并与之紧密相连。如果没有发达的信息技术基础，数据库信息源就不可能产生和发展，也不可能得到广泛普及和运用。

（五）组织机构信息源

各级各类组织机构主要是通过内外信息交换来发挥其控制功能，从而实现组织目标。中医药组织机构也不例外，它们既是中医药信息的大规模集散地，也是发布各种中医药学专业信息的主要源泉。这类中医药学信息源主要有以下特点。

**1. 权威性** 中医药组织机构有国家政府机构及中医药行业组织、医药高校及医院、从事中医药研发的企业等，它们往往是开展中国医药研究和临床、研发工作的权威机构，其发布的中医药政府条例、行业规范标准等具有一定的权威性，也比较准确可靠，值得高度重视。

**2. 垄断性** 有些中医药组织机构，特别是企业，可能因为商业竞争等原因，有时也会把可以公开的信息资源，看成是自己的私有财产而不愿对外公开形成垄断。如果没有完善的信息公开制度，用户将很难采集信息，更难实现信息资源共享。

## 二、中医药信息特征检索途径

中医药信息检索的途径，又称检索点或检索入口，与文献的特征密切相关，是提取中医药文献信息源的外部与内部特征形成的检索途径。根据文献信息源所具有的物质属性与价值内涵，可将信息源特征分为外表特征和内容特征两个方面（表2-1）。

**表2-1 文献特征与检索标识和检索途径关系表**

| 文献特征 | 文献标识 | 检索途径 |
| --- | --- | --- |
| 外表特征 | 文献名称 | 书名索引、刊名索引、篇名索引、引文索引 |
|  | 作者姓名 | 作者索引 |
|  | 序号 | 专利号索引、化学物质登记号索引 |
| 内容特征 | 分类号 | 分类索引 |
|  | 主题词 | 主题词索引 |
|  | 关键词 | 关键词索引 |

（一）文献信息的外表特征的检索途径

外表特征主要是指从构成文献信息源的载体的外表上标记的可见的特征构成，如图书的书名、期刊的刊名、著者姓名，以及会议录名称和其他特种资料名称等。这些外表特征一般通过以下途径进行检索，如题名（书名、刊名、篇名等）形成题名途径；责任者（著者、译者、编者、专利权人、出版机构等）形成责任者途径；号码（国际标准书号、标准号、专利号、报告号、索取号等）形成号码途径；文献引文形成引文途径。

**1. 题名途径** 题名是指文献的标题或名称。题名途径是以书刊名或论文篇名编成的索引作为文献信息检索的一种途径。如果已知书名、刊名、篇名，可以此作为检索点，利用书（刊）名目录、篇名索引等按题名编排的检索工具进行检索，查出所有特定名称的文献。

题名途径一般较多用于查找图书、期刊、单篇文献。检索工具中的书名索引、会议名称索引、书目索引、刊名索引等均提供了由题名检索文献的途径。它通常按字序或音序编制。因此，使用方法与查字典之方法相同。题名途径是四大检索途径之一，也是一种最方便、最快捷的途径。其特点是检索方便、简洁，但是必须有已知题名，且题名要准确。因为有相当数量的中医药书籍，特别是中医古籍的有些名称非常相似，存在著者名相同而书名不同和著者名不同而书名相同的问题，即"同名异书"和"同书异名"的现象。

利用题名途径检索应注意以下3个问题。

（1）排检规则：中文字顺排检方法有多种，应留意检索系统采用何种方法，如汉语拼音、偏旁部首、四角号码等。英文字顺排列较为简单，但应对冠词、连词、介词等忽略不计。

（2）简称缩写：一些检索工具编制时为了节省篇幅，常对刊名、书名进行缩写。若能掌握一般的简写规则，对检索系统中的刊名、书名简写有所帮助。

（3）与著者同名的问题：在根据检索结果去索取原始文献时有可能会碰到与著者名相同的问题。

**2. 著者途径** 著者是指对文献内容负责或作出贡献的个人或团体，包括著者、编者、整理者、译者。著者途径是根据文献著（编、译）者的名称查找文献的途径。著者途径是一种较常用的检索途径，也是四大检索点之一。通过著者途径，可以检索到某一专业研究人员，尤其是某领域的学者、专家的最新论著，并有助于检索到他们在某一领域开展系统研究的发展脉络。

著者途径的检索较为简单，大多是按字母顺序（汉语按拼音字顺）组织排列起来的。只是在著者的写法上，由于不同的国家和民族习惯不一样，在著者索引的编制上，国际上有一些基本的规则需加以注意。

（1）**姓名次序**：国外著者署名一般名在前，姓在后。但检索工具的著者索引都是将其颠倒过来再按字顺编排，并将名字缩写，两者之间加"·"。需要注意的是，2002年之前的文献，很多数据库记录的作者是名在前，姓在后且缩写。2002年之后发表的文献，作者名字是全名（中文是全拼，且第一个字母必须大写）。

（2）著者名称有多种称呼方式时，如我国古人的称谓有姓名、字、号等不同形式，但检索只能按照著者的姓名作为检索的入口，其他称谓可通过参见方式转换为姓名进行检索。

（3）合著者是2人，按原文献上的著者次序著录，2人以上者只著录第一著者，其余不标出，而是以"等（et al.）"来表示。

（4）学术团体和机关单位等，按原名著录，并加国别以便区分。

（5）姓前有前缀和冠词等一并计入，按字顺排列。

（6）各国作者姓名，由于文字不同，发音和拼写有别，一般检索工具（特别是国际上几种重要的检索工具）常将各种文字的姓名加以翻译，并各有音译办法，如英、美、俄、日等将非本国文字的著者姓名采用音译法著录，中国的姓名按汉语拼音著录。

（7）姓名中的De、Della、Des、La、Van、Van den、Von等前缀，与姓名一起按字顺排列，如De Lefeore（德莱弗奥尔）、Alfred（阿尔费雷德）、Van Kampf R.（范坎普夫R.）。

（8）团体著者也与个人著者一样，按名称字顺排列。

**3. 序号途径** 是按照文献信息出版时所编的号码顺序来检索文献信息的途径。许多文献具有唯一性或一定的序号，如国际标准书号（ISBN）、文摘号、专利号、化学物质登记号、技术标准的标准号等。在已知序号的前提下，利用序号途径能查到所需文献，满足特性检索的需要。序号途径一般作为一种辅助检索途径。

**4. 分子式途径** 是以化学物质的分子式作为检索标识来检索文献信息的一种途径。使用的检索工具是"分子式索引"。从"分子式索引"中查出化学物质的准确名称，然后再查"化学物质索引"。该途径主要在美国《化学文摘》中使用。

**5. 引文途径** 文献所附参考文献或引用文献，是文献的外表特征之一。利用引文而编制的索引系统，称为引文索引系统。通过引文途径，用户可以检索到某个作者历年来发表了哪些文献，每篇文献又被哪些作者所引用，即了解某作者的某篇文献被引用的情况，从而评价文献价值。美国的《科学引文索引》是当今世界上最主要的引文检索工具之一。我国近年来《中国引文数据库》《中国科学引文数据库》等引文数据库的相继建立，也反映了引文途径正逐渐成为较为常用的检索途径。

**6. 其他途径** 用户还可以根据课题的特点和目的来选用检索工具，灵活掌握使用其他途径进行文献查找，如时序途径、地序途径、生物分类索引、属类索引、环系索引、化学物质途径等。外部特征最大优点是它的排列与检索方法以字顺或数字为准，不易错检或漏检，适用于查找已知篇名（书名、刊名）、作者姓名或序号代码的文献。

（二）文献信息的内容特征的检索途径

文献信息源的内容特征是由分析构成中医药文献信息源的信息内容要素的特征与学科属性形成的，主要包含分类、主题两种检索途径。主题途径主要有主题词途径和关键词两个途径；分类途径以《中国图书馆分类法》的《中图法》最为常见。

**1. 分类途径** 是指一种根据文献的内容特征，利用分类目录或分类索引查找文献的途径。我国高校和公共图书馆均采用《中国图书馆分类法》（简称《中图法》）进行文献分类。国外影响较大的有《杜威十进制分类法》、《国际十进分类法》和《美国国会图书馆分类法》。

分类检索的特点是能完整展现学科体系，便于用户从学科体系的角度获得较系统的文献线索，即有利于通过族性检索快速获得同一学科或同一专业的文献。但它要求检索者对所用的分类体系有一定的了解，熟悉分类语言的特点和学科分类的方法，注意多学科课题的分类特征。

用户可以通过查找各种分类法的分类详表或类目索引获得相关线索（类目名或类号）再进一步检索，如利用检索工具或利用各种馆藏目录；也可以通过数据库提供的菜单进行检索；三是通过网站的分类类目选择。

**2. 主题途径** 主题词是指规范化的词汇，用于表达文献内容的主题。主题途径则是指用户根据所确定的主题词，利用主题词表和主题索引实施检索的途径，是四大检索点之一。主题检索常用的主题词表有《医学主题词表》和《中国中医药主题词表》。

主题途径是依据文献内容的主题特征进行文献检索。主题途径具有直观、专指、方便等特点，不必像使用分类途径那样，先考虑课题所属学科范围、确定分类号等。主题途径表征概念较为准确、灵活，无论主题多么专业都能直接表达和查找，并能满足多主题课题和交叉边缘学科检索的需要，具有特性检索的功能。通过主题途径获得的信息专指性强，但查全率较低，对用户的检索知识要求高。

**3. 关键词途径** 关键词是从文献的标题或正文中抽出来的自然语词。关键词与主题词不同之处在于，关键词是未经过规范化的，是不能作为选择和控制的自然语言。关键词途径是按照文献题目或内容中的主要内容起关键作用的词或词组，按照关键词的字顺在检索系统中使用的检索途径。

## 三、中医药信息获取方式分类

中医药信息的获取方式取决于文献信息的交流方式。中医药信息交流主要有正式交流和非正式交流两种方式，因此中医药信息的获取方式也主要通过正式交流和非正式交流渠道获取。

（一）正式交流渠道获取

正式交流渠道包括用户通过出版发行系统、图书馆系统、情报（信息）所系统、档案馆系统、信息咨询公司、广播电台、电视台等文献信息机构获取文献信息。其中，出版发行系统主要通过订购方式获取文献，而其他系统则可以通过文献检索、咨询、借阅、复制等方法获取。

（二）非正式交流渠道获取

非正式交流渠道，主要指用户直接向文献信息的生产者获取文献信息，包括以下方式。

**1. 直接索取** 可直接向文献生产者或编撰者索取中医药文献信息，如药学产品目录、中医药书刊等。

**2. 相互联系** 与中医药同行相互联系，通过书信往来、参加各种培训学习或学术讨论，从而获得中医药文献信息。

**3. 参加学术会议** 学术会议是该学科人才和信息最集中的地方，是活跃的学科前沿形式。它们反映了各专业的最新成果、水平和趋势。因此参加中医药学术会议，有助于了解和获取最新的中医药学信息，也是了解国际动态和发展趋势的重要信息来源。参加学术会议还可以建立单位间及个人间的文献信息交流网络。

**4. 互赠互换**　与兄弟院校、科研院所进行资料的互赠互换，或与国内外同仁进行资料互换。

**5. 访问考察**　通过参观访问或现场考察、参观展览会、实验室及观看示范操作等，除文字记录外，还可以拍照、录音录像，获取的中医药文献信息比较直观详细、生动可靠。

**6. 委托搜集**　有些本地难以得到的药学文献信息或内部药学文献资料，可委托参加学术会议的同志收集会议文献信息；委托赴国外考察的同事及国际友人进行文献信息的收集；委托文献信息机构、第三方咨询服务单位、出版发行单位等收集针对性强、价值高的文献信息。

**7. 参加网络活动**　目前，从中央到地方，以至各个企业，都成立了信息网络组织。通过参加这些网络组织的线上活动或会议，可获得有效、及时的中医药文献信息。

**8. 利用机构团体**　直接向中医药行政部门、科研单位、高等院校、学术团体和社会团体，获取所需的中医药文献信息。

## 四、中医药信息检索的传统方法

文献检索有多种方法，可根据课题的检索要求，以及文献资源状况和检索机构的条件来确定。

（一）常用法

常用法又称工具法或直接法，是直接利用文献检索工具来查找文献的方法。常用法可分为顺查法、倒查法、抽查法。

**1. 顺查法**　是以检索课题的起始年代为起点，按时间顺序由远及近、从旧到新检索文献的方法，这种方法一般能满足查全的要求，检出的文献信息能反映课题的发展全貌。但查找前，需摸清课题提出的背景及其大致的发展历史，后期需对检索结果进行筛选。优点是查全率高，缺点是需明确查找课题的起始时间，如若时间不准确，耗时较多，所得文献量大，则有可能出现漏检。

**2. 倒查法**　是一种由近及远、由新到旧查找文献的方法。这种方法主要用于检索最新科研成果，重点在近期文献，时限可长可短，以查到所需文献为限。此法的优点是节约时间，灵活性大，检索效率高。缺点是漏检率高，不能满足查全的要求。

**3. 抽查法**　是一种根据学科文献的起伏变化规律，抽取学科发展高峰期的大量文献，以较少时间获取高质量、高数量文献的方法。由于学科发展高峰时期，文献数量远高于其他时期，文献发表数量增加，新的观点、新的理论也会在这个时期产生，因此抽查法能以较少的检索时间获得较多的文献信息。使用此法必须以熟悉学科发展特点为前提，否则会导致文献的漏检和误检。

（二）追溯法

追溯法又称回溯法，是直接利用原始文献所附的参考文献，由近及远进行追溯查找的方法。这是一种有效追溯某一研究课题发展脉络，在缺乏检索工具或者研究冷门、能够查到的文献量稀少的情况下，扩大相关信息源的检索方法。缺点是检索不够全面，查全率低、漏检率高。

（三）综合法

综合法又称循环法、分段法或交替法，是常用法和追溯法两种方法的综合。既利用检索工具又利用文献后边的参考文献进行追溯，两种方法交替使用，直到满足读者需要为止，它可达到较高的查全率和查准率。此法的优点是充分利用手中仅有的检索工具和原始文献，达到这两种文献资源在文献上的互补，避免因检索工具的不全或缺年收藏情况。缺点是两种方法时间衔接不当会造成漏检。

实际课题的检索选用哪一种方法，要根据具体情况而定。一是根据课题研究的需要，二是所能利用的检索工具和检索手段。

## 第三节　现代中医药信息获取方法

随着现代信息技术在社会各个领域广泛渗透和运用,人类已置身于以数字化、网络化为特征的信息时代。计算机文献检索,是从庞大的信息资源中获取所需信息的重要方法,也是现代药学信息检索的主流。

### 一、计算机文献检索基础

（一）计算机文献检索的含义及发展历程

**1. 计算机文献检索的含义及特点**　计算机文献检索就是利用计算机技术对文献进行存储与检索。存储时,将大量的文献信息以一定的格式输入到计算机系统中,加工处理成可供检索的数据库。检索时,将符合检索需求的提问式输入计算机,在选定的数据库中进行匹配运算,然后将符合提问式的检索结果按要求的格式输出。

随着计算机技术、通信技术和网络技术的迅猛发展,计算机文献检索服务已成为信息检索服务中最重要的方式,与传统的手工文献检索相比,计算机文献检索具有以下特点。

（1）检索速度快:手工检索需要数日甚至数周的时间,计算机检索只需数分钟至数小时。

（2）检索途径多:除手工检索工具提供的分类、主题、著者等检索途径外,还能提供更多的检索途径。如篇名、全文途径等。

（3）更新快:尤其是计算机检索工具,如:光盘多为月更新或周更新,而网络数据库多为日更新甚至实时更新。

（4）资源共享:网络用户可以不受时空限制,共享服务器上的检索数据库。

（5）检索更方便灵活:可以用逻辑组配符将多个检索词组配起来进行检索,也可以用通配符、截词符等进行模糊检索。

（6）检索结果可以直接输出:全文数据库可直接提供原文全文,可以选择打印、存储或 E-mail 发送检索结果。

**2. 计算机文献检索的发展历程**　从 1954 年美国海军军械试验站首次将计算机应用于情报检索试验以来,到如今的多元化全面发展,计算机情报检索经历了以下五个阶段。

（1）脱机检索阶段（1954~1964 年）:20 世纪 50 年代初中期,计算机尚处于第一代电子管时期,用于情报检索有很大的局限性,因此几乎没有实用系统,有的只是内部的实验性或半实验性系统。此阶段计算机检索是单人操作,分批输入用户的检索要求和输出检索结果（批量检索）。

（2）联机检索阶段（1965~1972 年）:由于第三代集成电路计算机的产生与发展和高密度海量贮存器——硬磁盘及磁盘机的出现,再加上数字通信技术的发展和分组交换公用数据通信网的普及,使得信息检索从脱机批处理阶段进入联机检索阶段。单台计算机通过通信线路可连接多个检索终端,利用分时技术,若干个用户可同时直接和主机以"对话"方式进行检索。

这一时期,比较有代表性的检索系统有 Dialog 系统和 MEDLARS 系统。但此时计算机网络主要是通过电话线路联结,因此联机检索受到地区的限制。

（3）国际联机检索的发展与普及阶段（1973 年至今）:由于第四代计算机的出现及卫星通信技术和光纤通信技术的实用化,计算机情报检索冲破时间和空间的限制,为快速全面地获取全球性科技情报资料和经济信息提供了非常方便的条件，从而极大地提高了情报资料的可获得性和利用价值，充分实现了人类情报资源的共享。

（4）光盘检索系统阶段（1985年至今）：20世纪80年代，随着社会对情报需求的日益增长，数据库生产和服务的市场越来越大。1985年，出现CD-ROM数据库，因使用方便，存储量大，不受检索时间、通信费用、打印篇数的限制而深受读者欢迎。但因光盘容量有限且无法实时更新，以及共享困难等，已不再是主流。

（5）Internet检索阶段（1990年至今）：Internet简称因特网，是一个全球性的信息系统。从网络通信技术角度看，Internet是一个以TCP/IP通信协议连接各个国家、各个部门、各个机构计算机网络的数据通信网；从信息资源的角度来看，Internet是一个集合各个专业、各个领域、各种资源为一体的供用户共享的信息资源网。Internet提供的信息涉及数万个各类数据库，并有文字、数据、图像和声音等多种媒体形式。在Internet上有一定数量的科技信息资源，受到广大科技工作者的重视，传统的一些数据库服务商纷纷通过Internet来提供服务。

Internet是世界上最大的互联网络，它的产生、发展和应用反映了现代化信息技术发展的最新特点，涉及了电子、物理、软硬件、通信、多媒体等现代技术领域。

（二）计算机检索系统的构成

计算机文献检索系统主要由计算机硬件、软件、数据库构成。

**1. 硬件**　是指进行信息输入、输出、存储、运算和传递的实体（包括以计算机为中心的一系列机器设备），它可以是大、中、小型计算机，也包括打印机、电源设备、通信设备及网络系统等外围设备。其中影响检索系统功能的是CPU的运算速度、内外存容量。

**2. 软件**　又称计算机程序，是指控制计算机进行各种作业的一系列指令和进行"人机对话"及各种数据的存储和传输的"翻译"规则。计算机软件包括系统软件和应用系统软件等。

**3. 数据库**　是以特定的组织方式将相互关联的数据集合、存储的总汇。它将各种数据中的信息单元经过有序处理、组织，可以按通常的方法进行维护和检索，是计算机检索系统的核心。数据库分为如下类型。

（1）数值数据库（numeric database）：存储有关科研数据、数值，包括各种统计数据、实验数据、临床检验数据等。如美国国立医学图书馆编制的化学物质毒性数据库RTECS，包含10多万种化学物质的急慢性毒理实验数据。

（2）书目数据库（bibliographic database）：是二次文献数据库，存储了大量的一次文献和三次文献，为检索者提供了文献出处，但检索结果是文献的线索而非原文。书目数据库是科研人员检索相关文献的常用工具，其特点是收录文献数量大，文献检索标识准确，提供的检索途径多，但仅能提供文献的线索。

（3）事实数据库（factual database）：存储有关人物、机构、课题研究动态等一般事实性资料信息的数据库，包括指南、名录、大事记等参考资料。详细介绍某人或某机构的过去、现状、主要研究领域等文本性信息。如美国医生数据咨询库（Physician Data Query，PDO），为典型的事实数据库，是为医生提供有关肿瘤的百科全书。

（4）全文数据库（full-text database）：由出版商或代理商建立并发行，为检索者提供文献原文全文。其储存的原文，有些是印刷版的电子版，有些则是纯电子版，如《中国学术期刊（光盘版）》。特点是仅收录该出版商出版或代理商代理的少量期刊，建库目的主要是提供期刊全文，文献检索功能弱，检索标识不规范，标引深度浅，提供的检索途径少，基本上仅有关键词检索而无主题词检索，检索的准确性较差。

（5）超文本数据库（hypetext database）：存储声音、图像和文字等多媒体信息。如美国的蛋白质数据库（Protein Data Bank，PDB），可以检索和阅览蛋白质大分子的三维结构。

（三）计算机文献检索技术

检索技术一般指用来对标引标识与提问标识进行类比、匹配和逻辑运算的技术。在检索过程中，一个课题往往需要多个检索词来描述其含义，而这些检索词间需要用一定的语法规则来规定，才能完整地描述检索要求。检索词之间的关系通常是用算符来描述的。

由于文献信息在计算机中存储方式及检索者提问表达的多样性和灵活性，检索方法有很多，常用的计算机检索技术有布尔逻辑算符、位置算符和截词符等。

**1. 布尔逻辑算符** 布尔逻辑检索是指利用布尔逻辑运算符来表达检索词与检索词之间的逻辑运算关系，用以表达用户的检索要求。利用布尔逻辑算符进行检索词的逻辑组配，是计算机检索中最常用的匹配运算模式或一种检索语言，大部分的数据库和其他网络信息检索系统都支持布尔逻辑检索（图2-1）。

常用的布尔逻辑算符有3种：逻辑"或"（OR）、逻辑"与"（AND）和逻辑"非"（NOT）。布尔逻辑算符的作用，是将代表单一概念的检索词组配在一起以充分表达信息需求，系统根据算符要求进行逻辑运算以输出更为准确的检索结果。

（1）逻辑"或"：用"OR"或"+"表示，其构成的表达式为"A OR B"或"A+B"，表示包含检索词A的文献或者检索词B的文献，或者同时包含检索词A和B的文献，是反映概念之间并列关系的一种组配，可扩大检索范围，增加命中的文献量，防止漏检，提高查全率。其逻辑关系如图2-1所示。这种组配方法常用于连接2个或2个以上同义或近义的检索词，包括连接英、美不同的词形。例如，梅尼埃病（曾称美尼尔综合征），为防止漏检文献，在检索时，检索式可以用"美尼尔综合征 OR 梅尼埃病"。

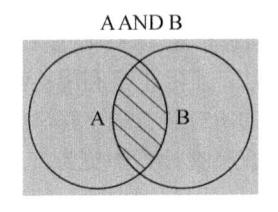

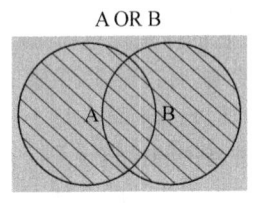

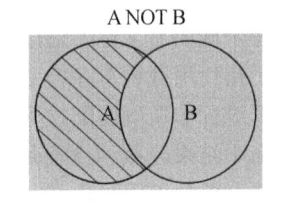

图2-1 布尔逻辑算符

（2）逻辑"与"：用"AND"或"*"表示，其构成的表达式形式为"A AND B"或"A*B"，表示文献中同时包含检索词A和检索词B的文献才能命中，是反映概念之间交叉和限定的一种组配，可缩小检索范围，提高查准率。其逻辑关系如图2-1所示。用逻辑"与"可以逐步缩小文献的检索范围，以提高文献的检准率。例如，检索"糖尿病的诊断"的文献，可用"糖尿病 AND 诊断"。

（3）逻辑"非"：用"NOT"或"-"表示，其构成的表达式形式为"A NOT B"或"A-B"，表示包含检索词A同时不包含检索词B的文献才被命中，是用于检索词具有不包含某种概念关系的一种组配，可缩小检索范围，增强专指性，提高查准率。其逻辑关系如图2-1所示。逻辑非也是一种缩小检索范围的概念组配方法，但并不一定能提高文献命中的准确性，往往只是起到减少文献输出量的作用，在联机检索中可以降低检索费用。例如，除人类以外的禽流感病毒的研究的文献，则可以用表达式"禽流感病毒 NOT 人类"。三种布尔逻辑算符代表的含义如图2-1所示。

布尔逻辑算符是计算机检索过程中广泛采用的一种方法。在一个检索式中，可以同时使用多个逻辑运算符，构成一个复合逻辑检索式。在一个复合逻辑检索式中，其运算优先次序一般为（ ）

＞NOT＞AND＞OR，如果要改变运算次序，用括号来表示括号内的运算符优先运算。合理运用逻辑运算是提高文献命中准确性和文献查全率的基本方法。

**2. 位置算符**　布尔逻辑算符只是规定几个检索词是否需要出现在同一记录中，不能确定几个词在同一记录中的相对位置。所以单靠布尔逻辑运算符往往不足以表达复杂的概念。当需要确定检索词的相隔距离时，可以使用位置算符。

位置检索又称临近检索，是运用位置算符表达检索词之间的位置关系进行检索的技术方法。通过对检索词之间位置关系的限定，可以进一步增强词指令的灵活性，提高检索的查全率与查准率。常用的位置算符有 Near、With、Subfield、Field 和 Citation。

（1）W 算符（With）：通常写作 A（W）B，表示词 A 与词 B 之间不可以插入其他的词。其表示该算符连接的两个检索词同时出现在同一个字段中，同时 A、B 保持前后顺序不变。如题名、文摘、主题词等，但两词的先后顺序不能颠倒。如表达式 cancer with cells，可检索出"cancer cells"出现在题名或文摘中的文献。

（2）N 算符（Near）：通常写作 A（N）B，表示词 A 与词 B 之间至少可以插入 n 个其他的词。其表示该算符两侧的检索词同时出现在一个句子中，两词次序可以颠倒，两词之间允许有一个空格，不允许有任何字母或词语，同时 A、B 不必保持前后顺序。如表达式 blood near glucose，可检索出"blood glucose"和"glucoseblood"出现在同一句中的文献。

（3）S 算符（Subfield）：通常写作 A（S）B，表示 A 与 B 必须同时在同一个句子中或同一子字段内出现，但次序可随意变化，且各个词之间可加任意词。

（4）F 算符（Field）：通常写作 A（F）B，表示 A 与 B 必须同时出现在同一记录中，如同时出现在篇名、关键词、文摘等字段中，两词次序、A 与 B 间加词个数不限。

（5）C 算符（Citation）：通常写作 A（C）B，表示 A 与 B 必须同时出现在同一记录中，不限定词序和字段。

**3. 截词符**　截词符又称为通配符，它的作用是对单元检索词进行加工修饰，使其功能更完善。截词检索则是指使用截词符在检索词的适当位置截断检索的方法，实际上是利用检索词的词干或不完整的词形进行非精确匹配检索，即但凡含有词的这一部分的所有字符或字符串的文献信息，均被认为是命中结果。截词检索是一种常用的检索技术，尤其在英文检索中更为常见。

截词方法可单独使用，也可与其他检索方法配合使用。合理使用截词检索，能提高查全率，有效地防止漏检；可以扩大检索范围；也可以检索到一些不确定的文献信息。但截词的使用要合理，否则会造成误检，特别是使用无限截词。需要注意的是，截词所用的词不能太短，更不能是词根。

根据截词的位置不同，可以分为前截词、中截词和后截词；根据截断字符数目分为无限截词和有限截词两种。

（1）根据截词的位置划分

1）前截词：是将截词符放在一个字符串左方，以表示其左有有限或无限个字符，不影响该字符串的检索。例如，*glycemia 可以检索到 hyperglycemia 或 hypoglycemia 的文献。

2）中截词：是把截词符置放在一个检索词的中间。这种方法多用于英语中同一单词的英美不同拼法及单复数不同拼法。例如，man 与 men，woman 与 women 等检索时，可写成 m*n，wom*n。

3）后截词：是最常用的截词检索技术，是指将截词符放在一个字符串右方，以表示其右有有限或无限个字符。从检索性质上讲，在一个词干后用"*"，可将含有该词干的所有词全部检出。例如，child*可检出 child、childe、childly、childing、childish、childhood、children、childrenite 等，这种截断法，截断位置必须选择适当，否则会引出大量无关的检索词以及大量无关的文献。

(2）根据截断字符数目划分

1）无限截词：即一个无限截词符可代表多个字符，常用表示符号为"*""%"。如 media*，表示要检索的词在 media 后可有零到任意多个字母出现。

2）有限截词：即一个有限截词符号代表零或一个字符，常用表示符号"$""?"。如"media?"，可表示 media 或 mediaa 或 mediaz 等。

（四）计算机文献检索的一般步骤

**1. 检索需求分析**　课题分析是文献检索的基础，分析是否全面透彻，是检索能否取得成功的关键。分析课题，首先应分析文献需求，确定检索要求。

文献需求是检索的出发点，也是判断检索效果的标准。文献需求不同，检索要求不同，对检索效果的评价标准也不同。

为申请专利、公布某一重要发现或开始一项新的研究而进行的检索，需要全面收集相关信息，对查全率的要求就很高，需要进行回溯检索；在工作中遇到某一关键问题需要解决，就需要针对这个问题进行检索，对查准率的要求就比较高；想了解本领域的最新动态或者研究进展，则对新颖性的要求高，在制定检索策略时必须把检索结果的新颖性放在首位考虑。

分析课题，主要是分析该课题的学科范围、主题内容，了解背景知识和课题涉及的各种名词术语及其相互关系，确定检索结果的时间范围、文献类型和需要的数量等。

**2. 选择检索工具与数据库**　目前检索系统种类繁多，各具特色，它们的收录所涉及的学科和主题，收录的时间范围、文献类型、文献来源、国别、语种、读者对象、更新周期，系统中文献著录格式或记录格式，以及检索途径、指令系统、系统支持的运算符、检索结果输出的方法和格式等各个方面各有侧重和特点。因此，我们需要根据检索目的，确定课题所需要的文献来源是网络信息资源还是专业数据库，确定需要用的检索工具与数据库的类型，再根据文献需求的内容、专业范围等要求，选择相应的检索工具或者数据库。

**3. 确定检索途径和检索词**　根据检索需求选择相应的检索途径，如选择文献题名、关键词、主题词、作者、刊名、出版社、分类号等途径。

分析课题并研究主题，以确定检索词。检索词要准确、全面地表达课题内容，不能太大也不能太小。需要找出最能代表检索提问的主题概念的若干检索词，专业术语、分析主题概念的同义词、近义词、上位词、下位词等，尤其是专业术语的缩略语、分子式、不同的拼写形式等，提高查全率。

**4. 构建检索式**　采用布尔逻辑运算将检索词进行逻辑组配，充分考虑数据库的限定条件，根据检索需求进行相应限定，构建相应检索表达式。注意各个数据库布尔逻辑符号的表达和使用，根据检索熟练程度选择检索式的构建方法，初学者可以通过数据库检索框的提示选择和组配检索字段、检索词、布尔逻辑关系，添加或减少检索框以及之间的布尔逻辑组配来逐步完成检索过程。检索熟练以后，可以自己直接运用检索词和布尔逻辑符号构建简洁、优化的检索式。在检索的过程中注意布尔逻辑的运用，避免漏检或误检。

**5. 检索与调整检索策略**　在检索过程中，需要不断调整检索策略。初步检索以后，查看检索结果，如果检索结果能满足课题检索需求则输出检索结果。如果对检索结果不满意，则需要继续调整检索步骤，更换检索词，扩大或者缩小检索范围，直到获得满意的检索结果。

**6. 索取原始文献信息**　通过上述过程以后，可以通过各种途径来获取原文文献，以利于对文献内容进行深入的分析和利用。信息检索的结果可以分为两种，一种是检索系统中存储有文献信息全文，如全文数据库，可以选用包含全文的输出格式，又如搜索引擎检索结果中含有链接，用户可以直接到相关的网站或网页查看信息的详细内容；另一种检索结果不包含全文，而只有引导用户查找文献信息的线索，这种检索系统的用户，如书目、文摘检索系统的用户，往往还要通过其他途径索取原文。

获取原文方法有以下几种：一是利用全文数据库直接下载全文；二是通过图书馆馆藏资源查阅原文；三是通过图书馆等图书情报部门提供的馆际互借和文献传递服务；四是利用检索结果中提供的作者或出版机构的邮箱、地址等信息，联系作者或者出版机构获取原文。

## 二、联机中医药文献检索

联机检索是指信息用户利用终端设备，通过国际卫星通信网络，与世界上任何国家的大型计算机检索系统相连接，远距离进行"人机对话"，从信息检索系统存储的数据库中检索出所需信息的过程。

联机检索起步于20世纪60年代中期，蓬勃发展于20世纪70年代。目前全球联机信息检索系统有200多个，较著名的有DIALOG、OCLC、QUESTEL、ORBIT、STN、MEDLINE、ESA-IRS、INFOLINE、JICST系统等10多个较大型的国际联机检索系统，这些系统提供约数十亿条信息记录，包括目前世界2/3以上专业领域的文章，以及金融、商业、产品和新闻等信息。

联机检索的服务方式主要有以下几种。

（1）定题信息提供（seletive dissemination of information，SDI）：是由检索系统工作人员将用户信息需求转换成一定的检索提问式，并将确定的提问式存入计算机中，信息检索系统定期从新的文献中为用户检索，及时掌握同类专题的动态和进展。

（2）专题回溯检索（retrospective search，RS）：是用户对检索系统中累积多年文献资料的数据库进行检索，查找特定时间以内范围或特定时间以前的文献，通常采用联机检索方式进行。RS服务的结果一般要求切题，但又无大的遗漏，尽量做到省时、省费。通过RS进行专题查询或情报调研时，可全面系统地了解有关文献的线索。

（3）联机订购原文：联机检索的结果通常是一些文摘或题录形式的二次文献形式。用户通过阅读这些二次文献了解大致的内容，然后根据这些文献线索查找全文。

（4）电子邮件（electronic mail，E-mail）订购：联机系统开展此项业务，以满足用户与系统之间，用户与各机构之间，用户与用户之间发送、接收、存储各种信息的需要。每个系统都拥有一个E-mail地址，联网系统有参加电子邮政的名单。输入接受者的E-mail地址和通信内容，接受者在数秒钟内便可接收到本需耗时几天的信件。

## 三、网络中医药文献检索

### （一）Internet简介

Internet即计算机国际互联网，是一个把分布于世界各地不同结构的计算机网络用各种传输介质互相连接起来的网络。中文译名有因特网、英特网、国际互联网等。组成Internet的计算机网络包括局域网（LAN）、城域网（MAN）、广域网（WAN）。Internet所采用的标准协议是TCP/IP。

Internet是一个面向公众的社会性免费组织，通过网络实现资源共享。这就是Internet得以在很短的时间内迅速发展的原因。任何机构、任何人都可以将自己拥有的且愿意让他人共享的信息上网，世界各地的人们都可通过Internet进行信息交流和资源共享。

因此，掌握Internet工具的使用是我们获取信息资源的重要途径。

### （二）网络信息资源的类型

网络信息资源是通过计算机网络可以利用的各种信息资源的总和。Internet的资源非常丰富，其信息不仅包括目录、索引、全文等，还包括程序、声音、图像等各类文件和多媒体信息；信息内容包括社会、经济、政治、军事、科技、文化、教育、国际贸易、娱乐等。

网络信息资源可以按不同的方式分类，按所对应的非网络信息资源来划分，大致有以下几类。

**1. 图书目录**　大多数图书馆都在 Internet 上提供图书目录供用户检索，包括美国国会图书馆在内的著名公共图书馆、大学图书馆及学术机构的馆藏机读书目数据库，通过网络对外开放。

**2. 电子书刊**　指在网络环境下可以阅读的书刊，它包括在网络环境下编辑、出版、传播的书刊和印刷型书刊的电子版。目前网上有几万种不同语种的报纸，几万种期刊，其中很多用户免费提供。

**3. 数据库**　如今有数万种数据库通过互联网直接为用户提供信息检索服务，这些数据库的内容涉及不同领域、不同专业，且许多是提供免费使用的。许多国际联机检索系统开设了与 Internet 的接口，用户通过远程登录进行检索，如著名的 Dialog、STN、OCLC 等国际联机检索系统。

**4. 参考工具书**　许多传统的和现代的参考工具书都已进入互联网，如大不列颠百科全书、牛津大辞典等等。

**5. 其他类型的信息**　除上述几种类型的信息之外，电子邮件、电子公告、新闻组、用户组也成为信息交流的重要渠道，并成为网络信息资源的重要组成部分。

（三）网络信息检索工具——搜索引擎

互联网是一个几乎覆盖全球的网络，已经成为信息的海洋，在网上寻找信息犹如大海捞针，进行信息检索变得十分困难。为了适应检索需求，许多机构开发能在广域网环境下工作的信息检索工具。因此，人们自然会想到要发明或使用一些网络检索工具。在此背景下，网络信息检索工具应运而生，情报检索领域也产生了一个重要的分支学科——网络信息检索。而搜索引擎则是众多网络信息检索工具中最常用的检索工具。

搜索引擎是利用自动搜寻软件在因特网搜索各类新网址及网页，利用自动索引软件对网页进行标引，建立拥有成万上亿条记录的数据库，并提供网上信息资源的导航和检索的网站。使用搜索引擎进行信息检索的结果丰富多彩，既可以是一般信息线索（如虚拟图书馆的书目在线检索），也可以是原始信息全文；既可以是一般文本信息，也可以是图、文、声、像、动画等聚于一体的多媒体信息；其检索范围广、信息量大、信息更新速度快，非常适用于特定主题词的检索。

在使用搜索引擎检索时，检索框内输入的检索词或表达式，与逻辑运算符、空格（作用同"逻辑与"）、逗号（作用同"逻辑或"）、括号（作用是在括号中的优先执行）、引号（作用是把在其中的多个词被认成一个短语）等符号正确组合编制，以期得到最佳的搜索结果。

目前搜索引擎数目众多，除常用的综合性搜索引擎之外，如有百度、新浪、搜狐等。还有医学专业搜索引擎，如百度学术搜索、Achoo、HealthAtoZ、MedScape、MedFinder 等；甚至还有医学专科的搜索引擎，如心脏科 CardioGuide、皮肤科 DermGuide、牙科 DentaGate 等。

各种搜索引擎各有千秋。我们在进行信息检索的时候，要根据自己的信息需求有针对性地选择搜索引擎，也要注意不同搜索引擎的配合使用，以便扬长避短，发挥其"整体优势"，不断提高自己的检索效率。

（李　林　王　畅）

# 第三章 传统中医药文献资源与检索

## 第一节 传统中医药文献检索

### 一、参考工具书概述

#### (一) 参考工具书的概念

参考工具书，简称工具书，是把某一门类或各种门类的知识资料，按一定的编排方法汇集在一起，专供读者查阅、征引，以解决各种具体问题的一种特定类型的图书。

参考工具书内容具体、信息广泛，力求对学科领域的基本概念、基本理论和基本事实做出精练和准确的反映，为人们提供翔实可靠的依据。如字典、词典、类书、索引、表谱图录、手册、年鉴、百科全书、名录等。

#### (二) 参考工具书的特点和作用

参考工具书具有易检性、知识性、资料性和权威性等特点。

**1. 易检性** 查检容易、方便是参考工具书最基本的特点。参考工具书的检索比较简单易学，往往编制了多种简便的检索途径，可分为按笔画、按拼音、按字母或按分类情况检索几大类，使人们能迅速从中查找到各自需要的知识。一般来说，字典、词典类多半为按笔画、按拼音或按字母顺序检索；百科全书、年鉴类大多为按分类检索。

**2. 知识性** 参考工具书中涵盖知识非常丰富，对所涉及的学科知识进行高度概括与浓缩处理，所包含的知识信息量大，尤其是阅读不同年份的年鉴，更能获得许多系统的知识。

**3. 资料性** 参考工具书不像一般书籍，供人们从头到尾，逐句逐段地阅读。它将汇集的有关资料加以取舍、排比和概述，以求涵盖相应的知识领域和文献范围，反映学科知识的广泛性与内容的完整性，又以科学的编排方式使之形成有机的整体，达到以简驭繁的目的。

**4. 权威性** 国家对参考工具书的出版发行部门有着严格的限制，有一定资格的出版单位才可以出版发行参考工具书，如中国年鉴社、中国统计出版社、商务印书馆、汉语大词典出版社、中国中医药出版社等。此外，国家都有专门的审核人员对参考工具书的出版发行进行审核。材料来源准确，公式数据精确，解释引证正确。因此，参考工具书提供的信息是真实、可信、有说服力的。

在日常的学习和工作中，有时迫切需要解决一些疑难问题，掌握一些具体知识。如查考字、词或专业术语，核对古今年代与地名，查找有关人物或事件的资料，获取数据等。参考工具书的资料来源不仅范围广、形式多样且系统完整。作为查询和检索知识的辅助工具，参考工具书可为读者提供资料或线索、帮助人们解决疑难问题等作用，因此参考工具书一直是人们读书治学的良师益友和工作上的案头顾问。

## （三）参考工具书的结构

参考工具书种类繁多，熟悉它的体例结构，是使用工具书的前提。参考工具书一般由前言、凡例、目录、正文、索引、附录六个部分组成。

**1. 前言** 放在工具书的最前面，是对工具书的简介和评论的文字，一般说明工具书的编撰目的、编撰宗旨、编撰过程，以及收录范围、内容特点、使用价值等。读者通过阅读前言，可以对工具书内容有一个基本的了解。

**2. 凡例** 或称使用说明，位于前言之后，揭示工具书编排与使用要旨，是利用工具书的先导，主要介绍其选择内容的原则、解释字词的体例、词条的编排方法及细则、查检法、特定符号等。

**3. 目录** 又称目次，列在凡例之后，反映工具书正文的编排次序，是一种检索正文内容顺序的途径。

**4. 正文** 参考工具书的主体，是按照一定次序排列的知识内容，是读者检索的具体对象和查阅的主要内容，其特点和性质都体现在这一部分。

**5. 索引** 参考工具书一般选择一种编排方式对正文加以组织，同时，通过索引提供辅助检索途径。辅助索引是供查询正文部分的各种索引，能提供多种有效的检索途径，辅助索引越多，检索途径就越广，越能从多角度挖掘正文的内容，使用就越方便，检索效率也就越高。索引系统是否完善和方便，是衡量工具书质量很重要的一个指标。

**6. 附录** 工具书的重要组成部分，附于工具书正文之后，主要包括与正文有关的一些文章、图表、相关数据公式、对照表、汇编、参考文献等资料，或补充正文遗漏事项及需订正的内容，或将分散在正文条目下的相关部分列成表目，有助于查考或理解原文，有其特定的重要意义。

## （四）参考工具书的排检方法

参考工具书的排检方法，从编者来说是使内容有序化排列的编排方法；从使用者来说是根据已知线索查考内容的检索方法。任何参考工具书都是按特定方法编排的，为了迅速、准确地查找到自己所需要的知识内容，必须首先了解工具书的排检方法。

目前，参考工具书的主要排检方法有按字顺编排，包括形序法、音序法；按内容编排，包括分类排检法、主题排检法；按自然顺序编排，包括时序法、地序法。其下还可以进一步细分。

**1. 按字顺编排**

（1）形序法：是按汉字形体结构的某些共同特点进行排检汉字的方法。字的形体之间存在部首、笔画、笔顺的差异，因此形序法可细分为部首法、笔画法、号码法三种。

1）部首法：是根据汉字的形体结构的特点，以其偏旁（汉字的各个组成部分）的同一性来归类编排的方法。汉字的形体结构，除少数属独体字外，大多是合体字，它们彼此具有一部分相同的形体，把这些形体相同的部分归为一类，称为偏旁或部首。部首法是我国工具书中传统的排检方法，它的一般形式是先把汉字按其所属部首归并集中，部首按笔画数多少排列先后顺序，部首笔画数相同的，依起笔笔形排列顺序；相同部首的字，先按其笔数画多少排列顺序，相同笔画数的，再依起笔笔形排列顺序。对于无法确定部首的汉字，一般附有《难检字表》加以收录。

部首法在排检法中历史最久，应用最广，直到今天仍然是工具书最基本的排检方法之一。东汉许慎的《说文解字》把9353个汉字归纳为540个部首，首创部首法。南朝顾野王的《玉篇》为542部；辽代行均的《龙龛手镜》改为242部；明代梅膺祚的《字汇》又简化为214部；后来的《康熙字典》《中华大字典》，以及旧版《辞源》和《辞海》均沿用214部。部首法把形体复杂的大量汉字归纳在一二百个部首中，不认识的字或不能搞清读音查字时，可通过部首查出。但是，由于汉字的形体结构极其复杂，部首在字中的位置又不固定，繁体字与简化字的部首常不一样，不同的工具书选用部首规则有一定的差异，而且有时部首难以确定，从而影响检索的准确性和速度。

2）笔画法：是按照汉字笔画数多少为排列顺序的排检方法。它的基本形式是：汉字笔画少的在前，多的在后；相同笔画的，再依起笔笔形排列顺序；笔画和笔形都相同的，根据字形结构排，一般先采用左右形字，其次上下形字，最后是整体形字。许多中医工具书均采用笔画法排检，如《中国医学大辞典》《中医大辞典》《伤寒论辞典》《中医经典索引》等。其缺点是由于汉字笔画搭配比较复杂，很多字的笔画不易数准确。繁体字和简化字笔画不同；印刷体和手写体、新字形和旧字形，笔画也往往不同；人们日常书写习惯也各不相同，这都给实际使用带来困难。因此，遇到一个字笔画难以确定时，要多查几个近似的笔画。

笔画法简单易学，需要注意的是，笔画、笔形、字形结构或部首等都相同的太多，查找起来十分不方便。在确定笔画数的时候，要区别书写习惯与实际情况、新旧字形的差异。

3）号码法：是根据汉字一定部位的笔形及结构，用数字标出并连结为一个号码，再依号码顺序排列的方法。号码法包括四角号码法、中国字庋撷法等，其中四角号码法影响最大，流行范围最广，被各种工具书广泛采用。

四角号码法是以数字代表汉字四角的笔形，并据此排列汉字先后顺序的排检方法。它的一般形式是：根据汉字四角的笔形决定四角号码，按照号码大小排列单字的先后顺序，小的在前，大的在后；四角号码相同的，再按附角号码排列；四角号码和附角号码都相同的，则根据汉字横笔的数量排，横笔少的在前，多的在后；如果是词组，先按词组首字的四角号码排列，首字相同的，再按第二字上两角的号码排列。

四角号码法取号简便，检索迅速，效率较高。其缺点就是具体规则复杂，汉字有简体字、繁体字、异体字等区别，取号有一定难度。

（2）音序法：是按照汉字读音来归并汉字的一种排检方法，包括汉语拼音字母法、注音字母法和声韵法三种，使用最普遍的是汉语拼音字母法。

1）汉语拼音字母法：是按照《汉语拼音方案》字母表的顺序排列汉字的方法。它的基本形式是：汉字按汉语拼音字母顺序排列，第一个字母相同的，再依第二个字母的顺序排，依此类推；声母和韵母都相同的汉字，按声调阴平、阳平、上声、去声的顺序排列；读音完全相同的汉字，则按笔画数或起笔笔形顺序排列；复音词先按第一个字的音序排，第一个字相同的，再按第二字的音序排列，以此类推。

汉语拼音字母法简单方便，符合国际上工具书的编排惯例。但是，使用者必须知道汉字的读音，否则无法检索、使用。

2）注音字母法：是按照注音字母的顺序排列汉字的方法。注音字母是在《汉语拼音方案》公布以前所使用过的以北京语音为标准的字母。注音字母法的排列主要按字母顺序，同字母者再按四声次序排列，但是按这种方法编排的工具书不多，大都附有辅助索引，或附"注音字母和汉语拼音字母对照表"。

3）声韵法：是以韵部来归并排列汉字的一种方法。它一般先按汉字所属韵部归并汉字，同一韵部的汉字，再按"平、上、去、入"四声分类排列。我国古代字书、韵书、类书经常采用这种方法。如果使用者缺乏古韵方面的知识，在使用该法编制的工具书时，需要利用其他工具书找到某个字所属的韵部或再版时提供的其他检索途径进行检索。

**2. 按内容编排**

（1）分类法：是将知识单元或文献资料根据科学属性或事物性质分门归类地加以归并集中，按照逻辑原则排列顺序的一种排检方法。它的形式一般是：按学科体系层层分类，每一类目下集中同类子目或文献。目前我国编制的书目、题录或文摘型检索工具，其正文大多以分类组织编排。

参考工具书中的类书、年鉴、手册等，也多采用这种排检法。分类法大体上分为两类：一类是按事物性质归类；一类是按学科体系归类。分类法体现了知识的科学性质和逻辑关系，可以帮助人们全面系统地检索到有关的知识内容，满足读者对族性检索的要求。但是，不同分类法的类目体系是有差异的，必须掌握相应的分类法，才能有效地利用好工具书。

1) 按事物性质分类的排检法：按事物性质分类就是把知识内容按事物属性分类加以编排，我国第一部词典《尔雅》开创了此种编排方法。《尔雅》分19篇，后面16篇是释亲、释宫、释器、释乐、释天、释地、释丘、释水、释草、释木、释虫、释鱼、释鸟、释兽、释畜，汇编知识性词语，分类加以解释。这种编写体例为后代编纂类书、政书所借鉴。类书按所采事、文的内容分门别类编排材料，排列顺序，先天地帝王，次典章制度，然后编排其他，大体上是按天、地、人、事、物的顺序排列。清代《古今图书集成》将次序稍加变动，分为历象、方舆、明伦、博物、理学、经济6个汇编。每个汇编又分为若干典，共32典，每典之后再分部，共分6109部，同一部中，基本上集中了同一性质的资料。如《博物汇编·艺术典·医部全录》收集的是清代雍正以前历代医学资料。该法符合大多数人的查找习惯。然而，由于古今中外的分类法存在不一致，对事物性质的认识也有很大差异，因而造成查检存在一定困难。

2) 按学科体系分类的排检法：按学科体系分类就是按照学科体系或概念范畴进行编排的方法。我国古代图书分类的方法主要有"六分法"和"四分法"，其中以"四分法"影响最大，使用最广。自《隋书·经籍志》以经、史、子、集的名称标志四部类名以后，四部分类法成为图书归类的标准。《四库全书总目》由清代纪昀总纂，以经史子集提纲，部下分类，全书共分4部、44类、67个子目，《四库全书总目》四部分类法至今仍然是类分古籍的主要方法。1949年以后编制的图书分类法主要有《中国人民大学图书馆图书分类法》《中国科学院图书馆图书分类法》《中小型图书馆图书分类表》《中国图书馆分类法》等。目前《中国图书馆分类法》的分类体系被全国各级各类图书馆广泛采用。

（2）主题法：是以规范化的自然语言为检索标识符号和查检依据的一种排检方法。主题词是一种描述文献主题内容，从自然语言中抽选出来的，词义明确，用来标引和检索文献的标准词汇。主题法的一般形式是把主题词按照字顺法进行编排。主题法能集中不同学科，不同知识体系同一主题内容的资料，专指度高，满足特性检索要求。但其系统性较差，查全率低。

**3. 按自然顺序编排**

（1）时序法：是指按照时间顺序编排的排检方法。年表、历表、大事记、年谱、年鉴等，常用此法，如《中国历史年表》《中外历史大事年表》等。时序法的特点是线索清晰、检索方便，查找资料时，应先确定事件所发生的年月或人物所处的年代，也可根据有关工具书查出具体时间，再按年代顺序依次查检。

（2）地序法：是根据所查资料内容地理位置的顺序或地区次序进行编排的方法。按此法编排的参考工具书主要是地图和地方文献，如《中国历史地图集》《中国地方志综录》等。只要知道所查资料属于某个地区，便能够很快找到。如果一时不清楚的，可按附录的地名索引或方志目录附录的书名及著者索引查找。

（五）参考工具书的类型

我国工具书编纂历史悠久，从汉代的《说文解字》到清代的《康熙字典》，古人在工具书编纂方面，积累了丰富的经验，也为中华文化的传播立下不朽功勋。在中医药事业不断发展的过程中，种类繁多的中医药工具书也获得蓬勃发展。近年来，为了不断满足教学、医疗、科研等发展的需要，更好地传承与创新中医药文化，大量的中医药工具书也进行了全面的修订。在参考工具书使用上重点有辞书类、百科全书、年鉴等。

**1. 辞书类** 辞书是字典、词典、辞典的统称，中医字典收录了中医学中的难字、生字或在中医学中有特殊意义的字，予以注音释义，如《简明中医字典》《中医难字字典》等。中医词典、辞典主要以解释中医学中特有的名词术语、专名、学科性词汇为主，如《中医大辞典》《中药大辞典》《中医方剂大辞典》等。

（1）《医用古汉语字典》：由黄云台编著，本书是阅读中医古籍的一本专业工具书。它以古代汉语文字、音韵、训诂和语法等方面的知识为基础，融会丰富的中医学知识，编选了中医古籍中出现频率较高的常用字 1752 个，很大一部分例词、例句选自中医经典著作，逐一地加以解释，例句难者，还翻译成现代汉语。编写中力求做到释义准确而明晰，翻译具体而易懂。该书排检方法附有部首检字表、笔画检字表和汉语拼音索引。

（2）《中医大辞典》（第 3 版）：是在第 1 版、第 2 版的基础上由李经纬、余瀛鳌、王振瑞主编完成的修订，于 2023 年 9 月出版发行，是一部全面反映中医学术的专业性辞书，是一部可供医疗、教学和科研工作应用的大型中医工具书，在国内外中医领域具有权威性，以及很高的学术价值与使用价值。

《中医大辞典》（第 3 版）的修订，历经小型、中型、大型等不同版本，始终坚持规范化、实用性、时代性的指导思想，全面收录中医基础理论、诊断、药物、方剂、临床各科、历史人物、医学著作等方面的常用词目 44 000 余条，增配图片 800 余幅；资料翔实可靠，直接来自历代中医药与经史子集 5000 多种文献的第一手资料，不但力求全面系统收录中医学传统名词、术语、单字等，对稳定的新词、术语、中西医结合等新发展也给予适当反映，归纳了中医学的经典理论和临床实践，同时也充分吸收了现代医学的研究成果，成为中医学研究者和实践者的必备参考。

在排检方面，《中医大辞典》（第 3 版）正文词目排序方法使用汉语拼音排序法，文后增加"笔画索引"，以供按笔画查阅者使用。不仅使检索查阅更为便利，还纠正了原版中生僻字后括号内注音的一些错误。同时，明确标注多音字、生僻字的读音，可为医学生、外国留学生等初学者提供阅读便利，更有利于中医学术的国内外传播。

（3）《中国医学大辞典》：由谢观主编，本书初版于 1921 年发行，经过多次修订，1998 年对该书进行了重新整理出版。编者从 2000 多种中医药文献中采集 70 000 余条词目，包括病名、药名、方名、身体、医药学家、医药著作、医药理论等方面的内容。词目按简化字笔画和笔形顺序排列；对原书全部插图参照现代中西医解剖图谱和中草药图谱重新描绘；校改了原书的全部错别字；对原书中符号和译码进行了统一修改；病证先讲致病之源，后讲治疗之法，使之更切实用。

（4）《中医方剂大辞典》：由彭怀仁主编，是将历代中医药著作中的方剂进行整理、研究、编纂而成的一部划时代的学术专著，填补了自明代至今的空白。全书达 2032 万字，收载方剂 96 592 首。

《中医方剂大辞典》以科学性、先进性、实用性、权威性作为主要性能指标，研究内容包括文献清理、资料萃集、勘比校核、厘正讹误、考订归类，并将研究所得汇集成书。本书的项目设置反映了方剂的起源演变、基本内容、用方经验、理论研究、临床研究、实验研究、文献考证等各个方面的古今研究成果，展现出现代方剂学的完整体系，具有中医文献的科学性和切合教学、科研、临床需要的实践性。

本辞典以方剂名称作为辞目，辞目又分为正辞目及副辞目。同一方剂有不同名称者，以最早出现的方名为正辞目，其余为副辞目。但在有些文献中，先见的方名仅有主治，而无组成、用法，后见的方名有组成、用法、主治者，则以后见的方名作正辞目，先见的方名作副辞目。本书的目录和方剂的正文均按方名首字的笔画顺序排列，以汉语拼音为病名检索方式，读者查找将更为方便、快速。

（5）《中药大辞典》（第 2 版）：由南京中医药大学主编，2006 年出版，是《中药大辞典》第一版的修订本，框架结构和体例基本同第一版，但对原书中大量内容进行了修订，特别是增加了药物条目，调整了部分药物品种来源，增补了近30年来有关栽培（饲养）技术、药材鉴定、化学成分、药理作用、炮制、现代临床研究等方面的中药研究成果，反映了当代中药学的研究水平。全书分上、下、附编三册，上、下册为正文，每一味药物下设异名、基原、原植（动、矿）物、栽培（饲养）、采收加工（或制法）、药材、成分、药理、炮制、药性、功用主治、用法用量、选方、临床报道、各家论述等内容。附编为索引和参考文献，是检索查阅《中药大辞典》的向导。

（6）《针灸大辞典》：由程宝书主编。全书共收针灸学词目约4370条，包括经络、经穴、奇穴、刺灸法、其他疗法、疾病治疗、针灸歌赋、针灸仪器、针灸医家、针灸医籍，并载插图。各类词目按汉语拼音字母次序编排。词目均以本名为主，凡经络、腧穴、针法的别名，文献书籍的异名，医家的字、号等均另列词目，与主词互见。释文先定义，后解释，引文简洁，注明出处。附录有中外穴名对照表、古代人体体表名称图、耳针、面针、鼻针、手针、足针穴位图。书末另列分类索引、笔画索引。

**2. 百科全书** 是概述人类一切门类或某一门类知识的完备的工具书，是知识的总汇。百科全书能代表一个国家的文化面貌，反映一个国家在一定历史阶段的科学文化水平。拥有一部优秀的百科全书，是衡量一个国家科学文化发展的标志之一。中医药学具有代表性的百科全书有《中国大百科全书·中医》。

《中国大百科全书·中医》是在《中国大百科全书·中国传统医学》（第一版）基础上，为满足读者需求，适应市场需要而修订重编的单卷本中医专业百科全书。内容有"四季养生""气血辨证"，对"常用药物"和"典型方剂"的说明，医用文物典籍，包括传统医疗器械、医药典籍两个主题；中医人体图，包括道家对人体认知的内经图、现代人体经络图两个主题；传统中医药，包括药用动物、药用植物、药用矿物三个主题，图片的文字注释，提高了图片的知识含量和可读性；"常用中药表"和"常用方剂表"，以及"历代主要医家表"和"历代重要中医著作表"。运用大量的图片进一步加强知识性、典型性、艺术性、实用性和综合性。在疾病方面，包括疾病的概念、伴症、源流、病因病机、变症、诊断、鉴别诊断、诊断要点、辨证分析、临床表现、辨证论治、治疗原则、分症论治、转归预后、病例分析、其他疗法。对凡例一一详解并配有药方，包括主方、中成药、单方验方。修订版增强了实用性、检索性和综合性。

**3. 年鉴** 是系统汇集一年内重要时事文献、学科进展与各项统计资料，供人们查阅的工具书。年鉴的特点是出版及时、信息密集、材料完备而系统、有较明显的总结性和连续性。年鉴以记事为主，是知识更新的记录，一般包括概况、专题论述、资料和附录三个部分，其中专题论述是年鉴的主体，通常采用综述的方法，汇集一年中出现的重要事件和新知识、新成果、新资料。年鉴可分为综合性年鉴和专科性年鉴。专科性年鉴汇集某一特定学科或专业的新知识和有关资料。中医学年鉴即属于专科性年鉴，如《中国中医药年鉴》。

年鉴所标年份一般与出版年一致，内容反映上一年度的情况，如2023年本收录的是2022年的资料。但部分年鉴所标年份则与收录内容一致，使用时要注意区分。

## 二、期刊式检索工具

有长期固定的刊名，定期连续出版的检索刊物简称期刊式检索工具，如美国医学索引、中文科技资料目录等。近年来，期刊式检索工具已基本数字化，纸本资料不再出版发行，通过网络即可使用。目前国内综合性的期刊检索工具有中国科学引文索引，专科性的期刊检索工具主要有中国生物医学文献数据库及中国中医药数据库检索系统。国际上能检索到中医药文献的权威期刊主要有SCI（科学引文索引）及ISTP（科技会议录索引）等。

## （一）中国科学引文索引

中国科学引文索引（Chinese Science Citation Index，CSCI）是基于期刊引用的检索评价数据库，是目前我国最完备的中文期刊论文引文数据库，CSCI 保持每月更新，通过国家工程技术图书馆可提供文献传递服务，同时对中文学术期刊进行统计（包括期刊相关来源与引用指标数据）。数据来源涵盖五大中文核心数据库期刊数据，具有客观揭示各对象的科研产出和学术影响力，多维度、深层次呈现统计与分析结果，快速导出文献检索结果，个性化被引信息设置，全方位分析对象学术影响力等功能。中国科学引文索引界面如图 3-1 所示。

## （二）中国生物医学文献数据库

中国生物医学文献数据库（China Biology Medicine，CBM）。全部题录均进行主题标引、分类标引，同时对作者、作者机构、发表期刊、所涉基金等进行规范化加工处理。自 2019 年起，新增标识 2015 年以来发表文献的通信作者，全面整合中文 DOI（数字对象唯一标识符）链接信息，以更好地支持文献发现与全文在线获取。中国生物医学文献数据库界面如图 3-2 所示。

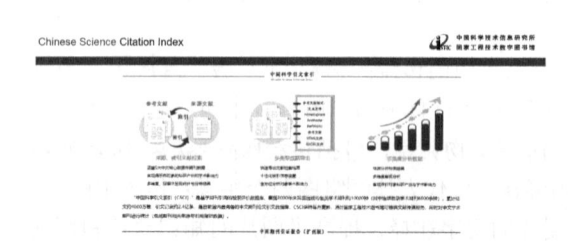

图 3-1 中国科学引文索引界面

图 3-2 中国生物医学文献数据库界面

## （三）中国中医药数据库·检索系统

中国中医科学院中医药信息研究所自 1984 年开始进行中医药学大型数据库的建设，包括中医药期刊文献数据库、疾病诊疗数据库、各类中药数据库、方剂数据库、民族医药数据库、药品企业数据库、各类国家标准数据库（中医证候、治法、疾病、药物、方剂）等相关数据库。中国中医药数据库检索系统界面如图 3-3 所示。

多类型的中医药数据库，以其充实的数据成为中医药学科雄厚的信息基础。所有的数据库都可以通过中医药数据库检索系统提供中文（简体、繁体）版联网使用，部分数据库提供英文版，所有数据库还可以获取光盘版。

图 3-3 中国中医药数据库检索系统界面

中医药数据库检索系统可以实现单库与多库选择查询。单表数据库检索可选择专指的一个数据库进行相应字段的检索，多库可以进行跨库、多类检索。

**1. 中国中医药期刊文献数据库**

收录范围：中国中医药期刊文献数据库涵盖了我国出版的生物医学及其他相关期刊千余种，

包含中医药学、针灸、气功、按摩、保健等方面的内容，收录了 1949 年以来的中医药文献题录 100 余万篇，其中 50%~70%附有文摘。该数据库采用美国国立医学图书馆的《医学主题词注释表》(MeSH) 及中国中医研究院的《中国中医药学主题词表》进行规范的主题词标引，用于进行精确检索和扩展检索。该数据库每季度更新一次，每年增加文献约 6 万篇。多年来，该数据库已经广泛为国内外中医药院校、科研院所、医院、政府部门、商业部门所采用。

著录项目：中文文题、英文文题、作者、第一作者单位、第一作者所在地、期刊名称、出版年、卷、期、页码、文献类型、特征词、医学史、资助类型、主题词、关键词、分类号、语种、中文文摘、英文文摘等。

检索途径：可通过文题、作者、单位、期刊（名称、年、卷、期）、特征词、主题词、关键词、主题姓名、文献类型及全文检索的方式进行检索，还可通过主题词及分类号进行扩展检索。

目前，该数据库有 18 个专题数据库，分别为中药文献数据库、中药化学文献数据库、中药药理学文献数据库、中药不良反应和毒理学文献数据库、针灸文献数据库、肿瘤文献数据库、中医性疾病文献数据库、中医老年病文献数据库、中医名医经验数据库、中医临床诊疗文献数据库、中医临床试验文献数据库、中医药学历史文献数据库、中医药研究课题数据库、中医药学文摘数据库、艾滋病中药数据库、中医诊治骨折外伤文献数据库、中医疫病文献数据库、中医诊治褥疮文献数据库。

**2. 民国期刊文献数据库**

收录范围：收录了中国中医科学院中医药信息研究所收藏的 1949 年以前有关中医药的民国期刊 87 种，采集数据近 7 万条。

著录项目：期刊名称、文题、作者、出版年限、卷、期、页码、栏目、馆藏地、索取号、出版地、出版者、备注等。

检索途径：可通过期刊名称、文题、作者、出版年限、馆藏地等进行检索。

（四）科学引文索引

科学引文索引（Science Citation Index，SCI）是美国科学信息研究所（Institute for Scientific Information，ISI）出版的一部世界著名的期刊文献检索工具，其出版形式包括印刷版期刊、光盘版和联机数据库及 Web 版数据库。SCI 收录全世界出版的数、理、化、农、林、医、生命科学、天文、地理、环境、材料、工程技术等自然科学各学科的核心期刊约 3500 种。ISI 通过它严格的选刊标准和评估程序挑选刊源，而且每年入选期刊数量略有增减，从而做到 SCI 收录的文献能全面覆盖全世界最重要和最有影响力的研究成果。ISI 所谓最有影响力的研究成果，指的是报道这些成果的文献大量地被其他文献引用。为此，作为一部检索工具，SCI 一反其他检索工具通过主题或分类途径检索文献的常规做法，设置了独特的"引文索引"（citation index），即通过先期的文献被当前文献的引用，来说明文献之间的相关性及先前文献对当前文献的影响力。SCI 以上做法上的特点，使得 SCI 不仅作为一部文献检索工具使用，而且成为科研评价的一种依据。科研机构被 SCI 收录的论文总量，反映整个机构的科研，尤其是基础研究的水平；个人的论文被 SCI 收录的数量及被引用次数，反映他的研究能力与学术水平。

（五）科技会议录索引

科技会议录索引（Index to Scientific & Technical Proceedings，ISTP）创刊于 1978 年，由美国科学情报研究所编辑出版。该索引收录生命科学、物理与化学科学、农业、生物和环境科学、工程技术和应用科学等学科的会议文献，包括一般性会议、座谈会、研究会、讨论会、发表会等。其中工程技术与应用科学类文献约占 35%，其他涉及学科基本与 SCI 相同。

ISTP 收录论文的多少，与科技人员参加的重要国际学术会议多少或提交、发表论文的多少有关。我国科技人员在国外举办的国际会议上发表的论文占被收录论文总数的 64.44%。

## 第二节　中医药古籍纸本资料检索

### 一、中医药古籍概述

中医药学有数千年悠久的历史，其主要的理论和实践经验靠中医药古籍得以保存，在中医药传承和创新的发展过程中得到发扬光大。2015 年 10 月，屠呦呦获得诺贝尔生理学或医学奖，她在一次发言中指出，中药青蒿治疗疟疾最早见于公元前 340 年东晋葛洪《肘后备急方》……青蒿素的发现就是得益于传统中医药学。《肘后备急方·治寒热诸疟方第十六》记载："青蒿一握，以水二升渍（浸泡），绞取汁，尽服之。"

中医药古籍文献是中华民族传统文化的瑰宝，它集中反映中国几千年来的中医学理论、经验、方剂、配伍等。这些古籍文献是我们引以为傲的精神财富，有着较高的临床应用价值和研究参考价值。悉数中国医药发展史，凡是成名的医药学家，他们都是精通中医古籍文献的，如著《伤寒杂病论》的张仲景、兼通数经的华佗、写《针灸甲乙经》的皇甫谧、撰《千金方》的孙思邈、编《本草纲目》的李时珍、注释《素问》的唐代王冰、宋元医家朱丹溪、作《景岳全书》的张介宾，以及清代著名医家徐大椿等，他们把极其丰富的中医理论和临证经验都记载在古典文献里。近年来，为加大中医药古籍的保护与利用，古籍数字化工作在如火如荼地开展并取得巨大成就。但面对纷繁复杂的中医药古籍文献，古籍数字化任重道远，在挖掘利用中医药古籍文献的道路上，手工检索还将长期伴随。只有充分了解和掌握中医药古籍文献方面的知识，特别是掌握中医药古籍文献的馆藏存佚等情况，不断发掘，才能更好地打开中国医药学这一宝库。

（一）中医药古籍的概念

通常把成书于 1911 年前，以抄写和雕版印刷为主要记录手段而形成的医药文献称为中医药古籍。近代以来出现的以石印、油印、排印，乃至仿刻、影印、扫描复制的中医药古籍，在检索利用上具有同样的作用。

（二）中医药古籍的历史沿革

中医药古籍产生于秦汉之前，形成于隋唐之际，发展于宋元之后，延绵 2000 多年历史，浩瀚数十万卷之众，构成了我国独有的中医药文献宝库。据史载书目粗略统计，1911 年以前我国曾刊行过两万余种中医药古籍。整个中医药古籍的繁衍发展大体经历了三个阶段。

第一阶段：宋以前为中医医学思想、基础理论、临床诊疗体系的建立健全阶段。这个时期的代表著作有《黄帝内经》《难经》《伤寒论》《金匮要略》《诸病源候论》《千金要方》《千金翼方》《外台秘要》等，这个时期的医籍文献基本都没有得到保留，我们今天所看到的以上书籍，基本上是在宋代整理后而流传至今的。

第二阶段：宋金元时期活字雕版印刷术的使用为古医籍的流传和发展奠定了重要基础。由北宋校正医书局整理校勘的《黄帝内经素问》《伤寒论》《金匮要略方论》《脉经》《针灸甲乙经》《千金要方》《千金翼方》《外台秘要》等都得以较完整保存下来。宋朝官方组织编写的《太平圣惠方》100 卷、《圣济总录》200 卷、《太平惠民和剂局方》等医方著作在方剂后注有出处，为继承、汇集宋代以前医书有着重要贡献，而且为后人对宋代以前一些散佚的重要中医书的辑佚工作提供了难得的线索。在本草学方面，新修订的《开宝本草》《嘉祐本草》《经史证类备急本草》等，其体例、注释、考证等均成为后世研究本草的重要参考资料。另外，金元时期出现的医学流派和与此相应的一些医学著作，如刘完素的《素问玄机原病式》《黄帝素问宣明论方》《素问病机气宜保命集》，张元素的《医学启源》，张从正的《儒门事亲》，李杲的《脾胃论》《兰室秘藏》《内外伤辨惑论》，王好古的《医垒元戎》，朱震亨的《局方发挥》等，形成了这一时期独特的医学争鸣与兴盛。由此我们不难看出，中医书籍的广泛流传促进了中医学术的发展，更丰富了中医书籍的内容和质量。

第三阶段：明清时期整理、集录医书较多。包括大部头的医学全书、丛书和类书，如《普济方》《薛氏医案》《古今医统正脉全书》《六科证治准绳》《景岳全书》《古今图书集成·医部全录》《医宗金鉴》等，以及从综合性医书中独立出来或附于其他医书之后论述，也逐渐有了对各科的病因病理、临床辨证治疗及预防方面更为系统的专门著作。这一时期对保存、整理、研究、继承中医药发挥了重要作用。

《中国中医古籍总目》收录了全国150个图书馆（博物馆）馆藏的1949年以前出版的中医图书13455种，至于散藏于民间，以及有关地、市（县）文物保管部门、图书馆及中医医院图书资料室的中医药古籍的数量，尚无统计资料。由于封建帝王对文化之禁锢，对图书的查抄、焚毁、保管不善及自然原因，同时帝国主义的掠夺也造成了中医药古籍大量流失或散佚。清代赵学敏的《本草纲目拾遗》引书260余部，距今不过200余年，失传者已近半数。有的流失到国外，有的虽然尚有书在，但其善本却为他人所占。现在全国所藏幸存的中医药古籍，有不少已成孤本。为了使这座中医药文献宝库更加丰富，近些年来，已有数十种流失境外的中医药古籍在我国专家、学者的努力下得以"回归"。现存于世的中医药古籍，从内容上看，既有《黄帝内经》《神农本草经》《伤寒论》《金匮要略》等对中医药学有普遍指导意义的经典医籍，也有历代医家各科诊疗经验的总结。从编撰形式上看，有原著，也有注解释疑；有辑佚、类编，也有选编、汇录；有歌括、歌诀，也有散论、答辩；有只叙一科一派一家的专著，也有广采博取的文献汇编；有单行、附录，也有丛书、类书、全书及书目等。从卷帙上看，有的一部一卷，大部分则一部数卷，但也不乏一部数十卷、数百卷的。其中记载中药方剂的药学著作与方书就有3000多种，是开发研制中药新药的文献源泉。临证医著更为丰富，是当代科研工作者及临床医生传承和创新的知识信息宝库。具体来看，历史上几次大的整理研究也给后人学习奠定了基础。

据《汉书·艺文志》记载，西汉成帝时，命刘向校阅世传各类书籍，撰成我国第一部目录学著作——《别录》。后由其子刘歆继承遗志编成《七略》，其中的"方技"（医药类）部分，由李柱国负责整理编纂。李氏校阅汉代以前的医经、经方共18家，490卷。《七略》是我国最早的图书目录分类著作，也是历史上较早的一次文献（包括多种中医典籍）汇集整理。

公元11世纪的北宋年间，由光禄卿直秘阁掌禹锡、朝散大夫林亿、右仆射苏颂建议大规模整理、校订宋以前医学典籍。他们所整理、校订、增注之典籍以崭新的学术面貌被后世医家广泛采用，并被视为最可信赖的珍本，一直为历代医家所重视。如医家们整理校订《素问》，参阅了数十家传本，考镜源流，端本寻支。仅改错达6000余条，增注有2000余条。

清代康熙年间，由陈梦雷、蒋廷锡领衔编纂的《古今图书集成·医部全录》，全书1000余万字，520卷，成书于康熙四十五年（1706年）。这是现存规模恢宏、又较为完善的编写体例，反映了当时时代水平的官修医学类书，内容包括《素问》《灵枢》的原文及选注。其后内容又分若干部分，将清以前历代医学名著的学术临床精粹内涵予以选辑编纂。对于临床各科诊疗内容，能突出反映时代性进展。全书列述脉诊、外诊法、脏腑身形、临床各科病证及有关病因、病机、证候、治法与方药，其他分项有总论、医家传记、艺文纪事、杂论、外编等。这部大型类书包括中医领域的多学科内容，反映了古籍整理、文献研究的一条新路。

清代乾隆年间纪晓岚主编的《四库全书》。其中的"医家类"共选乾隆以前历代中医名著 97 种以上，也是以临床医著为主，选辑亦颇精要。在每一种所选医书之前，均写提要一篇，介绍作者和所选此项医书的学术要点和评述内容，明示其特色。

在 20 世纪 30 年代，曹炳章编纂《中国医学大成》。曹氏所选为民国以前历代名著（以明、清两代为主）加以点校整理，收书共 128 种，又以临床医籍为主，并选多种医案著作。把少数日本汉方医学家如吉益东洞、井村杶、丹波元简的著作（如《药征》《灵枢识》等书）亦选编于内，反映了中外医学交流的情况。此外，曹炳章还编写了一部《中国医学大成总目提要》，于 1936 年出版。

1949 年以后，在党和政府的关怀支持下，中医药古籍整理和文献研究掀起了一个新的学术高潮，中国中医科学院中医药信息研究所自 20 世纪 60 年代起持续开展了历时半个世纪的 3 次全国中医古籍文献资源普查与书目编纂；2012~2022 年进一步扩大普查范围和深度，通过在全国 31 个省（区、市）及港澳台地区开展调研，新增收集 231 家公藏图书机构的书目信息 2.6 万条，经考订信息、完善缺漏，编纂完成《新编中国中医古籍总目》。

2023 年，全国中医古籍文献资源普查工作标志性成果《新编中国中医古籍总目》于 12 月 19 日在北京正式发布，共收录全国 379 个藏书机构收藏的 1912 年以前写印的中医古籍 8650 种，为中医古籍文献的保护整理等工作提供了目录学储备和支撑。近年来，中医药古籍的保护、发掘、利用进入了数字化时代，为中医药的学术研究和临床应用创造了新辉煌。

（三）中医药古籍的特点

古籍产生的时代背景和社会发展程度决定了中医药古籍文献具有较为明显的特点。

**1. 数量庞大，目录体系不完善，检索途径单一。**

由于中医药学源远流长，从产生、发展到现在已有两千多年的历史，记载的中医药古籍汗牛充栋，而由于清末以前我国对文献的编目整理基本上沿用"四部分类"法，这种传统的分类方法缺乏系统性与逻辑性，加上医药学与人民生活的联系密切，不少非医文献中包含着大量的医药文献，单体文献的篇章布局除了冠有"目次""目录"外，没有辅助的检索途径。另外，历代医著在传承翻刻的过程中，在版本上存在着同书异本、同书异名同版、同书异名异本等现象。同一种书有不同时期与不同地点、不同刻者的版本，出现的书名常不一致，收录也就存在杂乱，不懂得一些版本目录学知识是无法准确检索与利用的。

**2. 学科交叉，字词术语含义古今有别。**

中医药学是多学科知识交互渗透的产物。2000 多年来在吸纳我国传统哲学、语言学、文学、天文气象学、历史学、伦理学、地理学、农学等多学科知识的同时又丰富了这些学科的内涵，所以这些学科的文献都或多或少记载有中医药学的内容，中医药文献的这种分散现象有利于学科之间的交流融合，但字、词、句的概念和含义以及使用上无疑会有很大的差别。同时，古代中医药文献是用古代汉语记录的，不同时代的语言文字在表达与术语的使用上有很大差别，再加上古体字、通假字、异体字及避讳字的出现，使后人在阅读时产生了种种障碍。

**3. 有较高的继承利用价值，讹误较多。**

中医药古代文献虽然有部分内容已过时或现今认为不科学，如某些迷信或庸俗的治疗方法，但总体而言，其中古代医家确立的中医基础理论和辨证论治体系，甚至许多治疗方法、药物与方剂，对当代中医药科学研究与临床应用仍起着重要的指导作用。历代刻印的中医药古籍被奉为中医药学的瑰宝，但这些医籍在长期流传中，辗转传抄与多次翻刻印，或写误，或承前人之误，或为校定人删改，易遗失原貌。因此难免以讹传讹。在内容和文字上存在着讹、漏、误、衍现象，还存在着古医籍的真伪问题。

中医药古籍数量繁多，目录体系不完善，分类方法多以古代医学内容的变化为依据，与2000多年来中医药学的发展相比较，其分类体系的演变较为缓慢。因此，具有较强的客观性和实践性。

## 二、中医药古籍纸本资料检索

中医药古籍图书文献刊行历史悠久，数量庞大，种类繁多，版本复杂。在长期流传过程中存在许多复杂现象，如散佚、伪托、讹误及内容增删、书名变化等，经过前人的整理和近现代专家、学者的辛苦努力，中医药古籍纸本资料得以流传。在编撰的大量中医药专科书目、综合性丛书以及馆藏目录情况下，为传承中医药文化，发挥中医药对人类健康的智慧源泉，有效利用中医药文献，需要全面掌握相关书目的体例结构和内容情况。

中医药古籍字、词及术语检索可参考本书"参考工具书概述"内容。

中医药古籍纸本资料的检索在于查证古代医籍的存佚，查证古代医籍的版本源流，查证古代医籍的真伪或异名，查找新版古医籍及近现代出版的古医籍。从目前出版来看虽不能穷尽，但研究者在使用下列书目查找中医药古籍源流、存佚、版本、馆藏、内容提要、学术及临床应用价值等信息大有裨益。

（一）《医藏书目》

《医藏书目》由明代殷仲春撰，是现存最早的一部医学专科书目。全书按所采录医书的内容分为20函，即20类，每函仿照佛经《如来法藏》的名称取名，用佛教名词著录，并冠以小序，介绍该函内容。共载医书449部（包括重出）。各函书目仅著录书名、卷帙和作者，无提要。《医藏书目》对了解明代医籍的流传情况具有一定的参考价值。

此书用佛教用语给医书分类，如无上函（各科医书）、正法函（伤寒）、法流函、结集函、旁通函、散圣函、玄通函（皆为各科医书）、理窟函（脉学）、机在函（眼科）、秘密函（各科医书）、普醍函（本草）、印证函、诵法函、声闻函（皆各科医书）、化生函（妇科）、杨肘浸假函（外科）、妙窍函（针灸）、慈保函（儿科）、指归函（入门医学书）、法真函（养生）。从字面上看深奥难解，使用起来非常不方便，故此书流传范围不广，印刷量很少，现在已很少使用。

（二）《中国医籍考》

《中国医籍考》由日本丹波元胤1826年编，1956年人民卫生出版社重印出版。辑录体医学目录，收辑我国自秦汉至道光年间历代医书2883种。全书分为医经、本草、食治、藏象、诊法、明堂经脉、方论、史传、运气等九大类。每书之下，注明其出处、卷数、存佚，并详列该书序跋、著者传略、诸家述评、历史考证等资料，有的还附有作者按语，大多论述版本方面的问题，内容丰富，较为完善，对研究和查考中医古籍有较高的实用价值。书后附有书名、人名笔画索引。

（三）《宋以前医籍考》

《宋以前医籍考》是冈西为人收集我国宋代以前医学书目1860种。全书分为内经、难经、五脏、针灸、幼科、外科、养生、月令、按摩导引、房中、祝由、医史医制、仲景方论、本草、食经等23类。共著录中、朝、日等国历代有关史书、医书、书目、丛书、类书、杂著等451种，还附有书名和人名两种索引。

该书是研究宋以前医籍的一部很有参考价值的专科目录，书中所录医书大部分已经亡佚，对于研究宋以前医学文献的流传情况和医学发展史具有十分重要的意义。

## (四)《四部总录医药编》

《四部总录医药编》由丁福保、周云青编,1955年线装铅印出版,是《四库总录》一书中有关医药书目部分的单行本。收录各种目录学著作中撰有书目提要的现存中医古书(其书虽存,但无书目提要的不收)共1500余种,加以分类汇编。每书目后记述该书现存之版本,书之序跋和各家述评。本书对于查阅医书和鉴定版本帮助很大。

## (五)《三百种医籍录》

《三百种医籍录》由贾维诚编著。本书选辑自《黄帝内经》至清末的中医著作300种,均是我国历史上实用价值较高、流传较广的主要医籍。每书分为内容提要、作者生平、历代史书和私家书目著录辑要、现存版本四个方面进行介绍。对选读医籍、研究医史和开展图书馆藏业务等均有较高的参考价值。

## (六)《中国分省医籍考》

《中国分省医籍考》由郭霭春主编,分上、下册。该书为传录体医学目录。在参阅6000余种地方志的基础上编撰而成,全书收录医籍的时间范围上始先秦,下至清末,收录医籍7200余种。上册包括河北、河南、山东、江苏、浙江、江西六省;下册包括除上述省以外的全部省、自治区(包括台湾地区在内,北京、天津隶属河北省,上海市隶属江苏省)。在各省之前撰一小序,叙述本省医家和著作的概况,每省医籍又按类编排,分为医经(附藏象、运气)、伤寒(附金匮、温病)、诊法、本草(附食疗)、针灸(附按摩、推拿)、方论(分内、外、妇、儿、眼、喉等科)、医史、医话医案、养生、法医、兽医、杂录等类。每类之下,按历史朝代及作者生存年代的先后次序排列。每种书目下标明卷数、著作朝代、作者姓名及作者小传。小传主要反映作者的生平及医学思想。

该书可以了解历史上各地区医学发展的状况,尤其是政治、经济、文化等对医学发展的影响以及各地区医学流派的形成发展等,为研究地方医学和编写地方医学史创造条件,为采访发掘我国各地中医世家之秘籍、稿本提供线索。同时由于其内容取材于各地方志,多为其他书目所不载,又可以补充其他书目的不足。

## (七)《中国医籍通考》

《中国医籍通考》由严世芸主编,共4卷,索引1卷。该书目是目前规模较大的一部辑录体中医药古籍目录,收辑上溯先秦,下迄清末,旁及日本、朝鲜的中医药古籍9000余种。全书分4卷,按类及成书时间顺序编排。第1卷为医经、伤寒、金匮、藏象、诊法、本草、运气、养生;第2卷为温病、针灸、推拿、方论一、方论二、方论三、方论四;第3卷为方论四(续)、方论五、方论六;第4卷为方论七、方论八、方论九、医案医话、丛书、全书、史传、书目、法医、房中、祝由、补编。方论为临床著作(包括方书),按综合、妇科、儿科、外科、伤科、五官科顺序编排。每书大体按书名、作者、卷帙、存佚、序跋、作者传略、载录资料、现存版本等项著录,部分书还附有编者所作考证的按语。索引包括书名索引和作者索引,均以笔画为序。该书目广征博引,资料丰富,为检索和研究我国古代医学文献提供了很大的方便。

## (八)《历代史志书目著录医籍汇考》

《历代史志书目著录医籍汇考》由李茂如等编著。该书目是考溯历代医籍流传存佚的工具书,汇采历代史志、公私书目，以及诸家文集、札记、论说等文献 183 种，按其类属析为史志、书目、广录三篇。各篇所统各种文献，按所属时代之先后排次标目与著录。凡有出之辑佚、补编、续编或考证、注释等书，则一律著录于初目之后。各篇所举各种文献均分别著录，首述撰人生平、书旨大要、篇目卷次，以及其中有关医书之著录概况，间附按语说明。次则辑录其中有关医学诸书之著录原文，务求详备无遗。该书辑录医书原文，除全采医门诸书外，亦广采法家、农家、谱录诸门中有关法医、兽医、食养诸书。

该书的资料排列以所属时代之先后为序，故对我们从总体上考察历代医籍的流传演变情况有较大帮助。

（九）《中国医籍提要》

《中国医籍提要》编写组编，分上、下册。叙录体书目。上册收 504 部医籍提要，主要是清代以前的著作，兼采日本、朝鲜几部较著名的中医著作；下册收录医籍 402 部，主要是清代至近现代（1960 年以前）的中医药著作。上下册均分"基础理论"、"临床各科"、"综合"及"医史、法医、养生"四大类。大类下分若干子目。每种书的著录项为书名、成书年代、撰作者、内容提要和版本。其中内容提要按原著卷目、章节、内容简介、学术成就、学术思想、学术源流及对后世的影响、作者生平传略等层次分段撰写。书后附书名、人名笔画索引。

该书目是在名老中医任应秋教授指导下编写的，提要撰写比较规范，突出了文献的学术价值，对学习中医学能起到入门指导的作用。

（十）《中医古籍珍本提要》

《中医古籍珍本提要》由余瀛鳌、傅景华主编。该书选取全国 114 个大中图书馆所藏中医古籍中之珍本共 1080 种，分为十四大类，分别以"提要"为主的形式予以阐介。对每种医籍撰写的重点为作者简介、内容提要及主要版本，反映了中医古籍的若干精粹内涵，是一部内容较丰富、学术价值较高的提要式中医古籍书目。

（十一）《古今中医药著作内容辑要》

《古今中医药著作内容辑要》由张正贤等主编。该书目是一部较为全面地反映我国从古到今中医药书籍概貌的提要式中医书目，收集从先秦至 1993 年间国内公开及部分内部出版的重要中医药著作约 7000 种，分为 47 类。每书著录项包括顺序号、书名、作者、内容提要、参考版本五项。内容提要只揭示原著的主要内容、主要结构（包括重要数据、插图、辅助索引等），不列作者生平，不写评语。书后附分类索引、书名汉语拼音索引、著者笔画索引三种。

（十二）《中国古医籍书目提要》

《中国古医籍书目提要》由王瑞祥主编。本书目是一部汇集历代书目及提要而成的中医古籍总目，收辑从马王堆帛书至 1911 年 2000 多年的中医典籍 10061 种，其中现存书 7028 种，失佚书 3033 种。全书由三部分组成：①凡例、图书馆缩称、分类目次。②书目正文。③现存书书名索引、失佚书书名索引、引用书目，均按汉语拼音音序编排。每书著录内容包括类号、类名（按《全国中医图书联合目录》类表分类）、流水号、书名、著作年、著者、出典（只记录书名、卷数、著者、版本的款目）、提要（书目中有提要者或有关著者事迹的记述）、主要版本［记录最早版本和 1949 年以后（1995 年前）各出版社铅印、影印的古籍医书］、按语（记录书名、著者、版本等考证内容）。

该书目内容丰富，考证详尽，不仅能满足一般的中医古籍检索，亦可用于辑佚、访书、出版、医学史研究，是一部用途广泛、不可多得的参考工具书。

（十三）《中国中医古籍总目》

《中国中医古籍总目》由薛清录主编。1958年，北京图书馆联合目录组向全国各藏书单位征集馆藏中医书目，并由中国中医研究院图书馆和北京图书馆联合组织编撰了《中医图书联合目录》。1979年，中国中医研究院图书馆组织发起再次进行全国中医古籍资源调查。经过深入的核实与整理，于1991年编辑出版了《全国中医图书联合目录》，共收录了全国113个图书馆收藏的1949年前出版的中医药图书12124种。2005年，中国中医科学院中医药信息研究所在《全国中医图书联合目录》的基础上扩大了调查范围，共收录全国150个图书馆（博物馆）1949年以前出版的中医图书13455种，其中不乏明代以前珍稀善本医籍。

该书目是一部迄今为止收录范围最广、种类最多的大型中医古籍联合目录，编写体例与《中医图书联合目录》和《全国中医图书联合目录》基本相同。

全书由四部分组成：①凡例、参加馆代号表、类表；②书目正文；③附录；④书名索引、著者索引。正文采用分类编年体例排序，以体现中医学术的发展源流和传承轨迹。每书著录内容包括类号、序号、书名、卷帙、成书年代、著者、版本、馆藏代号等。该书在目次的整体结构上能够反映出中医药学术发展的历史源流和传承轨迹。其分类体系的确定是根据现存中医药古籍的实际状况，以学科为主，兼顾到中医药古籍的体裁特征，划分为医经、医史、综合性著作等十二大类，大类之下又分成若干小类，有的还进一步展开形成三级类目。该书目冠有参加馆代号表，书末附有书名笔画索引、书名音序索引、著者笔画索引、著者音序索引。另有4种附录：①甲子表；②岁阳、岁阴表；③历代建都简表；④历代帝王名讳表。

该书目全面、系统、准确反映了中医药古籍的最新存世状况和在全国各地图书馆的收藏分布情况，不但对中医学、中医文献的研究起到"考镜源流，辨章学术"的作用，对于古籍保护和古籍版本鉴别也不失为一部重要的参考工具。是检索现存中医药古籍最重要、最常用的检索工具。

## 第三节　中医药古籍数据库检索

古籍是中华民族重要的文化遗产。古籍数字化是古籍再生性保护的一大要点。古籍数字化不仅能让古籍所承载的信息得到更好保存，还能让中华传统文化更广泛、便利地传播，令珍贵典籍跨越时空"活"起来，在数字世界焕发新的生机。古籍数据库建设是古籍数字化的一种方式，从为公众提供文化服务的角度看，古籍数字化可以让更多人以便捷的方式阅读到古籍，平衡古籍的文物性与文献性，提高古籍传播的广度。从学术研究的角度看，古籍数字化的过程包括前期对文献进行整理、修复、版本鉴别等一系列工作，有利于推动相关文献研究，扩展古籍研究的深度。

### 一、古籍数字化概念

古籍数字化是指利用现代技术将古籍中的文字或图像信息转化为能被计算机识别的数字符号，形成书目数据库、全文数据库和知识库，从而实现古籍整理、存储、检索、阅读、传输等，以及保护、利用和挖掘古籍知识的目的。古籍往往在各地不同存储机构进行保存，通过数字化处理，既可以实现对珍贵古籍的保存，又可实现资源共享，传承中华文明。

通过古籍的数字化和数据库建设，既可以将中医古籍原图原貌地永久保存，又可以通过网络和数据库得到广泛利用，同时能够避免阅读原书时对古籍的损伤，是解决中医古籍保护与利用矛盾的理想方式。

在数字化和数据库基础上对古籍进行标引或文本化处理，既可以提供多途径检索的古籍电子阅览，又能够为中医古籍的深度开发、整理和利用提供基础，从而提升中医药古代文献信息及相关公共服务水平和能力，充分发挥中医药古籍在推动中医药科技创新及整个中医药学发展中的作用。

## 二、中医药古籍数字化进程

青蒿素的发现和应用，引发了对中医药古籍的进一步重视和广泛研究。随着信息化、数字化技术日新月异，给中医药古籍的利用、传承和发展带来了更多机遇，到目前大致经历了古籍存储介质的转换、文本组织与检索、数据加工与知识服务三个阶段。

古籍数字化概念的探讨始于20世纪90年代中后期，中医药古籍数字图书馆的建设让更多的人了解和认识中医药文化和知识，方便广大学者和从医人员进行书目检索、全文检索及知识检索等。

2007年，国务院办公厅下发《关于进一步加强古籍保护工作的意见》，实施"中华古籍保护计划"，对全国古籍保护工作进行总体部署。2009年，中国国家图书馆与美国哈佛大学哈佛燕京图书馆达成协议，对该馆所藏中文善本进行数字化。2009年，日本东京东洋文化研究所将所藏4000余种汉籍，以数字化方式无偿提供给中国国家图书馆。

2010年以来，中医古籍数字化的研究和数据库的建设发展迅速，中医药行业图书馆、科研院所等都参与到全国中医行业古籍保护建设中，目前已基本形成一套完整的中医古籍数字化加工和数据库建设的流程和规范。

2018年，日本永青文库向中国国家图书馆捐赠36部4175册珍贵汉籍，国家图书馆也将这批汉籍进行了数字化，于去年上线"日本永青文库捐赠汉籍"专题库，该库数字资源共计37万余页。

中共中央办公厅、国务院办公厅2022年印发的《关于推进新时代古籍工作的意见》提出"做好古籍工作，把祖国宝贵的文化遗产保护好、传承好、发展好，对赓续中华文脉、弘扬民族精神、增强国家文化软实力、建设社会主义文化强国具有重要意义"。

目前，中医古籍数字化已经取得了一定成就，国内外已经建立了一批具有一定规模的中医古籍数据库，如我国的中医科学院中医药数据中心、日本的汉方医学数据库等。这些数据库在数据规模、质量、标准化等方面取得了一定成果，为研究者提供了便捷、高效的数据检索和服务。建立不同类型的数据库，在很大程度上实现了保护和利用中医古籍的目的。但数据库建设中的字库使用、著录规范、数据库建设标准及数据库知识的深度挖掘等问题仍然是长期研究的内容。例如，通过数据挖掘技术分析中医药方剂的组方规律、针灸疗法的穴位配伍等。这些知识的挖掘和应用将有助于传承和弘扬中医文化。

未来，中医药古籍数字化发展还有很长的路，一是加强中医古籍数据库的普及和共享是未来发展的重要方向。通过优化数据库界面设计、提高用户体验，吸引更多用户使用中医古籍数据库。此外，加强与国际同类资源的共享与合作，促进中医文化的国际传播与交流。二是在中医古籍数据库建设过程中，需要平衡保护与利用的关系。在数字化过程中，要尊重和保护中医古籍的知识产权和原始风貌；同时，要充分挖掘和利用这些资源，促进中医文化的传承与发展，才能更好地增进人民健康福祉。

## 三、中医药古籍数据库类型

从目前的数字化成果来看，中医古籍数字化建设形式主要有书目型数据库、全文型数据库、全图像型数据库、图文型数据库、古籍知识库。

（一）书目型数据库

书目型数据库是将古籍书名、著者、版本、卷次、摘要、出版年等信息输入计算机而形成的数据库，读者可以通过书名、著者等检索到某古籍的相关信息。该类型的代表是中国中医科学院中医药信息研究所的"全国中医药珍善本古籍档案管理系统""海外古籍书目数据库"，以及中国中医科学院图书馆的"馆藏中医古籍目录数据库"。

目前我国有一定中医药古籍藏书规模的医学院校、科研机构、图书馆也都相继进行了书目数据库的建设，如北京中医药大学图书馆的"中医药古籍书目数据库"、上海图书馆的"古籍书目数据库"和"中医古籍善本书目提要"、大连图书馆的"特色馆藏古籍线装书目库"、北京大学及多家图书馆的"CALIS（中国高等教育文献保障系统）古籍联合目录"、上海中医药大学图书馆的"善本书目提要数据库"、浙江中医药大学图书馆的"馆藏古籍目录数据库"、山西中医药大学图书馆的"古籍书目数据库"、山东中医药大学图书馆的"古籍书目数据库"等。因我国没有统一的建库标准，各种书目数据库揭示的深度不一样。

（二）中医古籍全文型数据库

全文型数据库是将古籍全文手工录入，形成电子文本，供用户查询。这种数据库存储空间小，便于检索和阅读，但是没有保持古籍原貌，且文字录入有难度，容易出错。中医药古籍含有穴位、图谱等信息，数字化的困难更大。台湾高雄市立中医院的"中医古籍文献全文检索系统"和光盘版《中华医典》就是典型的全文型数据库。

（三）中医古籍全图像型数据库

全图像型数据库是将古籍直接以图像格式扫描存储，加入简单标题和分类，能保存古籍原貌，有助于专业研究，但是这种数据库存储空间大且不方便检索。如《四库全书》光盘版就是以文渊阁本《四库全书》为底本，扫描全书，手工录入总目。

（四）中医古籍图文型数据库

图文型数据库是利用图像处理技术与超链接技术结合形成的数据库，即在古籍书页图像化的基础上，将书中具有检索意义的信息转化为电脑可识别的文字，并加以合适的软件工具，为用户提供快捷有效的检索、统计、整理和编辑功能。这种数据库能再现古籍原貌、方便检索，是目前古籍数字化的最佳方式。中国中医科学院中医药信息研究所的"中医药珍善本古籍多媒体数据库"和由北京大学刘俊文教授总策划、总编纂的《中国基本古籍库》（医书集成）可为此类代表。

（五）古籍知识库

古籍知识库是人工智能和数据库结合的产物，它以统一的形式存储知识。知识库的知识是高度结构化的符号数据，用户可以进行深层次的知识挖掘，实现由书目到全文等多个知识点的关联检索，也可以由一个作者检索到其他相关作者等。中国中医科学院中国医史文献研究所中医古籍数字化研究室的"中医药古文献知识库"是其代表。该知识库构建了我国第一个中医古籍知识库系统，目前已经建成中医古籍本草知识库、中医古籍方剂知识库，以及张仲景、陈士铎、新安医学、妇科、医案、蒙医药共6个中医古籍专题知识库。

## 四、常用中医药古籍数据库及其检索

### （一）《国医典藏》

**1. 收录情况**　《国医典藏》是由中国中医科学院中医药信息研究所（图书馆）研发的大型中医古籍全文数据库，目前共收录先秦至清末民国的历代典籍1500种，分为馆藏精品库（1100种）和子部医家库（400种）2个专题，收录内容精良，不乏世所罕见的珍善本及孤本医籍，具有较高实用价值、文献价值和学术价值。馆藏精品库书目按《中国中医古籍总目》分类法分类，涉及医经、医理、诊断、伤寒金匮、针灸推拿、本草、方书、临证各科、养生、医案医论医话、医史、综合性著作共十二大类，涉及65个二级类目。该库能够实现中医古籍的原貌展现和便捷阅览、古籍内容的多途径深度检索、古籍知识内容的精准定位等功能，为用户提供专业化的中医古籍阅读、检索与利用服务。

**2. 检索界面及个性化特点**　《国医典藏》提供了强大的检索功能。您可以输入任意检索项的条件进行组合检索，快速地找到您需要的书籍或资料。《国医典藏》首页如图3-4所示。

（1）简单检索：检索框中可以输入任意内容，进行检索，包括书名、作者、关键词等信息，同时支持检索项的多重"与""或""非"组合检索。多个检索项之间输入"*"表示"与"，"|"表示"或"，"!"表示"非"。《国医典藏》检索界面如图3-5所示。

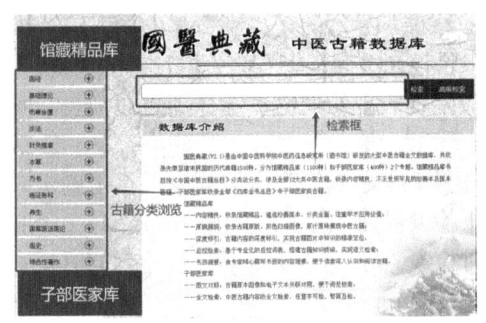

图3-4　《国医典藏》首页

图3-5　《国医典藏》检索界面

点击检索结果列表即可进入知识阅读界面，如图3-6所示。

（2）高级检索：点击"高级检索"按钮进入高级检索界面，如图3-7所示。支持按书名、作者、内容提要、关键词检索，检索结果支持按成书年、书名、作者、分类升序、降序排列。

图3-6　《国医典藏》检索界面

（3）二次检索：是指在上一次检索的基础上进行进一步限定条件的检索，即缩小检索范围，逐步精确；该功能可反复使用。如在"麻黄"的检索结果中，输入"桂枝"，输入"方法"。《国医典藏》二次检索界面如图3-8所示。

点击二次检索，检索结果如图3-9所示。

（4）后控词检索：是基于专业词表的同义词、上位词、下位词、关联词的优化检索。后控词检索位于高级检索中，以麻黄为例，在关键词处输入"麻黄"，点击后控词。国医典藏后控词检索界面如图3-10所示。

图 3-7　《国医典藏》高级检索界面

图 3-8　《国医典藏》二次检索界面

图 3-9　《国医典藏》二次检索结果界面

图 3-10　《国医典藏》后控词检索界面

跳出后控词检索结果图 3-11，左侧为后控词表检索的结果，显示的是"麻黄"的同义词、上位词、下位词和关联词，右侧为已选择的关键词。可以将后控词表中的词语，选择到右边列表，同时检索。

如选择"朱芯麻"到右边列表，点击确定，出现以下检索界面（图 3-12），即"朱芯麻"和"麻黄"同时检索。《国医典藏》后控词检索同时检索界面如图 3-13 所示。

（5）书内检索：数据库提供单本书籍的书内检索，点击任意一本书，进入阅览界面后。每本书的阅览界面上均有一个本书内检索的检索框。

图 3-11　《国医典藏》后控词检索"麻黄"界面

《国医典藏》书内检索界面如图 3-14 所示。

图 3-12　《国医典藏》后控词检索同时检索界面

图 3-13　《国医典藏》后控词检索同时检索"朱芯麻""麻黄"界面

以《伤寒经注》为例，如图 3-15 所示。

（6）检索结果的导出：数据库提供检索结果的导出，可以导出至 excel 文件，点击"输出 excel 文件"，即可将检索结果保存至本地电脑。

图 3-14 《国医典藏》书内检索界面　　图 3-15 《国医典藏》书内检索《伤寒经注》界面

（7）分类浏览：检索界面左边部分，是按《中国中医古籍总目》分类法分类，内容涉及医经、医理、诊断、伤寒金匮、针灸推拿、本草、方书、临证各科、养生、医案医论医话、医史、综合性著作十二大类，共 65 个二级类目的分类目录。点击对应的分类，可以将属于此分类的书籍列出，点击书名，即可跳转到对应的图书阅读界面。如点击"医经"栏后，再在新的界面点击"内经"栏下的"内经必读"，进入"第一册书皮"界面，如图 3-16 所示。

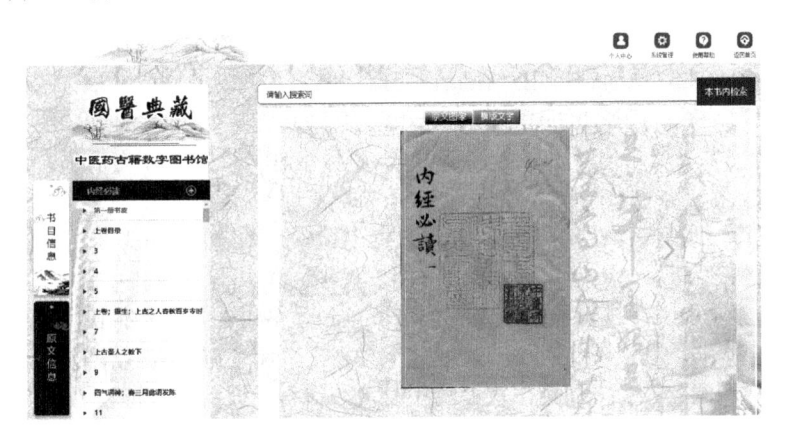

图 3-16 "第一册书皮"界面

（8）知识阅览界面：点击书页，进入知识阅览界面（图 3-17）。

（9）图片下载：数据库提供图片的高清下载，在图片阅览界面，点击图片下载即可将图片保存至本地电脑上。

（10）个人中心：个人中心部分共分为四大模块：修改密码、阅读历史、清除历史、退出登录。

（二）中国基本古籍库

中国基本古籍库是综合性的大型古籍数据库，先后被列为全国高校重点项目和国家重点电子出版物。由北京大学教授刘俊文总纂，北京爱如生数字化技术研究中心研制。

**1. 中国基本古籍库**　中国基本古籍库精选先秦至民国的历代重要典籍，包括流传千古的名著、各学科基本文献及罕见而实用的特殊著作等。各取通行善本全文录入，另附 1~2 个珍贵版本影像做参考。其收录范围涵盖中国历史与文化，其内容总量相当于 3 部四库全书。本数据库不但是全球目前最大的中文古籍数字出版物,也是中国有史以来最大的历代典籍总汇。

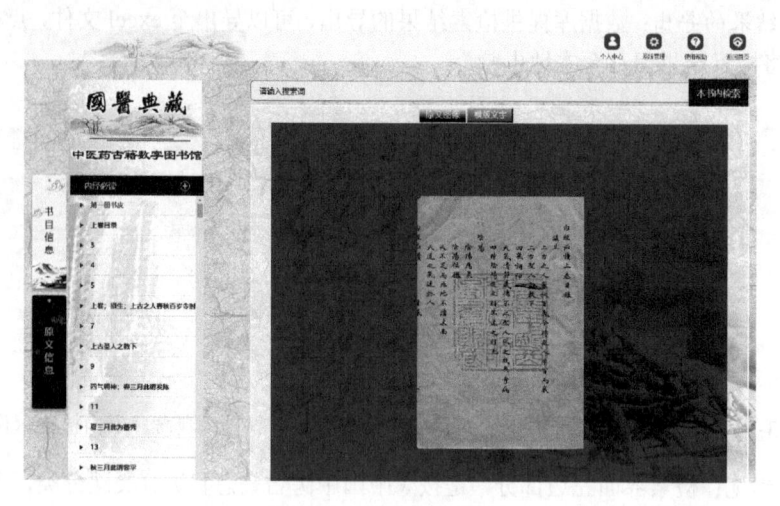

图 3-17 知识阅览界面

中国基本古籍库采用爱如生公司独有的数字再造技术制作,还原式页面,左图右文,逐页对照;原书之版式及眉批、夹注、图表、标记等无障碍录入,并在原位置非嵌入式显示,全息再现。同时配备强大的检索系统和完备的功能平台,可从多条路径和可用多种方法进行海量全文检索,检索速率快至毫秒;可利用多项基本功能和多个辅助工具,轻松实现从研读、批注到下载、打印的一站式整理研究作业,从而帮助用户在获得空前广阔学术视野的同时,极大提高研究工作的效率。用户在登录网站后,选择"古代典籍"选项,直接点右侧"登录"即可。首次阅读请在登录进数据库后注册个人专属账户(手机号注册),以后每次进入该数据库之后需登录该账户方可检索、阅读及下载。

**2. 中国医学库** 现有古籍约 1000 种,通过寻书检索,系统默认呈现,首先呈现含有检索结果的书,有助于快速筛选,点击相应图书进行阅读使用。

系统高级检索功能支持逻辑检索,支持同屏阅读,最多可加入 10 本书,一次可打开 6 个窗口,同时阅读 6 本书。默认图文对照阅读模式下,点击"阅读方式",新增"只读影像"和"只读录文",更加便利阅读。为方便用户在使用中交流心得、反馈问题,特设"发言区",可提出问题、互相评论。

(三)《海外中医古籍库》

**1.《海外中医古籍库》收录情况**  《海外中医古籍库》收录了中华书局出版社的《海外中医珍善本古籍丛刊》的全部图像和书目数据,通过数字化加工,打造的专业古籍资料库,共计 427 种中医古籍。有以下特点:根据目录结构对全部图书做了加工;提供了图书的版本对比功能;藏书印鉴皆可检索;用户中心功能完备,浏览、检索皆有记录并可在当页进行批注。"海外中医古籍库"通过数字化方式,满足藏书机构和学者的需要。

**2.《海外中医古籍库》检索及个性化功能**  数据库平台支持多种检索方式,包括普通检索、高级检索、二次检索等。

普通检索可选择按照综合、题名、篇名、藏书印、责任者、版本类别和出版年代不同维度进行检索;其中藏书印检索数据库的特色功能,基于对古籍上的藏书印的数字化标注和处理,实现藏书印检索,对用户理清古籍递藏源流有重要意义。同时,数据库支持繁简字和异体字检索。《海外中医古籍库》检索界面如图3-18所示。

图3-18 《海外中医古籍库》检索界面

检索结果根据检索条件，按照全部、图书、文章和藏书印四种结果展示。图书馆检索结果标注包括图书题名、封面及相关元数据信息；文章检索结果标注包括篇章标题、篇章首页图及所属古籍图书的元数据信息；藏书印检索结果标注包括藏书印名称、藏书印所在界面图及所属古籍图书的元数据信息。例如，检索"病机"可得结果如图3-19所示。

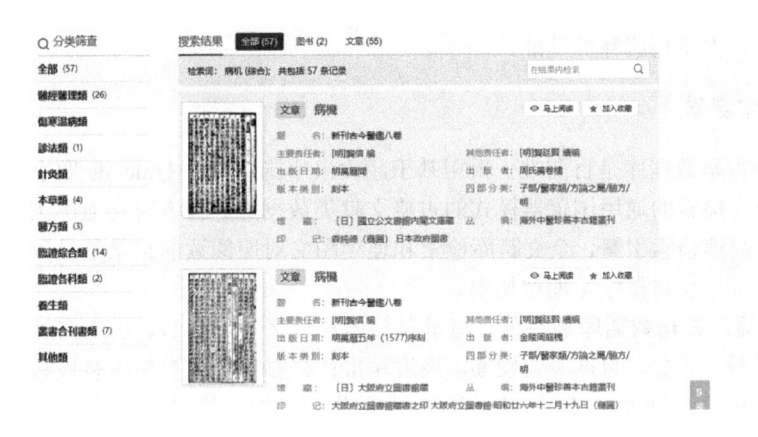

图3-19 检索"病机"的结果界面

高级检索可在普通检索的基础上，实现多条检索条件复合检索，通过"与"或"非"进行关系组合。

数据库收录古籍资源，均提供图书信息、篇章标题及原书图像以供浏览。

通过图书检索结果和分类导航展示的书目，可以进入图书详情页。

图书详情页包括图书图像及元数据信息展示、全书阅读、加入收藏等部分。图书图像及元数据信息展示，包括图书封面、图书题名、主要责任者、其他责任者、出版日期、出版者、版本类别、装订形式、册数、馆藏及书号、行款、尺寸、版式描述、印记、丛编、分类、摘要等图书基本信息。

数据库还设置了个性化功能，研究者可在使用的过程中根据需要加以运用。

（四）书同文古籍数据库

书同文古籍数据库内容涵盖常用古籍、为官入仕必修书、明清史料档案、中医中药、金石文玩、典章制度、法律法规等方面，平台包括众包、检索、历史知识图谱、挖掘分析呈现等功能。

该公司成功为国内外用户制作出首例大型古籍数字化精品——《文渊阁四库全书》全文检索电子版，长期以来在中国经典古籍善本、历史文献档案的全文数字化及中文信息技术处理的应用研发、生产和销售领域独树一帜。

**1. 中医中药古籍大系收录情况**　共汇集历朝各代经典中医中药著作 104 部，包括著名的中国历史上最大的方剂书籍《普济方》和《本草纲目》。收录尽可能多的明清两朝官修和名医所撰的经典医书的注释、衍义、新编、辨证、直解、精要、合编、补遗等。同时大量收录了我国稀有中医孤本，均属于存世罕有的中医文献稿本、稀见抄本，共计 126 种。收录清代已经或即将失传的各种各样的"方剂"医著共计 289 种，都是目前存世之孤本、珍稀稿本、稀见抄本。收录的《中国医学大成》，主编为曹炳章，该书博采精选，上自先秦，下迄近代，凡理论、方药、临床各科兼备，分为十三类。包含医经、药物、诊断、方剂、内科、外科（含伤科、眼科、五官）、妇科、儿科、针灸（含推拿、手术）、医案、医论、医话等。所收医书皆中医经典要籍，版本及内容都经过精选，并全部进行了校勘和圈点断句。

**2. 功能及个性化特点**　全文检索版的文献资料经过高精度全文数字化，文献内容字字可查、句句可检。全文检索系统提供中日、简繁、异体等汉字关联查询。全文检索系统提供了逻辑检索及字、词间距检索。同时读者也可不输入任何检索文字实现按篇目浏览。全文检索可以多种组配，并保存检索规则。可以对检索结果进行筛选、排序、打印。系统还提供联机字典，文字代码页与原书图像页关联、列列对应、字字对应，复制打印、添加注释、纪年换算、八卦查询，以及手写输入、拼字输入、中草药解释等功能。

（五）《瀚堂典藏》

《瀚堂典藏》古籍数据库是目前唯一采用基于超大汉字国际标准 Unicode 四字节编码和自然语言数据加工和全文检索的通用浏览器模式的古典文献类数据库。读者可在通用浏览器条件下，利用专利认证的超高速检索引擎，全文跨库检索和连续图文对照阅读的记录条目数超过 3000 万条，并且内容不断修订，总量持续定期增加中。

**1.《瀚堂典藏》古籍数据库的特色**　海量典籍内容，字书、韵书、出土文献资源独步全球；出版多种纸质图书、光盘，数据专业校勘，高度精准；毫秒级高速自然语言检索，四字节检索荣获专利认证；检索管理 7000 多 Unicode 汉字，尤精生僻字加工管理；采用先进 B/S 技术，不需安装客户端软件，免除困扰；图文皆可自由在 MS Office Word 复制、编辑再利用；内容存真性整理，定时大量新增，满足使用者的需求；灵活跨库、图文对照，研究学者最佳必备之典籍平台。

**2.《瀚堂典藏》中医药文献库的收录情况**　《瀚堂典藏》中医药文献库的资料总量目前超过 750 种，共上万册宋代、元代、明代、清代的中医药文献，为目前全球质量最高和数据量最大的中医药文献数据库，涵盖医经、本草、诊断、方剂、通治、伤寒金匮、内外科、五官科、妇儿科、针灸推拿、医理医案、养生、兽医、温病和综合医籍等类目的众多文献，包括日本江户医学影北宋本《备急千金要方》、明代金陵初刻本《本草纲目》，以及《古今图书集成》和敦煌文献中的所有中医药相关的内容。《中医药文献库》全部典籍采用 10 万字符的 Unicode 国际通用标准加工整理，检索引擎可以在 1 秒内提供检索结果。由于中医专业性强，所有数据图文对应，便利读者立即对照文本调阅原书页面查验，并可以在不失真的状况下连续阅读。该库不仅可以提供方便的阅读与最佳的查询服务，更是中医药研究者存真性利用中医药文献的快捷、便利和不可或缺的平台。

（六）千年医典——域外中医古籍丛书数据库

**1. 数据库简介**　千年医典——域外中医古籍丛书数据库主要包括《域外中医古籍丛书》中 2376 种书，60 余万页的影像版。《域外中医古籍丛书》由日本和中国百余位专家学者历时 40 余年，对千余年来流存于日本或撰写于日本的中医古籍进行系统整理而成，内容几乎包括日本现存所有的中医古籍。版本有来自中国的古医书，宋代、元代、明代、清代历代刻本、抄本，日本历代和刻本，日本翻刻的中医善本医籍，和刻汉文夹刻日文假名中医典籍，亦有日本人撰著注释中医经典、阐发医理、记述临证心得的文集等。

此套丛书对中医经典、中医流派、中医基础理论、中医文献（尤其医籍版本学、学术史考据）诸多领域的研究，均有不可替代的参考价值。同时，对于中医临床领域也同样具有理论研究与实践借鉴意义，如《伤寒论》《金匮要略》经方理论及临证应用，温病学、瘟疫学理论及临证应用，经方、时方、验方、秘方源流梳理，本草学术沿革史及临证运用，古典诊法理论、临证诊断，古典针刺、灸疗理论与实践，中日临床理论及诊断、治疗区别，日本汉方理论与临床应用，日本汉方腹诊、灸疗特色研究，日人医话医论，中日医学流派特色研究交流等。其中日藏中国宋元古医经、汉方临床特色诊治著作、江户时期日人中医典籍考据学论著，对中国学者更有学术吸引力。

**2. 数据库功能**

（1）专业目录标签，多种检索方式。所收古籍图像资源均进行了专业的目录加工，支持多种检索方式，包括书内篇章名皆可检索，方便用户快速切换至需要的章节。

（2）在线阅读批注。用户可通过阅读界面的工具栏，对古籍进行圈选、增加批注、收藏、书写阅读、研究心得。

（3）专业交流社区，分享、公开科研成果。用户可对古籍主题或段落在社区中进行互动交流，阅读批注、研究心得一键分享公开并可同步发表到社区。

（4）传统中医药知识产权保护。用户基于千年医—域外中医古籍丛书典数据库研究成果的中医药知识产权，平台及时帮助其确权，并发布公告，利用电子身份认证、电子存证和区块链技术，对用户研究成果的知识产权进行全方位的保护。

（七）国家古籍数字化资源总平台

《中华古籍资源库》几乎涵盖了中华文明各类型珍贵文献，是国家古籍数字化工程"中华古籍保护计划"的重要成果。2020年4月，中国国家图书馆（国家古籍保护中心）将自建、征集的古籍资源统一整合在《中华古籍资源库》内。2021年11月起，为方便读者阅览和利用古籍资源，《中华古籍资源库》开始实行免登录阅览。该库是我国古籍资源类型最多的综合性资源共享发布平台。平台数字化工程有古籍专题资源库、古籍整理出版数字化资源库、古籍数字化版本资源库、少数民族文字古籍数字化资源库、地方古籍数字化资源、古籍智能化利用项目。全库实现统一检索、高清呈现，免注册登录，公益服务，通过互联网传遍全球，构建起一座中华古籍的数字网络家园。国家古籍数字化资源总平台首页如图3-20所示。

图3-20 国家古籍数字化资源总平台首页

《中华古籍资源库》围绕不同类型的文献，资源库还提供了专业的文献著录和内容标注，为读者使用提供便利。《中华古籍资源库》还积极开展国际古籍数字化合作，推动大批存藏海外的中华古籍以数字化形式回归。

  平台现在处于测试版，进入平台后，《中国古籍总目》设置子库集中展示 1949 年以来出版的古籍整理本成果，界面清晰，检索便捷，包括一般检索和高级检索，分类导航便于浏览。

  平台对检索结果提供收藏与导出功能，通过人工智能算法匹配的方式向用户推荐所阅览图书的整理成果及其在《中国古籍总目》中的相关原始文献。在阅览图书的详情页下方将会为用户提供提要参考。

（李启勇 刘明昕）

# 第四章　电子中医药文献资源与检索

## 第一节　中文电子中医药文献检索

随着计算机、通信技术的发展，电子文献的检索日益受到人们的重视，已成为最重要和最主要的文献检索方式。中文电子中医药文献检索是指利用计算机技术和网络资源，对中文中医药文献进行检索和获取的过程。

中医药文献检索经历了手工检索、计算机检索到目前网络化、智能化检索多个发展阶段，检索的内容也从相对封闭、稳定、独立的数据库扩展到开放、动态、更新快、多元化、分布广泛、管理松散的网络内容，检索效率得到了极大提高。

### 一、中文电子中医药文献检索概述

（一）文献检索工具概述

文献检索工具是指用于报道、存储和查找文献线索的工具。它是附有检索标志的某一范围文献条目的集合，是二次文献。一般检索工具应该具备如下条件。

（1）明确的收录范围。
（2）能够详细著录文献的外部特征和内容特征。
（3）有完整、明了的文献特征标志。
（4）每条文献条目中必须包含多个有检索意义的文献特征标志，并标明供检索用的标志。
（5）全部文献必须根据标志，系统、科学地排列成为一个有机的整体。
（6）有索引部分，提供多种必要的检索途径。

（二）文献检索工具的分类

从收录内容来看，不同的检索工具提供的文献信息著录项详略不同，分为文摘型和全文型两种。

**1. 文摘型检索工具**　是主要揭示文献的名称、来源等基本题录信息并提供文献摘要，按一定的方法组织排列起来的检索工具。借助文摘型检索工具，用户能够了解原始文献的主要内容，帮助读者迅速、准确地鉴别文献的内容，决定其取舍。当从文摘中可以获得足够信息时，可免去查阅原文，节省查阅原文的时间和精力。文摘型检索工具通常还提供全文获取链接，方便用户获取全文。文摘型检索工具的特点主要有目的明确，专业范围确定；专业收录文献量大；检索功能强大，漏检率低；可与不同的全文数据库链接，节省时间等。

**2. 全文型检索工具**　以文本数据为主要处理对象，将文献进行有组织的编排，著录项目包括文摘的所有项目和原文，并以不同的载体形式提供文献全文的检索系统。全文型检索工具内容庞大，可直接查询相关文献的全文或其中的章、节、段等内容。目前国内全文型检索工具大多由文献集成商提供全文访问服务，如中国知网（CNKI）、万方数据知识服务平台（简称"万方"）等。目前全文型检索工具大多以 PDF 或 HTML 方式提供原始文献全文下载或在线浏览，也有文献数据库提供特定的文件格式需要安装阅读器，如中国知网还提供的 CAJ 格式全文则需要使用 CAJViewer 文献阅读器进行阅读。

## 二、中文中医药文摘数据库检索

### （一）中国生物医学文献服务系统

**1. 资源概述**　中国生物医学文献服务系统（SinoMed），由中国医学科学院医学信息研究所/图书馆研发。该系统整合了中国生物医学文献数据库（CBM）、西文生物医学文献数据库（WBM）、中国医学科普文献数据库（CPM）、北京协和医院博硕学位论文库（PUMCD）、中国生物医学引文数据库（CBMCI）共 5 种资源，是集检索、分析、开放获取、原文传递、个性化服务于一体的生物医学中外文文献服务系统。SinoMed 首页如图 4-1 所示。

图 4-1　SinoMed 首页

中国生物医学文献数据库（CBM）是系统中最大、最重要的数据库，全部题录均进行主题标引、分类标引，同时对作者、作者机构、发表期刊、所涉基金等进行规范化加工处理；2019 年起，新增标识 2015 年以来发表文献的通信作者，全面整合中文 DOI（数字对象唯一标识符）链接信息，以更好地支持文献发现与全文在线获取。下面以中国生物医学文献数据库（CBM）为例，对 SinoMed 检索方式进行介绍。

**2. 检索方法**

（1）检索规则

1）智能检索：基于词表系统，将输入的检索词转换成表达同一概念的一组词的检索方式，即自动实现检索词及其同义词（含主题词）的同步检索，是基于自然语言的主题概念检索。可用字段包括常用字段、全部字段、核心字段、中文标题、英文标题、摘要、关键词。其中，常用字段由中文标题、摘要、关键词、主题词四个检索项组成；核心字段由中文标题、关键词、主题词三个检索项组成。

2）逻辑组配检索：利用布尔逻辑运算符 AND（逻辑与）、OR（逻辑或）、NOT（逻辑非）进行逻辑组配检索，多个检索词之间的空格执行"AND"运算。运算优先级为 NOT＞AND＞OR。

3）截词检索：又称通配符检索，使用单字通配符（?）和任意通配符（%）进行截词检索，通配符的位置可以置首、置中或置尾。

4）短语检索：检索词含有特殊符号"-""（"时，如需将检索词作完整概念检索，必须用英文半角双引号标识检索词，如"1,25-(OH)2D$_3$"。

5）限定检索：可以对文献的年代、文献类型、年龄组、性别、研究对象等特征进行限定。

6）精确检索与模糊检索：精确检索表示检索词与命中检索字符串完全相同，特征词、分类号、作者、刊名等字段可进行精确检索。模糊检索亦称包含检索，即输入的检索词包含在命中文献的检索字符串中。例如，检索作者为"张明"的文献，在不勾选"精确"选项时，可检出作者为"张明""张明飞"等文献。默认进行精确检索。

7）检索历史：记录每次检索的步骤，包括序号、检索表达式、结果数量、时间及推送。通过检索历史可以显示检索过程，调用检索结果，多个历史检索式还可以进行逻辑组配检索。系统最多能保存 200 条检索表达式，检索策略可以保存到"我的空间"和邮箱订阅。

（2）快速检索：是默认的检索方式，默认在全部字段执行智能检索。其优点是方便、快捷，不需要进行字段限定，使用起来难度较小，但缺点是检索结果数量较多，检索的准确性较差。如果还要进行年代和限定检索，则需在检索结果界面进行。在检索结果界面的输入框中，可在常用字段、标题、摘要、关键词、主题词、作者、作者单位共 7 个字段进行字段限定检索或二次检索。

（3）高级检索：是通过构建较为复杂的检索表达式来实施检索的一种检索方式。其优点是检索入口多，检索限定灵活，查准率较高。

1）选择检索入口：构建表达式时可进行常用字段、全部字段、核心字段等 20 余个字段的选择。

2）限定检索：提供年代、限定检索及检索历史功能，限定检索包括对文献类型、年龄组、性别、对象类型、其他几个方面，方便检索表达式的进一步限定。

3）选择逻辑关系：同一检索框可以按检索规则输入多个检索词，检索词之间支持同时输入 AND、OR、NOT 或空格中的一种逻辑运算符；不同检索框可以根据需要选择不同的字段进行限定，检索框之间可通过选择 AND、OR、NOT 进行逻辑组配检索；勾选"优先"，可优先进行运算；检索表达式实时显示编辑，表达式构建完检查无误后可直接点击"检索"或"发送到检索历史"。

【检索示例】利用高级检索方式检索湖北中医药大学 2018～2023 年发表的针灸治疗中风的文献综述。

第一步：根据检索要求分析有"湖北中医药大学""针灸""中风"三个检索词，其中"湖北中医药大学"限定为作者单位字段，"针灸"和"中风"可以进行逻辑与组配，同时借助智能检索功能，自动查找它的同义词、相关词、主题词等，以减少漏检。

第二步：在高级检索输入框中，选择常用字段，输入"中风 AND 针灸"或"中风　针灸"，也可分两个检索行均选择常用字段并分别输入"中风"和"针灸"，选用 AND 连接，均按默认的"智能"方式；再选择作者单位字段，输入"湖北中医药大学"，逻辑关系选择 AND，年代选择"2018"及"2023"，在限定检索中的文献类型勾选"综述"（图 4-2）。

第三步：在编辑框中检查检索式准确无误后，点击"检索"即可查到所需文献；点击"发送到检索历史"，即可查看检索表达式、检索结果等检索历史。

（4）主题检索：是通过查找代表文献主题概念的主题词进行检索。优点是概念检索，查全率及查准率较高；缺点是专业性较强，不容易理解和掌握。主题词是经过《医学主题词表》（中译本）和《中国中医药学主题词表》2 个词表规范化后的词汇，输入检索词后，系统将自动在 2 个词表中查找对应的主题词。如输入"糖尿病",点击"查找"按钮,系统出现有关糖尿病的主题词列表,左侧栏显示糖尿病及相关款目词,中间栏显示糖尿病对应主题词,右边栏显示命中文献数。还可通过"主题导航"浏览主题词树查找对应的主题词。

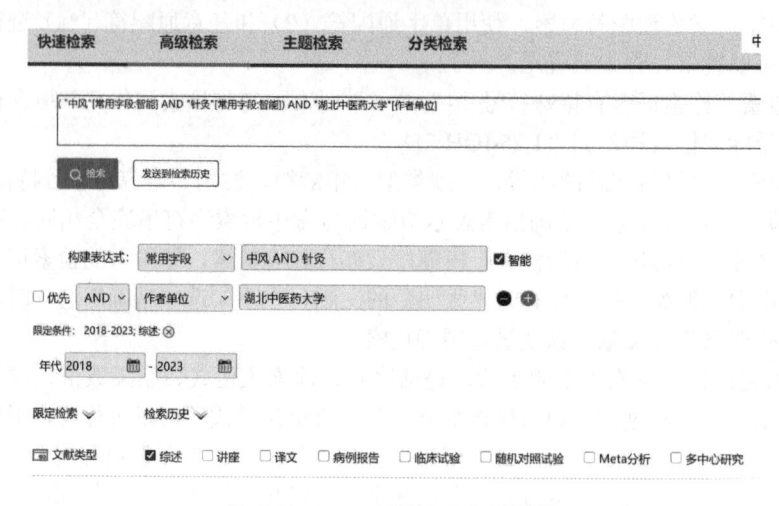

图 4-2　CBM 高级检索实例页面

在主题词列表界面,可勾选一个或多个主题词,选择所需逻辑关系,直接发送到检索框实施检索。也可点击主题词,进入主题词详情界面,浏览主题词注释及主题树,明确主题概念;选择扩展检索、加权检索及勾选副主题词进行组配检索,提高查全率和查准率。

1) 扩展检索:包括扩展、不扩展 2 个选项。扩展即对当前主题词及其下位主题词进行检索,不扩展则只检索当前主题词,系统默认为扩展。

2) 加权检索:仅对主要概念主题词(加"*"的主题词)进行检索,非加权检索则对加"*"和不加"*"的主题词都进行检索。加权检索可以提高查准率。系统默认为非加权检索。

3) 副主题词组配:副主题词用于对主题词的某一特定方面加以限制,用于限定同一主题的不同方面,主题词组配副主题词,可以更准确地表达文献内容,使概念更为专指。副主题词列表中带有"(+)"的副主题词,说明有下位副主题词,勾选时系统自动将全部下位副主题词一并勾选,即对当前副主题词及其下位副主题词进行组配检索。组配时允许去除不符合检索要求的副主题词。不选择任何副主题词,系统默认对组配副主题词及不组配副主题词的文献全部进行检索。

【检索示例】用主题检索方式检索中西医结合方法治疗糖尿病并发症的有关文献。

第一步:根据检索要求分析有"糖尿病并发症""中西医结合方法"两个检索词,选择主题检索方式检索。

第二步:在主题检索界面的输入框中键入检索词"糖尿病并发症",点击"查找"按钮进入主题词列表界面。

第三步:浏览主题词列表,发现"糖尿病并发症"即为主题词,点击主题词"糖尿病并发症"进入主题词注释及检索界面。

第四步:浏览主题词注释,发现糖尿病并发症包括糖尿病血管病变、糖尿病昏迷、糖尿病肾病、糖尿病神经病变等下位主题词,均符合题意,故选择扩展检索;为提高查准率,勾选加权检索;勾选副主题词"中西医结合疗法",点击"发送到检索框"按钮,检索表达式在检索框形成;点击"检索"按钮,即可查到所需文献。CBM 主题检索实例界面如图 4-3 所示。

图 4-3　CBM 主题检索实例界面

（5）分类检索：是从文献所属学科的角度进行检索的方式。分类标引和检索的依据是《中国图书馆分类法·医学专业分类表》。分类检索的优点是学科族性检索效果好，缺点是专指性较差，易产生无关文献。可用类名查找或分类导航定位具体类目，支持多个类目同时检索，可使用逻辑运算符"AND""OR"和"NOT"进行组配，通过选择是否扩展、是否复分，使检索结果更准确。分类检索可以单独使用，也可通过字段限定分类号与其他字段组合使用进行检索。

**3. 检索结果的处理**

（1）检索结果显示

1）概览显示：在文献检索结果概览界面，可以显示检索结果数量，系统默认每页显示 20 条，按题录、文摘两种方式显示检索结果。排序按入库、年代、作者、期刊、相关度、被引频次等显示检索结果。

2）详览显示：点击检索结果概览界面的文献标题，即可进入文献详览界面，显示单篇文献的详细信息及其施引文献、共引相关文献、主题相关文献、作者相关文献等。

3）全文显示：无论在检索结果概览界面还是详览界面，对于有全文链接的文献，均在文献标题后显示全文链接图标，如 PDF 图标、DOI 链接图标或各数据库服务商图标，点击全文链接图标，即可显示并下载全文。在文献详览界面，还显示保存到本地、电子邮件、保存到我的空间、创建引文追踪器、文献传递等全文获取及文献服务功能链接。

（2）检索结果分析

1）检索结果分组：不同的数据库，对检索结果的分组内容不同。CBM 按核心期刊、中华医学会期刊及循证文献三个方面对检索结果进行分组。其中，"核心期刊"是被《中文核心期刊要目总览》或《中国科技期刊引证报告》收录的期刊文献；"中华医学会期刊"是由中华医学会编辑出版的医学期刊文献；循证文献则是系统对检索结果进行循证医学方面的策略限定结果，如对检索结果进行临床试验、随机对照试验、Meta 分析、多中心研究等的限定。

2）检索结果筛选：CBM 包括主题、学科、时间、期刊、作者、机构、基金、地区、文献类型、期刊类型十个方面的筛选聚类。点击每个聚类右侧"+"，展开其下具体的聚类结果，可勾选一个或多个聚类项，再点击"过滤"按钮，即可根据需要对检索结果进行过滤筛选。其中主题聚类是依据 2017 版《中文医学主题词表》（CMeSH）进行，展示二级主题树聚类结果，包含所有下位主题；学科聚类是依据《中国图书馆分类法·医学专业分类表》进行，展示一级类目聚类结果，包含所有下级类目；除时间维度外，各聚类结果均按由多到少排序显示，默认显示前 10，点击"更多……"后显示前 50。

3) 详细检索表达式：常与键入的检索表达式不同，显示的是实际检索过程，从而分析出检索结果的准确性。

（3）检索结果输出

1) 题录输出：在检索结果概览界面，点击"结果输出"按钮，可根据需要勾选 SinoMed、NoteExpress、EndNote、RefWorls、NoteFirst 五种输出方式，勾选标记记录、全部记录（最多 500 条）、当前页记录、记录号四种输出范围，勾选题录、文摘、自定义、参考文献、查新五种保存格式。

2) 全文输出：在文献标题后点击全文链接图标，即可直接打开或下载全文。值得注意的是，SinoMed 对中文期刊文献数据库及北京协和医学院博硕学位论文数据库仅提供全文链接，是否有效取决于用户所在机构是否订购了相应的全文数据库，如维普中文数据库、协和医学院博硕学位论文全文库等。对于部分中文期刊文献，也通过 DOI 链接至万方医学网、万方知识服务平台或编辑部网站进行全文获取。

（4）检索结果个性化处理

1) 我的检索策略：SinoMed 在线注册后便能拥有"我的空间"。可以将检索历史中的检索表达式作为检索策略保存至"我的空间"，在数据库更新数据时，可对检索策略进行重新检索，达到定题跟踪检索的目的。

2) 我的订阅：从检索历史页面，可以对历史检索表达式进行邮箱订阅，将有更新的检索结果定期推送到用户指定邮箱，可以设置每条检索表达式的推送频率，并可浏览和删除任意记录的邮箱推送服务。

3) 我的数据库：在已登录"我的空间"前提下，从检索结果界面，可以把感兴趣的检索结果添加到"我的数据库"，在"我的数据库"中，可以按照标题、作者和标签查找文献，并且可以对每条记录添加标签和备注信息。

4) 引文追踪器：在检索结果详览界面，可以对详览的文献"创建引文追踪器"，当有新的论文引用此论文时，可收到登录提示和邮件提示，方便追踪该文献的最新被引情况。

（二）中国中医药数据库检索系统

**1. 资源概述** 中国中医药数据库检索系统（TCMDS）是中国中医科学院中医药信息研究所建设的多类型的中医药学大型数据库，创建于 1984 年。目前检索系统包括 9 类共计 48 个数据库，包括中医药期刊文献数据库、疾病诊疗数据库、中药数据库、方剂数据库、民族医药数据库、药品企业数据库、各类国家标准数据库（中医证候治则疾病、药物、方剂）等相关数据库。中国中医药数据库检索系统首页如图 4-4 所示。系统提供中文（简体、繁体）版联网使用，部分数据库提供英文版。可以实现单库与多库选择查询，单库检索可选择专指的一个数据库进行相应字段的检索，支持多种检索方式。多库可以进行跨库及多类型的检索。

中国中医药期刊文献数据库是 TCMDS 最大最重要数据库之一。该数据库收录了 1949 年至今有关中医药学内容的期刊文献信息，涵盖了千余种我国出版的生物医学及其他相关期刊，包含中医药学、针灸、气功、按摩、保健等方面的内容，其中超过半数附有文摘。主题词标引采用《医学主题词注释表》（MeSH）及《中国中医药学主题词表》。该数据库有 18 个专题数据库。下面以中国中医药期刊文献数据库为例，对中国中医药数据库检索系统检索方式进行介绍。

**2. 检索方法** 中国中医药期刊文献数据库提供了快速检索、高级检索、主题检索、分类检索、期刊检索、限定检索、语义检索、历史检索 8 种检索方式。中国中医药期刊文献数据库检索方式界面如图 4-5 所示。

图 4-4　中国中医药数据库检索系统首页

图 4-5　中国中医药期刊文献数据库检索方式页面

（1）快速检索：用户输入检索词，在全字段进行匹配，展现检索结果。在全部字段执行智能检索。

（2）高级检索：允许用户在给定字段上匹配检索词、组合检索表达式进行复杂的检索，支持年代限定。

（3）主题检索：中国中医药期刊文献数据库进行主题标引和主题检索的依据是美国国立医学图书馆《医学主题词表》（中译本）、《中国中医药学主题词表》。用户可以展开主题词树型结构查找某一感兴趣主题词进入详情页面；也可以输入检索词，找到该检索词匹配的主题词展示列表并查看主题词详情，如输入"血虚"，点击"检索"按钮，出现有关血虚的主题词列表，入口词栏显示血虚及相关入口词，中文主题词栏显示血虚对应主题词，英文主题词栏显示其对应的英文主题词。中国中医药期刊文献数据库主题检索界面如图 4-6 所示。点击中文主题词链接进入详情界面，详情界面展示该主题词的详细信息、树形结构、可以组配的副主题词等信息，也可以进行加权、扩展等选择，默认状态是不加权、不扩展。中国中医药期刊文献数据库主题词详情界面如图 4-7 所示。

（4）分类检索：《中国图书馆分类法》专业分类表系列《医学专业分类表》是中国中医药数据库检索系统分类标引和检索的依据。分类检索单独使用或与其他检索方式组合使用，可发挥其族性检索的优势。用户可以展开分类树型结构寻找感兴趣的类别进入详情界面；也可以输入检索词，找到该检索词匹配的分类号进入详情界面，查看该分类号的详细信息或匹配该分类号检索相关文献信息。

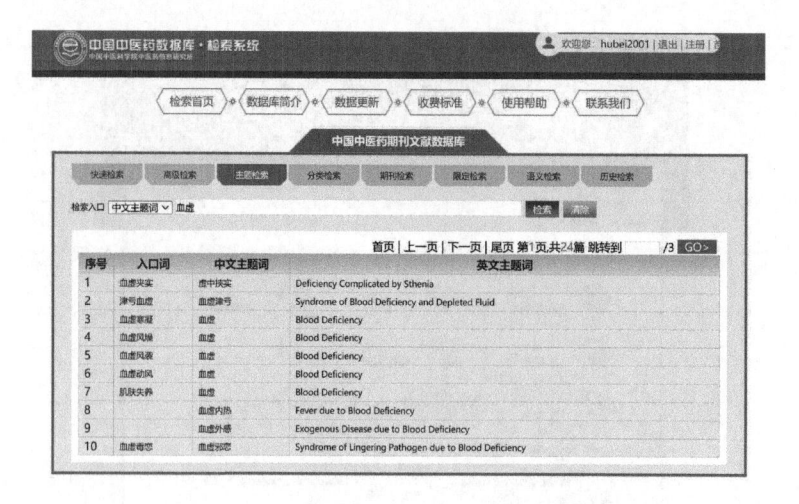

图 4-6 中国中医药期刊文献数据库主题检索界面

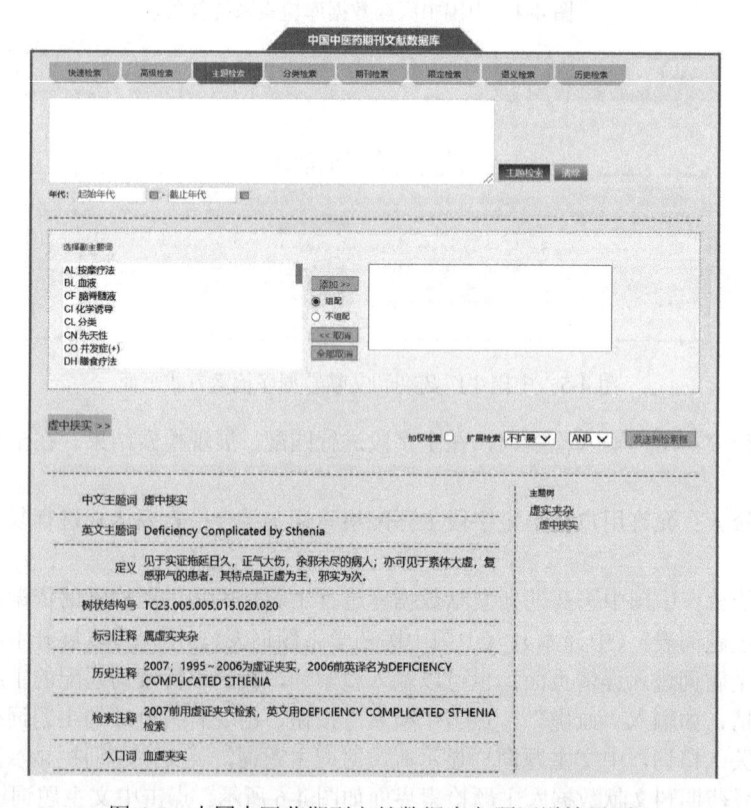

图 4-7 中国中医药期刊文献数据库主题词详情界面

（5）期刊检索：通过期刊名、主办单位、地址、ISSN 号等字段匹配检索词，查找相关期刊，点击期刊名称进入详情界面。详情界面允许用户在本刊中限定检索词、年、期进行检索。

（6）限定检索：可以对专题库、年代、资助类别、文献类型、医学史、年龄组、性别、对象类型、摘要、病例数多个维度进行限定，提高检索精准度。

（7）语义检索：不再拘泥于用户所输入请求语句的字面本身，而是透过现象看本质，准确地捕捉到用户所输入语句后面的真正意图，并以此来进行搜索，从而更准确地向用户返回最符合其需求的搜索结果。

（8）历史检索：记录用户的检索历史，可以对检索历史进行 AND、OR、NOT 组合生成新的检索表达式检索。

**3. 检索结果处理**

（1）二次检索：在上一次检索结果范围内进一步检索，逐步缩小检索范围。与上一个检索词之间的关系为逻辑与。

（2）检索结果显示：在文献检索结果概览界面，可以显示检索结果的记录数，系统默认每页显示 20 条，按题录、文摘二种方式显示检索结果。排序按入库、时间、作者、期刊、相关度 5 种方式显示检索结果。点击文献标题下方的原文索取链接可以跳转到百度学术检索结果界面，从而获取原文获取方式。点击文献标题，即可进入文献详览界面，显示单篇文献的详细信息及最近浏览、历史浏览、相关文献等。

（3）检索结果分组：检索结果按全部、中国中医药信息杂志、国际中医中药杂志、中国中医药情报杂志四个方面对检索结果进行分组。

（4）检索结果输出：点击"输出结果"按钮，可根据需要勾选.txt 文件、.csv 文件、EndNote 文件、NoteExpress 文件 4 种输出方式，勾选标记记录、当前页记录 2 种输出范围，勾选题录（无文摘）、一般格式、题录（有文摘）、特殊格式 4 种保存格式。

## 三、中文常用全文数据库检索

（一）中国知网

**1. 资源概述**

中国知网全称中国知识基础设施工程（China national knowledge infrastructure，CNKI），是以实现全社会知识信息资源共享为目标的信息化重点工程，由清华大学、清华同方发起，始建于 1999 年 6 月。CNKI 收录文献资源种类丰富，文献量逾 4 亿篇，是目前我国重要的知识资源全文数据库之一。

CNKI 内容涵盖所有学科门类，整合中外文文献资源，覆盖期刊论文、学位论文、会议论文、报纸、年鉴、专利、标准、成果、图书、古籍、法律法规、政府文件、企业标准、科技报告等十余种资源类型。

CNKI 出版的系列源数据库产品丰富，种类繁多，其中较为核心的数据库有以下几种。

（1）学术期刊库：实现中、外文期刊整合检索。其中，中文学术期刊 8440 余种，含北大核心期刊 1970 余种，网络首发期刊 2640 余种，最早回溯至 1915 年，共计 6220 余万篇全文文献，学科覆盖自然科学、工程技术、农业、哲学、医学、人文社会科学等各个领域，共分为十大专辑：基础科学、工程科技Ⅰ、工程科技Ⅱ、农业科技、医药卫生科技、哲学与人文科学、社会科学Ⅰ、社会科学Ⅱ、信息科技、经济与管理科学。十大专辑下分为 168 个专题；外文学术期刊包括来自 80 多个国家及地区 900 余家出版社的期刊 7.5 万余种，覆盖 JCR 期刊的 96%，*Scopus* 期刊的 80%，最早回溯至 19 世纪，共计 8690 余万篇外文题录，可链接全文。

（2）学位论文库：包括《中国博士学位论文全文数据库》和《中国优秀硕士学位论文全文数据库》，是目前我国资源完备、质量上乘、连续动态更新的中国博硕士学位论文全文数据库。收录 1984 年至今我国博士培养单位的博士学位论文 56 余万篇，以及硕士培养单位的硕士学位论文 586 余万篇，学科覆盖基础科学、工程技术、农业、医学、哲学、人文、社会科学等各个领域。

（3）会议论文库：重点收录 1999 年以来，中国科协系统及国家二级以上的学会、协会，高校、科研院所，政府机关举办的重要会议以及在国内召开的国际会议上发表的文献，部分重点会议文献回溯至 1953 年。目前，已收录国内会议、国际会议论文集 2 万本，累计文献总量 376 余万篇。

此外，CNKI 还有中国重要报纸全文数据库、中国专利全文数据库、中国科技项目创新成果鉴定意见数据库（知网版）、标准数据总库、中国引文数据库等多个专题数据库。

**2. 检索方法**

（1）快速检索：进入 CNKI，主页默认的是快速检索方式。快速检索根据检索对象不同分为三部分：文献检索、知识元检索和引文检索。

1）文献检索：可以检索各类型文献，如学术期刊、博硕、会议、报纸、年鉴、专利、标准、成果、图书等。检索时可以选择一个或多个数据库，再根据检索需要选择限定字段，在检索框中输入检索词，或者选用系统智能推荐的检索词，点击检索按钮即可。CNKI 主要检索字段包括主题、篇关摘、关键词、篇名、摘要、全文、作者、第一作者、通信作者、作者单位、基金、参考文献、中图分类号等。这里的"主题"不是主题词表中的"主题词"概念，是指 CNKI 根据文章所有主题特征标引，同时在检索过程中嵌入了专业词典、主题词表、中英对照词典、停用词表等工具，进行主题语义分析得到的检索词。

2）知识元检索：包括知识问答、百科、词典、手册、工具书、图片、统计数据、指数、方法、概念等数据库的检索。

3）引文检索：是针对中国引文数据库所进行的检索。该库针对某一对象或主题提供相关统计分析数据，通过数据分析器得到相关比较分析数据，可以作为科研管理及统计分析工具。主要功能包括引文检索、检索结果分析、作者引证报告、文献导出、数据分析器等。

（2）高级检索：在 CNKI 主页上方检索框右侧点击高级检索按钮，即可进入高级检索界面。高级检索界面提供"高级检索""专业检索""作者发文检索"和"句子检索"四种检索方式，适合比较复杂的课题的检索。

1）高级检索：进入高级检索界面，系统默认为高级检索方式。界面左侧是文献分类，可以选择一个或多个专辑或专题。界面中间是检索区，点击界面中"+"和"−"按钮，可以增加或者减少检索框，检索框最多增加到 10 个，支持布尔逻辑运算符"*""+""−""'"""""（）"进行同一检索项内多个检索词的组合运算，检索框内输入的内容不得超过 120 个字符。还可以进行出版年度、更新时间和期刊来源类别等限定，提供精确检索和模糊检索选项。界面右侧是高级检索使用方法。

【检索示例】利用学术期刊库检索 2018～2023 年来自北大核心期刊有关重症肺炎护理方面的文献。

第一步：分析检索词重症肺炎、护理，逻辑关系应为"逻辑与"，时间为 2018～2023 年。

第二步：在高级检索界面下方，点击"学术期刊"，进入学术期刊库的高级检索界面。

第三步：选择主题字段，在检索框中输入检索词"重症肺炎"，逻辑关系选择 AND，再选择主题字段，输入检索词"护理"。

第四步：出版时间选择"2018"及"2023"，来源类别选择"北大核心"。

第五步：点击检索，即可得到所需文献。学术期刊库的高级检索界面如图 4-8 所示。

2）专业检索：是所有检索方式中较为复杂的一种检索方法，多用于图书情报专业人员查新、信息分析等工作。需要自行输入检索式并确保所输入的检索式语法正确，才能检索到理想的结果。检索式语法规则所有符号和英文字母都必须使用英文半角字符输入，布尔逻辑符号为"AND""OR""NOT"，前后都要空一个字节，可自由组合逻辑检索式，优先级需用"（）"确定。专业检索界面右侧有具体的使用说明，可以点击"专业检索使用方法"进行查看。

图 4-8 学术期刊库的高级检索界面

3）作者发文检索：是专门以作者为检索入口的一种检索途径，提供"作者""第一作者""通信作者""作者单位"字段。可以根据不同机构、不同作者身份进行字段选择，提高检索效果。

4）句子检索：通过输入的 2 个检索词，查找同时包含这 2 个检索词的文章，可以在文章的同一句话中或者在同一段中查找。需要注意的是，同一句指包含 1 个断句标点（句号、问号、感叹号或省略号）；同一段指 20 句之内。句子检索不支持空检，同句、同段检索时必须输入两个检索词。

（3）出版物检索：在 CNKI 主页上方检索框右侧点击出版物检索按钮，即可进入出版物检索界面。出版物检索提供期刊导航、学术辑刊导航、学位授予单位导航、会议导航、报纸导航、年鉴导航和工具书导航等。

出版物来源不同，设置的检索入口不同，导航体系也不同。下面以 CNKI 期刊导航为例进行介绍。CNKI 期刊导航（图 4-9）可以通过刊名、主办单位、ISSN、CN 等检索入口检索并浏览特定的期刊信息及期刊文献，也可以通过学科导航、卓越期刊导航、社科基金资助期刊导航、数据库刊源导航、主办单位导航、出版周期导航、出版地导航、核心期刊导航等按类浏览期刊，还可以按全部期刊、学术期刊、网络首发期刊、世纪期刊和 OA 期刊浏览所需期刊。期刊导航中，核心期刊按《中文核心期刊要目总览（2023 年版）》核心期刊表分类，只包括被《中文核心期刊要目总览（2023 年版）》收录的期刊；世纪期刊按期刊的知识内容分类，只包括 1994 年之前出版的期刊。期刊的影响因子按《中国学术期刊影响因子年报（2024 版）》结果显示。

**3. 检索结果的处理** 检索结果界面以列表的形式展示检索结果。可对检索结果进行分组分析、排序、在线阅读、下载等操作，并可通过精确筛选得到最终的检索结果。

（1）检索结果聚类分组：针对相关主题、学科、发表年度、研究层次、文献类型、文献来源、作者、机构及 OA 出版对结果进行分组浏览，实现细化检索结果的目的。其中用户可以根据自己的研究领域筛选科技、社科领域文献。主题分组细化为主要主题、次要主题，依据某主题检索词在文献中所占分量划分。

（2）排序：检索结果提供"相关度""发表时间""被引""下载""综合"5 种排序方式，其中默认的是按发表时间排序，以便提供最新信息。

（3）显示模式：检索结果的显示模式和每页显示的数量可以根据需求来进行调整，默认以列表的形式每页显示 20 篇，也可以根据需要调整为以"详情"的形式，每页显示 10 篇或 50 篇。

（4）HTML 阅读和在线阅读：检索结果在下载之前可以预览全文。在检索结果列表中的操作栏点击相关图标，可以对文献进行 HTML 阅读，通过网页形式呈现文章内容；在检索结果列表中的操作栏点击相关图标，可以对文献进行预览，预览后可直接在预览界面下载 CAJ 格式的全文。

图 4-9　CNKI 期刊导航界面

（5）下载：蓝色箭头表示文献可以下载，黄色箭头表示未登录，提示读者登录后方可下载（此时可用 IP 自动登录）。灰锁表示并发数已满或本校没有购买该文献，暂时无法下载。知网节界面提供手机阅读、HTML、CAJ、PDF、AI 辅助阅读、个人成果免费下载共 6 种下载阅读模式。

（6）分享：在文献知网节界面右上方，点击相关图标，可复制文献链接到浏览器中打开，或者将文献分享到新浪微博，还可以通过微信扫一扫，在手机上下载文献进行阅读。

（7）文献管理中心：在检索结果列表勾选所需文献，在列表上方会出现已选文献篇数，点击数字链接，可进入"文献管理中心"，在文献管理中心可对已选文献进行再次选择，并可将再次选择的文献，进行导出题录、生成检索报告、计量分析等功能操作。可点击任意一条已选文献后的相关图标可删除当前文献；也可勾选文献前的复选框，选择一篇或多篇文献，点击删除按钮，删除选中的多条文献。

（8）知网节：是以一篇文献作为节点文献，对文献信息资源进行深度挖掘和加工，并通过概念相关、事实相关、参考引证等多种方法揭示知识之间的各种关联，将整个 CNKI 检索平台上的文献资源编织成纵横交错的文献网络。知网节知识网络的内容包括节点文献的题录摘要、相关服务推荐、核心文献推荐、引文网络、相关文献推荐等方面。

核心文献推荐图以节点文献为中心，图示化节点文献相关主题内容的研究起点、研究来源、研究分支和研究去脉。核心文献推荐图显示节点文献的主题词，最多可以显示 10 个主题词。研究起点是二级参考文献的主题词，研究来源是参考文献的主题词，研究分支是引证文献的主题词，研究去脉是二级引证文献的主题词，均按主题词出现频次由多到少遴选，最多显示 10 条。将鼠标移入主题词，可以显示出该主题词来源文献的篇名，点击篇名，链接到该篇文献的知网节界面。CNKI 知网节核心文献推荐网络图如图 4-10 所示。

引文网络部分包括二级参考文献、参考文献、引证文献、二级引证文献、共引文献、同被引文献。CNKI 知网节核心文献推荐网络图如图 4-11 所示。①二级参考文献：本文参考文献的参考文献，进一步反映本文研究工作的背景和依据。②参考文献：可以反映本文研究工作的背景和依据。③引证文献：引用本文的文献，本文研究工作的继续、应用、发展或评价。④二级引证文献：本文引证文献的引证文献，更进一步反映本研究的继续、发展或评价。⑤共引文献：与本文有相同参考文献的文献，与本文有共同研究背景或依据。⑥同被引文献：与本文同时被作为参考文献引用的文献，与本文共同作为进一步研究的基础。

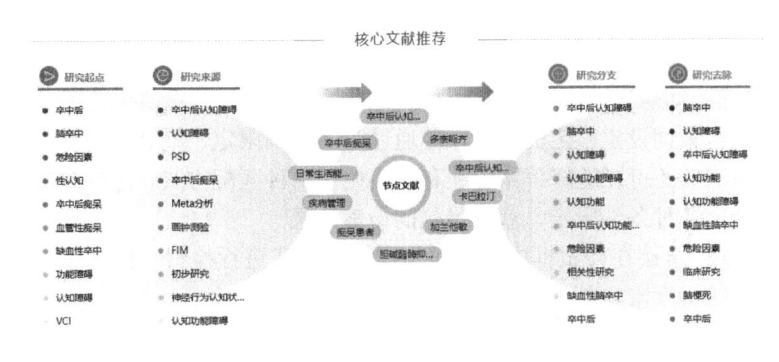

图 4-10　CNKI 知网节核心文献推荐网络图

图 4-11　CNKI 知网节核心文献推荐网络图

可视化分析是当前大数据背景下的一种分析数据的新型方式。有三种方式可以查看可视化分析功能。①从聚类分组查看检索结果的可视化分析功能，点击相关图标查看某个分组类别可视化图像；②从导出与分析查看已选结果或全部检索结果的可视化分析；③从文献管理中心查看已选结果总体趋势、关系网络、分布三方面的可视化分析，其中关系网络包括文献互引网络分析、关键词共现网络、作者合作网络三个方面。文献互引网络分析是以文献的参考和引用关系建立的引文网络为基础进行的文献分析，帮助从参考文献和被引文献中发现有价值的文献，由点到面的了解经典文献的发展历程。分布分析包括资源类型、学科、来源、基金、作者、机构分布分析。

（二）维普资讯中文期刊服务平台

维普资讯中文期刊服务平台是由重庆维普资讯有限公司开发研制，该公司成立于 1995 年，是中国第一家进行中文期刊数据库研究的机构，先后研发了中文期刊服务平台、智立方知识资源服务平台、论文检测系统、机构智库、维普论文选题工具、新一代图书馆集成业务平台、维普考试服务平台等系列产品。

**1. 资源概述**　中文期刊服务平台是以中文期刊资源保障为核心，以数据检索应用为基础，以数据挖掘与分析为特色，面向教、学、产、研等多场景应用的期刊大数据服务平台。

维普中文科技期刊数据库收录期刊学科分类包括医药卫生、农业科学、机械工程、自动化与计算机技术、化学工程、经济管理、政治法律、哲学宗教、文学艺术等。

**2. 检索方法**

（1）基本检索：平台默认使用一框式检索，在检索框中输入检索词，点击"检索"按钮即可获得检索结果。还可以通过设定检索限定字段，从而获取最佳检索结果。平台支持任意字段、题名或关键词、题名、关键词、文摘、作者、第一作者、机构、刊名、分类号、参考文献、作者简介、基金资助、栏目信息等十余个检索字段。

（2）高级检索：在中文期刊服务平台检索界面，点击"高级检索"即可进入高级检索界面。高级检索包括向导式检索和检索式检索两种检索方式，可以运用布尔逻辑运算，进行多条件限定，进一步获取最优检索结果。

1）向导式检索：即运用"与""或""非"的布尔逻辑关系将多个检索项进行组配检索。检索时可对输入的检索词设定限定的字段，并通过时间范围限定、期刊范围限定、学科范围限定调整检索的数据范围。还可以选择"精确"和"模糊"两种匹配方式，选择是否进行"同义词扩展"等。通过检索前各种条件限定，获得最佳的检索结果。

2）检索式检索：直接在检索框中输入布尔逻辑表达式进行检索。同样可选择时间范围、期刊范围、学科范围等检索限定条件来控制检索命中的数据范围。

【检索示例】检索2018～2023年针刺治疗过敏性鼻炎的期刊文献。

第一步：分析检索词针刺、过敏性鼻炎，逻辑关系应为"逻辑与"，时间限定在2018～2023年。

第二步：选择"题名或关键词"字段，输入检索词"过敏性鼻炎"（通过"同义词扩展"功能，可以从系统提供的同义词和相关词列表中获取"变态反应性鼻炎""常年性变应性鼻炎""变应性鼻炎"等同义词），"针刺"（通过"同义词扩展"功能，可以从系统提供的同义词和相关词列表中获取"针灸""温针灸"等同义词）。

第三步："时间限制"的年份中选择"2018"及"2023"。VIP高级检索实例界面如图4-12所示。

第四步：点击"检索"按钮即可得到检索结果。

图4-12 VIP高级检索实例界面

（3）期刊导航：点击界面顶部"期刊导航"链接，即可进入期刊导航界面。期刊导航分为期刊检索、期刊导航浏览两种方式。期刊检索按刊名、任意字段、ISSN、CN、主办单位、主编、邮发代号检索某一特定刊，查看该刊期刊详情、收录汇总、发表作品、发文分析、评价报告等。期刊导航浏览按期刊刊名首字母的方式和学科类别的方式浏览期刊，同时可对核心期刊、国内外数据库收录、地区、主题等进行聚类浏览。在期刊列表界面找到目标期刊，点击期刊名链接，即可查看该期刊的详细信息。

**3. 检索结果的处理**

（1）检索结果显示设置和题录导出：在检索结果界面显示检索式、检索结果记录数、检索结果基本信息。支持多种格式的题录导出功能，如参考文献、文本、查新格式、XML、NoteExpress、Refworks、EndNote、NoteFirst自定义导出、Excel导出。

（2）检索结果聚类：平台提供基于检索结果的年份、学科、期刊收录、主题、期刊、作者和机构的分面聚类功能，各聚类项执行"且"的检索逻辑，可以通过点击相关聚类项，进行结果的聚类筛选。

（3）二次检索：在已有检索结果的基础上，通过"在结果中检索"选定特定检索内容，或者通过"在结果中去除"摒弃特定检索内容，缩小检索范围，进一步精炼检索结果。

（4）文献获取：平台还提供详细的文献信息和节点链接，包括"在线阅读""下载PDF"两种方式获取文献。

## （三）万方数据知识服务平台

万方数据知识服务平台整合数亿条全球优质知识资源，集成期刊、学位、会议、科技报告、专利、标准、科技成果、法规、地方志、视频等十余种知识资源类型，覆盖自然科学、工程技术、医药卫生、农业科学、哲学政法、社会科学、科教文艺等全学科领域，实现海量学术文献统一发现及分析。

**1. 资源概述** 万方数据知识服务平台的资源主要包括中国学术期刊数据库、中国学位论文数据库、中国学术会议文献数据库、外文文献数据库、中外专利数据库、中外标准数据库，中国法律法规数据库、中国科技成果数据库、中外科技报告数据库等，涵盖各学科、各行业。万方数据知识服务平台首页如图4-13所示。

图4-13 万方数据知识服务平台首页

（1）中国学术期刊数据库（China Online Journals）：收录始于1998年，其中包含北京大学、中国科学技术信息研究所、中国科学院文献情报中心、南京大学、中国社会科学院历年收录的核心期刊，每天更新，涵盖自然科学、工程技术、医药卫生、农业科学、哲学政法、社会科学、科教文艺等各个学科。

（2）中国学位论文全文数据库（China Dissertations Database）：收录始于1980年，年增42余万篇，涵盖基础科学、理学、工业技术、人文科学、社会科学、医药卫生、农业科学、交通运输、航空航天和环境科学等各学科领域。

（3）中国学术会议文献数据库（China conference proceedings database）：会议资源包括中文会议和外文会议，中文会议收录始于1982年，每月更新。外文会议主要来源于NSTL外文文献数据库，每月更新。

此外，还包括中外科技报告数据库、中外专利数据库、中外标准数据库、中国科技成果数据库、中国法律法规数据库、地方志、视频、OA论文等。

**2. 检索方法**

（1）快速检索：是默认检索方式，具备智能推荐功能，系统默认在期刊、学位、会议、专利、科技报告、成果、标准、法规、地方志、视频等全部数据库中直接跨库检索，也可以根据特定文献类型选择单库检索。

（2）高级检索：支持跨库检索和单库检索，选择不同的资源类型，字段选择下拉菜单会相应变化。资源类型选择期刊论文，字段选择将会显示主题、题名或关键词、题名、作者、作者单位、摘要、期刊-刊名等。主题字段包含题名，关键词，摘要三个字段。资源类型选择学位论文，字段选择显示主题、题名或关键词、题名、作者、作者单位、学位、专业、导师等。资源类型为系统默认，即期刊论文、学位论文、会议论文，则字段选择显示主题、题名或关键词、题名、作者单位、期刊-刊名、学位-专业、会议名称等。万方数据知识服务平台高级检索界面如图 4-14 所示。

图 4-14　万方数据知识服务平台高级检索界面

（3）专业检索：通过在检索框中输入表达式实现更专业的检索功能，检索表达式支持布尔逻辑运算进行较复杂的一次性检索操作，在检索表达式输入框右上方有"了解专业检索""推荐检索词"等指引功能。

（4）作者发文检索：支持通过作者和作者单位查找作者发文情况。支持跨库检索和单库检索。

**3. 检索结果的处理**

（1）检索结果显示：在检索结果界面，有列表、详情两种显示模式，可按相关度、出版时间、被引频次这三个指标对检索结果进行排序。

（2）二次检索：在检索结果界面，可以进行二次检索，以更加精准地找到所需文献资料，主要有标题、作者、关键词、起始年、结束年等。

（3）题录导出：选中需要导出的信息，点击批量引用，支持多种格式的题录导出功能，如参考文献、查新格式、NoteExpress、Refworks、NoteFirst、EndNote、Bibtex、自定义格式等。

（4）文献获取：对于单篇文献，在文献详情界面提供篇名、作者、作者单位、摘要、关键词、分类号、资助基金、刊名、在线出版日期、页数等信息，并可进行在线阅读、下载、引用、收藏、分享、打印等操作，并提供职称材料打包下载。

（5）文献分组聚类：在检索结果界面左侧，可以按获取范围、资源类型、年份、语种、来源数据库、作者、机构等对检索结果进行筛选，获取范围包括已购全文、有全文、开放获取、国外出版物几个维度。点击检索结果数字旁边的相关图标，可以进入万方分析，对检索结果的年份、关键词、作者、机构、学科、期刊、基金、资源类型进行可视化分析。

## 第二节　外文电子中医药文献检索

外文中医药论文检索在文献检索中占有重要地位。检索外文中医药论文主要利用外文期刊文献数据库和开放存取资源。外文文摘索引数据库比较常用的有 PubMed、Web of Science

核心合集（WOS）等。外文全文数据库常用的有 ScienceDirect、SpringrLink、OVID、Wiley Online Library 等。

## 一、外文电子中医药文摘数据库

### （一）PubMed

**1. 资源概述** PubMed 是美国国家医学图书馆（NLM）下属的国家生物技术信息中心（NCBI）研发的一个基于互联网的生物医学文摘型数据库，是检索外文医药论文使用频率最高的数据库。包含超过 3600 万篇生物医学文献的引文和摘要，如从其他来源［出版商的网站或 PubMed Central（PMC）］获得全文链接时，通常会出现全文链接，自 1996 年起向公众在线开放。内容包括生物医学和健康领域及相关学科，如生命科学、行为科学、化学科学和生物工程等。

PubMed 的文献记录来源于 MEDLINE、PubMed Central（PMC）和 Bookshelf 三部分。其中 MEDLINE 是 PubMed 的最主要组成部分，是世界上著名的生物医学题录型数据库。MEDLINE 收录了包括全世界 40 多种语言 5200 多种生物医学期刊的 3100 多万条文献记录（每周都在增长中），绝大部分可回溯至 1948 年，部分早期文献可回溯至 1865 年。MEDLINE 的内容涉及基础医学、临床医学、护理学、口腔医学、兽医学、营养卫生、药理和药剂学、预防医学、卫生管理、医疗保健和情报科学等领域。

**2. PubMed 主页简介** PubMed 主页（图 4-15）分为检索区、主要功能区和辅助功能区三个部分。

（1）检索区：PubMed 采用一框式的基本检索方式，在检索区可实现高级检索（Advanced）。

（2）主要功能区：包括 Learn、Find、Download 和 Explore 四部分。

1）Learn：主要介绍如何使用 PubMed，分为 About PubMed、FAQs & User Guide、Finding Full Text 三部分。其中，FAQs & User Guide 介绍使用 PubMed 时的一些常见问题及使用指南。Finding Full Text 介绍如何获得电子版全文。

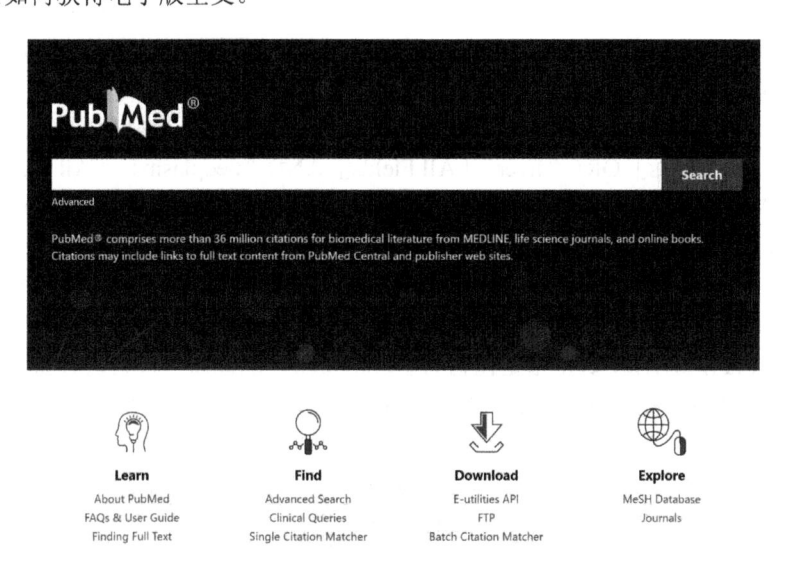

图 4-15 PubMed 主页

2）Find：包括 Advanced Search、Clinical Queries 和 Single Citation Matcher 三部分。其中

Advanced Search 是 PubMed 的高级检索。Clinical Queries 可实现将检索范围限定为与临床相关的诊断、治疗、病因、预后和预防五个特定方面。Single Citation Matcher 为单一引文匹配检索工具，可以用不完整的信息为线索查特定文献。

3）Download：包括 E-utilities API、FTP、Batch Citation Matcher 三个部分。E-utilities API 可实现自动化大批量从 Entrez 数据库下载数据，并提供几种常用的程序语言供用户选择，如 Perl、Python、Java 和 C++等。FTP 是一个 FTP 数据下载服务器，可实现 XML 格式的 PubMed 数据批量下载。Batch Citation Matcher 为批量引文匹配检索工具。

4）Explore：包括 MeSH Database 和 Journals 两个部分。MeSH Database 是具有检索功能的 MeSH 词表，可实现主题词检索，即通过主题词组配副主题词检索文献。Journals 供查询 PubMed 和 Entrez 其他数据库收录期刊的信息。

（3）辅助功能区：包括 Trending Articles、Latest Literature、FOLLOW NCBI 和 Log in 四部分。Trending Articles 显示 PubMed 近期比较活跃的文献。Latest Literature 展示近期访问量最高的期刊的新文献。FOLLOW NCBI 是 NCBI 在社交媒体 Twitter、Facebook、Youtube、LinkedIn、GitHub、Insights 的主页。Log in 是登录 NCBI 的个人账号入口，登录后可进行检索数据保存、个性化设置等。

**3. 检索方法**

（1）PubMed 检索规则

1）自动词语匹配（Automatic Term Mapping）：PubMed 的自动词语匹配检索模式可以实现检索词的自动转换，其目的是尽可能使文献查全但并不要求复杂的操作。系统按顺序采用以下六个词表对检索词进行自动词语匹配。在检索框中输入的检索词若不用字段限制，系统依次到 MeSH translation table（主题词转换表）、Journals translation table（期刊转换表）、Full Author translation table（作者姓名全称转换表）、Full Investigator（Collaborator）translation table（调研者/合作者姓名全称转换表）、Author index（作者索引）、Investigator（Collaborator）index（调研者/合作者姓名索引）6 个词表中进行词语的匹配。若在某个表中匹配到合适的结果，系统即停止搜索。如果在上面词表中都找不到相匹配的词，系统会将短语拆分为单词，再到 6 个词表中搜索，检索时各个词之间的逻辑关系为"逻辑与"（AND）。如果仍找不到匹配的词，系统会到所有字段中去查找，各个词之间的逻辑关系仍为"逻辑与"（AND）。完成检索后，在高级检索界面 History and Search Details 中的 Details 会详细显示系统执行自动词语匹配的实际检索式。

例如，在基本检索界面输入检索词"liver cancer"，实际执行检索时将其转换为"liver neoplasms"［MeSH Terms］OR（"liver"［All Fields］AND "neoplasms"［All Fields］）OR "liver neoplasms"［All Fields］OR（"liver"［All Fields］AND "cancer"［All Fields］）OR "liver cancer"［All Fields］进行检索。

2）字段限定检索：可以在检索词后加字段标识符限定检索词在指定的字段内检索，检索形式为：检索词［字段标识符］，字段标识符必须用中括号的括起来。

例如，cell［ta］，表示将 cell 指定在刊名字段内检索，因此需在检索词后加上刊名字段标识符"［ta］"。可以在 FAQs & User Guide 中的 Appendices 部分查看字段名称、字段标识和字段含义。

3）布尔逻辑运算符：PubMed 布尔逻辑"与""或""非"符号分别为"AND""OR""NOT"（必须大写），检索词不区分大小写。运算优先级为：（）＞ NOT ＞ AND ＞ OR。

布尔逻辑运算符允许在检索词后加字段标识符。

4）短语检索：又称强制检索功能，即对检索词加上双引号。对于有引号的检索词，系统不对检索词进行自动转换匹配，而是将其看作一个紧相邻的词组在数据库的所有可检字段中进行检索。

5）截词检索：用截词符"*"表示，可提高查全率。如输入"favor*"，可同时检索包含"flavored" "flavorful" "flavoring"等词的文献。截词检索时，PubMed 关闭自动语词匹配功能。

（2）基本检索：PubMed 的基本检索包括自动词语匹配检索、著者检索、期刊检索、短语检索、截词检索、字段限定检索、布尔逻辑检索等。在检索框中直接输入检索词或检索式，单击"Search"按钮，之后单击每篇文章的标题即可看到该文章的详细信息。

（3）高级检索：在 PubMed 主页检索区点击"Advanced"，进入高级检索界面（图 4-16）。高级检索界面由 Add terms to the query box（检索式构建器）、Query Box（检索提问框）和 History and Search Details（检索历史与检索详情）三部分组成。

图 4-16 PubMed 高级检索界面

1）检索式构建器：可以帮助用户构建检索表达式，点击"All Fields"，选择检索字段，输入检索词，点击"Search"进行检索。当有多个检索词时，步骤是先选择检索字段，根据需要输入多个检索词，或点击"Show Index"，在索引表中选择合适的检索词，并点击"ADD"选择合适的逻辑组配关系，建立检索表达式进行检索。

2）检索提问框：构建的检索式会自动出现检索提问框中，也可以在提问框中直接输入已经编辑好的检索表达式，输入好后点击"Search"完成检索并进入检索结果显示界面。点击"Add to history"将当前的检索式加入到检索历史中但仍然停留在高级检索界面，其作用有节省等待检索结果返回的时间，先获得检出文献数量，以便决定是否要调整检索式。

3）检索历史与检索详情：显示检索序号、检索词、检索详情、检索结果与检索时间。通过查看检索历史，可以回顾已经进行的检索。若想浏览检索结果，可点击检索结果数量链接。点击"Actions"，可以从弹出的快捷菜单中选择 AND、OR、NOT 与其他检索表达式进行逻辑运算；选择"Delete"删除该检索表达式；选择"Create alert"，将该检索式最新文献按定制要求发送至 My NCBI 预留的 E-mail 地址。选择"Details"查看该检索式的详细策略。

（4）主题词检索（MeSH Database）：在 PubMed 主页点击"Explore"下的"MeSH Database"，进入主题词检索界面。主题词检索能指引查检者使用规范化的医学术语（主题词）进行检索，以提高查准率。查检者可以输入任意的检索词，主题词检索会提示查检者该词是入口词还是主题词并显示相关概念的主题词数量。

【检索示例】检索有关"肺癌的药物治疗"方面的文献（要求加权）。

第一步：查找并选择主题词。先进入 MeSH Database，在检索式输入框中输入"lung cancer"（此处输入的检索词为 Entry Terms，即款目词），点击"Search"，系统会显示所有与 lung cancer 相关的主题词及其含义（相关度最高的主题词排在最前面），浏览选词，确定 lung cancer 的主题词为 Lung Neoplasms，点击该主题词，显示主题词的详细信息，包括定义、可以组配的副主题词（Subheadings）、款目词（Entry Terms）、相关参照（See Also）、树状结构等信息。

第二步：选择副主题词及设置相关参数。在副主题词列表中勾选"drug therapy"（药物治疗），然后勾选"Restrict to MeSH Major Topic"选项（加权检索）。

第三步：点击界面右上方的"Add to search builder"，检索框中出现检索式""Lung Neoplasms/drug therapy"［Majr］"。点击"Search PubMed"，执行检索并返回检索结果。PubMed 主题词检索实例界面如图 4-17 所示。

（5）限定检索（过滤器/Filters）：用于限制文献检出数量，提高文献查准率。该功能嵌入检索结果显示界面的左侧，限定选项有 Results by year（文献年度结果）、Text availability（文献权限，含 Full Text、Free Full Text 或 Abstract）、Article attribute（文献属性）、Article Type（文献类型）、Publication Date（出版日期）、Article Language（语种）、Sex（性别）、Species（对象）、Age（年龄），可点击"Additional filters"添加或删除过滤选项。PubMed 过滤器界面如图 4-18 所示。如进

行限定检索时，不同限定选项之间的逻辑关系为"逻辑与"，组内不同限定选项之间的逻辑关系为"逻辑或"。需注意的是，限定检索的选项一经确定，对后面的检索持续起作用，并在检索结果显示页的上方提示限定检索的具体内容。因此，在开始一个新检索的时候，必须点击"Clear all"清除已选限定条件。

图 4-17　PubMed 主题词检索实例界面

图 4-18　PubMed 过滤器界面

（6）期刊检索（Journals）：在 PubMed 主页的"Explore"下点击"Journals"，即可进入期刊信息检索界面。Journals 主要用于查询 PubMed 和 Entrez 其他数据库收录期刊的信息，检索词有刊名全称、NLM 刊名缩写、期刊的 ISSN、NLM 刊号、国际标准刊名缩写（ISO Abbreviation）和刊名中含有的词。该数据库的主要用途是进行刊名缩写和刊名全称转换的查询，还可以获得 MEDLINE 收录的期刊一览（indexed in MEDLINE）及 PMC 收录的全文期刊一览（deposited in PMC）。

**4. PubMed 检索结果处理**

（1）检索结果的显示：在检索结果显示界面，点击"Display options"，可对检索结果的显示（Format）进行设置和修改。PubMed 检索结果的显示格式有 Summary（题录格式）、Abstract（文摘格式）、PubMed 格式、PMID 格式，默认显示格式是 Summary，显示记录中的篇名、著者、出处、PMID 号、文献类型等。

（2）检索结果的排序：检索结果排序（Sort by）的方式有 Best Match、More Recent、First Author、

Journal 和 Publication Date（出版时间）5 种，每种方法均可按升序或降序排列。

（3）检索结果的保存：在检索结果显示界面，点击"Save"、"Email"或"Send to"进行保存，系统提供 File、E-mail、Clipboard、Collections、Citation manager 和 My Bibliography 共 6 种保存方式。保存操作时，点击"Save"，设定 Selection 和 Format，系统会以纯文本文件形式保存检索结果。点击"Email"，系统会将检索结果发到用户邮箱中。点击"Send to"，若选"Clipboard"，则将所有记录（或选定的记录）添加到临时粘贴板中；若选"My Bibliography"，系统以目录形式将文献保存在 My NCBI 中；若选 Collections，将检索结果保存在 My NCBI 中的 My Save Data 中；若选 Citation manager，系统则以文献管理软件格式保存文献。

（4）My NCBI：在 PubMed 主页右上方点击"Log in"，进入 My NCBI 登录界面。My NCBI 首次使用需注册，注册免费。也可用 Google、NIH、eRA 或其他第三方帐户登录。登录后在 My NCBI 主页可见 6 个功能模块：Saved Searchs（已保存的检索式）、My Bibliography（个人参考文献目录）、Recent Activity（最近的检索操作历史）、Collections（个人设置及收藏信息汇总）、Filters（个性化设置检索过滤器）、NCBI Search（在选择的数据库检索文献）、SciENCV（创建、管理及分享个人科学履历）。各功能模块位置可根据用户需要灵活调整，"Saved Searchs"栏可查看已保存检索式新增的检出文献，点击结果数字链接，出现新增检索结果的文献列表，同时更新已保存的检索。

### （二）Web of Science 核心合集

**1. 资源概述**　Web of Science 核心合集（WOS）是最常用的权威文摘数据库之一，由美国科技信息所（Institute of Science Information，ISI）于 1961 年编辑出版，是全球最大、覆盖学科最多的综合性学术信息资源，收录了自然科学、工程技术、生物医学等各个研究领域最具影响力的核心学术期刊，其严格的选刊标准确保收录信息的质量，是目前国际上最具权威性的、用于基础研究和应用基础研究成果的重要评价体系。

Web of Science 包含 Science Citation Index Expanded（科学引文索引扩展版，简称 SCIE）、Social Science Citation Index（社会科学引文索引，简称 SSCI）、Arts & Humanities Citation Index（艺术与人文引文索引，简称 A&HCI）、Conference Proceedings Citation Index – Science（科技会议录索引，简称 CPCI-S）、Conference Proceedings Citation Index - Social Science & Humanities（社会科学与人文会议录索引，简称 CPCI-SSH），2 个图书引文数据库 Book Citation Index- Science（BKCI-S）与 Book Citation Index- Social Sciences & Humanities（BKCI-SSH），1 个新兴资源库 Emerging Sources Citation Index（ESCI），以及 2 个化学信息数据库 Index Chemicus（IC）与 Current Chemical Reactions（CCR-Expanded）。用户能使用的数据资源与机构购买的子库相关，在生物医学领域最常用的是 Web of Science 核心合集中的 SCI-Expanded。

**2. 检索方法**　进入 Web of Science 后，点击"选择数据库"旁边下拉菜单选择"Web of Science 核心合集"进入检索界面。检索界面有简体中文、繁体中文、英文、日语、韩语等 9 种语言版本供用户选择，我国用户可以使用简体中文版，但检索词必须为英文。Web of Science 核心合集提供文献和研究人员两种方式，其中文献又包括文献检索、被引参考文献检索、化学结构检索和高级检索。

（1）文献检索：进入 Web of Science 核心合集检索界面默认的检索方式，提供所有字段、主题、标题、作者、出版物标题、DOI 等 25 个字段，选中某一字段，会对该字段进行说明及示例，如主题字段是在标题、摘要、作者关键词和 Keywords Plus（增补关键词）四个字段中查询。可以选择"添加行"对多个字段进行限定检索，字段间用 AND、OR、NOT 进行自由组配，还可以对时间范围进行限定。

【检索示例】查找近 5 年我国作者发表的"Alzheimer's disease"相关的研究论文。

第一步：第一个字段选择"主题"，在检索框输入"Alzheimer's disease"，在第二个检索字段选择"地址"，在检索框输入"China"，两字段间选择 AND 连接，第三个检索字段选择"文献类型"，选择"Article"，逻辑关系运算符选择 AND。

第二步：点击添加日期范围。"出版日期"选择"最近5年"，也可选择自定义，输入详细的日期范围，然后点击"检索"。Web of Science 核心合集检索实例界面如图 4-19 所示。

图 4-19　Web of Science 核心合集检索实例界面

（2）被引参考文献检索（Cited Reference Search）：提供被引作者、被引著作、被引 DOI、被引年份、被引卷、被引期、被引页、被引标题等多个字段限定检索。被引参考文献检索是 Web of Science 最具特色的检索途径。它直接检索引用某篇文献的参考文献（无论是论文、会议文献、著作、专利、技术报告等），不受时间、主题词、学科、文献类型的限制。特别适用于发现一篇文献或一个课题的起源和发展，了解和掌握研究思路。即使是在没有被 Web of Science 收录的期刊上发表的论文、专著、会议文献、专利等，也能够通过被引参考文献检索来了解该文献的被引用情况。能引导检索包括期刊、会议录、图书章节，以及揭示与研究相关的任何出版物的信息，而且既能越查越旧，也能越查越新。"旧"是向前了解某个课题的历史发展情况，"新"是向后跟踪课题的最新研究进展。引文数据可用于分析、追踪热点研究领域，也可用于评估学术论文的影响力、评估国家宏观科研状况及评价学术期刊等。

（3）化学结构检索：包括 Current Chemical Reactions（简称 CCR-EXPANDED）和 Index Chemicus（简称 IC）两个数据库的化学信息，信息来源于期刊、专利、会议录文献等，可缩短项目的研究周期，减少不必要的重复开发，提高工作效率。

（4）高级检索：可使用字段标识符，多字段组合，允许使用布尔逻辑运算符和通配符，组成较复杂的检索策略。高级检索界面有检索表达式构建的示例，供用户学习，方便构建表达式。在界面下方还有检索历史的列表，检索历史之间还可进行 AND、OR 的逻辑关系组配，方便用户调整检索策略。

**3. 检索结果的处理**

（1）检索结果的精炼：Web of Science 核心合集的检索结果显示界面左侧为结果精炼区，用户可以通过快速过滤高被引论文、热点论文、出版年、文献类型、作者、Web of Science 类别等对所得结果进行精炼。另外，该区上方还设有二次检索框，以便进一步检索。对检索结果还能通过点击页面上方的排序方式按照日期、被引频次、使用次数、相关性等选项对结果进行排序。

（2）检索结果的保存：可将检索结果保存至 EndNote online、EndNote desktop、RefWorks、InCites，或保存为其他文件格式。在操作时可对记录选项、记录内容进行选择。也可点击"添加到标记结果列表"保存检索结果并进行统计分析。

（3）分析检索结果：点击"分析检索结果"，可从作者、丛书名称、会议名称、国家/地区、文献类型、编者、资金资助机构、授权号、团体作者、机构、语种、研究方向、出版年、来源出版物、Web of Science 类别 15 个角度对检索结果的数据集进行分析。值得注意的是，该平台也可用于所有引用文献的分析。

（4）引文报告：点击"引文报告"，即可获得检索结果的来源出版物、施引文献、被引频次、自引频次、他引频次、篇均被引频次、H 指数（H-index），并可导出完整报告。

（5）全文获取：Web of Science 是个引文数据库，并不收录全文，但用户可以通过 Web of Science 提供的强大的链接功能获取全文。点击每条记录的"出版商处的免费全文"，可以直接获取全文，也可以通过基于 OpenURL 协议的链接获取全文线索，还可以通过本地图书馆馆藏链接获取全文。

### （三）外文电子中医药文摘数据库

**1. Embase 数据库** 全称 Excerpta Medica Database，是荷兰爱思唯尔（Elsevier）公司推出的针对生物医学和药理学领域信息所提供的基于网络的数据检索服务，包含全面的期刊和会议报道。Embase 将 1974 年以来的所有生物医学记录与 900 多万条独特的 Medline（1950 年以来）的记录相结合，累计超过 2800 多万条生物医学记录。囊括 70 多个国家/地区出版的 8600 多种刊物和全球范围内的医学会议，覆盖各种疾病和药物信息，尤其涵盖了大量北美洲以外的（欧洲和亚洲）医学刊物，是其他同类型数据库所无法匹敌的，从而真正满足生物医学领域的用户对信息全面性的需求。

Embase 检索系统有较成熟的主题词表 Emtree，采用 Emtree 词表进行全文深度索引，将疾病、药物、不良反应进行有机结合，精确描述了三者之间的关系，并利用多元化与模块化的搜索引擎，帮助科研人员从错综复杂的全文中快速定位最关键的内容。并且 Embase 纳入最新综合性循证内容与详细生物医学索引，确保搜索到的所有生物医学循证都是重要实时相关信息。

Embase 提供快速检索（Quick Search）、高级检索（Advanced Search）、医疗设备检索（Medical Device Search）、药物检索（Drug Search）、疾病检索（Disease Search）、引文信息检索（Citation Information Search）等检索途径，还可以通过浏览主题词（Emtree）、期刊（Journals）进行检索。可以通过不同的字段进行不同类型的文献检索，包括会议、临床实验号、药物、靶点、疾病或自由关键词，从而满足科研人员多种文献检索的需求。

**2. CAS SciFinder Discovery Platform** 即化学文摘发现平台，是美国化学文摘社（CAS）出品的权威化学及相关学科智能研究平台，提供全球全面、可靠的化学及相关学科研究信息和分析工具。该平台涵盖多个国家、多种语言出版的文献及多家专利授权机构的专利，覆盖了多学科、跨学科的科技信息，如化学、生物、医药、材料、食品、应用化学、化学工程、农学、高分子、物理等；收录的文献类型包括期刊、专利、会议论文、学位论文、图书、技术报告、评论、预印本和网络资源等。

CAS SciFinder Discovery Platform（Academic）集成以下三个解决方案：新一代的 SciFinder 平台 CAS SciFindern、分析方法解决方案 CAS Analytical Methods 及配方（制剂）解决方案 CAS Formulus。其中 CAS SciFindern 涵盖化学及相关学科文献、化学物质、化学反应、来自专利的马库什结构、生物序列、化学品商业信息及管控信息，最早回溯至 1840 年。CAS SciFindern 是被科学团体信任的业界最领先的相关性搜索引擎，可用于基金申请的文献准备、为新课题制定实验计划、寻求学术合作者、进行逆合成分析，以及其他教学和科研活动。CAS Analytical Methods 涵盖来自期刊中的化学分析方法，提供检索和对比功能，可快速获得能直接在实验室操作的分析方法。可为法医学、食品科学、农学、制药、环境等学科的教学和实验提供帮助。CAS Formulus 是一个集成配方（制剂）数据与工作流程的解决方案。涵盖制药、化妆品、食品、农化、化妆品、油墨、涂料等众多领域，由 CAS 科学家从期刊、专利中标引的配方信息。利用 CAS Formulus 可检索配方及其工艺、成分、目标成分的常见配伍成分、设计配方和探索合规要求等。

**3. Scopus 数据库**　　是由爱思唯尔（Elsevier）公司于 2004 年推出的多学科文摘索引型数据库，是同行评审期刊文摘和引文数据库，集信息检索、网页搜索、引文分析、资源整合及分析功能于一体，为科研人员提供一站式获取科技文献的平台，收录多种同行评审的学术期刊、多篇学术会议论文，多种图书，覆盖了自然科学、技术、工程、医学、社会科学、艺术与人文学科，Scopus 的学科分类体系涵盖了 27 个学科领域，这 27 个学科领域被归于四大门类：生命科学、社会科学与人文艺术、自然科学和医学（全面覆盖 Medline），是研究者跟踪学科发展、学科规划的重要工具。全球重要的大学排名机构，如 QS、THE、中国高被引学者排名等都是采用 Scopus 数据库的数据做学科产出及学科发展评估。

Scopus 数据库采用中文检索界面，支持学者检索、机构检索、文献检索，并能够对检索结果进行可视化分析。

## 二、外文电子中医药全文数据库

外文全文数据库提供原始文献的下载，外文期刊全文、图书及学位论文等版权是独家授权给某一出版商，因此某一出版商全文收录的期刊不可能在其他数据库出版商中找到全文。

### （一）ScienceDirect

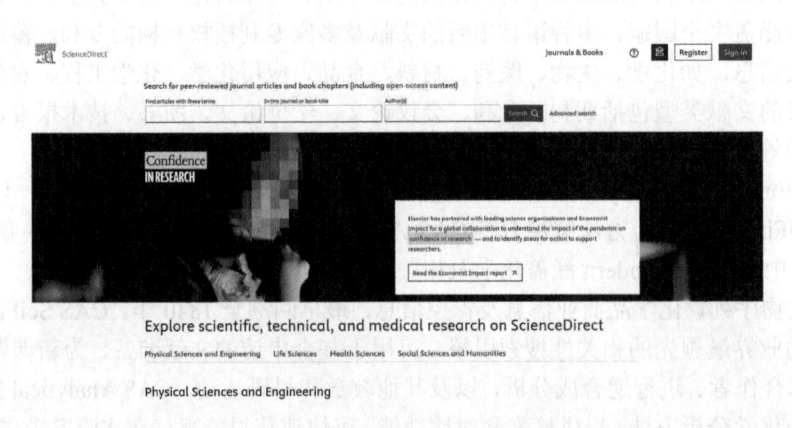

**1. 资源概况**　　ScienceDirect 数据库（简称 SD）是爱思唯尔旗下的同行评议全文数据库，涵盖近 4000 种期刊和 43000 部图书。包括 Physical Sciences and Engineering（物理科学与工程）、Life Sciences（生命科学）、Health Sciences（健康科学）、Social Sciences and Humanities（社会科学与人文科学）4 大领域 24 个学科的优质学术内容，在 ScienceDirect 平台上可以浏览 100 余位诺贝尔奖获得者的学术研究成果。其中，生命科学和健康科学主题模块涉及的学科主要有生物科学、生物化学/遗传学/分子生物学、免疫学与微生物学、神经科学、医学与牙科学、护理与卫生保健、药理学/毒理学/药物科学等。

**2. 检索方法**　　ScienceDirect 主页如图 4-20 所示，提供浏览、快速检索、高级检索 3 种浏览检索方式。在任何操作界面，只要点击左上角的"ScienceDirect"图标，即可返回 ScienceDirect 主页界面。

图 4-20　ScienceDirect 主页

(1)快速检索：在 ScienceDirect 主页上方，可以通过关键词、作者、杂志名/书名、卷、期及页码等信息直接检索。

检索规则：搜索条件不区分大小写，因此输入时使用大写或小写字母对搜索结果并无影响。

使用单数名词作为搜索条件时，系统也会搜索复数或所有格名单（存在例外情况）。

使用美式或英式拼法对搜索结果并无影响（存在例外情况）。

用空格隔开的多个单词将按各个单词分别搜索。

使用双引号搜索短语，会将双引号内所有单词作为一个整体进行搜索，结果中将出现与双引号内部分完全一致的内容。

（2）高级检索：在 ScienceDirect 主页点击"Advanced Search"，即可以进入高级检索界面。高级检索时，可以通过一个或多个字段来检索相关文章，检索字段扩展至年份、作者机构，并可以通过逻辑运算连接多个检索词，编辑复杂检索式实现精准检索。ScienceDirect 高级检索界面如图 4-21 所示。

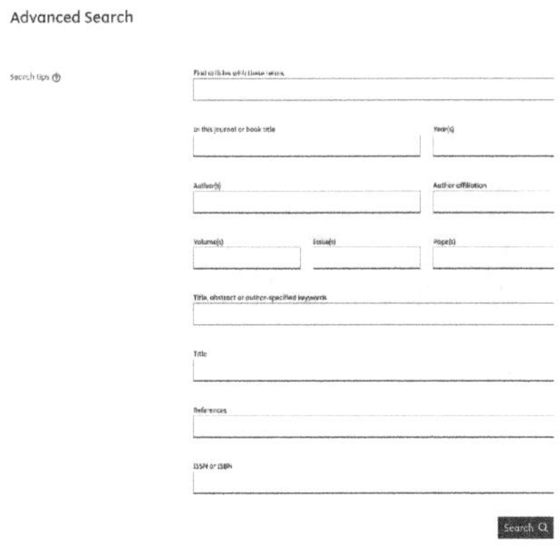

（3）出版物检索：选择主页上方的"Journals & Books"，打开出版物列表。可以在输入框中直接输入要查询的出版物名称，也可利用左侧的限定栏从学科领域（Domain）、细分学科领域（Subdomain）、出版物类型（Publication type）方面进行限定。也可在主页点击出版物 4 大学科领域的 24 个细分学科目录，点击学科名称，即可直接查看该学科领域所包含的出版物。

图 4-21　ScienceDirect 高级检索界面

点击出版物名称，即可打开期刊或图书主页。可以查看最新卷期、全部卷期、在印期刊（Article in press）、特定主题的专刊内容（Special issue）、Mendeley 数据集，以及期刊编辑委员会信息、作者中心、在线提交文章、投稿指南、期刊指标（包括 CiteScore，Impact Factor 等）、引用次数最多的文章、下载次数最多的文章等内容。注册用户还可设置期刊提醒，当有新论文可用时，系统将通过电子邮件或 RSS 提醒。

**3. 检索结果的处理**

（1）检索结果的显示：在检索到的期刊界面上方有快速检索区，可进行刊内检索，界面还提供了本期刊的基本信息、最新文章的链接、下载量最多文章链接等。点击文章的题名进入文章详情界面，点击"View PDF"得到 PDF 格式全文。

通过快速检索、高级检索直接得到检索结果的文献题录列表和推荐的期刊，检索结果题录列表显示界面如图 4-22 所示。显示命中文献数及命中记录的题录列表，系统默认按相关度排序，也可选择按文献发表时间排序。每一条题录包括文章题名、文献类型、期刊名、卷、期、年月、页和作者等信息。对于有权限获得的全文文献提供 PDF 格式全文链接。

（2）检索结果的精炼：在检索结果题录列表显示界面左侧，提供对检索结果精炼过滤（Refine）功能，即按出版年（Years）、文献类型（Article type）、出版物名称（Publication title）、学科领域（Subject areas）、语言（Languages）、获取类型（Access type）对检索结果进行统计。用户直接选定限定项目栏前的方框，系统将显示所限定的检索结果。在检索结果题录列表显示界面上方，点击 Export 后的下拉菜单，可以根据需要选择不同的文献信息管理软件输出格式。

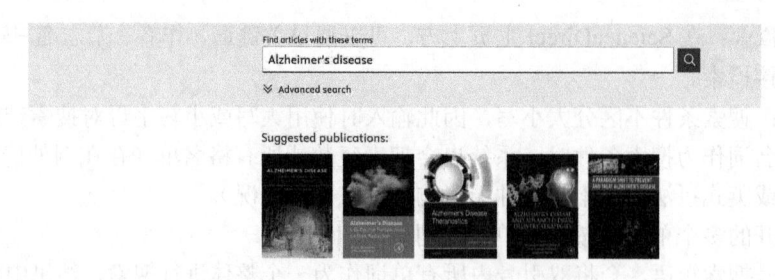

图 4-22　检索结果题录列表显示界面

## （二）Wiley Online Library

**1. 资源概况**　Wiley Online Library 是由 John Wiley&Sons Inc. 出版公司提供的检索系统。John Wiley&Sons Inc. 成立于 1807 年，是一家有 200 多年历史的国际知名专业出版机构，在化学、生命科学、医学和工程技术等领域的学术文献出版方面颇具权威性。Wiley Online Library 提供全文电子期刊、电子图书和电子参考工具书的服务。

**2. 检索方式**　Wiley Online Library 有检索和浏览 2 种功能，检索又分简单检索和高级检索。Wiley Online Library 主页如图 4-23 所示。

（1）按学科浏览：主页"Subjects"标题下列有 17 个大类学科，点击大类学科名称会出现若干小类学科，点击其中一个小类学科，会跳转到该学科的主界面，主界面列出了该学科若干主题，以及该学科最新发表的文章与引用次数最多的文章。点击其中一个主题，系统自动检索出该主题相关文章和出版物，检索结果可按日期、

图 4-23　Wiley Online Library 主页

相关度和名称排序。还可使用"Refine Search"功能通过限定题名、作者、关键词精炼检索结果。

以检索 Medicine 学科为例，点击"Medicine"，选择"Pharmacology & Pharmaceutical Medicine"（药理学与药学），进入该学科主界面，该界面由 Topics 和 Articles 两部分组成，Topics 列出了四个主题方向：Basic Pharmacology、Clinical Pharmacology & Therapeutics、Pharmacology & Pharmaceutical Medicine 和 Pharmacy。Articles 列出了该学科最新的文章和高被引文章。选择其中一个主题，如"Basic Pharmacology"，可以检索到该主题相关的出版物和文章，还可以根据需要对检索结果进行精炼。

（2）按字母排序浏览：在主页中部有"Journals"（期刊）、"Reference Works"（参考著作）、"Online Books"（电子书）三个按钮，点击其中任一按钮，可按字母（A~Z）顺序对该类型出版物进行浏览。

（3）简单检索：Wiley Online Library 无论是主页、高级检索界面还是浏览功能界面，均有简单检索输入框，用户在检索框中输入关键词，系统会自动列出包含关键词的书籍、作者名等对检索内容进行提示，用户可根据需要进行选择，如不需要检索该关键词对应的某一类型的结果，可选择"everything"或直接点击"Search"进行检索。

（4）高级检索：在主页点击检索框下侧的"Advanced Search"，即进入高级检索界面。高级检索中分为两部分。第一部分为检索项，提供全部字段（Anywhere）、题目（Title）、作者（Author）、关键词（Keywords）、摘要（Abstract）、作者单位（Author Affiliation）、基金（Fonding Agency）

字段检索，系统默认几个限制字段之间是"AND"关系。第二部分为限定出版物时间，高级检索通过对检索范围进行限定，达到精确检索的目的。Wiley Online Library 高级检索界面如图 4-24 所示。

### （三）Ovid

Ovid Technologies 公司是全球著名的数据库提供商，于 2001 年 6 月与美国银盘（SilverPlatter Information）公司合并，组成全球最大的医学电子文献数据库出版公司。目前 OVID 平台包括生物医学的数据库有临床各科专著及教科书、循证医学、MEDLINE、EMBASE，以及医学期刊全文数据库等，在国内外医学界被广泛应用。

图 4-24　Wiley Online Library 高级检索界面

Lippincott Williams & Wilkins（LWW）是世界第一大专业医学出版社，现已并入 Ovid。LWW 共出版 280 种医学期刊（现刊 277 种），为全球众多医师、专业临床医生、护理人员和医科学生提供高质量医学文献资源。LWW 期刊品质优越，超过 60% 的期刊被 SCI 收录，能够综合反映当今全球医学发展上的领先水平，包括 *Spine*、*Neurology*、*Annals of Surgery*、*Circulation*、*Current Opinion in Lipidology*、*AIDS* 等重要期刊。

Ovid 平台能同时对不同类型的文献资源，包括电子期刊、电子图书、全文数据库及文摘数据库，实现统一检索。已订购数据库用户访问权限通过 IP 地址控制，无须输入用户名和密码。选择需要检索的数据库，可以选择一个或多个数据库进行检索。可供选择的语种包括英语、法语、意大利语、德语、西班牙语、日语、韩语、繁体中文、简体中文。Ovid LWW 数据库检索界面提供基本检索、常用字段检索、字段检索、高级检索、多个字段检索共 5 种检索方式。

### （四）SpringerLink

德国施普林格（Springer）是世界上著名的科技出版集团，通过 SpringerLink 系统提供其学术期刊及电子图书的在线服务。SpringerLink 所有资源划分为 12 个学科：行为科学、生物医学和生命科学、商业和经济、化学和材料科学、计算机科学、地球和环境科学、工程学、人文、社会科学和法律、数学和统计学、医学、物理和天文学、计算机职业技术与专业计算机应用。

SpringerLink 提供超过 1900 种同行评议的学术期刊、电子参考工具书、电子图书、实验室指南、在线回溯数据库以及更多内容。其中电子期刊回溯子库，提供较早出版的英文学术期刊，并回溯至第一卷第一期；而电子丛书回溯子库则为图书馆提供完整的丛书收藏，研究人员能够在线检索某个专题领域内已出版多年的文献，某些丛书更可回溯到 100 多年以前。

## 第三节　网络中医药电子信息资源与评价

中医药作为我国的传统医学，历经数千年的发展和实践，积累了丰富的理论体系和临床经验。随着科技的进步和全球化的趋势，中医药的发展日益受到重视，众多现代科学技术如分子生物学、药理学、化学等被应用于中医药的研究中，帮助解析中药的药效成分和作用机制。此外，现代医学研究方法也被引入中医药的临床验证中，提高了中医药的临床证据水平和科学性。

随着信息技术的迅猛发展，中医药学正在迈向数字化时代。电子健康记录、远程医疗、中医药信息资源数据库等数字化工具的发展，为中医药的传播、研究和应用提供了新的平台和手段，有助于推动中医药事业的发展和普及。

网络信息资源（network information resource）是指通过计算机网络可以利用的各种信息资源的总和。具体来说网络信息资源是以互联网为依托，现代信息技术为基础，数字化形式记录，多媒体形式表达，分布式存储在网络计算机的存储介质及各类通信介质上，通过计算机网络通信的方式进行传递，并在网络终端显现的各种信息资源的集合或总称。网络中医药电子信息是指通过互联网获取到的与中医药学相关的各种数据和知识。目前网络中医药信息资源以互联网信息为主，同时也包括其他没有联入互联网的专用网络信息资源和内部网络信息资源，其中包括生物学、中医药学等生物医学信息资源。

## 一、网络中医药信息资源主要特点

网络中医药信息资源的飞速发展极大地丰富和拓宽了人们交流和获取信息的方式与途径，与传统的信息资源相比，网络中医药信息资源在数量、结构、分布和载体形态、传播手段、传递范围等方面都显示出新的特点，体现在以下几方面。

（一）内容丰富、形式多样

网络中医药学信息内容丰富，覆盖面广，涵盖了中医药学的各个学科，而且每天都在增加。传统中医药信息资源主要以文字或数字形式表现，而网络中医药信息资源可以文本、图像、音频、视频、软件、数据库等多种形式存在，包含的文献类型有电子报刊、电子工具书、新闻报道、书目数据库、文献信息索引等。网络信息资源是多类型、多媒体、集中式的信息混合体，在内容上既有大量经典的中医药传统文献，也有最新的中外中医药科研进展、发展动态等信息资源，用户可通过搜索引擎、相关公众号、电子邮箱等获取或交流、传递中医药信息，满足用户的各种信息需求。

（二）信息共享，使用方便

网络信息共享程度高，这是其优于物质资源和能源资源的重要特征。在网络环境下，时间和空间范围得到了最大限度的延伸和扩展。用户只要连接网络，就可以足不出户的对世界各地的中医药资源进行查询和利用，不必受图书馆开放时间、借阅地点及借阅数量的限制。中医药资源上网后，可以发散到全球每个互联网用户终端，用户几乎不需要排队等候就可以共享同一份信息资源，人们也可以就一个中医药热点信息、研究课题展开交流，以留言、评论的形式提出个人观点及意见，并开展讨论，具有极高的共享性。

中医药学信息更新代谢快，每天都会产生大量的期刊论文、专利、标准等文献，这些文献涵盖包括临床研究、基础科学、药物研发、医疗政策等各方面，致使中医药信息资源成倍增长。网络资源的出版使得读者和编者不受时间和地域的限制，可以随时随地进行交流和分享，为中医药学专业人员提供了及时获取最新信息的便利条件，能够更快地了解最新的研究成果，从而及时应用于实践中。

（三）数量巨大，传播迅速

中国互联网络信息中心（CNNIC）发布的《中国互联网络发展状况统计报告》全面反应和分析了中国互联网发展状况，以其权威性著称。截至 2024 年 6 月，我国网民规模达 10.9967 亿人，较 2023 年 12 月增长 742 万人，互联网普及率达 78.0%。随着人们健康意识的提高，越来越多的人开始关注中医药。同时，互联网的普及使得人们能够更容易地获取到各种中医药相关的信息，从而促进了中医药网络信息资源的发展。网络的特点之一就是传播速度快，一旦发布，能瞬间将信息传递到世界各地，这种速度远远超过了传统媒体，使得中医药领域的新知识和发现能够更快地被广泛传播和分享。现在，中医药信息不仅限于传播者和受众者之间的单向传播，还包括了点对点、点对面和面对面的多向交互模式，加快了用户获取信息的方式和速度。

（四）分散无序，质量悬殊

互联网通过 TCP/IP 将不同网络连接起来组成的，对网络信息资源本身的组织管理并无统一的规范和标准，中医药信息可广泛分布在不同国家、不同区域、不同地点的服务器上，不同服务器采用不同的操作系统、数据结构、字符集和处理方式，导致信息资源的分布相对无序和分散。此外，互联网的开放性使得任何人都可以轻松地存储和发布信息，致使部分网络中医药信息缺乏专业性，甚至包含劣质的垃圾信息，给用户带来诸多不便。

## 二、网络中医药信息资源评价意义

中医药在疾病的预防、保健和治未病方面存在明显优势，并且中医药在应用中有简、便、廉、验的特点，其中很多药物、方法也适合大众在日常进行操作，因此中医药的相关信息资源成为人们在健康保健方面查询的热点。为了适应这种需求，互联网上出现了大量的中医药信息资源。开展网络中医药学信息资源的评价对于推动中医药的发展，提升医疗服务的效率和质量，以及促进医疗健康信息化等方面具有重要意义。通过科学的评价，可以确保网络资源的质量，更好地服务于公众健康，促进中医药事业的全面协调可持续发展。

（一）促进中医药学研究全球化

让中医药走向世界，让世界了解中医药，是中医药界不断努力和追求的目标。

中医药涉及广泛的知识领域，包括理论知识、中药方剂、诊疗技术，以及中药材资源、加工炮制技术、制剂技术等。互联网技术的引入，能使全球范围广泛地了解中医药的发展历史，理论体系，独特的治疗手段及目前的研究动态，对中医药的宣传和推广将起到积极作用。

网络平台可使中医药学的经典文献、最新研究成果和临床实践经验能迅速传播，极大地方便了中医药的学习、研究和应用。通过信息资源评价，有助于人们筛选出有价值的传统医学知识和现代研究成果，更好地认知、理解中医药学知识，从而推动中医药学的传承和发展。

（二）提升中医医疗服务质量

通过网络中医药学信息资源的评价，可以确保信息的准确性和时效性，从而帮助医护人员获取最权威、最新的中医药知识来指导临床实践。在医疗行业，准确性是信息的生命线，错误的信息可能会出现漏诊、误诊等不良后果，甚至危及患者的生命。此外，通过对信息资源的评价，有助于揭示现有中医药网络资源的分布状况和利用效率，确保资源的合理配置，使优质中医药资源能够更好地服务于基层和临床一线，从而提升医疗服务质量。

（三）助力中医医疗信息化

中共中央、国务院《关于促进中医药传承创新发展的意见》提出实施"互联网+中医药健康服务"行动，借助"互联网+"开展慢病复诊、养生保健、体质辨识、健康咨询、用药指导等服务，提供互联网延伸医嘱、电子处方等中医医疗服务应用，使中医药的诊断和治疗可以跨越地域限制，提升整个医疗健康行业的信息化水平。通过评价分析大量的中医药信息，可以提供个性化的医疗服务和建议，满足患者的个性化需求，同时提高公众获取权威健康信息的渠道，增强民众的健康意识和自我保健能力。

（四）提高信息质量

互联网的开放性导致网络信息环境变得复杂和无序，信息发布、收集和传播低成本和便捷性，使广告商、生产商等蜂拥而至，并发布各种真假参半的信息，信息的真实性和可靠性受到了挑战，因此必须通过科学的方法进行指导规范。与业内人士相比，更多的用户可能专业性并不是太强，容易被其中的错误内容所误导，从而造成一定的经济损失甚至危及生命。因此，对网络信息内容的准确可靠进行评判，帮助人们辨别和筛选出真正有价值的信息，规范网络中医药学信息资源，使其能更好地服务于公众健康。

## 三、网络中医药信息资源评价标准

与传统中医药文献相比，网络中医药信息缺乏同行评价过程，发表文章门槛低，发布信息容易受到潜在赞助商、广告商利益的影响等各种原因，致使互联网上充斥着大量价值不高、无用、错误甚至有害的中医药信息，解决方法之一就是建立一套适应中医药网络信息资源的评价标准体系。网络信息资源的评价标准可分为网页内信息资源的评价和网站相关信息资源的评价两大类。

（一）网页内信息资源评价

**1. 权威性**　也称可信度，是网络中医药学信息资源的重要评价指标，尤其对学术网络信息资源的评价尤其重要。权威性通过两方面体现，一是网站及其网页的权威性，二是作者的权威性。网站及其网页的权威性包含是否为有声誉的组织、机构、专家和学者；是否提供了更具权威的上层管理机构的链接；是否清楚地显示了联系电话、传真及网站的真实地址；是否有保护知识产权的说明、是否有隐私保护的声明等。一般认为，政府网站、机构网站和学术网站的权威性较强，网址域名中带".edu.""org."等的网站发布的信息的准确性和权威性等一般比网址域名中带".net.""com."等的网站要高。

作者情况也是判断某些信息是否权威的决定性因素。在相应研究领域，网站权威作者总数、作者发文量及著述被引量，作者的资历、专业背景，所属机构的权威性均是需要考察的因素。

**2. 准确性**　也称科学性，是衡量网络中医药信息有无使用价值的尺度。对于中医药网络信息来说，信息的准确性尤为重要，因为网络信息资源的利用直接关系着公众的健康与生命。准确性的评价标准一般包括信息资源的各项参数是否规范标准，覆盖的学科及资源类型是否符合专业要求；网站中有关中医药学的概念解释、实验方法、原理是否与权威参考资料如《中国药典》、教科书等相符；图、表、数据标识是否清楚，是否与文字相对应；网页上应避免有错别字、病句等低级错误；是否明确列出该网页信息的编辑和提供责任者等。

**3. 客观性**　客观公正是网络中医药信息内容准确的一个重要保证。客观性是指评价时要看作者对待事物的态度是否有偏见，提供的中医药信息是否科学、公正。客观性可从利害关系、完整性、是否有偏见等几个方面来考虑。利害关系指网站主办者、投资方、作者所属机构利益关系是否与内容有关联。例如，某药品厂商或机构主办的网站发布有关高血压、糖尿病等疾病的治疗信息时，可能存在经济利益的考虑，从而降低了信息的客观性。

**4. 广度和深度**　网络中医药信息内容的深度和广度与信息的质量水平直接相关，深度反映某主题信息的详细程度，广度则是反映某主题设计本领域及相关领域的范围。广度和深度的评价标准一般包括信息收录范围是否全面；涵盖中医药学科的哪些领域，广泛程度如何；是否只收集本国、本民族语言文字信息；是否提供原始文献、相关资源链接、学术信息资源是否给出引用文献来源；相关书目索引是否既提供一次文献又提供二次文献；是否包含多种形式电子文献。

**5. 原创性** 指在整个网络信息资源中，信息资源所独有的特征，反映了网站与其他类似网站的区别及其独特价值。互联网上相同的中医药主题通常有许多网站，但这些网站发布原始信息的数量和质量均有较大差别，有的网站以发布原始信息为主，有的网站则主要是有关该主题的链接集合，还有一些则是其他网站的镜像。一个优秀的中医药信息网站通常会致力于发布原始信息，并确保这些信息经过严格的审查，具有独创性。这意味着该网站不仅提供已有信息的链接集合，还能通过自主研究或专家审查发布新的、有价值的信息。这种原创性信息的发布可使该网站在同类网站中脱颖而出，并为用户提供更深入、更全面的了解。

**6. 时效性** 是指信息发布的一定时间内所能起的作用。互联网上信息的时效性主要包括：信息发表在印刷型载体上的时间、信息上载或在网站发布的时间、信息更新时间、信息的版权期等。对于网络中医药信息而言，更新速度越快、更新周期越短，对用户的吸引力越强，因为用户能够及时获取最新的信息，从而保持对网站的兴趣。但网络信息资源的更新频度也不能过高，这与网络信息资源的传播与保存有关，一般中医药网站的信息资源应该至少3个月更新一次。

（二）网站相关信息资源的评价

**1. 导航设计** 导航系统是人们进入网站查找信息的指示性工具，评判一个中医药网站导航系统的优劣可以从它的分类情况、菜单功能等方面来衡量。例如，内部链接是否丰富、链接是否能正常访问、链接的资源新颖度如何，是否与主题和学科相关，是否只提供文本信息等。

**2. 可检索性** 一个内容丰富、设计完整的中医药信息网站，应具备全面、准确、便捷的检索功能，满足用户的需求。评价内容主要包括检索方式是单一还是多样；是否既可分类浏览查找、又可直接输入检索词查找；是否提供高级查询方式；对所查询信息如文献类型、出版时间、学科类别等是否有选择与限定权限。

**3. 用户界面** 友好的用户界面可以让用户轻松上网，无形中提高了网上信息的使用价值。一个优秀的用户界面设计应该考虑到用户的需求和行为习惯以及可能面对的问题，界面应该尽可能简单易懂，并提供清晰的指导和提示，让毫无上网经验或计算机技术基础的人也很容易地根据界面的提示，轻松找到所需要的信息。

**4. 创建者** 指网站的设计和维护人员。评价内容主要包括网站的建立者是机构还是个人；如果是机构的话，是政府机构、教育机构还是商业机构；是否提供网站的联络方式，如电话号码或电子邮件，该号码或邮件是否有效；创建者是否提供网站的背景信息资源等。

**5. 交互性** 指网站信息资源的创建者与网络信息资源用户的联系方式。交互性在网站设计中扮演着至关重要的角色，它是促进信息交流、提高用户参与度和增强网站使用价值的关键因素之一。评价内容主要包括网站是否提供与用户互动的手段，用户参与度如何；用户是否通过反馈表单、在线调查、联系表单等方式向网站提供意见、建议或投诉，帮助网站改进服务质量和用户体验。交互性是信息交流和畅通的前提，利用交互性设计，网络可以根据用户的兴趣和偏好提供个性化内容推荐，从而提高用户的存留率。网络信息资源的创建者和用户的交互性越好，网络中医药信息资源就能发挥越大的作用，由此取得的社会效益和经济效益也就越大。

**6. 安全性** 对于一个中医药网站/网页来说是很重要的评价因素。用户如果因为下载信息带来病毒将不太可能再次访问该网站。评价内容主要包括对于专用和保密的中医药信息是否使用专用的网络服务器，是否有必要的防护措施，尽可能减少黑客攻击的机会；网站的防病毒、抗病毒能力；是否安有防火墙；是否安装有防毒软件并及时升级。

**7. 费用**　指网络系统正常运行及用户利用网络信息资源所需的各种开支的总称。这些费用可以分为两大类：连接网络信息资源服务器的费用和用户利用网络信息资源所需的费用。连接网络信息资源服务器的费用包括通信费用、信息流量费用和系统维持费用。用户利用网络信息资源所需的费用包括知识产权相关费用、商业性营利费用及作者报酬。

## 四、网络中医药信息资源评价方法

互联网上的中医药信息资源并不是静态的，而是每天都在增长、变化和更新，由于互联网"出版自由"，致使信息资源的质量存在着很大差别，利用一定的评价方法，可以鉴别网络中医药信息资源的优劣。根据评价角度的不同，可将网络信息资源评价方法分为定性评价方法、定量评价方法、综合评价方法和评价性元数据方法。

### （一）定性评价方法

定性评价方法从主观角度出发，按照预设的指标，对网络信息资源进行优选和评估。国外首先对于如何定性评价网络信息资源这一问题展开研究。Richmond 在1991年首次公布了"10C"原则，也是目前比较有代表性的。Stoker 和 Cooke 在1994年提出网络信息资源评价的8条评价标准，Harris 在1997年提出不同角度的8条标准。1997年，美国乔治大学 Wilkinson 教授等在全面分析网站特点、网站属性的基础上，提出11个大类125个"质量指标"及"OASIS评价系统"。我国专家于1997年首次对网络信息资源的评价展开定性研究。

定性评价方法一般按照一定的评价准则与要求，根据评价目的和服务对象的不同需求，确定相关指标并建立评价准则及各赋值标准，通过用户评定或打分，得到各网络信息资源的评价结果，评价结果有等级制、百分制或其他能指示网络信息资源质量高低的制度。定性评价法一般采用用户评价法、专家评价法等方式。

**1. 用户评价法**　由有关网络资源评价的专业机构提供评价指标体系和方法，用户根据自身特定信息需求选择符合其需要的评价指标和方法。评价机构仅向用户提供指标体系和评价指南，帮助或指导用户进行网络信息资源评价，而不是代替用户进行评价，这有助于用户搜集完全符合自身特定需要的网络信息资源，提高网络信息资源过滤的质量。

**2. 专家评价法**　邀请有关中医药学科专家、中医药医药信息资源管理者或信息专家等依照一定的评价指标体系对网站进行评审，并进行评分或评级。专家评价的准确程度，主要取决于专家的阅历经验及知识丰富的广度和深度，要求参加评价的专家对评价的系统具有较高的学术水平和丰富的实践经验。

### （二）第三方评价法

由第三方根据特定的信息需求和评价目标，建立符合特定需求的评价指标体系，按照一定的评价程序或步骤，得出网络信息资源的评价结论。

第三方评价法可以从多种思维角度全面、细致地分析评价对象的质量，评价结果具有直接性和可理解性。但是，第三方评价法的局限性也很明显，主要表现在不同评价机构的指标体系差别很大，缺乏规范性；有的指标相互重复；评价结果受人为因素影响较大。

**1. 定量评价方法**　指利用数学知识分析数据，从客观量化角度对网络信息资源进行优选和评价。1996年，Gerry McKiernan 根据文献计量学中引文的含义，首次提出了"Sitation"的概念，用于描述网站之间相互链接的关系，这一概念奠定了网络链接分析方法的基础。1997年，Ronald Rousseau 将"Sitation"一词正式应用到学术论文题名当中，标志着"网络链接分析方法"的确立。此后,以网络链接数量为基础的各种网络计量指标被应用到网络信息资源的评价当中。其中最有代表性的指标之一就是网络影响因子,即用来分析一定时期内相对关注的网站或网页平均被引情况,以此来评价网站的影响力重要性。

(1) **网络计量法**：是根据网络资源自身的特性进行的评价,客观性较强。常用的方式是网络计量方法,即利用网络技术实现网站的访问量统计和链接情况统计,进而对网站的影响力、站点提供信息的水平、可信度做出评价。利用网站分析工具或服务,如 **Google Analytics**、**Matomo** 等,通过在网站上嵌入统计代码或使用日志分析等技术,记录网站的访问量、访问者的行为、来源、页面浏览量等数据。同时通过网络爬虫或专门的链接分析工具,如 **Ahrefs**、**Moz Link Explorer** 等,对网站的链接情况进行统计,包括内部链接和外部链接的数量、质量、来源等信息。最后将访问量分析和链接情况分析的结果进行综合,评估网站的整体影响力、信息提供水平和可信度。根据分析结果,提出改进建议,优化网站内容、导航结构、外部链接策略等,提升网站的影响力和可信度。

(2) **链接分析法**：是指借鉴传统引文分析法,利用搜索引擎、网络爬虫、链接数据库和数学统计分析等工具和方法,对网站链接特征、对象属性等进行分析,进而揭示其数量特征和内在规律的一种研究方法。链接分析是评价网络信息资源的一种常用方法,一般评价步骤为：首先选择一个适合的搜索引擎或专门用于链接分析的工具,如 **Moz Link Explorer**、**Ahrefs** 等。其次从不同角度统计链接,通过外部链接数量、质量及来源网站的权威性等指标,来计算 Web 影响因子。通常,外部链接数量和质量越高,来源网站的权威性越高,网站的 Web 影响因子就越高。最后分析站外链接的类型及特征。

早期的定量指标较为简单,主要集中测量一些网站或网络资源访问量、数据流量、页面浏览量等,随着网络信息计量学的兴起和迅速发展,一系列有重要价值的网络计量指标纷纷出现,极大推动了定量评价指标的发展,相对于主观性极强的定性评估方法,定量评价方法可以通过具体的数据和指标来量化和分析网络信息资源的各个方面,使结果更加具有可信度,是网络信息资源评价的一个发展方向。

**2. 综合评价方法** 即定性与定量研究的结合。随着对定性、定量评价方法的深入探讨,现今网络信息资源评价初步形成定性评价和定量评价相结合的新模式。目前定性和定量研究相结合的评价方法如下。

(1) **层次分析法**：即综合定性和定量评价方法,对评价对象进行分析与判断。该评价方法由美国运筹学家 Thomas L.Saaty 于 20 世纪 70 年代提出,核心原理是将一个复杂的决策问题分解成多个层次,从而使决策问题更具可操作性和透明度。通过层次结构的建立和判断矩阵的构建,将专家的主观判断量化,并通过数学方法进行分析和计算,帮助决策者理清问题的结构和关联,从而辅助用户做出科学合理的决策。

(2) **模糊数学方法**：即模糊综合评价方法。模糊数学是一种应用数学分支,通过定性评价与定量评价相结合,以及利用模糊集合理论,能有效解决各种非确定性问题,尤其适用于当某个对象受到多种因素制约时进行全面评价。模糊综合评价方法有两大突出特点：相互比较、函数关系。一般步骤为：①构建模糊指标；②构建权重向量；③构建评价矩阵；④综合评价矩阵。通过以上步骤,模糊综合评价方法能够有效地处理各种不确定性问题,为决策提供科学的依据和方法。

**3. 评价性元数据方法** 是一种网络信息资源评价的新兴方式,与传统的定性和定量评价方法有所不同。它主要依赖于元数据,即关于数据的数据,用于管理和描述网络信息资源。以元数据为基础的网络信息资源评价过程如下。①收集描述性元数据：获取网络信息资源的描述性元数据,包括基本信息如标题、作者、日期、摘要等。②构建评价性元数据：创建用于评价网络信息资源质量和可信度的评价性元数据,例如认证机构、评价标准、用户评级、评分等。③认证过程：利用评价性元数据对网络信息资源进行认证，确保其符合特定标准和质量要求。④用户信赖度：用户根据评价性元数据中提供的信息，决定对认证机构、评价标准和认证结果的信赖程度。⑤资源发现与评价：用户使用评价性元数据来发现和评价网络信息资源，以确保选择高质量和可信赖的资源。

　　这种基于评价性元数据的网络信息资源评价模式为用户提供了更多的透明度和信任度，有助于构建一个更可靠的网络信息资源环境。

（李　欣　王　志）

# 第五章 中医药专利文献资源与利用

## 第一节 中医药专利文献概述

### 一、专利的基础知识

**1. 专利及其相关概念**

（1）专利（patent）：是对发明授予的一种专有权利，简称专利权，具体是指一项发明创造向国家专利局或者代表若干个国家的区域性组织提出专利申请，依法审查合格后，向专利申请人授予的在规定时间内对该项发明创造享有的专有权。专利是一种"无形资产"，通过"公开"来换取权利，其目的是阻止他人在没得到允许的情形下，生产、使用、销售相关的专利产品。

专利文献是专利制度的产物。专利制度是为推动科技进步和生产力发展，由政府审查和公布发明内容并运用法律和经济手段保护发明创造所有权的制度。专利文献是记录有关发明创造信息的文献，狭义上仅指各国（地区）专利局出版的专利说明书或发明说明书；广义上包括专利申请书、专利说明书、专利公报、专利检索工具及与专利有关的一切资料。

专利说明书是专利文献的主体，它是个人或企业为了获得某项发明的专利权，在申请专利时必须向专利局呈交的有关该发明的详细技术说明。一般由三部分组成：①著录项目，包括专利号、专利申请号、申请日期、公布日期、专利分类号、发明题目、专利摘要或专利权范围、法律上有关联的文件、专利申请人、专利发明人、专利权所有者等。专利说明书的著录项目较多并且整齐划一，每个著录事项前还须标有国际通用的数据识别代号（INID）；②发明说明书，是申请人对发明技术背景、发明内容及发明实施方式的说明，通常还附有插图。旨在让同一技术领域的技术人员能依据说明书重现该发明；③专利权项（简称权项，又称权利要求书），是专利申请人要求专利局对其发明给予法律保护的权项，当专利批准后，权项具有直接的法律作用。

（2）基本专利（basic patent）：指申请人就同一发明在首个国家申请的专利。

（3）同等专利（homologic patent）：指发明人或申请人就同一个发明在首个国家以外的其他国家申请的专利。

（4）同族专利（patent family）：指基于同一发明思想，但内容可能有所修改或变动的一组专利申请。这些专利通常使用不同语言，向多国提交，从而公开或批准的一组专利。同族专利具有共同的专利优先权。

（5）专利优先权（patent priority）：指专利申请人就其发明创造第一次在一国提出专利申请后，在法定期限内，又就相同主题的发明创造在他国提出专利申请时，根据有关法律规定，以第一次专利申请的日期作为后续申请的申请日。专利申请人依法享有专利优先权，这种权利确保了专利申请人在多个国家申请专利时，能够以最早的申请日期作为专利优先权日。

（6）失效专利（ineffective patent）：存在下列三种情况之一时为失效专利：①超过专利法定保护期限；②没有按照规定缴纳年费的；③专利权人以书面声明放弃其专利权的。

（7）非法定相同专利（non-statutory identical patent）：指第一个专利获得批准后，就同一专利向别国提出相同专利的申请，必须在12个月内完成，超过12个月则成为非法定相同专利。

（8）专利申请号（application number）：指专利局受理发明创造专利申请时所给予的顺序号。

（9）专利号（patent number）：指专利局授予专利权时给出的编号。

（10）专利申请人（patent applicant）：指依法享有专利申请权的自然人、法人或其他组织。

（11）专利权人（patentee）：指专利权人是享有专利权的主体。专利权人包括专利权所有人和持有人，也包括原始取得专利权的原始主体和继受取得专利权的继受主体。专利权人享有法律所赋予的权利和承担法律所规定的义务。

（12）专利受让人（patent assignee）：指通过合同或继承而依法取得专利权的单位或个人。

**2. 专利的类型**　各国对专利的划分不尽相同，我国分为发明专利、实用新型专利和外观设计专利三种类型。

（1）发明专利：《中华人民共和国专利法实施细则》做出解释，发明是指对产品、方法或者其改进所提出的新的技术方案。

产品发明应是经人工制造或机器制造的具有特定功能或性质的有形物或无形物，如机器、设备、仪表、药品、化学品、合成气体等。但是未经加工的天然产品不能作为发明给予专利保护，如天然宝石、矿石、石油等。

方法发明是指生产加工制造某种产品的方法。这里所说的方法可以是化学方法、通信方法、机械方法或工艺流程等，可以是一种新产品的制造方法，也可以是一种已有产品的新的制造方法。发明可以是首创发明，亦可以是改进发明，还可以是组合发明、用途发明等。

（2）实用新型专利：实用新型是指对产品的形状、构造或者其结合所提出的适于实用的新的技术方案。

实用新型实际上是结构发明，也就是通过特定的结构达到某种功能的产品发明。这种结构与功能密切关联的产品发明，可以申请发明专利保护，也可以申请实用新型专利保护，还可以申请外观设计专利保护，亦可三者都申请。具体申请哪种专利保护，往往从发明的创造性、市场及技术本身等方面综合考虑。

（3）外观设计专利：外观设计是指对产品的形状、图案或者两者结合，以及色彩与形状、图案的结合所作出的富有美感并适合工业应用的新设计。外观设计专利必须是一种产品，而且这种产品是可视的，具有一定的形状、图案、色彩或者其结合的设计。这种产品可以是产品的本身，也可以是产品的包装、装潢，产品的标贴，可以是完整的产品，也可以是产品的某个零部件，可以是专门为某种产品的外观所进行的设计，也可以是结合产品的结构所进行的设计，因此外观设计专利在一定程度上亦对某些产品的结构起到类似实用新型的保护作用，也间接保护了产品的结构。除了以上三种类型，还有植物专利、增补专利、再公告专利、分案专利等。

## 二、专利的分类方法

目前全球主要的专利分类体系包括国际专利分类、联合专利分类、日本专利分类。

**1. 国际专利分类（international patent classification，IPC）**　是世界知识产权组织（World Intellectual Property Organization，WIPO）管理的分类体系，是目前全球100多个国家普遍采用的专利分类工具，用于按所属不同技术领域对专利和实用新型进行分类。1971年巴黎联盟成员国在斯特拉斯堡会议上通过《斯特拉斯堡协定》建立《国际专利分类系统》，由IPC专家委员会不断修订。IPC是全球统一的专利分类体系。为建立在IPC基础上的其他专利分类提供了更细化、更高级的分类，确保专利分类在国际上的一致性。

IPC 分类用于对专利申请、授权专利说明、实用新型和类似技术文件进行分类和检索。IPC 是一个分级分类系统，较低层次的内容是较低层次所属的较高层次内容的细分。IPC 按五级分类：部、大类、小类、大组或小组。IPC 包含 8 个部类（A~H）。A 部：人类生活必需（human necessities）；B 部：作业、运输（operations and transporting）；C 部：化学、冶金（chemisty and metallurgy）；D 部：纺织、造纸（textiles and paper）；E 部：固定建筑物（fixed construction）；F 部：机械工程（mechanical engineering）；G 部：物理（physics）；H 部：电学（electricity）。

一个完整的 IPC 分类号由代表部（1 个字母）、大类（2 个数字）、小类（1 个字母）、大组（1~3 个数字）或小组（2~4 个数字）的符号构成。如 A61J3/07 代表制成胶囊或类似口服用小囊丸剂形成。

**2. 联合专利分类（cooperative patent classification，CPC）** 由于上述多个分类体系的存在引起了对专利文献的分类标准不统一，只有熟悉各个分类体系，才能对专利文献进行有效的检索，这增加了检索的成本。为了在世界范围内建立一个统一的分类体系，并继承已有的分类体系的优点，以 IPC 分类法为基础，增加了一个 Y 部，从而开发了联合专利分类（CPC），欧洲专利局和美国专利与商标局于 2010 年 10 月 25 日签署合作文件，共同创建和实施专利分类（CPC）的合作文件，并于 2012 年 10 月 1 日发布了 CPC 试用版，2013 年欧美正式启用 CPC 分类，欧洲专利局同年停止使用 ECLA/ICO 分类，2015 年美国停用 USPC 分类，2016 年 1 月中华人民共和国国家知识产权局对所有技术领域的专利文献使用 CPC 分类。

**3. 日本专利分类** 主要包括 FI 分类和 F-Term 分类。FI（file index）分类是基于 IPC 分类的细分类，F-Term（file forming term）是专门用于计算机检索的分类体系。

### 三、中医药专利文献

中医药专利文献是基于中医药领域的专利型文献，中医药领域大部分发明创造可以申请发明专利，如各种中成药或保健品、中草药有效成分提取、中药的炮制工艺和提取工艺、医药器械、诊断试剂、多功能医用床、新型煎药器、橡胶医用拔罐、健身车等可申请实用新型专利，各种产品的外包装、药品的物理形状、保健品等外型图案等可申请外观设计专利。在中医药领域，新的药品、新的医疗技术与新的医疗器械总是在专利文献中首先报道，有效地利用中医药专利文献，可以开拓思路，启发思维，提高中医药科学研究开发的起点和技术水平。

对于中医药科研工作者，在研究课题开题立项时，专利文献可全面了解特定技术领域的现有技术水平，选择高起点及新的科研领域，避免重复劳动和投入，节省时间及科研经费；可以了解科研项目的发展历史、已取得的成果及各种解决方案，有利于科研人员开拓思路，启发创造性的思维；有助于实现科技产业化，使科研与市场较好结合，加速科技成果的推广运用；立项评估阶段进行新颖性检索可为项目申报与鉴定提供较科学的尺度；有利于了解世界科技发展动态，及时引进国外新技术，提高我国中医药科研水平及总体实力。

## 第二节 中医药专利文献获取

### 一、专利文献的手工检索

**（一）我国专利文献的手工检索**

**1. 中国专利公报** 公报类专利文献主要有以下三种：《发明专利公报》《实用新型专利公报》和《外观设计专利公报》。目前，三种公报均为周刊，每周三出版一期。它们的内容主要有以下三部分。

（1）公布及授权公告部分：主要内容为发明专利申请公布、三种专利申请授权公告。发明专利申请公布、实用新型专利和外观设计专利授权公告以文摘的形式记载，文摘均按IPC号顺序编排。发明专利申请公布和实用新型专利授权公告包括IPC号、申请号、文献号（公开或公告号）、优先权数据、申请人及其地址、发明人、专利代理机构、发明名称、说明书摘要等内容；外观设计专利授权公告由图片描述及著录项组成。发明专利申请公布如图5-1所示（×××均表示省略）。

---

申请号：×××　申请日：2006/06/21　公开日：2006/11/29

公开号：×××　专利类别：发明　国别省市代码：66［中国|×××］

发明名称：一种从人参叶中提取分离人参皂苷单体的方法

国际分类号：C07J 9/00；A61K 31/704；A61K 36/258；A61K 127/00

发明人：×××　申请人：×××

申请人地址：×××××，邮编：×××

摘要：本发明公开了从人参叶中提取分离人参皂苷 Rb$_1$、人参皂苷 Rb$_2$、人参皂苷 Rb$_3$、人参皂 F1 等制备方法，利用大孔吸附树脂……

---

图5-1　发明专利申请公布示例

（2）专利事务部分：记载专利申请审查及专利法律状态等有关的事项，如申请撤回、专利权的终止、专利权的继承或转让等。

（3）索引部分：发明专利公报包括申请公布索引和授权公告索引。实用新型专利和外观设计专利公报仅有授权公告索引。申请公布索引包括IPC-公开号、申请号-公开号、专利权人-公开号及公开号-申请号对照表索引；授权公告索引包括IPC-授权公告号、专利号-授权公告号、专利权人-授权公告号及授权公告号对照表索引。

**2. 中国专利索引**　由国家知识产权局主办，每季度出版一套，每套由《分类号索引》、《申请人、专利权人索引》和《申请号/专利号索引》三部分组成。检索者可根据所掌握的资料选择不同的索引类别，获得国际专利分类号、发明名称、授权公告号、申请号、专利号、申请人（或专利权人）以及专利公报的卷、期等信息，从而进一步追踪专利公报或专利说明书。

（1）分类号索引：将发明、实用新型专利和外观设计专利分别根据IPC号或国际外观设计分类顺序编排，在分类号相同的情况下，按申请号（或专利号）递增顺序排列。其内容依次为IPC号/外观设计分类号、公开号/授权公告号、申请号/专利号 ZL、申请人/专利权人、专利名称、刊登该专利信息的专利公报的卷和期。

（2）申请人、专利权人索引：以申请人或专利权人姓名或译名的汉语拼音字母顺序进行编排。为方便查找，以阿拉伯数字或英文字母等非汉字起首的，均集中安排在该部分内容的最前面；日文汉字及计算机用以外的汉字起首的，均放在该部分内容的最后面。索引分为发明专利申请公开、发明专利权授予、实用新型专利和外观设计专利授予四个部分。

（3）申请号/专利号索引：以申请号或专利号的顺序编排。

## （二）国外专利文献的手工检索

世界专利索引（world patent index）由英国德温特公司（Derwent Publication Ltd）于1974年创刊，并以 WPI 索引周报（WPI gazette）、WPI 文摘周报（WPI alerting abstracts bulletin）及各类分册的形式出版，索引周报因以题录的形式报道，故也称为题录周报。

## 二、专利文献的光盘检索

光盘检索需到特定的光盘收藏单位进行,很多是收费服务项目,且更新的速度也有一定的限制。

### (一)中国专利文献 CD-ROM 光盘

中国专利信息中心是国家级大型专利信息服务机构,拥有国家知识产权局赋予的专利数据库管理权、使用权。于 1992 年成功开发了中国专利文献光盘数据库(CNPAT),标志着我国专利文献的出版迈入电子化时代。其后陆续出版了多种光盘,已成为专利文献的主要载体之一。收录了 1985 年至今在中国专利局申请并公开的全部专利信息约 43 万件,内容有题录、文摘和主权项,提供了关键词、发明名称、国际专利分类号、范畴分类号、申请号、发明人、公告号、优先权项、国别省市代码、申请日、公告日、申请人地址、代理机构代码共 14 个检索入口,其中申请人、发明人、发明名称为全文检索。中国专利文献 CD-ROM 光盘主要有以下几种。

**1.《中国专利说明书全文》光盘**  于 1994 年 1 月正式出版发行,收录了 1985 年 9 月以来的所有发明专利和实用新型专利说明书上的全部信息,包括摘要及其附图、权利要求书、说明书及其附图等,是中国最完整、最准确的专利图文信息库。

**2.《中国专利数据库文摘》光盘**  收录了 1985 年 9 月以来的所有专利信息,包含实用新型专利、发明专利、外观设计专利等。每条信息均包含著录项目,如发明人、发明日期、公开日、公告日、优先权、摘要、主权项等,共提供 20 多个检索入口,操作简单易懂,使用方便。

**3.《专利公报》光盘**  是知识产权出版社为了进一步满足广大用户的要求,完善专利文献系列出版的电子出版物。该光盘提供了各期专利公报的全部图文信息,并实现了外观设计专利图形的电子化。

**4.《外观设计》光盘**  记载了 1985 年以来的所有外观图形信息,采用电子扫描方式,再现了其外观设计的线条图、灰度图和彩色图。本套光盘检索方便、快捷,是查询外观设计专利最好的工具。

**5.《中国医药及化工产品专利文献数据库》光盘**  由国家药品监督管理局信息中心与国家知识产权局专利文献出版社共同研究开发,该光盘收载了自 1985 年以来世界各国在我国申请的医药专利,其中包括化学合成原料药、中间体、抗生素、制剂、传统中药、天然药物、生物技术产品、饲料添加剂、保健品等。

**6. 其他专利光盘**  为了更好地为用户服务,提高专利利用率,知识产权出版社还出版了大量其他专利文献光盘,如《专利复审委员会决定》、《中国失效专利》等。还提供定制各种分类光盘或按申请号提取专利数据等服务。

### (二)国外专利文献光盘数据库

国外专利数据库主要有美国专利光盘检索系统 CPAS(1969 年至今)、欧洲 PCT 检索光盘 ESPACE/ACCESS(1978 年至今)、欧洲法律状态光盘 ESPACE/Bulletin(1978 年至今)、国际专利检索光盘 GLOBALPat(1971 年至今)、英国专利文摘光盘 GB-A(1994 年至今)等。

## 三、专利文献的网络检索

网络检索速度快、内容新,但如要将其作为证据使用,则需要有关部门出示相应的证明,或通过法律认可的部门检索后下载并予以证明才具有法律效力。

（一）中国专利文献的网络检索

**1. 国家知识产权局网站**　国家知识产权局专利检索系统收录了自 1985 年以来公开（告）的全部中国发明专利、实用新型专利、外观设计专利的中文著录项目、摘要及全文说明书图像。该数据库定期更新，并提供 2002 年以来每周变化的最新法律信息。本系统最大的优点是简单明了、使用方便，自动安装其提供的浏览工具，可免费查看专利说明书全文，支持全文在线阅读和全文下载离线阅读，国家知识产权局网站首页如图 5-2 所示。

图 5-2　国家知识产权局网站首页

在政务服务平台的专利检索与分析系统界面设置自动识别、检索要素、申请号、公开号、申请人、发明人、发明名称共 7 种检索入口。每种检索入口输入字符数量不限，如在"发明（设计）人"框中填入"马百平"，可检索到 15 条其申请已公开或授权的相关专利目录，其高级检索界面如图 5-3 所示。

图 5-3　高级检索界面

点击"专利名称"或"申请号"，可查看该专利的具体信息，包括申请（专利）号、名称、摘要、申请日、公开（公告）日等，检索专利具体信息界面如图 5-4 所示。

图 5-4　检索专利具体信息界面

点击"详览"可看到申请说明书/授权说明书全文（图5-5）。

图5-5　相关检索申请说明书/授权说明书全文界面

**2. 中国专利信息中心专利检索系统**　中国专利信息检索系统由国家知识产权局中国专利信息中心创建并维护。该检索系统提供了自1985年以来的专利摘要及专利说明书全文等内容，网上数据每周更新1次，面向公众提供免费专利检索服务，具有较高的权威性，是我国较好的专利数据库检索系统之一，中国专利信息中心专利检索系统首页如图5-6所示。

图5-6　中国专利信息中心专利检索系统首页

该网站包括中文专利数据库和英文专利数据库，且成一一对应关系。用户可以通过Internet在英语界面下检索中国已公开专利文献的著录项目和摘要，并可将检索到的发明或实用新型专利的全文（权利要求书、说明书）在线转换为英语，从而帮助用户了解中国专利信息，使我国申请人的利益得到更有效的保护。

**3. 中国专利信息网**　由中国专利局检索咨询中心与长通飞华信息技术有限公司共同开发创建，于1998年5月底建成并开通。数据库网站集中了我国自1985年4月1日《中华人民共和国专利法》实施以来的全部发明专利和实用新型专利。数据库为全文检索数据库，用户注册并登录成功后可使用各项检索功能，包括简单检索、逻辑组配检索和菜单检索。输入检索词、专利号、分类号等即可进行检索。正式用户和高级用户可以查阅、打印或下载说明书的全部内容，免费用户可以自由浏览专利题录信息和摘要。中国专利信息网除提供中国专利检索外，还附有世界各国家、地区及专利组织的免费专利的链接。

**4. 中国知识产权网**　于1999年10月正式向公众开放。收录了1985年至今在中国公开的所有专利信息（包括所有全文说明书），外观设计专利也首次实现网上公开，并按法定公开日实现信息每周更新。

**5. 药物在线**　是一个药学综合性网站，网站内容包括专利全文下载，中国、日本、英国药典在线查询，FDA药品数据库查询等。该网站可打包下载专利全文说明书/授权书，且无须注册为其会员或用户即可免费使用，操作简便、快捷。对于文件容量较大的专利而言，省去了翻页和分页下载的烦琐操作，节约大量时间，提高了工作效率。在其网页正上方，有"中国专利下载""美国专利下载""欧洲专利下载"等选项。以下载中国专利全文为例，详细说明具体操作步骤。

步骤1：在国家知识产权局网站上查询，得到待下载专利的申请号或公开号，然后点击首页中的"中国专利下载",在"专利申请号"框中输入从国家知识产权局网站查询到的某专利的申请号"200510059466.X"。

步骤2：点击"查询",按网页提示输入验证码,点击"确定"后进入界面。

步骤3：在该页面,可看到待下载专利的具体信息,包括专利申请号、专利申请日、专利公开号、专利公开日、专利发明人、摘要等,点击"申请公开说明书图形下载（标准版）",然后点击"下载专利",并指定待下载专利文件保存的路径,即可把申请号为"200510059466.X"的专利说明书全文下载完毕。

### （二）国外专利文献的网络检索

**1. 欧洲专利数据库** 由欧洲专利局提供,可用于检索包括19个成员国在内的50多个国家（如英国、德国、法国、奥地利、比利时、意大利、芬兰、丹麦、西班牙、瑞典和瑞士等）的专利数据库。收录了1979年以来在欧洲专利局申请的图形文本、全部图像信息和专利的法律状态等数据,以及1980年以来欧洲专利局批准的专利的图形文本和全部图像信息。数据库每周更新一次。该数据库检索界面简单清晰易懂,尤其适合非专业检索人员使用,可快速方便地了解所关注的课题在世界范围内的研究状况。检索方式包括快速检索（quick search）、数字检索（number search）、分类检索（classification search）、高级检索（advanced search）。具体操作步骤如下。

步骤1：输入网址,进入欧洲专利局网站。网站顶部有2个主功能,即高级检索（advanced search）、欧洲专利分类检索（classification search）,欧洲专利局网站界面如图5-7所示。

图 5-7 欧洲专利局网站界面

步骤2：在高级检索专区中,在"enter keywords"栏目下的"titles"中输入检索字串"steroidal saponin"。

步骤3：点击"search",即可查询所有专利资料库中专利标题摘要内出现有"steroidal saponin"的专利。

步骤4：显示有20条与检索条件相关的专利检索结果,再从中选择要查看的资料。

步骤5：点击所选内容的标题,可在"bibliographic data"查看此篇专利描述,包括专利名称、专利发明人、专利公开时间、专利申请号、专利公开号等信息。bibliographic data 状态下查看专利描述界面如图5-8所示。

图 5-8 bibliographic data 状态下查看专利描述界面

可在"original document"查看并下载全篇原始专利申请说明书资料,在"INPADOC legal status"查看此篇专利的法律状态。

**2. 美国专利商标局专利数据库**　由美国专利和商标局提供，收录了 1976 年 1 月 1 日至今的美国专利，数据每周更新一次。美国专利商标局（USPTO）网上专利检索数据库分为两部分，第一部分是 1790 年以来出版的所有授权的美国专利说明书扫描图形，其中，1976 年以后的说明书实现了全文代码；第二部分是 2001 年 3 月 15 日以来所有公开（未授权）的美国专利申请说明书扫描图形。本数据库检索方式灵活多样，且能进行免费的全文检索，但检索范围仅限于美国专利，也没有相关网页或相关信息的链接。具体操作步骤如下。

步骤 1：输入网址 patft.uspto.gov/，即进入美国专利局网站，如图 5-9 所示。

图 5-9　美国专利商标局网站界面

步骤 2：界面左侧 PatFT 为 1976 年 1 月 1 日至今的美国已授权的专利数据库，主要包括 3 种检索方式：(quick search) 快速检索、(advanced search) 高级检索、(number search) 专利号码检索。

步骤 3：在高级检索专区中，可从 31 种检索入口检索 1976 年以来的各种美国授权专利文献；从 2 种检索入口检索 1790 年以来的各种美国授权专利，浏览 1790 年以来的各种美国授权专利全文（图像文件）。

步骤 4：界面右侧 AppFT 为 2001 年 3 月 15 日以来的美国专利申请已公开专利数据库，主要包括 3 种检索方式：(quick search) 快速检索、(advanced search) 高级检索、(publication number search) 申请公开号检索。

步骤 5：在高级检索专区中，可从 23 种检索入口检索并浏览 2001 年 3 月 15 日以来的美国专利申请公开的专利申请说明书全文（图像文件）。

**3. 日本 IPDL 专利检索系统**　是日本专利局官方开设的日本工业知识产权电子图书馆（the Industrial Property Digital Library），其目的是向全球因特网用户提供日本专利局已有的 4000 余万份日本专利文献的免费检索途径。通过该检索系统的多种检索途径，可获取日本专利文献信息和专利全文说明书。该系统收录了 1976 年 10 月以来的所有公开的日本专利（包括发明、实用新型专利、外观设计专利）的扫描图形，其中 1993 年以后的说明书实现了英文全文数码化。此外，IPDL 专利检索系统还提供日文、英文两种检索界面，并提供免费在线翻译。

该系统不仅可以检索发明专利、实用新型专利、外观设计专利和商标，还可检索到各专利的法律状态。数据库每周更新一次。该检索系统的文献更新速度较快，收录范围较广，但由于该系统访问人数较多，下载全文说明书速度较慢。具体操作步骤如下。

步骤 1：输入网址，进入日本专利厅首页。

步骤 2：在界面右侧点击第一个模块，进入专利检索界面。

步骤 3：选择"意匠"模块，可输入一些检索关键词，如专利名称、专利号等。还可以限制年份，或直接用 IPC 分类号检索，词间用空格表示。

步骤 4：检索得到专利后，点击"view list"就会列出检索结果。当检索到超过 1000 条记录时，系统会要求再增加条件，缩小检索范围。

步骤 5：根据相应的专利题名，点击界面左边的专利号，则可连接到该专利英文版的扉页。

步骤 6：与美国专利局非常相似，界面上往往带有最重要的菜单，如 data coverage（数据概况）、image data（japanese）（图像信息（日语版））、legal status（法律状态）及 full text 等（全文），点击其中的某一个菜单，界面可以很快跳转。如点击"legal status"，即显示公开号为 2004—224797 的专利目前所处的法律状态。

### （三）其他专利检索

德国专利商标局
芬兰国家专利与注册委员会
瑞典专利注册局
罗马尼亚国家发明和商标局
匈牙利知识产权局
丹麦专利和商标局
法国专利局
瑞士联邦知识产权所
南非专利局
Derwent 专利检索网站
SooPAT 专利搜索
Patsnap 专利搜索与专利分析
Patentics
Priorsmart
Directory Patent
智慧芽
佰腾网专利检索
中科院知识产权
免费专利在线
谷歌专利检索

## 第三节 药品专利法规简介

目前世界上绝大多数化学工业发达的国家都授予药品的产品类型专利，如美国、英国、法国、德国、日本和欧洲专利局等对药品及其制备工艺均予以保护。

目前能够代表世界药品专利保护主流制度的国家和地区有美国、欧洲和日本等。而一般的专利保护制度均适用于药品专利保护。

### 一、中国专利法规简介

1985 年 4 月 1 日我国第一部专利法《中华人民共和国专利法》正式实施，专利权属于知识产权，随着经济社会的发展，我国越来越重视知识产权保护，截至 2020 年，我国对专利法进行了 4

次修订。自改革开放以来，尤其是自党的十九大和党的二十大以来，我国始终高度重视知识产权保护，深入实施知识产权强国建设，加强知识产权法治保障，强调立足新发展阶段，贯彻新发展理念，构建新发展格局，牢牢把握加强知识产权保护是完善产权保护制度最重要的内容和提高国家经济竞争力最大的激励，打通知识产权创造、运用、保护、管理和服务全链条，更大力度加强知识产权保护国际合作，建设制度完善、保护严格、运行高效、服务便捷、文化自觉、开放共赢的知识产权强国。

自第一部专利法实施后，我国开始对药品领域的发明创造给予方法专利保护，并在修订后于1993年1月1日开放了药品的产品类型专利保护，药品专利保护对象包括新开发的原料药即活性成分、药品化合物、新的药品制剂或复方新的制备工艺或其改进药品化合物或制剂的用途发明。按照现行专利法的规定发明专利权的期限为20年，自申请日起计算在专利申请公开后但尚未授予专利权之前，由于公众已经可以得知发明的内容，如果有人在此期间实施其发明，申请人就可以要求其支付适当的费用，此期间称为临时保护期。专利权被授予后，任何单位或者个人未经专利权人许可都不得实施其专利，即不得为生产经营目的制造、使用、许诺销售、销售、进口其专利产品，或者使用其专利方法，以及使用、许诺销售、销售、进口依照该专利方法直接获得的产品。

药品只能申请发明专利，包括药品产品类型专利、方法专利和新用途专利发明。我国对于药品的试验使用侵权例外还没有明确的法律规定。2007年10月1日起施行的《药品注册管理办法》第十九条规定："对他人已获得中国专利权的药品，申请人可以在该药品专利期届满前2年内提出注册申请。国家食品药品监督管理局按照本办法予以审查，符合规定的，在专利期满后核发药品批准文号、《进口药品注册证》或者《医药产品注册证》"。

2020年《中华人民共和国专利法》完成了第四次修订，自2021年6月1日起施行。在这次修订中，首次从立法层面提出新药专利权期限补偿制度，这是我国对药品知识产权保护的创新之举，也体现了国家顶层设计上鼓励药品研发，推动医药产业发展的决心和态度。

具体而言，新修订的《中华人民共和国专利法》对于药品和专利的适用范围、提出期限补偿请求的条件、补偿计算规则等内容做了进一步细化规定。专利权人需在公告授予专利权之日起3个月内向国务院专利行政部门提出专利权期限补偿请求，在补偿的天数中要减去合理延迟和由申请人引起的不合理延迟的天数，如申请人未在指定期限内答复通知的时间、申请人申请延迟审查的时间等。实现了药品保护水平与发达国家乃至国际接轨。我国的补偿制度融合了其他国家优秀的立法经验，立足于我国的医药产业现状，充分展现出我国的制度特色。

## 二、国外专利法规简介

### （一）美国

**1. 美国专利保护的对象** 美国专利不仅保护药品的制备方法，还对药品产品给予保护。如化学合成或遗传工程技术制备的复合物，具有生物活性的生物制品（包括其载体），天然植物的纯化物，以及通过遗传工程改良的药用植物及其种子。虽在保护期的药品，又经发现具有新的用途，也可申请专利。具体来讲，美国药品专利保护对象包括以下8个方面：新化合物、生物技术制品、药品晶型、药品的光学异构体、药品新剂型、新复方制剂、药品制备方法、药品新适应证。

**2. 美国药品专利保护的特殊制度**

（1）美国药品专利保护期限延长制度：1984年美国国会通过Hatch-Waxman法案，并于1988年和2003年相继出台配套法规和修正案，确立了药品专利保护期限延长制度。该制度一方面通过延长药品专利的保护期限以激励研究单位和企业积极研究开发新药,另一方面允许仿制药制造商节省大量临床试验的时间和成本以鼓励其加入竞争,最终实现降低药品价格的目的。

(2) 美国药品的 Bolar 侵权例外:为了平衡创新药制造商和仿制药制造商及消费者之间的利益,美国在《专利法修正案》中增加了款项,规定仿制药制造商在新药专利到期前进行仿制药试验并提出上市申请的行为,不属于专利侵权行为,即 Bolar 侵权例外。同时在 Hatch-Waxman 法案中规定,仿制药制造商只要提交简略新药申请,证明仿制药与创新药具有相同的有效成分、剂型、药效及生物等效性,即可被批准上市,且该仿制药可拥有与创新药相同的通用名。

(二) 欧洲

欧洲的药品专利制度主要由欧洲专利(European Patent Office,EPO)负责管理。EPO 负责授予欧洲专利,并根据欧洲专利公约(European Patent Convention,EPC)的规定进行专利审查。

在欧洲,药品专利的审查过程相较于美国更加注重技术实施的细节。此外,欧洲的药品专利期限补偿制度(SPC 制度)独立于专利法,这一点与美国和日本的制度不同。欧洲 SPC 制度的目标是保护药品创新,对药品行业因新药上市而付出的长时间、高投入的研发工作给予鼓励。

在欧洲,新药专利的审查流程通常包括初步审查、实质审查及授权后的维持和续展等阶段。在初步审查阶段,EPO 会检查专利申请是否满足形式要求,如文件的完整性、格式正确性等。实质审查阶段则主要评估专利的创新性、实用性和可专利性。如果专利被授予,申请人需要定期缴纳年费以维持专利的有效性。

欧洲药品专利制度的一个显著特点是其对于技术实施细节的重视程度。这意味着在申请专利时,申请人需要提供足够的技术细节以支持其专利的有效性。此外,欧洲 SPC 制度也为药品研发提供了额外的专利期限补偿,以鼓励更多的创新药物研发。

**1. 欧洲的药品专利保护期限延长制度** 1992 年 6 月 18 日欧洲议会颁布了《补充保护证书》法案,目的是通过授予补充保护证书给予药品一定期限的专利期延长,以补偿药品未通过强制批准程序所造成的药品有效专利期的损失。随后其被列入欧洲经济共同体理事会规则的第 1768/92 号规——Council Regulation(EEC)No 1768/92,1993 年 11 月 1 日欧盟成立以后,Regulation No 1768/92 直接用于欧盟各个成员国,但其作用只是指导性的。因此在具体应用上,各成员国也存在一些不同。

**2. 欧洲的药品专利侵权例外** 欧洲对于试验使用的侵权例外也有具体的规定,欧洲共同体专利公约第 27 条 B 项规定,为试验目的而从事的与专利发明的客体有关的行为被免除侵权责任。但是欧盟的相关法规条约中并没有明确规定类似于美国 Bolar 例外的药品专利试验使用侵权例外情况。欧洲各国的法律规定和司法实践情况也是不一样的。德国在 1981 年的专利法中制定了药品使用例外条款。德国的 Klinische Versuche 案判决明确了为获得批准上市目的而使用专利药品进行试验研究的行为不属于专利侵权。法国和丹麦与德国的观点一致,而英国、瑞典的观点则不同,它们把药品的试验使用视为专利侵权。因此,对于 Bolar 侵权例外的情况在整个欧洲还没有达成一致意见。

(三) 日本

**1. 日本的药品专利保护期限延长制度** 日本的药品专利制度始于 1976 年,但在此之前,只对药品制造方法给予保护。随着时间的推移,该制度不断完善和扩展,以保护更多的药品创新。日本的药品专利保护对象包括化学物质、化学物质的医药用途、药用化学物质的制备方法、药用植物及提取物、生物制品及药用植物提取物的组方。这意味着在日本,药品的活性成分、制药方法、药品的用途和组合物等都可以获得专利保护。

在1987年，日本专利法开始设立专利期限补偿制度，并于1999年进行了修订。该制度允许对药品专利的期限进行延长，以补偿因药品审批过程所花费的时间。专利期限补偿的期限从专利登记日或临床试验开始日（两者中较晚的日期）起算，至获得行政许可之日为止，总补偿期限不得超过5年。这一制度有助于确保药品创新者能够获得足够的回报，从而鼓励进行更多的药品研发活动。

然而，需要注意的是，专利期限补偿并非适用于所有类型的药品。具体而言，该制度仅适用于人用或兽用药品、人用或兽用诊断试剂或材料，而不适用于医疗器械或装置。此外，申请人必须在获得行政许可后的3个月内提交专利期限补偿申请，且该申请必须在原始专利保护期届满之前提交。

**2. 日本的药品专利侵权例外**　日本专利法第69（1）条规定了试验使用例外："专利权的效力不应延伸到以试验和研究为目的对专利的使用。"该条款于1909年制定，至今有效。该条款的规定不甚明确，特别是没有对药品领域试验例外的明确规定。所以对于专利期满前使用专利药品进行仿制药品的试验研究是否属于专利侵权法院的判决常存在争议。直到1999年4月，日本最高法院在 *Qtsuka Pharmaceutical Co.ltd v Towa Yakuhin K. K* 一案的判决中，明确了关于专利期满前使用专利药品进行仿制药品的试验研究侵权例外的观点。法院判决，为了获得药品市场准入而进行仿制药研究不属于专利侵权，并明确表明超出满足药品上市要求的范围的行为，如以在专利期满后销售为目的而生产专利药的行为属于侵权行为。

（闫静怡　付利娟）

# 第六章 中医药竞争情报获取与利用

## 第一节 中医药竞争情报概述

竞争情报（competitive intelligence，CI）是随着全球市场竞争的激化和社会信息化的飞速发展而产生的，主要任务是进行竞争环境、竞争对手和竞争策略的情报研究。竞争情报有助于企业发展核心竞争力，是强化和改变企业发展战略的重要基础。中医药竞争情报研究是指在中医药领域，关于竞争环境、竞争对手和竞争策略的系统化、及时性、可操作的信息和研究，是为了提高竞争力而进行的一切关于中医药的情报活动。竞争情报是在激烈的医药市场竞争中产生并发展起来的，是传统信息情报与医药企业发展战略、市场营销策略等相结合的产物。中医药竞争情报研究已逐渐成为中医药信息学研究的一项重要内容，其发展与广大中医药从业者日益增长的需求有关，中医药从业者要求掌握具有更强目的性、针对性和实用性的信息，并希望这些信息能为自己的专业领域带来收益，而中医药竞争情报服务正好适应了这种需求，可以说中医药竞争情报研究是中医药学向前发展的必然结果。

### 一、中医药竞争情报概念

（一）竞争情报的产生与发展

竞争情报简称 CI，即 competitive intelligence，也有人称之为 BI，即 business intelligence，其作为一种战略管理工具，起源于 20 世纪 50 年代的商业环境，崛起于 20 世纪 80 年代，以 1986 年美国竞争情报从业者协会（Society of Competitive Intelligence Professionals，SCIP）的成立为标志。随着信息技术的发展和市场竞争的加剧，竞争情报的影响已经遍及世界各地，被视为经济学、管理学与情报学领域的重大发展，是人类在社会信息化基础上向情报（智能）化发展的重要征兆，会对全球的经济发展与社会进步产生重要的影响。

Kirk W.M. Tyson 先生在 1998 年指出，人类社会的发展由工业时代经信息时代而将进入情报（智能）时代（intelligence age）。他论述了人类在 20 世纪经历了科学管理、人际关系管理、作业研究、战略规划、日式管理后，20 世纪 90 年代正向认知管理（cognitive management）迈进，强调思考、学习和知识获取、信息和情报管理。

现代竞争情报产生于第二次世界大战后日、美、欧等发达工业国家间的商业竞争，并随着信息技术和互联网的发展而更加完善和有效。20 世纪 60~70 年代，日本制造业崛起，美国制造业渐次衰落。竞争情报兴起。20 世纪 80 年代中期至 90 年代中期，美国制造业重振雄风，竞争力日增。竞争情报的理论与实践飞速发展。20 世纪 90 年代中期以来，依托互联网，竞争情报系统普遍建立，高效运行。20 世纪 90 年代竞争情报被引入我国，近些年在我国企业中认知度逐渐提升，不少企业将其应用于商战实践。

（二）竞争情报的内涵

**1. 竞争情报的定义**　竞争情报并没有标准的定义。美国匹兹堡大学的 John E. Prescott 认为"企业竞争情报"是为了提高企业竞争优势，根据竞争动力（包括非市场因素、行业竞争对手、潜在的竞争对手和本机构的竞争对手）发展可付诸行动的预见过程；竞争情报专家协会（SCIP）对"竞争情报"的定义是：竞争情报是一种过程，在此过程中人们用合乎职业伦理的方式收集、分析和传播有关经营环境、竞争者和组织本身的准确、相关、具体、及时、前瞻性及可操作性的情报。它既是一种过程，又是一种产品。过程，是指对竞争情报的搜集与分析；产品，是指由此形成的情报和措施。

**2. 竞争情报的内容**　竞争情报工作就是建立一个情报系统，帮助决策者分析对手、供应商和环境，降低风险。竞争情报使决策者能够预测商业模式的变化，抓住市场机遇，觉察潜在的竞争对手，了解行业技术发展方向，熟悉政府政策，甚至通过失败或者成功案例规避风险。竞争情报已成为企业长期的战略资产。

竞争情报具有三大核心功能：预警系统、决策支持、学习系统。预警系统包括监测、跟踪、预期、发现；决策支持包括竞争方式、生产决策、新市场、技术研发；学习系统包括借鉴、比较、管理方法和工具、避免僵化。

竞争情报涉及范围非常广泛，涉及内容大致可分为四部分：宏观环境、竞争环境、竞争对手和竞争战略。宏观环境影响竞争环境，竞争对手驱动战略制定。

（1）宏观环境：企业宏观环境包括政治与法律环境、经济环境、社会人文环境、科技创新环境、生态环境等。企业竞争情报活动的重要内容就是对宏观环境的关注、分析。

（2）竞争环境：直接、间接影响企业活动的行业各种因素统称为竞争环境。行业和市场是影响企业生存与发展的关键因素。相关行业情报突出全局性，市场商情时效性较强，两者互为补充、缺一不可。

（3）竞争对手：包括直接和潜在的竞争对手。企业通过收集、分析竞争对手的信息，可以了解竞争对手的发展动向和发展趋势，以及行业变迁甚至更广泛的环境变化，从而及早做出应对措施。因此，围绕竞争对手的情报研究是企业竞争情报研究的核心内容。

（4）竞争战略：企业的发展目标就是竞争战略，实现目标的具体措施就是竞争战术。竞争战略被认为是企业战略的一部分，是在企业总体战略的制约下，指导和管理具体战略经营单位的计划和行动。企业竞争战略要解决的核心问题是如何通过确定顾客需求、竞争者产品及该企业产品三者之间的关系，来奠定该企业产品在市场上的特定地位并维持这一地位。

**3. 竞争情报的特征**　企业竞争情报具有信息的一般特点，但又区别于一般的信息，具有鲜明的特点。

（1）目的性：企业竞争情报不能停留在理论层面，也不能局限于战术层支持，必须上升到企业战略层，而后者恰恰是企业竞争情报工作更有价值的部分，而要达到这种境界，就需要深入了解企业竞争情报的目的，准确把握决策者的情报需求。

（2）高价值性：当今的信息时代，市场信号会以多种形式出现，需要以敏锐的触觉去捕捉它们，需要独具"慧眼"，只有对信息有效管理，"去伪存真""去粗取精"，才不至于在信息的海洋中迷失方向。

（3）超前性：竞争情报一般是决策行动之前的活动，就是要尽早地在最短的时间内获取相关的情报，做出快速的市场反应。

（4）连续性：不一定是时间上的连续，而是对政府政策、行业变化和竞争对手的连续关注。

（5）保密性：竞争情报属于企业内部重要核心情报，在一定范围和时间内绝不能向外传递，尤其是竞争对手。

（三）中医药竞争情报简介

**1. 中医药竞争情报的定义**　中医药竞争情报是指在中医药行业内，为了提升中医药企事业单位的竞争优势，运用合法手段系统地收集、分析和解读与中医药相关的竞争环境、竞争对手、市场动态、政策法规、技术创新、消费者行为等方面的信息，进而形成战略决策依据，制定和优化自身的市场营销策略、产品开发策略、品牌建设策略等经营活动方案的过程。这类情报活动旨在使中医药机构更好地适应市场变化，防范风险，抓住机遇，从而在行业中保持领先地位。

具体到中医药领域，竞争情报工作可能涉及的内容包括但不限于中药饮片及中成药市场的份额、销售趋势分析、同类产品的质量标准比较及新技术应用情况、中医医疗机构的服务模式、特色疗法、专家团队构成、政府对中医药行业的扶持政策、监管措施及其影响、新产品研发动向、专利技术保护情况、消费者对中医药的认知度、需求偏好、潜在市场需求预测、行业内的合作联盟、产业链整合及供应链管理等信息。

**2. 中医竞争情报的内容**　竞争情报的内容主要包括竞争环境情报、竞争对手情报、竞争策略情报和企业自身测评。

（1）竞争环境情报：是竞争者搜集、整理、传递的有关竞争环境的事件和信息。企业的生存和发展与其所处的环境有着密不可分的关系。对各种环境的关注和分析研究是企业竞争活动的重要内容。竞争环境的要素可分为政治环境、经济环境、技术环境、自然环境、劳动力市场环境、社会文化等。

1）政治环境：主要是指国内外时局的变化，如政治倾向、外交政策、军事的发展等。分析与本企业有贸易往来国家的经济政策和贸易法规，了解该国家宏观经济政策及宏观调控的范围、力度、时限，还有地方政府的政策倾向、发展战略、优惠政策、银行信贷等。

2）经济环境：包括某一阶段的经济总体发展水平、市场宏观经济走向、价格走势、不同层次居民的收入、储蓄和购买力等。

3）技术环境：了解国内外同行的技术水平和技术实力，以及对本企业现有的技术水平和实力进行对比研究。应对本行业国内外的专利状况进行分析，对竞争对手的专利进行统计分析，掌握相关的技术信息和经营信息，为制定不同的发展策略服务。

4）自然环境：主要指企业所在地的自然条件、地理条件、原材料资源、能源、水源及环保法规措施等对企业发展促进和制约的因素。

5）社会文化因素：人们都在一个特定的社会环境中成长，塑造了他们的基本信仰，形成了自身的价值观和人生观，从而成为影响消费行为的重要因素。

（2）竞争对手情报：竞争对手是指与本企业生产、销售同类产品的市场竞争机构。在普遍了解竞争对手的数量和分析的基础上，根据本企业情报力量的强弱来确立调查追踪对象。企业的竞争对手是企业监视与研究的焦点，是竞争情报系统的重点任务。通过研究现存的竞争对手与潜在竞争对手的数量和分布、产品质量、性能和价格、市场占有率、新产品开发动向、营销手段及售后服务方式等判断竞争对手的目标，帮助企业确定每位竞争对手对其目前所处的位置是否满意，对外界竞争环境变化的反应及可能发生的战略变化，为企业的经营决策服务。企业不仅要掌握每一个竞争对手的自我评估及其对行业和行业内部其他公司的评估信息，还要了解竞争对手管理层及其咨询者的背景情报、战略策略、经营管理水平、企业作风，领导者的才能与性格，职工的素养、工资和福利待遇和竞争对手的综合能力等方面的信息，做到知己知彼。

（3）竞争策略情报：是指企业之间为在共同的市场上争取有利于自己的经济利益而采用的种种手段和方法，包括目标与原则、阶段与步骤、重点与一般、战术与方法。有效的竞争策略是企业获得和维持竞争优势的先决条件。特别是对于那些长期的竞争对手，及时掌握其竞争策略情报，是争取主动取得竞争成功的基础。这也是竞争情报的难点，有赖于企业高素质的竞争情报人员的努力。

（4）企业自身测评：俗话说"知己知彼，百战不殆"。企业要取得竞争的优势还得认清自己的实力，进行自身测评，主要包括企业在市场中的地位、产品的市场占有率、产品质量、技术水平、营销策略、资金实力、人员素质等。企业要进行与对手各个项目的对比研究，从中发现各自的优势和不足，要善于运用竞争情报，结合自身情况，进行市场细分，寻找市场缝隙，确定目标市场，突出本企业产品特色与市场形象，以增强企业的竞争能力。

## 二、中医药竞争情报作用

在信息和知识经济时代，随着企业对产品的销售、生产和研发快速发展，竞争情报对企业核心竞争力起着不容忽视的作用。众所周知，竞争情报已经逐渐成为除人才、资金和技术以外的另一个重要的管理要素，在一定程度上是企业竞争力的重要构成元素。世界上许多著名的医药企业都设有竞争情报系统。竞争情报对我国中医药行业的发展具有重大意义，主要体现在新市场开发和新产品研发的导向作用，延长药品的生命周期，为中医药企业科学决策提供依据。

（一）我国中医药竞争情报的概况

20 世纪 50 年代，我国仿效原苏联模式逐步建立起从中央到地方省、市（县）的综合科技情报监测与服务网络及分行业的专业情报机构。中医药的情报研究开始于 1959 年，中国中医研究院（现中国中医科学院）在学术秘书处（现科研处）设立了情报资料室（现中医药信息研究所情报研究室），具体负责中医药信息的搜集、整理、交换等工作，各省市中医药院所的图书馆亦相继设立情报研究室，负责本省的中医药情报研究与服务，我国的中医药情报研究与监测网络基本形成。我国的中医药情报研究主要涉及中医药战略及政策、中医药情报学方法、国内中医药情报及国际传统医学发展研究等方面，并向政府部门、行业人员提供国内外传统医药情报咨询与科技检索查新服务。进入 21 世纪，依托强大的中医药信息数据平台及便捷的互联网，我国的中医药情报在政府决策、行业动态监控、产业发展趋势分析等领域的作用日益增强。自改革开放以来，特别是我国加入 WTO 后，以市场经济为主体的竞争格局日益显现，中医药面临激烈的行业竞争与国际竞争，新的竞争环境迫使中医药产业在人才培养、科学研究、产业化运作等方面在更高、更新的平台上展开人才的竞争、科研的竞争和产业的竞争。传统的科技情报监测服务模式已远不能适应中医药产业新的发展需要，中医药情报服务迫切需要引入新的情报学理论与方法，以适应竞争环境下中医药发展的需要。

（二）竞争情报应用于中医药发展的必要性

2000 多年前，古人就用简洁的话语阐释情报的基本原理，善于将情报技术运用在战事上，《孙子兵法》就阐述了情报的使用，"知己知彼，百战不殆"。20 世纪 80 年代，"竞争情报"这个概念首次在我国出现，并于 1994 年成立了我国第一个专门研究竞争情报的机构——中国科技情报学会竞争情报分会（简称 SCIC），该机构的成立是我国竞争情报研究逐渐正规的标志。在网络时代快速发展、经济全球化趋势更加明显的环境下，国家之间的合作更加密切，各国的资源和优势更加透明，国与国之间互相借鉴以共同发展是时代趋势。中医药是中华民族的瑰宝，中医药的发展道路成了很多中医药人士思索的问题。尤其是近年来，中医药行业处在全球化的市场竞争中，中医药未来发展之路，既面临着日本和韩国等一直深受中医药影响的国家的挑战，也要直面欧美等现代医学发达国家的竞争。在这种前所未有的严酷竞争环境下，能否及时获取、把握和分析国内外中医药、传统医药及相关领域的信息、情报将起到关键的作用。为此，构建中医药情报系统（CIS），实现中医药竞争外部环境的监测、内部环境的分析、CI 的共享，为中医药竞争发展战略的选择、制定提供依据和智能情报服务，是 21 世纪提高中医药国际竞争力、维持可持续发展的有效武器。如果我们能够通过合法途径获取潜在竞争对手的情报资料，掌握他们对中医研究程度和研究动态，预先洞悉即将发生的变化，不断完善相关政策和法规，这样才能使我国中医药事业立于不败之地。

（三）我国中医药竞争情报存在的主要问题

**1. 市场竞争机制不健全**　一些传统老字号中医药企业缺乏创新机制，竞争意识普遍不强，竞争秩序不合理，因而缺乏竞争情报的成长空间。

**2. 外部信息环境不完善**　当今，许多发达国家的政府对竞争情报工作都给予了高度重视，纷纷加大对竞争情报工作的投入和对竞争情报发展的宏观调控力度。而我国政府对医药科技情报研究的投入极为有限，致使我国医药信息机构总体服务水平低下，很大程度上制约了我国医药企业竞争情报的发展。

（1）中医药信息加工水平低下：我国医药信息市场存在着大量一般的、无用的信息，而对中医药企业发展具有决策价值的专业性强的信息却很少。一方面是由于我国中医药行政部门所公布的信息过于粗略，对企业决策而言其可利用的价值非常有限；另一方面是由于我国中医药信息分析的高层次人才数量不足，造成服务机构对信息加工分析的总体水平比较低下，仍停留在对公开发表的信息进行分类、汇编的层次上，而对信息进行创造性的、高智能的分析处理却较少，信息内容时效性较差。

（2）可用医药信息资源较少：①中医药数据库建设滞后。我国自建的中医药数据库非常有限，且内容多为中医药文献数据库，关于中医药企业、产品、市场情报的中医药商业情报数据非常少。这种情况限制了我国中医药企业对中医药竞争情报的获取。②网络中医药信息利用有限。虽然国内的大型中医药企业也均建立了自己的网站，但其应用仅局限于宣传企业形象、产品营销、售后咨询等，没有把网络应用于竞争情报工作，因此限制了我国中医药企业竞争情报的发展。

**3. 内部信息交流机制不通畅**

（1）决策层对竞争情报不够重视：长期以来我国不少中医药企业管理者对竞争情报缺乏正确的认识和应有的重视。有些管理者片面地认为情报工作就是文献资料管理工作，没有充分认识到情报具有辅助决策和提供危机预警的功能，因而对其不重视，造成在人力、物力和经费方面都投入不足，严重制约了我国中医药企业竞争情报的发展。

（2）情报人员专业水平较低：我国中医药企业情报人员整体专业水平较低，情报知识结构不合理，情报意识不足，从而影响了竞争情报工作的效果，制约了我国中医药企业竞争情报工作的发展。

## 三、中医药竞争情报系统

（一）竞争情报系统概念

竞争情报系统（competitive intelligence system，CIS）是基于信息采集、全文检索、文本挖掘等核心技术，对企业自身、竞争对手和企业外部环境的情报信息进行收集、存储、处理、分析的应用管理系统，为企业提供坚实的战略决策支持，从而提高企业的核心竞争力。企业竞争情报系统是以人的智能为主导,以信息网络为手段,以增强企业竞争力为目标的人机结合的企业竞争战略决策支持与咨询系统。

（二）构建中医药竞争情报系统的必要性

中医药行业作为我国大力发展的行业,市场发展空间巨大、增长迅速、技术含量高、利润高、风险高、竞争激烈。中医药要发挥独特优势,获取竞争优势,实现可持续快速发展。同时随着企业规模扩大,决策层需要考虑的方面也越来越多,决策所需的信息量相应增大,决策难度呈几何级增加。为此,中医药企业有必要建立一套高效的竞争情报系统,对大量信息进行处理分析,并向决策者提供决策依据,同时使企业的竞争情报工作能够适应办公、事务处理、设计生产过程自动化、信息化,从而推进我国中医药产业的发展。

（三）中医药竞争情报系统的组成

中医药情报研究机构承担着为我国各级医药卫生主管部门及我国中医药科研、教育机构、制药企业等提供行业情报服务的职责。为实现在不同层面上的中医药竞争效益,构建个性化的中医药竞争情报管理系统,参考和借鉴国内外CIS的成功案例,中医药CIS的构建与应用主要包括以下三方面的内容。

**1. 中医药竞争情报系统框架的构建** 中医药CIS的功能主要是实现中医药竞争外部环境的监测、内部环境的分析、竞争情报的共享,为中医药竞争发展战略的选择、制定提供依据和智能情报服务。因此,中医药CIS由3个子系统构成,即情报收集子系统、情报处理子系统和决策支持与情报服务子系统。情报收集子系统主要承担中医药发展的竞争环境、竞争对手和竞争策略信息的采集和获取。鉴于90%的竞争情报可通过公开的渠道,采用合乎职业伦理的方式获取,故收集子系统采用网络自动信息采集与手工信息采集相结合的方式,确保情报收集的即时、高效和准确。情报处理子系统主要是对搜集到的原始信息进行分类、加工、转换、存储、分析和共享,是整个CIS的核心。其中最重要的工作是对情报收集子系统所采集的大量、无关联的信息和数据进行评价、分析,并整理转化为有价值的竞争情报。决策支持与情报服务子系统主要是基于对中医药自身发展、竞争环境、竞争对手和竞争策略等竞争情报的综合分析,为相关政府部门的中医药发展战略决策制定和指导我国中医药科技发展方向、合理配置资源,指导资金分布及优先发展领域等提供依据;同时,也可以根据不同需求为医疗卫生机构、科研教育机构、企事业单位及广大的中医药从业人员提供公共情报、个性化情报、专题热点情报等服务。

**2. 中医药竞争情报团队建设** 竞争情报团队建设和合理的组织结构是确保CIS正常运转和实现较高产出的基本条件。CIS的实施对情报团队有苛刻的要求,团队人员必须熟悉信息学、中医药学、情报学等专业知识,具备良好的写作、沟通、交际和网络应用能力等。目前,我国中医药情报团队的组成与中医药CIS的需求还存在一定的差距。因此,构建中医药CIS首要任务便是人才的培养,制定人才长期或短期引进政策,组织参加人员培训,随时掌握新技术新方法,选派部分情报人员到国内外对口单位进修学习,举办新知识和新技术讲座、学术报告会、科技沙龙、专题研讨会和开展相关研究等均是竞争情报团队建设的有效方法。一个优秀的中医药竞争情报团队应具备的竞争情报能力包括对外部环境情报的感知能力、团队内部的情报共享意识、竞争情报的分析判断能力、特定领域的竞争力评价能力和持续的创新能力共五方面。

**3. "人机结合"的中医药竞争情报处理方法** 人是中医药CIS中最积极的因素。中医药CIS从开始到能够提供完全精准的、深度的情报信息服务,是一个逐步完善的过程。情报人员需要按照用户的需求,确定情报工作流程,不断根据情报处理规划配置能自动进行情报采集、分类、统计的软件系统,结合情报人员的专业分析,从而定期制作情报简报、情报报告等产品。在情报用户或情报决策者对情报信息进行评价和反馈后,情报人员再有针对性地进行人工筛选、加工处理、信息发布和提供情报再服务。构建中医药 CIS 的主体是人,而软件系统只是情报处理的辅助手段,因此情报分析人员与良好的情报系统软件的完备结合,是中医药 CIS 构建与运行的先决条件。

中医药产业是需求巨大、市场发展空间巨大、增长迅速、技术含量高、利润高、风险高、竞争激烈的产业,中医药产业界怎样面向全球需求、发挥独特优势、获取竞争优势、实现可持续快速发展,依靠竞争情报获取竞争优势是顺应全球医药行业发展趋势的必然选择,而构建行之有效的产业竞争情报系统,是我国无论是国家层次还是省市区域层次推进中医药产业发展的合适抓手。探索中医药产业竞争情报服务系统构建问题,既有学术意义也有现实意义。

## 第二节　中医药竞争情报获取

搜集竞争对手的相关情报,分为总体情报和具体情报。前者包括竞争者的数量、地区、市场分布、生产规模、可供产品总量及满足市场需求的程度等;后者包括生产经营计划、竞争战略、营销计划、资本实力、技术装备水平、目标与政策、产品与服务质量、产品定价、促销战略、成本数据、销售统计、研究开发、产品设计、生产工艺、专利与商标、企业规模、市场占有率、供给来源、市场客户、销售渠道、人力资源、组织结构、市场形象、扩展计划、新产品开发动向、内部管理制度等。

### 一、中医药竞争情报的获取方法

(一) 文献调查法

搜集公开出版物、灰色文献信息及保密文献信息,可获取竞争对手情报。其方法如下。

(1) 从公共图书馆、档案馆、情报信息中心等公共信息服务机构查询与借阅相关书籍、期刊、杂志、报纸、政府出版物、行业出版物、行业年鉴、研究报告等文献信息,摘取、复制有关竞争对手信息。

(2) 采购、索取本行业相关的正式出版物与非正式出版物,订阅与浏览相关的报刊、行业协会出版物可获取竞争对手信息。

(3) 到相关部门查阅对外公开档案、工商企业的注册资料、上市公司的业绩报表、竞争对手的产品介绍、企业招聘广告。

(4) 购买第三方机构生产的资信调查报告、行业研究报告、竞争情报研究报告等可获取竞争对手信息。

(5) 参加展览会、招聘会、研讨会等方式可获取有关竞争对手的宣传资料、产品介绍、广告资料等各类文献信息。

(6) 查询有关政府主管部门(如市场监管局)、金融证券市场统计资料、法定信息披露资料可获取竞争对手情报。

(7) 专利文献检索可获取竞争对手技术研发信息。

(二) 搜索引擎和网络数据库

互联网情报搜集是竞争对手信息获取的最为方便有效的途径之一。定期搜索、查阅国家市场监督管理总局、卫生健康委员会等政府部门发布的法律法规、标准规范,了解政策变动对行业的影响。利用中国知网、万方数据、PubMed等学术数据库检索最新的科研论文，关注技术进步、新药研发进展等。

（三）竞争对手公司网站跟踪监测法

竞争对手网站是竞争对手信息最重要的来源，可通过经常浏览竞争对手网站信息获取竞争对手情报信息，还可以运用各种网站信息跟踪与监测软件，自动对网站进行监测。

（四）实地调查与现场采集法

实地调查与现场采集是竞争情报最主要的搜集方法，很多情报信息通过公开的信息源无法获得，需要针对具体的情报需求进行专项调查。调查方法主要有观察法、现场调查、访问、发放调查表、样品搜集等。

**1. 观察法** 是从一旁观察竞争对手的方法，如观察竞争对手公司办公地点是在繁华地带还是郊区、观察办公楼大小与布局、观察竞争对手公司上下班的人流量、停车场的车辆数量和种类等来推测竞争对手公司的经济实力、规模、生产能力、员工收入状况等。

**2. 现场调查法** 实地参观、参加会议、参加展览会、学术研讨会、贸易洽谈会、博览会、经验交流会、竞争对手公司新闻发布会等，可深入现场获取第一手信息。例如，参观访问掌握先进技术、工艺的企业可搜集有价值的情报。

**3. 访问调查法** 面谈、电话交流等方式可获取信息，如与竞争对手的用户接触，询问与获取竞争对手产品信息以及该用户对产品的信誉评价，与竞争对手的供应商、经销商接触获取相关情报。这是一种重要的人际情报获取方法，一般而言，在进行访问调查前，需要做好访谈计划，制定访谈提纲，对提问的对象、时间、方式及各种可能的情况与应对措施进行设计，需要掌握大量的访谈技巧。

**4. 样品调查法** 搜集实物信息是获取竞争对手信息常用的方法，例如购买、租借、互换等方式可获取竞争对手产品实物，观察、测量、试验等方法可挖掘竞争对手的产品信息。

**5. 问卷调查法** 向竞争对手员工、行业领域的从业人员、专家学者、客户等发放调查问卷搜集情报信息，发放问卷的途径有当面发放问卷进行调查、函件邮件方式发放问卷、电子邮件发放调查问卷、进行网络问卷调查等。问卷调查法的关键在于问卷调查表的设计与调查对象的选定。问卷问题内容、提问方式都直接影响到信息搜集的效果。

（五）人际情报交流法

人际关系网络往往能得到公开渠道所无法获得的信息，例如通过亲戚、朋友、同学、老师、老乡等各种人际关系可及时了解竞争对手或潜在竞争对手的规划信息，及时了解潜在竞争对手的价格策略、销售策略和推广策略等。这种方法发挥巨大效力的关键在于人际关系网的构建与积累，广泛地与本行业相关的部门、机构、人员建立起良好的关系是获取大量高质人际情报的前提与基础。需要注意的是所有信息获取均需合法合规，不得违反《反不正当竞争法》等相关规定。

（六）专家咨询法

向业内的资深人士、商业教授、相关媒体撰稿人、专栏作家等人群咨询，他们往往对本行业的情况非常熟悉，可能有很高明的见解。并且他们的消息来源渠道广泛，更重要的是企业的竞争对手也非常愿意与他们接触，以期获得专家学者、媒体人士在话语权与宣传方面的支持。因此，这些资深人士能够深入全面地掌握行业竞争环境与竞争态势，并能准确分析企业当前和潜在的竞争对手,以及这些竞争对手对企业构成的竞争和挑战。因此,这是一种非常重要的情报信息获取方法。

(七)委托咨询法

委托市场调查公司、资信调查公司、信息咨询公司、剪报服务机构等专业的情报搜集与分析机构搜集与分析竞争对手情报,购买情报产品。当前从事市场调查、竞争情报研究与服务的咨询公司越来越多,有的提供媒体监测服务、媒体信息分析服务,有的提供市场调查、资信调查、用户调查、企业安全调查、竞争对手调查、产业调查与研究等各种服务。在适当的情况下,企业可以委托这些专业的情报调查与咨询机构进行竞争对手信息搜集与分析。

(八)反求工程

购买和研究竞争对手的产品或服务,可获取竞争对手的产品信息。这是一种非常有效的方法。只要不违反有关法律规定,就可以无偿地通过反求工程获得信息。现在反求工程方法已扩大到对竞争对手的服务的了解。利用反求工程要注意其合法性,要求产品是在公开市场自由购买的;厂家采用合同供货、合同租借或租购(hire-purchase)保护其商业秘密,则应履行合同规定。

(九)综合与特殊方法

参加各类展览会或研讨会获取竞争对手信息。各类展销会、订货会、新闻发布会、行业学术研讨会等是本行业各企业及相关行业汇聚的平台,是获取情报最重要的机会与场所。参加这些会议可以获取大量文献资料、实物信息、人际情报等,并可以综合利用人际交流法、观察法、调查法、拍照、摄像、录音等方法技术来搜集资料与获取情报。

其他特殊方法包括:作为竞争对手公司的客户购买竞争对手的产品进行信息获取与情报搜集;与竞争对手进行合作获取情报信息;获取竞争对手公司的废弃物获取情报;接触竞争对手的雇员、雇佣竞争对手的员工或前雇员获取情报;聘用竞争对手公司前雇员获取情报;空中侦察获取情报等。使用这些特殊的方法要注意的是:必须在法律与职业道德的约束框架下进行,避免和杜绝在竞争对手的办公场所、生产场地、员工宿舍等私有设施进行监听、偷窃,使用阴谋诡计敲诈勒索、收买竞争对手员工、偷拍偷录,制造假身份、跟踪竞争对手员工等各种违法途径与手段。

## 二、国内外中医药竞争情报获取

企业要做出正确的决策,没有大量的竞争情报的支持,很难做到正确决策,国内外中医药竞争情报的获取主要有以下途径。

(一)互联网

网络是现代社会获取信息最快捷的方式。①政府、行业协会、企业网站:可以提供较为全面的有关国家、地区、行业或商务方面最新、最全的信息,以及竞争对手的经营管理活动、人员变动、产品研发等情况;②搜索引擎:如用百度等从互联网获取与竞争对手有关的一切信息。

(二)公开资料

从公开资料中发现隐藏的信息是收集竞争情报的必备技能。①企业名录和企业年鉴:提供企业规模、产品、产量、销量、市场份额等信息,有助于初步确定竞争对手,了解其一般情况;

②报纸和杂志：行业报纸、专业期刊，集中了行业方面的企业动态、竞争态势、市场状况等信息，是了解行业竞争态势的重要窗口；③市场上的产品：市场上公开发行的产品配有相关的技术参数说明书，是了解产品、掌握市场情况的重要信息源；④上市公司年报：年度报告几乎囊括了所有可以作为商业秘密的企业财务、客户、人事等信息，不仅有数量指标，还有质量指标供分析时参考；⑤专利文献：既是技术文件又是法律文件，有助于监视竞争对手的专利申请活动，也为本企业的新产品开发提供重要信息源。

（三）第三方

竞争对手的合作方，如律师事务所、银行、会计师事务所、证券公司、市场调查机构、广告公司、咨询机构、经销商、供应商等与竞争对手有密切业务往来的机构可以称为第三方。企业通过电话咨询、问卷调查、信函或面访等方式，可以从第三方获取有关竞争者的信息。此外，还可以通过会议、展览、业务交流获取竞争对手的市场信息、技术信息和人才信息。

近年来，我国企业经营环境发生了重大改变，企业竞争日趋加剧，因而使竞争情报的兴起与发展越来越受到人们的关注。企业只有迅速捕捉环境变化的信息，充分了解竞争对手，全面把握竞争态势，准确预测市场变化，才能确定和调整竞争战略，保持竞争优势，立于不败之地。因此，企业管理者要从企业发展的战略高度出发，充分认识到竞争情报对企业核心竞争能力培育的关键作用，把竞争情报部门作为企业的核心支持部门，大力支持竞争情报系统的建立、发展和完善。

## 第三节 中医药竞争情报的分析

竞争情报分析是企业竞争情报工作的核心，是把信息转化为情报，使信息智能化和增值的关键。中医药竞争情报分析是医药企业管理的重要内容之一，是针对竞争环境、主要竞争对手、竞争策略和反竞争活动进行的定性或定量分析。

### 一、中医药竞争情报分析内容

中医药产业是需求巨大、市场发展空间巨大、增长迅速、技术含量高、利润高、风险高、竞争激烈的产业，中医药产业界面向全球需求、发挥独特优势、获取竞争优势、实现可持续快速发展，依靠竞争情报获取竞争优势是顺应全球医药行业发展趋势的必然选择。竞争情报分析研究内容的核心是针对竞争环境、竞争对手和企业自身的分析。

（一）竞争环境分析

现代医药市场日益全球化、多元化，其面对的影响因素变得越来越多，越来越复杂。医药企业要想在如此复杂与变动不定的环境中站稳脚跟，赢得主动，就必须全面准确地了解与本企业、本行业有关的环境信息，要对环境进行监视，并意识到对环境进行监视的重要性。但是大多数医药企业根据环境的变化做出的反应仅仅是防守或应对。医药企业要想主动出击，进一步获得竞争优势，就必须能够预测环境动向，以便未雨绸缪，为未来的变化早做准备，这就需要依靠正确而有效的竞争环境分析。如医药市场上个人收入、消费水平、物价高低等方面是否会影响公司的销售？医药市场人口环境的变化和发展趋势会为公司带来什么样的机会和威胁？有哪些法律和法规会对公司营销战略和营销策略的执行造成影响？市场后勤服务的成本、仓储设备及前景如何？

当前客户和潜在客户是谁？他们购买的理由、方式和习惯是怎样？等等。

### （二）竞争对手分析

竞争对手分析的主要目的就是分析竞争对手的意图，了解每个竞争对手的战略和目标，评估其优势与劣势及竞争反应模式，从而制定医药企业自身的竞争战略。竞争对手分析首先是识别医药企业现有的和潜在的竞争对手，再对确定的竞争对手进行信息搜集和分析，了解它们可能采取的战略行动的实质及成功的希望；预测各竞争对手对其他公司的战略行动倾向可能做出的反应及各竞争对手对可能发生的产业变迁和更广泛的环境变化会做出的反应等。我国一些大型医药企业已开始重视利用企业竞争对手的跟踪分析，寻找并及时把握医药市场竞争中的制胜点。

### （三）医药企业自身分析

医药企业自身分析主要是对企业整个生产经营活动过程中出现的问题进行分析，并且有目的地与已掌握的竞争对手的现状进行比较，找出企业运营的优势与劣势，从而对企业本身管理和运营提出新的战略方案，使企业始终处于问题及时监测、战略动态变化的状态中，积极应对来自企业内外部的各种环境变化。

## 二、中医药竞争情报分析方法

竞争情报分析方法是以情报研究方法为基础发展起来的，目前企业竞争信息分析中所采用的为数众多的方法往往是借鉴或者融合了许多基本的情报研究方法。常用的竞争情报分析方法包括PEST 分析法、SWOT 分析法、情景分析法、内容分析法、直观型分析法、间接型分析法等。

### （一）PEST 分析法

PEST 分析是指宏观环境分析，宏观环境又称一般环境，是指影响一切行业和企业发展的各种宏观因素。对宏观环境因素进行分析，不同行业和企业根据自身特点和经营需要，分析的具体内容会有差异，但一般都应对政治（political）、经济（economic）、技术（technological）和社会（social）四大类影响企业的主要外部环境因素进行分析。PEST 分析就是将影响企业或组织的外部环境分解为上述四个方面的力量，再根据企业或组织对外部环境的敏感程度对每个方面的影响因素进行分解和研究。

### （二）SWOT 分析法

竞争情报包括竞争环境、竞争对手和企业组织本身状态三方面的内容，只有对三者的相关情报进行充分了解，才能做到"知己知彼，百战不死"。SWOT 分析法又称态势分析法，就是诊断企业自身状态的一种自我诊断方法，通过这种方法能够较客观而准确地分析和研究一个企业的现实情况。SWOT 是一个缩略语，代表了企业战略决策的四大因素：优势（strength）、劣势（weakness）、机会（opportunity）与威胁（threat）。SWOT 分析法是在调查、分析、研究的基础上，综合考虑企业内部的优势、劣势，以及外部的机会、威胁四大因素，依照一定的次序将四者按矩阵形式排列，然后用系统分析的思想，把各种因素相互匹配起来加以分析，从而使决策者做出最佳的决策方案和规划方法。运用这种方法，可以对研究对象所处的情景进行全面、系统、准确的研究，从而根据研究结果制定相应的发展战略、计划与对策等。SWOT 分析法被广泛运用在战略管理、市场研究和竞争对手分析领域，特别是在策略、规划制定时，是最常用的方法之一。

### (三）情景分析法

情景分析法又称脚本法或前景描述法，是假定某种现象或某种趋势将持续到未来的前提下，对预测对象可能出现的情况或引起的后果做出预测的方法，通常用来对预测对象的未来发展做出设想或预计。"情景"就是对未来情形及能使事态由初始状态向未来状态发展的一系列事实的描述，是根据发展趋势的多样性，对企业或组织内外关键因素进行系统分析，设计、构想出多种可能的未来前景、图景，而情景分析法是对可能出现的未来图景的描述，通常还包括对导致未来图景出现的途径的描述。情景分析法能使决策者及时发现未来变化的某些趋势，避免过高或过低估计未来的变化及其影响，有利于决策者预先采取防范性措施减弱或消除其影响。

### （四）内容分析法

内容分析法是一种较高层次的情报分析方法，它通过对文献内容的科学分析，揭示文献中情报交流的特征，弄清或测验文献中本质性的事实和趋势，揭示文献所含有的隐性情报内容，对事物发展作情报预测。它实际上是一种定量与定性相结合的研究方法，其基本做法是把媒介上的文字、非量化的有交流价值的信息转化为定量的数据，建立有意义的类目分解交流内容，并以此来分析信息的某些特征。内容分析法适合于对一切可以记录与保存并且有价值的文献做定量研究，如今被广泛运用到新闻传播、图书情报、政治军事、社会学、心理学等社会科学领域中，取得了显著的成效。

### （五）直观型分析方法

直观型分析方法大体上可分为三大类，即个人判断法、集体判断法和调研判断法。个人判断法包括相关推断法、平衡分析法和比例分析法等。集体判断法包括意见交换法、意见测验法、意见汇总法（或称为集合意见法）、专家意见法、头脑风暴法等。调研判断法包括市场试验法、展销调查法、意向调查法、案例分析法、综合归纳法、横向比较法、环境扫描法、环境属性判断法、环境因素优序图法、环境风险与机会描绘法、列表分析法和数据比较法等。其中列表分析法又包括评比量表、等级量表、固定总数量表、语义等级量表、Q分类法、沙斯通量表、赖克梯量表和哥提曼量表等；数据比较法又包括各类数据汇总对比、同类数据分组对比、图示对比和描述对比等。

### （六）间接型分析方法

间接型分析方法大体可分为四大类：历史类比法、指标分类法、系统分析法和前景分析法。历史类比法包括地区类推法、产品类推法、行业类推法和局部总体类推法。指标分类法包括经济指标法和领先指标法，领先指标法又包括平均值法、概率法、综合指标法、指标分组法、指标体系法、五种指标曲线法、棱锥形方法和扩散指数法等。

此外，还有统计型分析法、数学型分析法、财务型分析法等上百种竞争情报分析方法。这些方法均各有特点、适用性和局限性，通常应根据分析研究内容的不同，选用某种或组合使用几种分析研究方法才能取得较好的效果。

## 第四节 中医药竞争情报的应用

企业战略管理过程包括战略决策、战略实施、战略控制。竞争情报与企业战略决策之间有着密切联系。当企业熟悉战略管理的基本概念,就能体察到竞争情报应用于企业战略决策的重要意义。一般说来,战略决策是战略管理过程的基础,而竞争情报对于企业的价值,主要体现在其对于战略决策的强大支持作用上。所谓"知己知彼,百战不殆",充分说明准确的情报信息是企业做出科学合理战略决策的重要条件。当今社会,竞争环境变化越来越快,竞争对手的竞争手段也越来越高明,信息时代赋予了竞争情报在战略决策中的特殊意义。

## 一、中医药竞争情报与决策

### (一)竞争情报在战略决策中的作用

战略决策过程中,在初步有了医药企业当前的宗旨、目标和战略后,最重要的任务便是利用竞争情报分析医药企业已有资源与外部环境,发现机会和威胁,识别优势和劣势。

**1. 分析企业已有的资源** 所谓"知己知彼,百战不殆","知己"的作用是绝不可忽视的,充分了解企业自身是做好企业战略决策的重要前提。因此,务必清楚了解本企业自身的实物资源、人力资源、财务资源、无形资产等方面的状况。实际上,这些都属于企业内部环境的范畴。

**2. 分析企业生存的外部环境** 俗话说,"适者生存",企业也必须和普通生物一样快速适应环境的变化和新的要求,需要根据外部环境的变化做出战略修正和调整,以保证在激烈竞争中的生存和发展。同时,由于环境的变化是一个永不间断的连续过程,这就要求企业不断地对环境进行监测,利用竞争情报识别出环境变化,发现最关键的机会和最可能的威胁,适时而动。

**3. 发现机会和威胁** 外部环境的变化复杂而瞬息万变,对于不同的企业而言,内涵都是不一样的。同样的事件,对有的企业来说是机遇,对有的企业却是威胁。但只要你根据企业战略的需要,剔除与本企业不相关的信息,有针对性地找出相关信息进行处理使之成为情报,便将环境变化的内涵充分发掘出来,明确识别出其对于本企业来说是机会还是威胁,使得战略思维更为清晰。

**4. 识别优势和劣势** 了解自身实力,就能认清企业的优势与劣势。这有助于识别本企业与众不同的能力,从而可以将有限的资源投入到最擅长的经营领域中,扬长避短,在竞争中更好地生存与发展。这些能力并不是单方面的,企业往往是通过多方面能力的综合才形成自身的相对优势。竞争中企业这种具有相对优势的能力被称为核心竞争力。

### (二)竞争情报在战略实施中的影响

当企业做出了合适的战略决策后,战略管理活动的重点就转移到战略实施阶段,正确的战略决策如果不能很好地贯彻执行,无异于纸上谈兵。相比战略决策,战略实施的主要参与者不仅限于企业高层管理者,它所涉及的人员范围更广,工作、资金与时间的安排也更复杂。一个合适的战略决策,若不能很好地实施,会导致战略的失败;而一个很好的实施方案不仅能保证好的战略决策的成功,还可能挽救一个不太适宜的战略。

怎样实施战略才更可能成功?罗伯特·H. 小沃特曼提出了麦肯锡 7S 模型(Mckinsey 7S model),认为它主要包含了以下 7 个因素:战略(strategy)、结构(structure)、体制(system)、风格(style)、技术(skill)、人员(staff)、共同的价值观(share value)。也就是说,企业仅具有明确的战略和深思熟虑的行动计划是远远不够的,因为企业还可能会在战略执行过程中失误。因此,战略只是其中的一个要素。

### (三)竞争情报在战略实施中的作用

战略实施过程有 3 个基本要素:确定评价标准、评价工作成绩、反馈。

**1. 确定评价标准**　不同企业由于战略的不同，评价标准也有差异。但对于大多数企业来说，通常要考虑：股息支付，每股平均收益，雇员的跳槽、旷工、迟到和不满，销售增长率，市场占有率，净利润额或增长率，销售利润率，投资收益率，股票价格等。

**2. 评价工作成绩**　这是发现战略实施过程中是否存在问题和存在什么问题，以及为什么存这些问题的重要阶段。它包括与自己的评价标准和竞争对手成绩的两方面的比较。对于竞争对手及同行业平均的绩效水平，可以从统计年鉴或行业协会所发表的季度或年度报告中获取。

**3. 反馈**　对通过评价工作成绩所发现的问题，必须针对其产生原因采取纠正措施，这便是最后必要的反馈工作。

可见，战略实施过程的结果影响战略管理过程的其他阶段。例如，如果某一战略经营单位或事业部的利润低于预期水平，则需要重新检查该单位的战略目标及战略；如果工作成绩欠佳是由于主管人员的不称职或玩忽职守，则必须撤换这些主管人员等。

## 二、中医药竞争情报的利用

中医药竞争情报主要应用在中医诊疗技术、药品研发、中医科学研究和申报课题中。随着中国市场经济的完善，越来越多的医药企业、科研单位、医院开始独立搜集国际同行的各种针对性情报（主要包括市场信息数据、专利、前瞻性专题调研等），国际许多著名医药企业对此极为重视，在企业内部设有专门的中医药信息服务机构，并因中医药竞争情报的开发和利用而带来了丰厚的效益。

（一）案例分析

某药业集团有一种外用药的原料药，20世纪60年代之前这种药在我国一直都是进口，对我国当时的制药企业来说，这种药的生产可谓新兴行业。当时该药业集团综合各方面的信息选择进入这个行业。

到了20世纪80年代，随着改革开放，政策环境发生重大变化，各国大型药业公司纷纷进入我国市场。该药业集团又引进了生产线和一些制药的工艺，但这方面的信息情报被对手得知，由于市场竞争，最后被迫停产。之后，该药业集团通过做信息调查，寻找对策，终于在大西北发现一种野生植物，用这种植物作为原料开发出新的中药，而这种药的成本比跨国公司的药成本低，但纯度比国外公司的药纯度要高，这种药在投放到市场上之后，跨国公司承受不了，纷纷从市场撤退。到1998年，该药业集团又开发了新的生产工艺，成本再次降低，最后，国外公司全部退出中国市场。该药业集团在这种药的生产上重新垄断了国内市场，同时占领了国际市场，占领了50%的东南亚市场。

这个事例凸显了无论在医药开发、生产，还是仓储、销售各个环节都应当时刻关注竞争情报的应用。

（二）产品开发计划分析

利用竞争情报进行产品开发计划分析，主要是为了保证新产品开发计划的顺利实施，对开发项目实现的可能性和预期的效果进行分析和评价。

**1. 评价开发项目**　可利用加法评分法进行，应通过竞争情报考虑以下几个因素。①目标市场是否明确：包括了解销售对象及其特点和对产品的要求、市场需求量和产品的生命周期等情况，如了解药物主治疾病的发病情况，发病率高，市场容量就大。目前，糖尿病、心脑血管病、老年痴呆症、老年骨质疏松、病毒性疾病和恶性肿瘤等都是发病率很高的疾病，这类药物市场前景较好。②产品有无竞争能力：包括产品的特点、有无独创性、是否难以模仿、有无竞争力和未来的竞争状态如何等情况。如与上市的同类产品比较，在疗效、毒副作用、剂型、包装和市场价格等方面是否更具优势。③开发是否可能成功：主要从开发药物本身的特性和企业所具备的专业人员、专业技术和仪器设备、投入经费等方面进行分析，如药物组方中是否有毒性药材、是否有国家的保护品种、是否涉及野生资源；企业是否具有药学工艺研究、质量标准及稳定性研究；药理毒理学研究和临床研究的条件，最重要的是企业是否有雄厚的资本。④生产和销售有无问题：企业是否具有大规模生产所需的技术和设备，是否有通过GMP认证的该类药品生产线；营销网络是否健全，渠道是否通畅。⑤其他因素：国家行政政策因素、知识产权因素等。

以产品竞争性分析为例，分析企业产品在质量、外观、包装、商标、价格等方面是否优于与之竞争的相似产品。分析步骤如下。①选择并确定产品的评分项目。②规定各个项目的评分标准，并绘制评比表格。③尽可能吸收企业各部门的有关人员和中间商代表参加评比，确保评定更加客观。④同时将企业产品与竞争产品的评分填入表格并计算总分，再根据得分情况研究改进措施。

**2. 实施计划**　就是要以新产品开发计划为依据，利用竞争情报调查分析有关的组织机构和人员是否落实，进度安排是否合理，各部门能否顺利完成任务，继而研究具体的改进方案。这种及时的动态调整对于产品开发计划后续的执行效果来说是非常重要的。

一个好的开发计划需要一个好的开发团队的有力支持，当新产品开发在一个公司的重要性显得尤为突出的时候，可以考虑将企业的竞争情报中心设在研发部门或是由企业高层领导挂帅成立竞争情报委员会，及时了解产品开发工作对其他部门的配合要求，在人员配备、经费和政策上给予大力支持。在实施过程中，除了对外部相关因素进行关注外，更需要对企业内部的各种信息进行充分了解，分析出积极因素和消极因素，尽量避免非技术因素造成的效率损失。

### （三）产品开发过程分析

对新产品的开发过程进行竞争情报分析，有助于发现新产品开发管理中的问题所在，为今后更为科学地管理新产品开发提供依据。主要包括以下两方面。

**1. 新产品开发程序**　即调查新产品开发的步骤和内容，分析开发程序是否合理，各阶段的工作内容是否完善，研究出符合本企业特点的新产品开发程序。一个好的新产品开发计划是否能取得好的效果，与开发过程的控制密切相关。若是通过竞争情报分析方法发现了开发程序存在低效率或是开发团队内部的不协调一致等情况，便需及时结合实际情况进行调整，抓住主要因素，充分考虑到相关因素的影响，以保证开发项目在正常的轨道上继续进行下去。

**2. 新产品开发进度**　在明确了新产品的开发程序后，便应该着重就以下三方面内容进行分析。第一，有无完善的开发日程安排，各开发阶段的时间分配是否合理；第二，能否有效地按计划控制新产品开发的进度；第三，造成计划延期的原因和对新产品的不良影响。

新产品开发往往不是一帆风顺的，可能遭遇计划延期等意外情况。由于影响开发项目的因素很多，有一些是属于内部可控的，还有一些是外部不可控的，所以出现外部环境变化等情况时便很可能造成计划延期。

利用情报分析方法搞清楚计划延期原因非常重要，有时候是由于市场产品潮流的变化，有时候是因为内部可用资源的短缺，只有真正搞清楚其中的关键性影响因素，才能保持清醒的头脑，尽可能把握住新产品开发的大方向，才能对不良影响有准确的估计，切合实际的采取有效的应对措施。

### （四）产品开发效果分析

对企业在新产品开发方面的成功经验和失败教训的总结也是竞争情报关注的重点，它能为今后改进新产品的开发工作提供借鉴。这方面的分析包括新产品开发成功率及老产品改进、新产品投资效果和技术储备情况等。

（五）产品生产过程分析

**1. 做好试生产过程中的监测工作**　试生产对新产品开发同样是必要的。在大规模商业化生产之前，企业应充分发挥竞争情报的作用，不但利用专业人员对工艺设计进行检验，还要充分了解其他相关工作人员通过正式渠道及非正式渠道对实际效果进行的反馈，以便及早发现并解决新问题，从而保证工艺过程的较高质量。

**2. 选取适当的时机**　在大多数情况下，企业进行工艺创新越早越好，如在以化学为基础的医药产业中，在早期实验室阶段就对工艺过程进行深入的研究，会加快工艺创新的进程。在这类产业中，工艺技术的基础已经是一门非常成熟的科学，实验室里的研究成果比较适用于实际生产工艺过程。

然而，在某些新兴产业却并非如此。如在生物技术领域，由于这门技术太新，实验室里的成果并不能代表将来制造过程的情况，因此在实验室阶段就进行工艺研究往往达不到缩短创新时间的目的。

所以，加快工艺创新的方式因学科和产业的不同而不同，企业应通过竞争情报研究清楚与工艺技术有关的一些限制因素，才能进行比较科学的决策，选准合适的时机。

（六）产品营销过程分析

随着改革开放的深入发展，我国市场经济取得了长足的进步，早已告别过去大部分商品供不应求的"卖方市场"时代，进入商品市场竞争激烈的"买方市场"时代。这促使广大企业在重视提高产品质量的同时，也日益重视运用"市场营销"这门管理科学的理论与方法，尊重市场规律，在市场竞争中发展与壮大。下面分别对宏观环境、竞争对手、供应商、营销中介、最终用户市场进行分析。

**1. 市场宏观环境变化分析**　在市场营销中，除了关注宏观环境的现状外，更应关注它的变化带来的影响。因为这些变动往往蕴含着新的商机，或是带来威胁。宏观环境的变化一般有两种：稳定的变化和突变。

稳定的环境变化，可以通过趋势外推法，历史趋势的直观图示可看出市场的演变与发展趋势，把握其发展方向。这些是建立在竞争情报可获取大量准确统计数据的基础上。突变带来的影响，则体现出竞争情报的快速反应优点。

**2. 市场竞争对手分析**　参照市场营销领域的著名专家菲利普·科特勒的观点，公司需要了解以下5个问题：谁是竞争者？竞争者的市场战略是什么？竞争者的市场目标是什么？竞争者的优势与劣势是什么？竞争者的反应模式是什么？通过竞争情报，有助于理清上述5个问题。

**3. 供应商分析**　在一个企业能从实施供应链战略合作关系获益之前，必须首先认识到这是一个复杂的过程，供应链合作关系的建立不仅是企业结构上的变化，而且在观念上也必须有相应的改变。所以，必须一丝不苟地选择供应商，以确保真正实现供应链合作关系的利益。

**4. 营销中介分析**　利用中间商的目的在于他们能够更有效推动商品广泛地进入目标市场。一个优秀的营销中介机构凭借自己的各种联系、经验、专业知识及活动规模，将比生产企业自己干得更加出色。然而，对营销中介的资质、资信度、行为效果等也是需要经过信息调查与分析的，否则不但可能引发多方矛盾，甚至可能对本公司的品牌、口碑产生不利影响。

**5. 最终用户市场分析**　由于最终用户是商品的真正使用者，也是公司整个营销工作成败最直接的判决者，因此最终用户市场的意义显得尤为重要。对销售情况、用户满意度调查、客户关系管理等方面，都已经有比较成熟的运行方式，统计数据信息对市场营销的决策参考价值是显而易见的。

## 三、反竞争情报分析简介

医药企业在搜集获取竞争情报的同时也作为竞争情报对象的主体而出现。保护好企业自身的竞争情报不被他人获取，是企业的一种防范策略。做好企业自身竞争情报的保护工作，是企业自身发展的需要，是保护企业竞争优势的有效措施，是做好战略决策的前提与关键。

### （一）反竞争情报的基本概念

反竞争情报（defensive intelligence）活动是专门针对现实的或潜在的竞争对手对本企业进行的竞争情报活动而展开的一种通过对本企业自身商业活动的监测与分析来对本企业的核心信息加以保护的活动。反竞争情报活动的实质就是企业通过正当的、合法的手段积极抵御竞争对手对本企业核心信息的情报搜集的活动。因此，反竞争情报活动不仅包括研究企业自身的防御方式与途径，还要充分分析竞争对手对本企业的竞争情报活动，以保护本企业各类核心秘密信息。

企业要生存，就要参与竞争，它的各项活动基本都无法保密。因而，可以把企业看成两个开放的系统：一是内部开放，企业的发展必须要保持有新人员、新理念和新思维的不断加入，为让新鲜的血液更好地融入企业，企业内部信息又必须保持自由流动；二是外部开放，企业的社会属性决定了企业的某些信息和资料必须公开化和透明化，不能弄虚作假，不能瞒天过海。当前，在经济全球化和社会信息化的趋势下，一些合法的和违法的信息泄露行为日渐增多，多少会给企业带来一定的损失。所以说，反竞争情报的目的就是要在合法的前提下采取一系列措施对本企业的核心信息加强保护。

很多企业虽然建立了竞争情报系统，能够应用多种情报分析方法与信息技能对角逐市场和竞争对手进行分析与评估，却缺乏对自身的充分认识和恰当的保护，因而忽略了竞争对手对自己的数据搜集、对抗及其情报防范，以至付出了惨重的代价。

### （二）反竞争情报的意义与作用

从某种程度上讲，反竞争情报关系着企业的生死命脉。在步入现代市场经济的过程中，由于利益多元化格局的形成和利益驱动机制的强化，侵犯企业商业秘密的事件迅速增加。很多企业不惜以巨额代价来获取竞争对手的机密情报，以便将对手打击得一败涂地。因此，在当前激烈的竞争环境中，如何有效地防范竞争对手的袭击，保护自身的商业秘密，可谓是企业的"头等大事"。商业秘密与重要情报的获取固然重要，然而对本企业、本公司商业信息的保护与对竞争对手的严格防范却更加重要。如果放松了这个环节，无异于将自己的研究成果拱手相送。在今天这样一个激烈竞争的环境中，这种缺乏防范与自我保护意识的竞争参与者迟早会被淘汰出竞技场。尤其面对加入世界贸易组织后的严峻挑战，如何在外资纷纷进入国门的时候，有效地"守卫"本企业的大门，防止关键信息的流出，这是所有企业家必须面对和解决的一个重大课题。

对于一个企业来讲，任何一项技术创新和经营活动都要付出巨大的多方面的投入，包括人力、物力、财力及时间，以此获得的经营秘密和技术秘密都意味着对本企业的重大意义，因而可以看出，如果这些劳动成果一旦被窃丢失，其付出的代价是巨大而惨重的。这种巨大的代价经常带给企业非常重大的影响与打击，有的甚至使整个企业销声匿迹。即使有能力恢复，这种关键的核心竞争力的丧失也会使企业"元气"大伤，一时间很难完全恢复。因此，重要商业情报的丢失对企业来说有着生死攸关的决定意义。

另外，一套完整的竞争情报体系应该是竞争情报与反竞争情报的整合，整合后的企业竞争情报系统既能感知外部环境的变化和竞争对手的动态，也能觉察到企业自身可能存在的缺点和问题，帮助企业及时洞悉政治的、经济的、社会的、市场的、竞争对手的、企业自身的变化，以及这些变化对企业可能构成的威胁和机遇。美国经济学家普拉哈拉德（C.K.Prahalad）和哈默尔（G.Hamel）于 1990 年提出的核心竞争力理论认为，短期而言，公司产品的质量和性能决定了公司的竞争力，但长期而言，起决定作用的是造就和增强公司的核心竞争力。整合的情报系统提高了企业对有效信息的甄别和利用能力，同时能有效地防止企业核心信息的泄露，是企业提升核心竞争力的有力保障。因此，竞争情报系统的完善对于企业的整体发展来说，也是非常重要的。

企业反竞争情报活动能力强弱体现在以下几方面。

（1）企业是否在管理、技术、竞争和市场等每一个企业运行环节上有一套高效的、科学的、现代化的管理办法和操作流程，以全方位保护企业商业秘密和新技术、新发明等各种信息和资料。

（2）企业是否运用信息安全手段了解竞争对手的活动，如用互联网监控技术分析访问者的 IP 地址、访问途径、统计对方访问本企业网站和敏感信息的频率等。同时，企业是否对内部网络建立有效的"防火墙"，防止不明身份者的入侵。另外，企业是否有一套发布误导信息的系统，不时向对手发出虚假的信息，促使对方做出错误的判断和决定。

（3）企业是否有自己的法律顾问团队，是否善于利用法律手段进行反竞争情报活动，当竞争对手侵犯企业权利或以不正当手段获取企业商业秘密，企业能在第一时间内依照有关法律追究对方责任。

综上所述，一个完整的竞争情报体系不但不能缺少反竞争情报部分，而且反竞争情报的运作在整个竞争情报体系中有着举足轻重的地位与重要意义。企业应该居安思危，在各个层面上运用各种方法、措施加强反竞争情报工作，使其内部的关键情报和商业秘密得以很好的运用与保护。

（三）反竞争情报的特性

竞争情报以"攻击"为主，采取各种手段，通过各种途径，在合法的范围内，最大限度地挖掘与获取有关竞争对手的、自身所需的重要信息；而反竞争情报则是以"防御"为主，主动地对本企业的信息传播途径加以严格分级与控制，最大限度地防止竞争对手窃取或获得本企业内部的机密信息。反竞争情报具有如下特性。

**1. 灵活性** 反竞争情报除了具有同企业竞争情报相似的一些特性之外，最显著的特点就是灵活性。反竞争情报活动可以与竞争情报活动结合起来，即在调查竞争对手的过程中要想方设法地摸索对方获取情报的模式，同时又在反竞争情报工作中千方百计地保护好本企业的核心信息。这就要求反竞争情报必须具有高度的灵活性，以便使情报防御活动在企业中顺利地开展并得到广泛的认同。由于反竞争情报的方法灵活多样，而且经常是一种多种防御手段兼备实施的过程，因此，对运用种类的选择及程度的把握是不可绝对化的，要因事、因人而异，以确保反竞争情报活动的作用发挥到最大限度。

**2. 流动性** 反竞争情报作为竞争情报系统的重要组成部分，是在企业内部和外部信息正常流动和传递过程中完成的，必须要保证信息在组织内部的良好流动与传递。保密意识的普及，商业秘密的传输，信息的循环及各类反竞争情报活动在组织内部进行的畅通无阻，都是在信息流动中进行的，能否保证信息的正常流动和利用决定着反竞争情报工作的成败。因此，流动性是确保反竞争情报活动在组织内部正常开展的关键。

**3. 连续性** 反竞争情报工作流程是一个连续的系统运作。根据它的运行模型可以得知，它由若干个步骤组成并且由多个部门及多方人员的紧密配合才能顺利进行和完成。这是一个必须要连续运行的过程，这个过程主要包括竞争对手评估，自身弱点评估，制定对策，监测控制，发布过程，然后再进入最初的需求信息定义。这个过程必须是连续不断循环运转，只有这样才能保证整个反竞争情报过程的有效运行。

**4. 针对性**　由于反竞争情报是模仿竞争对手监测和分析企业自身商业活动的过程，由此便可在了解到竞争对手的监测手段和分析方法的情况下，有针对性地监测和分析本企业的商业活动，从而可看到在竞争对手眼中呈现出的本企业的运行和发展状况。反竞争情报尤其要严密监测竞争对手的活动，对对手的相关情况做出有效的评估，这样才能够量体裁衣，制定本企业的信息防御策略。因此，针对性是反竞争情报的一个非常显著的特点。

以上是反竞争情报通常具有的性质。不难发现，竞争情报往往具有的特性，反竞争情报也具备。只是从相对应或相反的角度去理解与挖掘，两者常常是彼此呼应不可分割的。而且，竞争情报的顺利开展经常是建立在反竞争情报有效进行的基础之上的，这样才能在保持企业"元气"的基础上顺利参与市场竞争，为企业获取更多的竞争优势。

### （四）反竞争情报流程

反竞争情报过程和竞争情报过程一样，也是一个有组织、具有一定连贯性的过程。菲尼克斯（Phoenix）提出的反竞争情报模型主要用于组织和公司的反竞争情报系统中，以保护其敏感商业情报不被他人用合法或非法的手段获取菲尼克斯商业情报保护模型是一个循环的反竞争情报模型。它的运作流程如下。

（1）任务的提出是整个流程的开始，只有任务确定，组织的竞争情报和反竞争情报人员才能够根据任务来定义竞争情报的需求。

（2）在定义需求阶段，需要明确组织的哪些敏感情报或商业秘密需要得到保护，如何对竞争对手的竞争情报进行监测等。只有在提出明确的定义需求后，组织才能有的放矢地开展反竞争情报活动。

（3）竞争评估包括对组织自身和竞争对手的评估。

（4）脆弱性评估，这个步骤主要是指对组织自身脆弱性的评估，因为只有对自身的弱点有了客观的评测和了解，才能够主动采取积极的反竞争情报策略。

（5）根据任务要求，只有通过对自己和竞争对手的竞争和反竞争情报活动分析并对组织自身弱点进行评估，才可以开发切合实际的反竞争情报对策。

（6）完成评估后，可以根据开发的反竞争情报对策来具体地实施反竞争情报活动。现在国外组织中采取较多的方法是在组织中建立反竞争情报系统，积极地对组织自身的反竞争情报活动和竞争对手的竞争情报活动进行评估、监测等，并对竞争对手的情报活动及早地进行预警。

（7）对这一轮的反竞争情报活动的结果进行分析。通过分析可以了解这一轮的反竞争情报取得了哪些成果，还存在哪些不足，哪些环节还需要得到提高等。

（王柳萍　吴园园）

# 第七章 中医药文献信息的综合利用

## 第一节 中医药文献资料积累

### 一、中医药文献的积累原则

积累是创造的基石。任何一种认识和知识，都是前辈学者和众多研究者辛勤耕耘、探索实践的结果。正如牛顿所说的那样："我之所以能看得远，是因为我站在巨人的肩膀上。"这说明我们在前人的基础上继承、创新、学习和思考，才能更深刻地认识世界，形成更准确的认知和知识体系。每一个学科的发展，都是几代甚至几十代人不懈努力的成果，方有如今的水平、体系和高度。针对每一个具体的学术问题，在浩瀚的文献海洋中获取数量可控、内容相关和质量上乘的知识信息，应遵循以下原则。

（一）目的性原则

随着现代科技的发展，知识学科门类日趋细化，各类学科文献信息浩如烟海，掌握全部文献信息成为一个全才已是不可能完成的任务。由于每个人所从事的专业和研究方向的不同，对文献的需求也各不相同。贯彻目的性原则有利于提高文献积累的针对性，从而避免或减少文献积累的盲目性。因此，应围绕自己的专业或爱好，有目的、有方向、有重点和有层次地积累文献信息。确定研究主题或方向后，应将体现学科前沿、研究动态及发展趋向等方面的文献作为文献积累的重点，同时注意兼顾边缘学科的文献信息。

（二）全面性原则

在当今技术飞速发展、信息不断涌现的时代背景下，文献的载体类型和信息种类已经十分丰富，知识更新非常迅速。因此，文献积累的全面性原则应考虑以下几个方面：从文献的载体类型上讲，不能仅仅满足于传统的纸质文献，更应包含电子文献与互联网信息；从文献的时效性上看，必须要做到时间上的接续，保证相关专题报道的连续性、完整性和新颖性；从文献的类型上说，固然不能缺失图书、期刊，更应兼顾学位论文、会议论文、专利等特种文献，还要留意与研究主题相关的非公开出版的政府文献（报告）；不公开发行的会议文献、科技报告、技术档案；不对外发行的企业文件、企业产品资料、贸易文件和工作文件；未刊登稿件以及内部刊物、交换资料、赠阅资料等。

（三）准确性原则

文献积累的准确性原则要求所收集到的文献真实可靠、内容符合自己的研究方向和研究思路。在文献的收集过程中，需要具备强烈的信息意识和责任感，对相关资料进行评价分析，不断总结和积累经验，以提高对虚假信息的鉴别能力和判断能力。一般来说，文献报道来自大型科研院校、知名专家或高水平科研项目资助的科研成果，其可信度较高，是文献积累的重点对象。

（四）时效性原则

知识更新速度加快，导致随着时间的推移，其使用价值逐渐降低，超过有效期后，文献信息的价值会大打折扣。这种时效性与信息处理能力、信息渠道畅通与否及信息获取手段的先进程度密切相关。为了收集时效性强的文献信息，需要保持高度的责任感和紧迫感，时刻保持敏锐的信息意识，洞悉研究领域的发展动态，利用现代化的计算机技术和多元化的信息来源，搜集、整理最新的文献信息。

## 二、中医药文献的积累步骤

（一）药学文献资料的搜集方法

药学工作者所搜集的文献资料一般为间接资料，即同行发表的相关文献资料。间接资料的搜集，主要有检索法、查阅法、追溯法、咨询或委托搜集法及网络信息收集法。

**1. 检索法**　　药学文献的检索可分为手工检索和计算机检索两种。手工检索主要依赖于医药科技情报部门所收集和建立的资料目录、索引、文摘、参考指南和文献性综述进行检索。当前我国出版的 3 种主要纸质中文药学文献检索工具为《中文科技资料目录·医药卫生》《中文科技资料目录·中草药》及《中国药学文摘》，与药学专业有关的世界闻名的四大文献为《化学文摘》（*Chemical Abstracts*，CA）、《生物学文摘》（*Biological Abstracts*，BA）、《医学索引》（*Index Medicus*，IM）和《医学文摘》（*Excerpta Medica*，EM）。而计算机检索则是现代计算机技术与传统文献检索相结合的产物，其主要特点是检索速度快、范围广和信息量大，是现在收集药学文献资料的主要手段，如三大中文期刊论文全文数据库中国学术期刊全文数据库（CNKI）、万方数字化期刊（万方数据）、中文科技期刊数据库（重庆维普），国外的 CUP 剑桥电子期刊、SpringerLink 数据库、ScienceDirect 数据库、Wiley Online Library 数据库、ACS Publications 数据库等，以及题录型数据库中国生物医学文献服务系统（SinoMed）和 PubMed 等，均是计算机检索药学文献资料的首选。

**2. 查阅法**　　通过查阅国内外发表的药学相关文献报道获取信息，其检索对象为各种公共出版物和内部资料，如专利说明书、技术标准、期刊、报纸、手册和年鉴等。

**3. 追溯法**　　充分利用文献资料后方所附的参考文献，可由此及彼、由远及近、追本溯源地查找一种知识信息发生、发展的文献脉络，是文献积累查漏补缺的有效方法，更是发现研究主题相关边缘学科文献的重要手段。

**4. 咨询或委托搜集法**　　即咨询情报信息机构专门从事文献检索的专业人员进行指导，制定并反复修改检索策略进行查找，或者直接委托情报部门、有关单位或数据库技术人员帮助收集文献资料。

**5. 网络信息收集法**　　互联网上丰富的药学资源、电子读物、论坛帖子、开源期刊，一直以来都是药学文献积累的重要来源，慕课（MOOC）在线课程及虚拟图书馆则是近年来网络信息收集工具的后起之秀。随着互联网进入 WEB3.0 时代，这种开放式的平台、聚合化的信息、共建共享的用户体验，使对某个或者某些问题感兴趣的群体得以聚集，不受时间和地域的限制，分享各种观点和信息，成为专业领域知识信息交流的重要阵地，是一些难以公开发表的文献的主要来源。

（二）药学文献资料积累的步骤

**1. 筛选** 即根据研究目的选择有用的文献类型与篇目。首先，根据获得文献的外在形式或内容，选择适合于研究使用的一种或几种文献类型。然后，分门别类地将各种所获文献纳入相应的类目之中，制作文献的目录。目录一般有分类目录、书（题）名目录、作者目录和主题目录四种。最后，可根据文献围绕研究主题的实际价值分为高、中、低和无价值四种。

**2. 标记** 精读与研究主题高度契合、准备使用的文献，并标记重要内容。常用的标记方法如下。

着重号（......）：表示关键性的内容。
直　线（＿＿）：表示比较重要的内容。
曲　线（～～）：表示特别重要的内容。
夹　线（＝＝）：表示定义或经典论述。
惊叹号（！）：表示对某些内容欣赏。
问　号（？）：表示对某些内容疑问。
三角号（△）：表示文献中并列的观点。
双圈号（。。）：表示文献中重要内容的结束。

**3. 摘录** 即从文献中抄录或精炼浓缩有关内容。其主要形式有两种，一种是指示性文摘，即对题目、作者、出处、主题等进行概括无须具体的数据或内容，字数以几十字为宜；另一种是报道性文摘，即对文献的主要内容、观点、数据进行叙述，字数一般为几百字。

**4. 鉴别** 即对文献的真实性、可靠性进行判断，去伪存真，或对同样内容和观点的文献进行比较，去粗存精。

**5. 登录** 对最后保留下的文献进行分类和登记，建立纸质卡片分别保存，或依托文献管理软件加以标记和存储，最终形成符合实际需要的、简单实用的文献资料库。

## 第二节　中医药个人文献管理

个人文献管理（personal document management，PDM）即对隶属个人的各式文件（包括电子文献）进行管理。从广义上讲，个人存储的一切文献资料、网页、通讯录、账号密码、ID信息、日程安排、财务信息等均隶属个人文献管理的对象。从狭义上讲，个人文献管理指个人因学习、科研目的针对某个或多个主题所收集的文献资料进行管理。本节主要探讨狭义范围的专业文献资料的文献管理方法与技巧。随着数字化时代的来临，个人文献管理已成为学术研究和科研工作中的重要环节。科研人员和学生通过进行规范化的文献资料管理，能够高效地组织、管理和利用各种文献资料，提高研究和学术工作的效率和质量。

### 一、中医药文献管理的作用

（一）有序化管理文献资料

在积累大量的文献资料时，中医药文献管理能够及时为这些文献构建索引和目录，使得文献管理更加有序和便捷，能够快速、精确地定位所需文献，避免了无序化的二次查询所造成的时间和精力上的浪费。

## （二）方便使用和查找文献内容

中医药文献管理体系可以对前期搜集和积累的文献进行分类、编目和标引，能够快速、准确地查询文献的特定信息，极大提高了文献使用的效率。许多文献管理软件还可以直接联网到不同的数据库进行检索，更加便捷和高效。

## （三）保存个性化的阅读体验内容

在研读中医药文献资料的过程中，可能会有一些个性化的心得、体会和思路产生。传统的卡片式文献管理方法或现代计算机文献管理系统都可以快速存储这些资料，方便后续的参考和查阅。

## （四）论文撰写中的参考引用便利

许多中医药文献管理软件提供多种参考文献引文格式，能够自动生成参考文献目录，自动化的引文功能避免了因正文内容更改而导致的引文序号前后不对应的错误。这对于论文的撰写和参考文献的管理非常有益。

# 二、中医药文献管理的方法

文献管理方法主要分为传统的读书卡片管理与现代的计算机文献管理。

## （一）读书卡片管理方法

读书卡片管理方法是一种通过手工方式整理和管理文献的方法，这一方法历史悠久，但随着计算机技术的发展和普及，逐渐被现代文献管理系统取代。读书卡片管理方法的一般步骤是先拟定一个分类简表，可参照"中图法"进行分类，也可以根据自己的特定需求确定类目，然后将读书卡片根据类目从大到小、从粗到细地归纳，就形成了按一定科学和逻辑体系的资料系统。

在读书卡片分类时，应紧密围绕所学的专业知识或所从事的专业工作（设为 A 资料群）和外围边缘学科知识或兴趣爱好（设为 B 资料群）。A 资料群尤其要加以细分，B 资料群则可粗略一点。需要注意的是，细则不宜太细，过细则繁杂琐碎，粗亦不宜太粗，过粗就不方便查找。因此，在分类时，需要根据实际需求和管理需求，合理设置类目，使得粗细合适，类目相宜，这是建立手工卡片式文献管理体系的基本要求。

## （二）计算机文献管理

计算机文献管理是一种现代化的文献管理方式，与传统的手工管理方式相比，计算机文献管理设置方便、功能强大，可以大大提高文献的管理效率和准确性。早期的文献资料计算机管理主要依赖于操作系统自带的文件夹，但这种方式的局限性较大，无法满足现代文献管理的需求。目前，有许多诸如 EndNote、NoteExpress、知网研学等一系列文献管理软件可供使用，这些软件共同具有以下特点和作用。

（1）根据研究主题建立个性化的数据库，可以存储和整理收集到的文献资料。

（2）随时检索和更新文献内容，可以实现文献库的实时更新，保证文献内容的准确性。

（3）准确定位文献内容、图片或表格，可以快速定位和查找文献资料，提高检索效率。

（4）整合 Word 处理软件，可以方便地将文献的相关信息插入到 Word 文本中，或自动生成参考文献目录等，提高论文撰写的效率和准确性。

## 三、常用文献管理软件介绍

### （一）EndNote

EndNote 是一款专门的引文管理软件，它帮助学者收集、管理、引用并分享各种类型的研究材料。用户可以将各种来源的文献资料存储在 EndNote 的个人图书馆中，以便后续查阅、编辑和引用。此外，EndNote 可以根据各种学术格式规范来自动创建引文，适合从本科生的论文写作到博士研究，甚至专业研究者的日常需求。

EndNote 的历史要追溯到 1987 年，Niles & Associates 开发了第一版的 EndNote，目标是解决教师和学生在撰写论文或研究报告时面临的参考文献管理问题。长期发展下来，EndNote 在功能强大和易于使用上形成了其独特优势。1993 年，EndNote 2.0 的发布标志着该软件开始整合某些学术数据库搜索功能，用户可以直接从软件中获取文献信息，减少了数据输入的过程。在进一步改版中，EndNote 加强了引文格式转换和处理的自由度，以满足不同领域的专业要求。2000 年以后，EndNote 开始强化网络功能和团队合作，如 EndNote Web 的发布使得人们可以在线存储、同步和分享文献信息。并于 2013 年推出 EndNote X7，这个版本加强了 Word 插件功能，使得处理 Word 中的参考文献更为自然和流畅。2017 年，继 EndNote X8 版后，Clarivate Analytics 发布了 EndNote X9，该版本进一步增强了用户体验界面、参考库分享、元分析工具和 PDF 管理等许多重大功能。到 2021 年，EndNote 20 发布，提升了许多功能，如全新 UI 设计、更便捷的阅读及编辑界面、高级引文搜索功能等。如今，EndNote 已经不仅仅是一个单纯的参考文献管理软件，而是科研人员进行高效学术研究和职业发展的重要工具。

**1. EndNote 的特点和功能**

（1）EndNote 的主要特点

1）多平台支持：EndNote 支持 Windows、Mac 和 iOS 等多种操作系统，用户可以在不同平台之间同步文献库。

2）多格式支持：EndNote 支持多种文献格式，如期刊论文、会议论文、书籍、报告等，也支持多种参考文献格式和引文格式，如 APA、MLA、Chicago 等。

3）文献自动化管理：EndNote 可以自动管理和整理文献库，用户可以从多种数据库中检索和导入文献，并利用 EndNote 数据库中的智能搜索和过滤功能进行快速定位和检索。

4）文献协作和共享：EndNote 可以协作和共享文献库，方便团队成员之间的合作和交流。

5）高效的排版功能：EndNote 可以自动化地生成参考文献列表，并可以根据不同的参考文献格式自动生成表格和排版格式，极大地提高了文献排版效率和准确性。

6）插件支持：EndNote 具有丰富的插件支持，如 Microsoft Word 插件、Google Scholar 插件、浏览器插件等，可以将 EndNote 与其他软件和工具无缝集成，使得文献管理更加便捷。

（2）EndNote 的主要功能

1）用于管理文献的排序、检索和编辑功能，可以实现快速添加和管理文献，并提供多种排序和检索方式，也可以进行某些文献具体项的编辑和更新。

2）多格式引文创建及参考文献自动生成功能，可以根据所需的参考文献格式自动创建引文和参考文献列表。

3）文献批量导入和导出功能，可以通过多种方式将文献导入到文献库中，并支持批量导出和备份文献。

4）协同工作功能，可以与其他用户共享文献库并进行协作，可以进行文献协作和同步，为多人协作提供支持，实现共同管理和编辑文献库。

5）同行评议功能，可以在 EndNote 中设置评议人员列表、分配文章评审、提交评审意见等。

6）参考文献查重功能，可以对已添加到文献库中的参考文献进行自动查重，确保文献的准确性和正确性。

**2. EndNote 21 工作界面**　首次使用 EndNote，系统会自动弹出"EndNote 21 New Library"对话框，快速指引用户选择使用（图 7-1）。

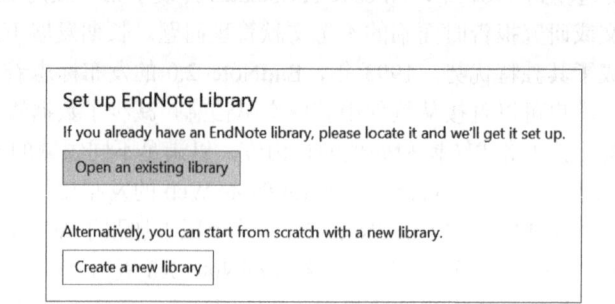

图 7-1　"EndNote 21 New Library"对话框

（1）创建 My Library。点击"Create a new library"新建"My EndNote Library"，将出现 EndNote 的主界面（图 7-2）。主界面可分为 4 个部分：①分组管理和在线搜索窗口；②文献信息显示窗口；③检索窗口；④书目编辑与预览窗口。

图 7-2　EndNote 主界面

（2）EndNote 菜单栏：主界面上方为 EndNote 的菜单栏，包括文件操作（File）、格式编辑（Edit）、文献处理（References）、分组相关（Groups）、图书馆（Library）和工具（Tools）等部分（图 7-3）。

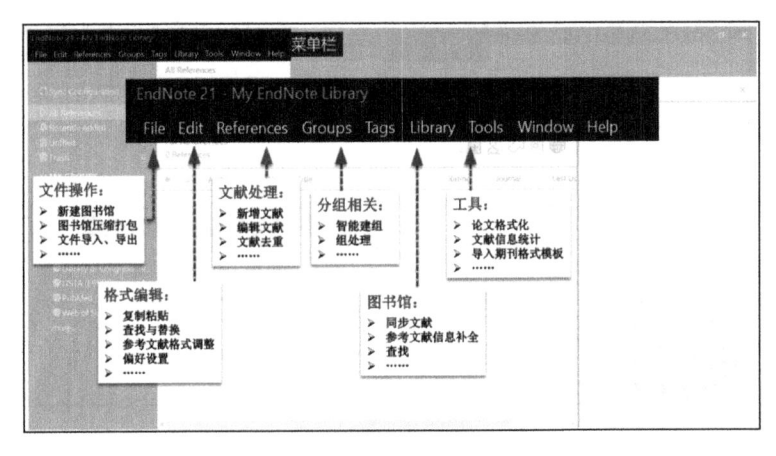

图 7-3　EndNote 菜单栏

（3）文献导入功能：EndNote 使用简洁的智能文献信息下载方式，可以避免手动重复下载、信息不全等问题，可以提高后期文献使用效率。常用的文献导入方法有 5 种：网站输出、格式转换、在线检索、插件获取、手工添加。其中网站输出是使用最广泛、最简便的导入方法；格式转换多用于已下载的文献导入；在线检索的好处在于无须登录检索平台；插件获取主要针对无 Citation 的网上信息资源；手工添加适用于纸质文献等的导入。

1）网站输出功能方法：以从 PubMed 导入 EndNote 为例，①首先勾选文献；②选择"Send to"；③选择"Citation manager"；④点击"Create file"；⑤点击文件扩展名为.nbib 的文件，导入 EndNote。文献信息将自动导入 EndNote 的 My Library 中。网站输出方法如图 7-4 所示。

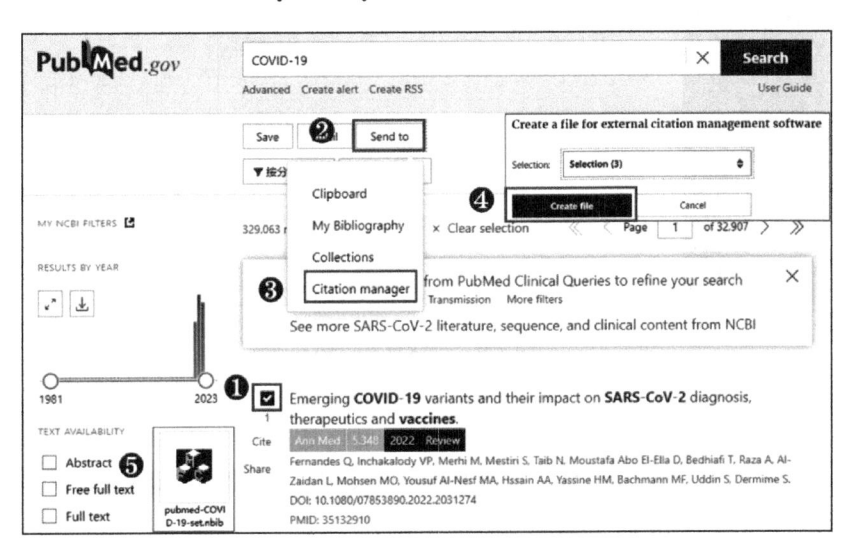

图 7-4　网站输出方法

2）格式转换方法：对于已下载的 PDF 文献，采用格式转换进行文献导入。①首先点击"File"中的"Import"；②点击"File"或"Folder"；③如果导入单个文件，可以点击"File"，选择其存放路径；如果导入多个文件，可以将其放入统一的文件夹中，点击"Folder"，选择其存放路径；④点击"Import"，可将文献信息将自动导入 EndNote 的 My Library 中。也可将 PDF 文献直接拖入 EndNote 界面，实现导入文献。格式转换方法如图 7-5 所示。

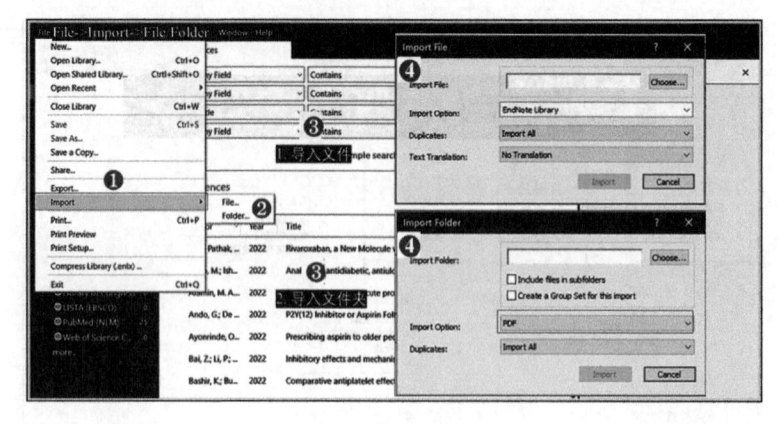

图 7-5 格式转换方法

3）在线检索：以从 Web of Science 例，在线检索进行文献导入 EndNote。①点击分组区"ONLINE SEARCH"中的"Web of Science Core Collection（Clarivate）"，②选择检索字段，输入检索条件，再选中选择要检索的记录范围，最后单击检索。就能在文献列表区看到所检索出的文献。注意在线检索的功能，更适用于一定文献调研后的精确检索。在线检索方法如图 7-6 所示。

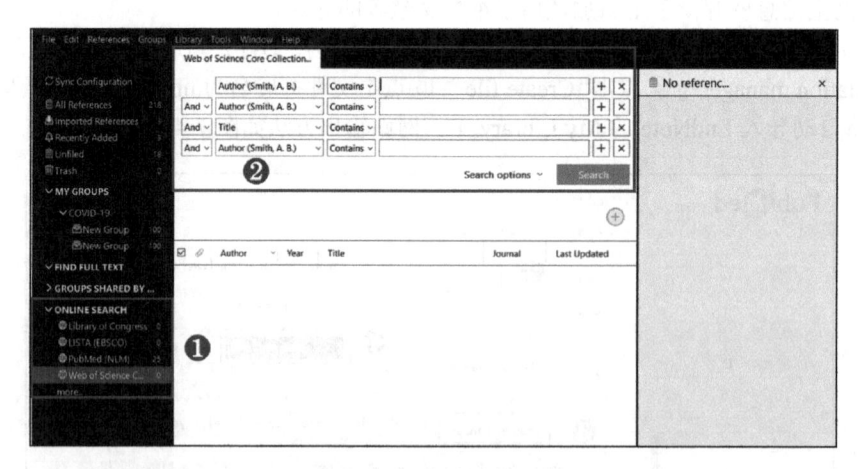

图 7-6 在线检索方法

插件获取、手工添加的文献导入方法使用频率不高，本书不再介绍。

**3. EndNote 应用举例**

（1）利用 EndNote 在线搜索功能：现以 EndNote 文献管理软件在 PubMed 中利用主题词方式检索关于"阿司匹林的副作用"的文献题录。

首先，点击工具栏中的"ONLINE SEARCH"，在弹出的对话框中选择"PUBMED（NLM）"后，点击"Choose"（图 7-7）。

其次，在检索对话框中分别选择"主题词"和"副主题词"字段，各自输入检索内容"aspirin"和"adverse effects"，布尔逻辑关系选择"And"，直接按回车键或点击"Search"按钮（图 7-8）。

检索后系统可根据实际需要输入检索结果数量调整显示，一般来说，数字越大，其文献出版发表的时间越早，数字越小，其文献出版发表的时间越近（图 7-9）。

图 7-7　在线数据库选择对话框

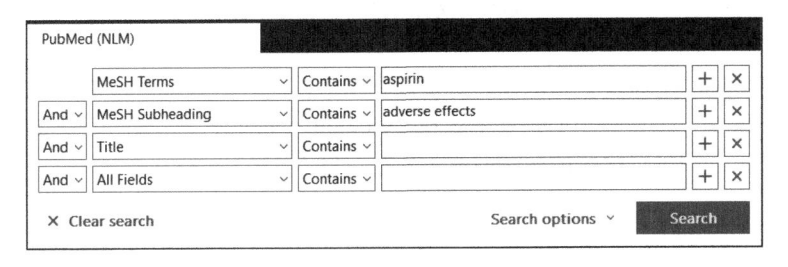

图 7-8　在线搜索 PubMed 中有关"阿司匹林的副作用"的文献题录

图 7-9　搜索结果显示选项

最后，根据文献筛选的结果，在需要保留的文献题录上点击鼠标右键，选择将相应的题录信息保存到预先设定的群组中。如果具备下载权限，EndNote 可以自动连接相应的数据源并下载所需文献。具体操作方法是选定相应的题录信息，然后点击"下载全文附件"按钮进行下载。下载成功后，文献题录前方将出现附件标记，用户可以通过点击"Attached PDFs"直接查看原文（图 7-10）。

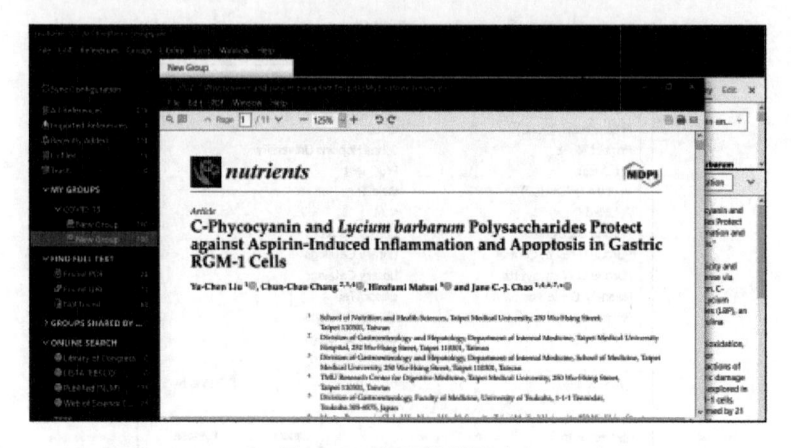

图 7-10 全文附件显示

EndNote 还提供了查重功能,对于获取的文献题录进行查重,可以有效避免文献题录重复问题,为用户管理文献库提供了便利。用户可以根据具体情况灵活运用查重功能,管理自己的文献库,提高文献利用效率。

(2)在线数据库文献题录导入 EndNote:EndNote 文献题录导入除利用该软件直接检索在线数据库进行导入以外,还可以通过其他 2 种方式完成。一是在 Reference 窗口中手工输入文献题录各字段信息,但该方法较为烦琐,且容易发生错误,一般只用于一些难以在线获取的文献的管理。二是自行查找在线数据库,并下载成纯文本文档汇入 EndNote。现同样以 PubMed 中检索"阿司匹林的副作用"为例加以说明。

首先,在 PubMed 中通过主题词方式检索该主题后,即可获取检索结果。勾选所需的题录信息后,点击"send to",在弹出的列表中选择"citation manager",输入需要导出的题录数量,点击"create file",即可自动生成题录纯文本文档(图 7-11)。

图 7-11 PubMed 检索结果导出示例

其次,点击工具栏中的"import",在弹出的对话框中选择相应的题录纯文本文档,直接点击下方的"import"即可完成导入过程。

最后，随着中文科技文献的管理需求，各中文数据库也提供了各种方法来方便用户使用EndNote。如中国知网和万方数据已提供 EndNote 格式的文献题录选项，可参照英文文献的导入方法，直接将中文文献纯文本题录信息导入 EndNote。而重庆维普则需下载专门的过滤器（filter）。

（3）引用 EndNote 中的参考文献至 Word。EndNote 通过其"cite while you write"，可在 Word 文档中自动插入参考文献，并将其显示于 Word 文档末端。如以下文档需要在"in terms of CAA location and thrombosis"句后方插入参考文献（图 7-12）。

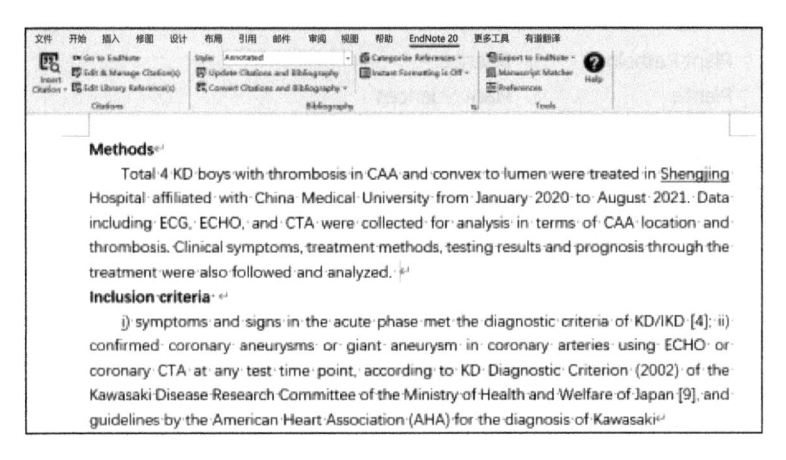

图 7-12　需要插入参考文献的 Word 文档

通过点击 Word 中的 EndNote 插件，在最前端就有"insert citation"按钮，点击该按钮即可弹出插入对话框。在上方的空格中输入任何关键词，如作者、年代等，即可在 EndNote 的本地资料库中查找符合该条件的所有参考文献。选取相应题录点击"insert"即可插入相关参考文献题录（图 7-13）。

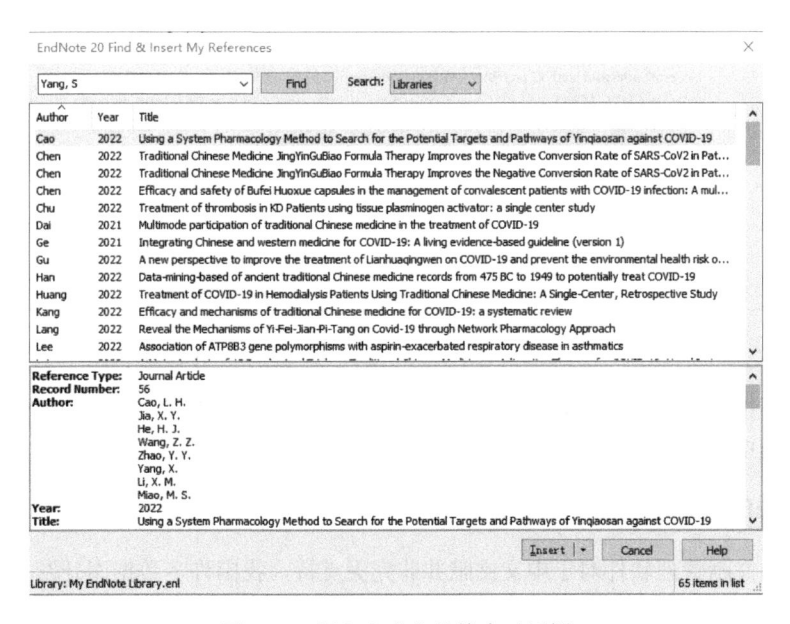

图 7-13　插入参考文献检索对话框

参考文献的格式既可预先设定，也可以通过后期批量修改。目前，EndNote 提供超过 7000 种参考文献格式，使得作者根据不同期刊的格式要求修改参考文献的工作大为简化。如该论文将投

稿于 *PLoS One*，该刊物的参考文献格式与系统默认的"APA 6TH"格式不同，可通过点击"style"下拉列表，选择"select another style"选项，更改所需格式（图 7-14）。随后，参考文献将自动转化格式，符合 *PLoS One* 期刊要求（图 7-15）。

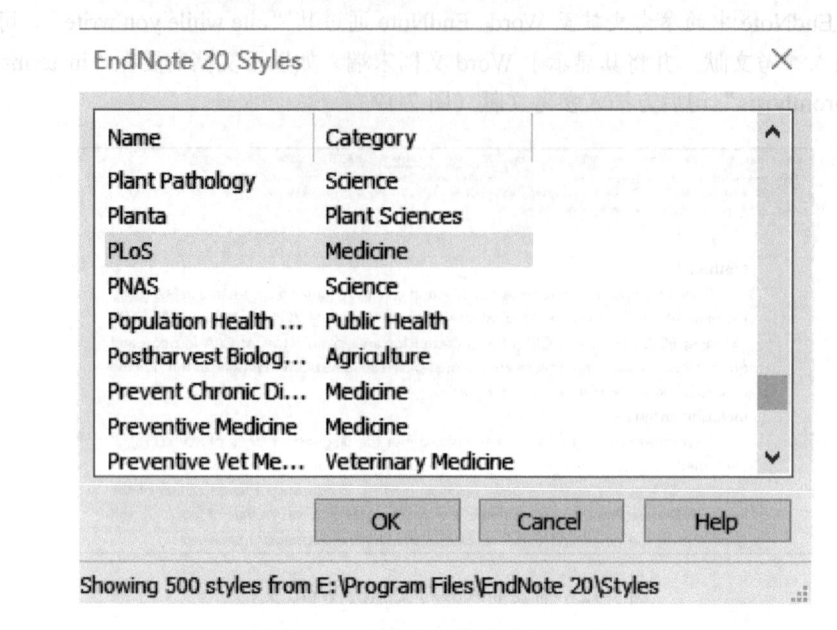

图 7-14　参考文献格式选择对话框

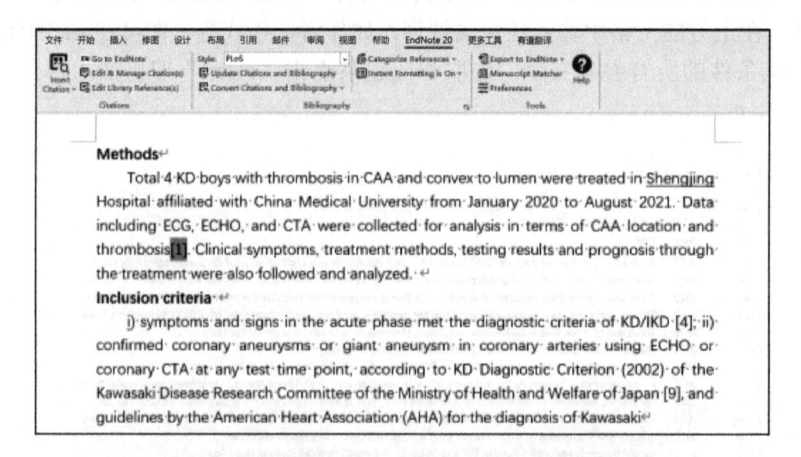

图 7-15　已插入符合期刊要求参考文献的 Word 文档

最后，需要指出的是，由于 EndNote 对中文文献的支持并非完美，中文期刊参考文献格式仍无法在现有模板中获取，故对中文论文的参考文献自动插入，尚需手工添加相应模板。

### （二）NoteExpress

由于国外的文献管理软件对于中文文献并非完美支持，我国许多数据库开发人员着力于开发适合我国研究人员使用的中文文献管理软件。NoteExpress 主要帮助用户在整个科研流程中高效利用电子资源，检索并管理得到的文献摘要和全文。在撰写学术论文、学位论文、专著或报告时，用户可以在正文中的指定位置方便地添加文中注释，并按照不同的期刊、学位论文格式要求自动生成参考文献索引。

**1. NoteExpress 的核心功能**

（1）文献检索：支持多种文献检索方式，包括在线数据库检索、本地库检索、全文检索、分类检索等方式，可以满足用户不同的检索需求。

（2）文献管理：可以帮助用户管理文献库，包括添加、编辑、删除、检索和排序等操作，用户可以方便地查找到所需的文献。

（3）参考文献生成：NoteExpress 可以根据用户选择的参考文献格式，自动生成参考文献列表和引文。用户可以方便地将生成的参考文献插入到自己的论文中。

（4）共享与协作：NoteExpress 支持文献库的共享、备份和还原，同时也支持多人协作，多人可以共同编辑同一份文献库，提高团队协作效率。

（5）文献附件和笔记管理：NoteExpress 支持管理文献附件和笔记，用户可以将 PDF 文献、图片等附件直接添加到相应的文献记录中，同时还可以在文献记录中添加笔记和标签，方便用户进行分类和管理。

**2. NoteExpress 主界面** 主要分为以下五个部分（图 7-16）。

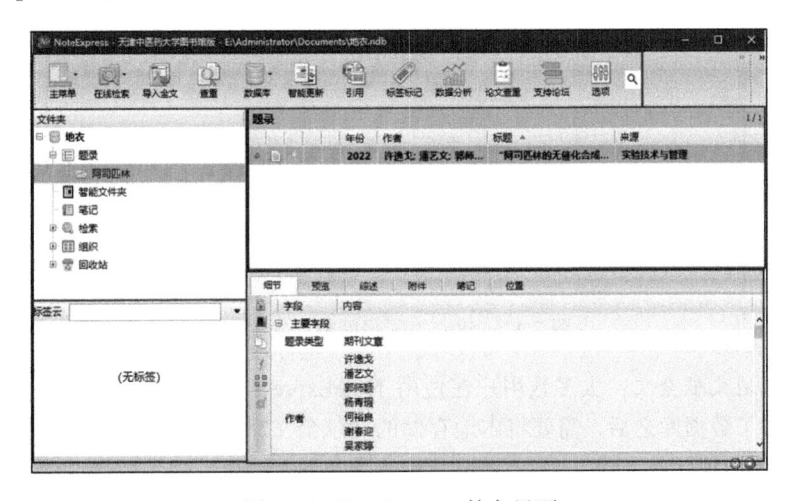

图 7-16 NoteExpress 的主界面

（1）工具栏：汇集了 NoteExpress 所有常用的功能按钮以及快速搜索框。通过工具栏快速进行文献查找、导入、导出、备份、同步等操作。

（2）文件夹：NoteExpress 支持建立多级文件夹结构来方便用户对文献进行分类和管理，根据需求创建文件夹并将文献导入到相应文件夹中。同时，NoteExpress 还支持同时打开多个数据库，在不同的数据库之间进行切换。

（3）题录列表：展示当前选中文件夹内存储的题录，通过题录列表对文献进行查看、排序、筛选、删除等操作。题录是 NoteExpress 管理文献的基本单位，由文献的元数据信息、笔记和附件三部分构成。

（4）题录预览：快速查看和编辑当前选中题录的元数据信息、综述、笔记、附件、预览格式化引文样式和文件夹位置。

（5）标签云：展示当前数据库中题录含有的所有标签，并可以通过标签组合进行快速筛选。

**3. NoteExpress 的使用方法**

（1）新建一个数据库：以"阿司匹林"的文献管理为例。应用 NoteExpress 进行文献管理首先要新建数据库，单击工具栏中的"数据库"按钮，选择"新建数据库"，选择数据库文件的存储位置，录入文件名"阿司匹林"。数据库文件扩展名为.ndb。在 NoteExpress 软件左侧导航栏出现如图 7-17 所示界面，表示数据库建立完成。创建目录分类 NoteExpress 的数据库含有 5 个默认文件夹，分别是题录、笔记、检索、组织和回收站。题录是 NoteExpress 管理文献的基本单位，我们可以在题录下创建多级文件夹，来分类管理文献。其他 4 个文件夹会随着用户对题录的操作，自动生成对应内容。

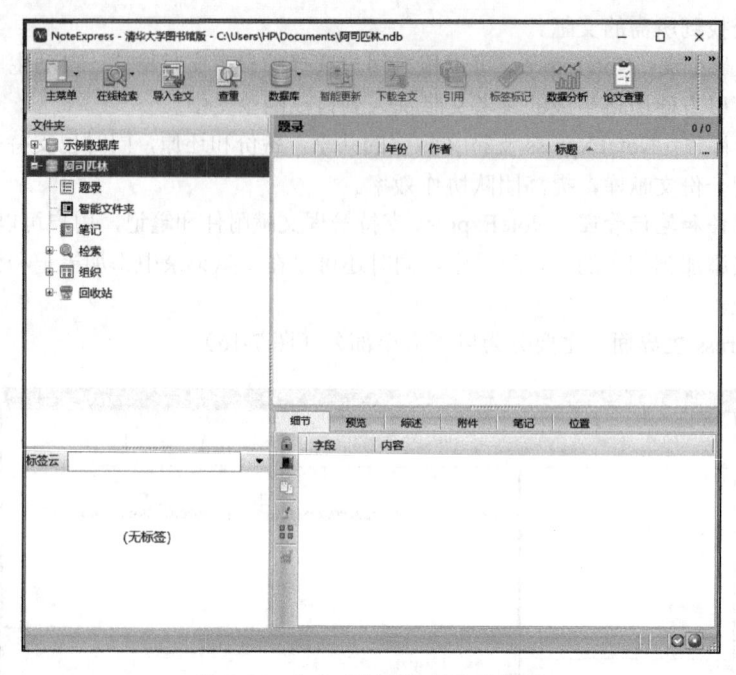

图 7-17　建立"阿司匹林"数据库

（2）导入本地文献全文：大多数用户在使用 NoteExpress 之前，电脑中会存储一些文献的全文文件，在创建了数据库之后，需要将本地存储的文献全文文件导入到 NoteExpress 中进行管理。NoteExpress 提供两种导入方式。

1）文件夹导入：如果全文文件都存储在电脑的一个根文件夹中，或在根文件夹中又通过子文件夹进行分类管理的，建议使用文件夹导入（图 7-18）。

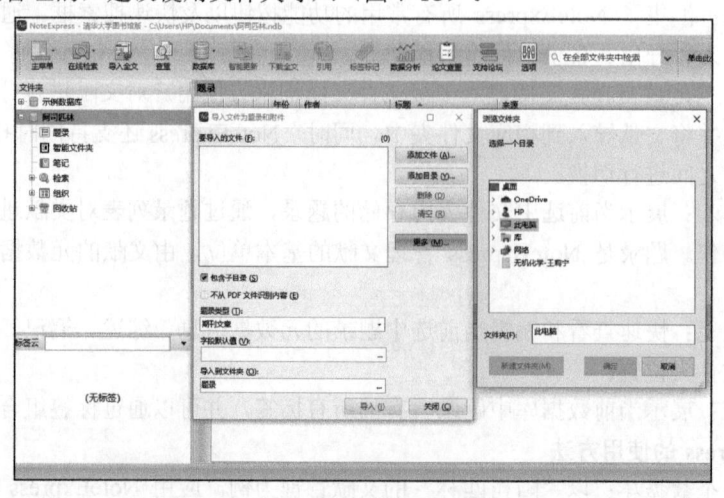

图 7-18　本地全文附件的导入

2）拖拽导入：如果全文文件存储在电脑的不同位置，建议使用拖拽导入。

（3）自动识别及智能更新：在导入全文后，NoteExpress 会从全文中提取标题或 DOI 信息，智能更新补全题录的元数据字段信息（需要联网），有部分全文文件识别的信息会有错误，此时需要用户把正确的标题或 DOI 填入题录对应的字段，保存后，点击工具栏里的"智能更新"按钮，完成题录元数据字段信息的补全（图7-19）。提示：针对会员，全文导入时，NoteExpress 还可从 PDF 中识别文献核心元数据。

图 7-19　NoteExpress 工具栏

（4）在线检索：提供一种从国内外主要数据库大量、快速收集文献元数据信息的方式，配合查重功能，可以在研究初期，帮助用户大幅提升文献收集效率。点击工具栏中的"在线检索"，然后点击下拉菜单中的"选择在线数据库"（图7-20）。可以选择系统的在线数据库中的数据库，点击"确定"（图7-21）。

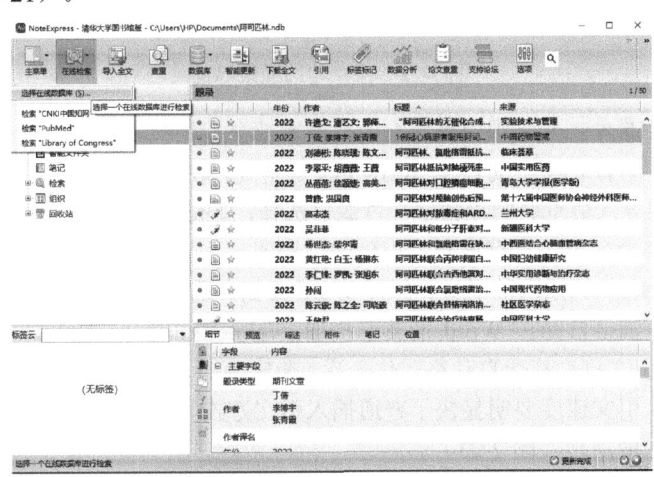

图 7-20　NoteExpress 在线检索界面

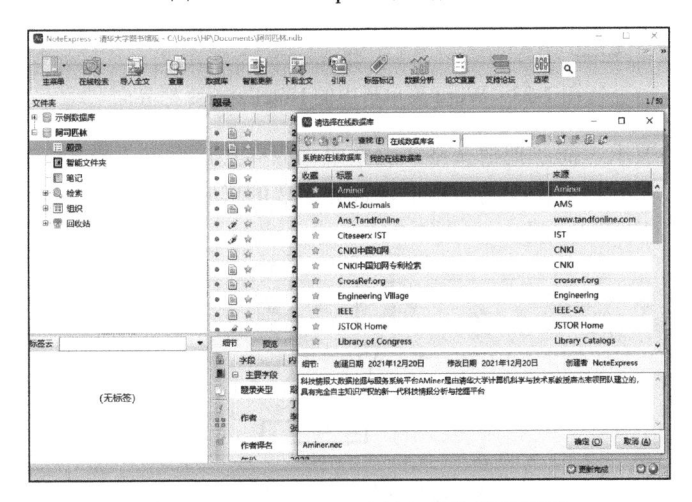

图 7-21　NoteExpress 选择在线数据库界面

如选择"CNKI 中国知网"后，出现检索对话框。输入字段组合，限定检索条件，即可开始检索。默认勾选取回结果的前 50～60 条，点击"批量获取"和"勾选题录"，可调整勾选数量，最后点击"保存勾选的题录"（图 7-22）。

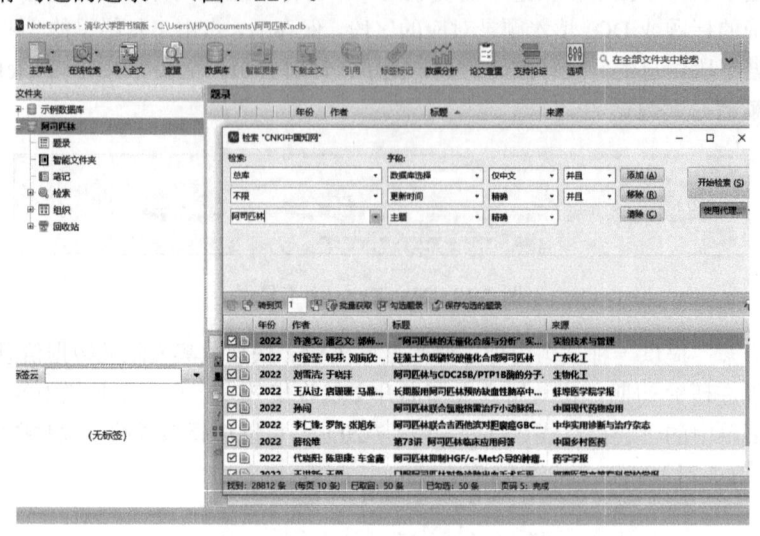

图 7-22　保存勾选题录界面

（5）格式化文件导入：几乎国内外所有的数据库都会提供检索结果的格式化文件导出功能，只是格式不同，常见的有 RIS、BibTeX、Refworks 等格式，我国主要的数据库还提供 NoteExpress 的格式。格式化文件导入最重要的步骤就是过滤器选择，NoteExpress 的过滤器多是以格式化文件的名字或数据库名字命名的，只有选择了正确的过滤器，才能成功导入。

（6）引文功能：选择待插入的引文，打开 Word 文档，选择菜单栏中 NoteExpress 一栏（安装上 NoteExpress 的电脑会自动在 Word 的菜单栏加上 NoteExpress 一栏），点击"插入引文"。NoteExpress 插入的引文每次都会自动格式化一次，会影响插入引文的速度。用户可以通过"去除格式化"后，再插入引文速度要明显快于普通插入引文方式。本方法适用于参考文献插入过多并且对插入速度有需求的用户（图 7-23）。

图 7-23　Word 菜单栏中的 NoteExpress 栏界面

根据不同期刊的要求，需要把引文格式调整成相应样式，点击"样式"，选择"浏览更多样式"，即可弹出绝大部分常用样式的对话框，选择需要的样式。如果没有要投期刊的样式，可以去 NoteExpress 的官网下载数据包。（图 7-24）。

图 7-24　引文格式调整界面

（三）NoteExpress 与 EndNote 的比较

（1）NoteExpress 和 EndNote 在文献的发现、组织和管理方面功能相似，都可以通过手动导入、联机检索导入和检索结果生成文件导入等方式导入参考文献，并支持对本地文献库进行检索、查重和编辑。

（2）NoteExpress 和 EndNote 的文献管理方式有所不同。NoteExpress 采用标签分类方式，用户可以为每个文献添加标签，将文献分类；EndNote 则采用文件夹分类方式，用户可以将文献放在不同的文件夹中进行分类。

（3）NoteExpress 和 EndNote 在文献的排版和引用方面也有所不同。NoteExpress 支持自定义参考文献格式，用户可以根据需要自定义参考文献格式，并支持中英文混排、文内引用和脚注；EndNote 则提供了多种参考文献风格，用户可以根据需要选择不同的风格，并支持自动排版和文内引用。

（4）NoteExpress 和 EndNote 在文献的共享和协作方面也有所不同。NoteExpress 支持多人协作，多人可以共同编辑同一份文献库，并支持文献库的共享和备份；EndNote 则支持文献库的在线共享和协作，用户可以与他人共享文献库并进行协作。

综上所述，NoteExpress 和 EndNote 在文献管理方面都具有各自的特点和亮点，用户可以根据自己的需求和习惯选择合适的软件进行使用。

（四）知网研学

知网研学是知网推出的一款面向研究人员和科研机构的全球学术研究生态平台。知网研学涵盖学术研究的各个方面，包括文献检索、文献管理、数据分析、科学研究等。知网研学涵盖各个学科领域的学术研究内容，从文献检索到科学研究，一站式满足用户的各种需求。提供网页端和手机客户端等多种使用方式，用户可以随时随地进行学术研究和管理。知网研学是一款专业的学术研究辅助工具，为研究人员提供了专业的服务和支持，包括学术研究咨询、统计分析、科研项目管理等。用户界面简洁明了，易于使用。

## 四、文献可视化分析软件

除了 EndNote 和 NoteExpress 等文献管理软件外，还有一些文献可视化和分析软件，如 HistCite、vosviewer、Citespace、SciMAT 等，可以帮助研究人员更深入地分析和理解文献数据。

（一）HistCite

HistCite 是一款专业的文献引用网络分析软件，由 Thomson Reuters（汤森路透）公司开发。该软件主要用于文献引用网络分析、主题演化分析、引证分析等功能，以辅助用户发现和探索文献研究热点和趋势。HistCite 软件是在 Web of Science（WOS）数据库的基础上开发的，因此仅支持 WOS 数据库。下面简要介绍 HistCite 软件的功能和操作方法，以帮助用户快速掌握该软件的使用技巧和方法。

**1. HistCite 软件的特点**

（1）引用网络分析：HistCite 软件可以对不同学科领域中的文献进行引用网络分析，以帮助用户了解文献中的引用关系和影响力。

（2）主题演化分析：HistCite 软件可以分析文献中的主题演化，以帮助用户了解研究领域的发展趋势和演化过程。

（3）引证分析：HistCite 软件可以分析文献的被引用情况，以帮助用户了解文献的影响力和引用情况。

（4）用户友好性：HistCite 软件的界面友好，易于使用，无须专业的计量学知识。

### 2. HistCite 软件的安装与使用

（1）下载和安装：用户可以从 Thomson Reuters 的官网上下载并安装 HistCite 软件。

（2）导入文献数据：用户可以将待分析的文献数据导入 HistCite 软件中，支持多种文件格式，如 XML、BibTex 等。

（3）进行文献分析：用户可以利用 HistCite 软件进行文献引用网络分析、主题演化分析、引证分析等操作，以了解文献的相关信息。

### 3. 文献引用网络分析

（1）文献引用网络图：HistCite 软件可以生成文献引用网络图，以显示文献之间的引用关系和相互影响。

（2）热力图：HistCite 软件可以生成文献的热力图，以显示文献的引用数量和相关度等信息。

（3）引用关系分析：HistCite 软件可以对文献的引用关系进行分析，以帮助用户了解文献之间的引用关系和相互影响。

### 4. 主题演化分析

（1）主题聚类：HistCite 软件可以对文献进行主题聚类，以帮助用户了解研究领域的主题和研究热点。

（2）主题演化图：HistCite 软件可以生成主题演化图，以显示主题的演化过程和研究领域的发展趋势。

（3）文献分析和词频分析：HistCite 软件可以对文献进行分析和词频分析，以帮助用户了解文献的内容和关键词。

### 5. 引证分析

（1）引证分析：HistCite 软件可以对文献的引用情况进行分析，以帮助用户了解文献的影响力和引用情况。

（2）被引证分析：HistCite 软件可以对文献的被引用情况进行分析，以帮助用户了解文献的影响力和引用情况。

### 6. 其他功能

（1）作者分析：HistCite 软件可以对文献中的作者进行分析，以帮助用户了解研究团队和研究领域内的专家学者。

（2）文献筛选：HistCite 软件可以根据多种条件对文献进行筛选和过滤，如根据关键词、时间、期刊等进行筛选。

（3）文献排名：HistCite 软件可以根据引用数量、被引用数量等多个维度对文献进行排名，帮助用户了解研究领域内的重要文献和研究热点。

## （二）VOSviewer

VOSviewer 是一款免费的文献可视化软件，由荷兰莱顿大学计算机科学系开发。该软件可以帮助用户进行文献相关性分析、可视化和热点分析，支持多种网络图分析方法和可视化效果，是目前文献可视化领域中非常优秀的软件之一。

### 1. VOSviewer 软件的特点

（1）可视化效果优秀：VOSviewer 软件提供了多种可视化效果，包括网络图、热力图、词云等，用户可以根据需要选择不同的可视化效果。

（2）处理速度快：VOSviewer 软件处理文献数据的速度非常快，能够快速生成各种网络图和热力图。

（3）支持多种数据源：VOSviewer 软件支持多种格式的文献数据源，包括 WOS、PubMed、RIS 等。

（4）界面友好：VOSviewer 软件的界面非常友好，操作简单易学。

**2. VOSviewer 软件的安装与使用**

（1）下载和安装：用户可以从 VOSviewer 官网上下载并安装 VOSviewer 软件。

（2）导入文献数据：用户可以将待分析的文献数据导入 VOSviewer 软件中，支持多种文件格式，如 TXT、CSV 等。

（3）进行网络分析：用户可以利用 VOSviewer 软件进行网络分析，包括文献相关性分析、共现分析、文献演化分析等操作。

**3. VOSviewer 软件的相关性分析**

（1）共现分析：VOSviewer 软件可以进行共现分析，以帮助用户了解文献之间的关联性和相关性。

（2）文献相关性分析：VOSviewer 软件可以进行文献相关性分析，以帮助用户了解文献之间的相关性和影响力。

**4. VOSviewer 软件的可视化效果**

（1）网络图：VOSviewer 软件可以生成文献网络图，以显示文献之间的关联关系和相互影响。

（2）热力图：VOSviewer 软件可以生成文献热力图，以显示文献之间的相关度和影响力。

（3）词云：VOSviewer 软件可以生成文献词云，以帮助用户了解文献中的关键词和研究领域。

**5. VOSviewer 软件的热点分析**

（1）主题演化图：VOSviewer 软件可以生成主题演化图，以显示研究领域的发展趋势和演化过程。

（2）热点分析：VOSviewer 软件可以进行文献热点分析，以帮助用户了解研究领域的热点和趋势。

# 第三节　中医药文献的评价

中医药文献作为传承与发展中医药学的重要载体，其质量直接关系到中医药学科研与教学的深入程度。在日常科研与教学工作中，中医药学工作者时常与各类专业文献打交道，这些文献既是知识的宝库，也可能是误导的源头。对中医药文献进行客观、准确的评价尤为关键。文献的价值往往与撰写者的科研能力、主观态度和写作水平紧密相连，一篇高水平的文献通常凝聚了作者深厚的学术底蕴和严谨的研究态度，能够引发读者深度思考，并激发出新的学术灵感和研究方向，为学科的发展带来新的突破和创造。但是并非所有的文献都能达到这样的高度，一些低水平的文献不仅无法提供有价值的信息，反而可能误导读者，使科研工作误入歧途。因此，科研工作者必须具备鉴别文献真伪、优劣的能力，以避免被低质量文献所误导。

为了更有效地利用科研时间，提高学习效率，科研工作者必须对搜集到的文献进行细致的分析和评价。通过筛选高质量的文献，从中汲取优秀的思路和方法，为日常学习、论文写作、科研设计和研究过程提供有力的指导，既有助于提升中医药科研工作者的学术水平，又能推动中医药学科的持续发展和创新。

## 一、传统中医药文献评价

传统中医药文献主要是指经过印刷或数字化处理而形成的纸质或电子文献,其内容丰富多样,包括图书、期刊、学位论文、会议论文及专利文献等特种文献。相较于网络文献的快捷与广泛,传统文献则以其经过严格编审的流程,展现出更强的真实性、可靠性和科学性,成为中医药学科研与教学工作的宝贵资源。在进行传统中医药文献评价时,需遵循一套系统而严谨的步骤,以确保评价的客观性与准确性。

### (一)对传统文献表面特征的评价

当科研工作者面对众多的传统中医药文献时,首先需要对文献的表面特征进行初步评价,以判断其可能的质量与价值。

**1. 作者** 在科学研究中,科研文献的发表都是建立在创作者努力的基础上的。作为文献的创作者,其个人或团队的资质、经验及专业成就,往往直接关系到文献的可靠性和深度。在传统文献中,作者通常可以分为三类:个人作者、集体作者和团体作者。个人作者通常指的是独立完成研究并撰写文献的学者或专家。个人作者的文献往往建立在个人的研究成果之上,通过深入了解作者的身份、所在单位、专业领域的成就及所获得的奖项等信息,可以对文献内容的可靠性进行初步推测。一般而言,知名专家、学者因其深厚的学术积淀和丰富的实践经验,所发表的文献往往具有较高的质量。集体作者则是由多人共同参与研究并合作完成文献的撰写。这种研究形式在现代科学研究中越来越普遍,它集中了不同领域的专家智慧,通过多人协作,能够更全面地探讨问题,提高研究的深度和广度。因此,集体作者的文献通常具有较高的可靠度。团体作者则通常是以机构或单位的名义来署名。这种形式的文献往往代表了该机构或单位的整体研究成果,其质量通常较为稳定。由于团体作者背后有着强大的团队支持和资源保障,其文献在内容、方法和结论等方面往往更为严谨和全面。

在评价文献时,还需要注意作者的专业背景和研究领域。专业背景相似的作者往往对特定领域有更深入的了解和研究,其文献更有可能提供有价值的见解和发现。而研究领域广泛的作者则可能从更宏观的角度审视问题,提供更为全面的分析和讨论。

**2. 文献出版单位** 是衡量文献质量的重要指标之一。不同出版单位出版的文献水平与影响力也各不相同。在众多出版单位中,一些知名出版社凭借深厚的学术积淀和严格的出版流程,所出版的文献往往具有较高的质量和广泛的影响力。例如,人民卫生出版社作为我国医学领域的权威出版机构,其出版的医学文献不仅内容丰富、权威可靠,而且更新迅速,能够紧跟医学领域的最新发展;中国中医药出版社则专注于中医药领域的出版,所出版的文献在传承和发扬中医药文化方面发挥了重要作用;科学出版社则以严谨的科学态度和精湛的编辑水平,在自然科学领域享有盛誉,其出版的文献在学术界具有广泛的影响力。除了这些知名出版单位外,一些著名的学会、协会等学术团体及知名大学创办的出版社也是文献出版的重要力量。这些机构通常具有深厚的学术背景和丰富的资源,能够出版高质量的文献,如清华大学出版社、北京大学出版社等,依托我国顶尖高校的学术资源,其出版的文献在学术性和前瞻性方面都具有显著优势。而中华医学会系列期刊等则代表了医学领域的高水平期刊,其文献在医学研究和临床实践中具有重要的指导意义。因此,在选择文献时,不仅要关注文献的内容和质量,还要关注其出版单位。知名出版社和学术团体出版的文献往往更具权威性和可靠性,能够为科研工作者提供更准确、更全面的信息。

**3. 文献发表时间** 对文献内容的新颖性和实用性具有重要影响。通常而言,发表时间越近的文献，其内容往往更为新颖，更能反映当前领域内的最新研究成果和动态。然而，在选择文献时，也需要注意以下两种特殊情况：①有时文献的发表时间较近，但实际写作时间却远远早于发表时间，在查阅这类文献时，需要特别留意写作时间，并结合当前领域的实际发展情况来评估其内容的适用性和价值。②对于图书文献而言，了解其版本情况同样至关重要。首次出版的图书通常意味着其科技内容是新颖的，反映了当时领域的最新研究成果。而再版的图书往往意味着内容不变或稍作修改，可能只是对初次出版时的一些错误或遗漏进行修正。然而，如果是修订版的图书，那么其内容肯定与初版有较大的变化。修订版的图书通常代表着研究方式有了新的突破，研究成果有了新的发现。因此，在获取图书文献时，应尽量选择近期首次出版或修订出版的图书，不仅能够提供最新的研究成果和动态，还能够保证内容的准确性和完整性。

**4. 期刊文献的定量评价指标**　在文献的评价体系中，最有代表性的是对科技期刊的评价。利用一系列量化指标，就可以从一个角度反映期刊质量的高低，从而作为一个参照依据，反映该刊所载科技论文质量水平的高低。

（1）发文率：是指单位时间内某期刊发表论文的数量与期刊总页数之比。发文率体现的是信息密度，同样页数的 2 种期刊，一种发表论文 30 篇，另一种发表论文 60 篇，后者发文率是前者的 1 倍，意味着可提供更多的有用信息。

（2）载文率：是指以某种期刊的每一期为基本单位进行统计，计算在一份期刊内，刊载某方面学科论文占其全部论文的百分比。1934 年，英国文献计量学家布拉德福（Samuel Clement Bradford）首次发现论文在期刊中的分布规律，即对某一主题而言，将科学期刊按其登载相关论文减少的顺序排列时，可以划出对该主题最有贡献的核心区。这些少数信息密度大、载文量多的期刊可称为核心期刊。载文率是评价期刊质量的重要指标之一。

（3）引文率：是指某期刊中被引文献数量与该期刊载文量之比。科学发展的继承性是以科学文献为前提，并通过文献之间的利用与被利用、引证与被引证、参考与被参考的关系来实现。一般来说，引文率高的期刊，其质量相对较高。

（4）平均响应时间：是指期刊中的论文从发表到首次被引用所经过的时间的平均值。该指标可以用来衡量期刊在信息传递过程中的重要性、及时性、新颖性和适用性。

**5. 中国科技期刊卓越行动计划**　中国科技期刊卓越行动计划由中国科学技术协会、财政部、教育部、科技部、国家新闻出版署、中国科学院和中国工程院联合实施，旨在推动我国科技期刊高质量发展，服务科技强国建设。该计划设立有领军期刊、重点期刊、梯队期刊、高起点新刊、集群化试点及建设国际化数字出版服务平台等。入选行动的文献质量较高，如《分子植物》《科学通报（英文版）》《细胞研究》《药学学报（英文版）》等领军期刊；中国科技出版传媒股份有限公司、中华医学会等集群化试点。

中医药科技期刊分类分级目录在充分考虑中医药期刊现状的基础上，以立足现状、引导发展为指导思想，强调规范化、标准化，坚持政策导向、学术导向、质量导向设计了期刊遴选体系。为进一步突出分类评估的特征，将中医药期刊分为中医类、中药类、中西医结合类、针灸类、专科。为区别期刊发展定位，将英文期刊作为一个单独的期刊群体进行评估。完成了《中医药科技期刊分级目录（T1、T2 级期刊）》，如《中华中医药学刊》《中国中药杂志》《中草药》等位于 T1 目录的文献质量均较高。

需要说明的是，对传统文献表面特征的评价并不是绝对的，其评价结果也仅供参考。在实践中发现，知名专家、高等级科研机构也会发表低质量的文献，高被引期刊或核心期刊也存在低质量的论文。因此，评价文献质量的高低，更要注重文献的内容本身，而不是对知名专家、机构、出版社和期刊等的盲从。

## （二）对文献内容的评价

科研文献价值的高低，主要体现在其内容上。因此，对文献内容的评价则更符合科研应用的实际需求。其评价方法主要包括以下五个部分。

**1. 文献结构的评价**　从文献的结构可以看出作者的科研能力和态度。文献结构的安排是否合理，主要从以下六个方面进行评价。

1）选材是否集中，材料是否真实。
2）主题是否单一，表述是否符合逻辑。
3）结构是否清晰，观点是否正确，论据是否充分、有力。
4）界限是否明确，数据是否准确。
5）格式是否规范，引文是否确有所出。
6）结论是否可信，质量有无保证。

**2. 文献先进性的评价**　一篇高水平的文献，其研究成果的先进性可以从以下两个方面进行评价。

1）理论水平：理论探讨是否有新的突破，结论是否有普适价值。
2）实践操作：技术是否先进、效率是否提高，进而对指导实践做出启发、促进、改善。

**3. 文献科学性的评价**　主要从方法是否合理、设计是否规范，结论是否可靠等层面进行。以药学实验为例：

1）实验设计是否严密，包括样本是否有代表性、一致性和满足数量需求，选用的实验单位是否具备条件与要求，拟定的观测指标是否对说明实验结论最有意义，是否有相互比较的处理等。
2）实验观测方法是否精确完善，并具有一定的特异度、敏感度和客观性。
3）实验条件包括器具、模型、药物及操作熟练程度等是否严格控制。
4）观测记录是否客观，将各实验单位分配到各种处理中的原则是否合适。
5）实验结果是否可重现。

**4. 文献实用性的评价**　可从以下两方面进行评价。

1）文献中所描述的研究方法（研究条件和研究对象）是否具备和有代表性。
2）文献中所解决的问题是否常见，能否解决理论和实践中的实际问题。

**5. 文献结论真实性评价**　真实性指文献的内容真实可靠，无虚假和浮夸之处。判断一篇文献的真实性，主要看它是否言之成理，论之有据；如果事实清楚，数据翔实，推理合乎逻辑，结论符合事实，则可认定它是真实的。然而，在医药学文献中，文献真实性评价是最为困难的，其涉及思维方法、实验设计、数据获取、结果评价和结论总结等一系列过程。中间任何一个环节出现马虎或是不负责任，甚至是伪造编纂，都可能极大降低文献的可靠性。

如考察药学实验结论是否真实正确，要仔细推敲以下几个关键点。

1）从"一种实验内容"得到的事实材料作出"另一种实验内容"的结论。
2）从"离体"的实验结果作出"在体"的结论。
3）从"一种实验单位"的结果作出"另一种实验单位"的结论。
4）从"一种实验对象"的结果作出"另一种对象"的结论。
5）从"先后"或"同时"发生的现象推出"因果"关系的结论。
6）从"原因"可能"很多"的事物中推出"唯一原因"的结论。
7）把"新引进"的因素误为表面现象"原因"的结论。
8）把"统计学的结论"当作阐明因果关系的"实验结论"。
9）由于错误的观点、方法推出错误的结论。

## 二、网络中医药文献评价

对网络中医药文献进行评价，旨在筛选出具有学术价值、实践意义和创新性的文献，为读者提供可靠、全面的信息。评价的标准应涵盖文献的科学性、实用性、原创性及其在中医药领域的影响力等方面。

### （一）网络中医药文献的概念和定义

随着信息存储介质的发展，信息资源可以记录在磁带、磁盘或光盘上。计算机不仅可以存储、处理和传递文本信息，还可以存储、处理和传递声音、图像、动画等多媒体信息。在现代网络环境下，这些信息资源可以实现存取自由和共享。网络文献是指以计算机网络为第一载体，通过网络存储，传递图文、声、像等信息，并在网络终端进行联机检索，以网页的形式再现的信息资源或信息集合。因此，网络中医药文献是指以电子数据的形式存储在光、磁等非印刷型载体中，并通过网络、计算机或终端等方式再现处理的与中医药学相关的文字、图像、声音、动画等多媒体信息资源。

### （二）网络中医药文献的现状

自20世纪80年代以来，网络技术发展迅速，信息资源日益丰富。特别是互联网和万维网（World Wide Web，WWW）的出现，使网络资源更易于获取。种类繁多的中医药学信息资源呈现在网络上，很大程度的改变了人们的工作和学习方式。网络中医药文献具有时效性强、访问快速、交互性好、更新及时、使用成本低等特点。目前一些著名的机构和网站纷纷推出有关中医药及生物医学的网络数据库（Web database），其中有基于网络的电子图书、电子期刊、电子报纸的全文型数据库，也有文摘目录等索引型数据库，如著名的 EMBASE，BIOSIS Previews 和 MEDLINE。又如美国的 Dialog 系统、MEDLINE 系统和德国的 STN 系统等大型检索系统，均整合了多个数据库资源，实现了多个资源库同时检索，并且各个资源库之间相互链接，通过网络进行检索。我国的万方数据资源系统、中国学术期刊网和中国科技期刊网包括了大量的中医药学文献信息资源。全世界提供与中医药及西医药学相关信息的网站已达数万个，其中包括各种类型信息资源。一些科研机构网站、政府网站和商业网站开始对网上中医药学资源及文献进行组织开发，对现有无序分散的网络信息进行分类与标引、信息筛选、信息过滤，帮助普通用户和中医药学工作者识别高质量信息，过滤有害信息。

### （三）网络中医药文献的特点

网络中医药文献的来源广泛，类型多样，形式复杂，均具有以下共同特点。

**1. 内容丰富，信息量大** 从网络上可以查找到中医药学文献、专利数据库及分析软件、中医药学教材和教学软件、统计数据、专家及机构名录等。网络上的中医药学信息资源包含中医药学领域的各方各面，不仅提供题录、摘要，有的还提供期刊全文，以及许多与中医药学有关的事实性数据库和参考工具。

**2. 数量巨大，增长迅速** 网络中医药学信息资源数量巨大，每天不断地有新的网站和网页出现，不断地有新的内容加入网络数据库。许多机构正在将已经存在的传统文献经过电子扫描或人工输入等方式加入网络中，并且在远程通信、远程医疗和远程教学的过程中，不断地将新产生的信息在网络上传输。

**3. 使用方便，传播快速** 不同国家、种族和语言的人都可以利用网络传播信息。超级链接使查找信息灵活方便，组织形式多样，信息获得快捷。网络信息检索方式很多，最典型的代表如功能强大、检索效率高的检索工具。网上信息还具有很强的交互性和共享性，信息的发布者和读者可直接交流。网络中医药学信息更新及时，传播速度远比印刷型媒介迅速，因此在网上能得到最新的资料和某一学科领域的最新动态。

**4. 分布广泛，来源复杂** 由于互联网分布的特性，互联网上中医药学信息分散在全球的每个角落。任何人都可以十分容易地在互联网上发布信息、传播观点。通过一篇文献可以链接到更多相关或相似的文献；同样，一篇文献也可能是从另一篇文献链接而来的。这种前所未有的自由度使信息资源处于无序状态，而且"海量"的信息和快速传播加剧了这种局面。

**5. 动态变化，管理困难** 网络中医药学信息资源是一个动态系统，许多信息的地址、链接、内容处于经常性的变化之中。有的网页几周就更新一次，某些重要的站点，其信息是每月、每周，甚至更频繁地更新。网络上信息的发布缺乏必要的管理机制，监控困难，所制定的标准规范难以实施，所以信息发布者和网站管理者的自律非常重要。

**6. 内容庞杂，质量参差** 网络中医药学信息资源内容无所不包，所以除了商业、学术和各种实用信息之外，有时也存在虚假和错误的内容。网络信息大多没有经过严格的审查，而且重复现象严重，造成用户需要花费大量的时间来寻找有用的信息。

（四）网络中医药学文献的评价方法

网络中医药学文献的评价可分为定性评价和定量评价两大类。

**1. 定性评价方法** 一般是指结合不同站点的收录信息原则，参照国内外权威机构的评价研究标准，对不同站点信息进行收录（学科、地区）范围、内容的准确性、权威性（是否有同行专家评审、是否有专业学会背景）、时效性、独特性、用户友好性、是否提供与其他网址的链接及链接稳定性等方面的定性评价。对于学术性强的中医药学文献资源评价多采用用户评价法、专家评价法和第三方评价法等。

（1）**用户评价法**：主要是由网络中医药学文献资源评价机构向用户提供相关的评价指标体系及方法，由用户根据其特定信息需求从中选择符合其需要的评价指标和方法。在这种方法中，评价机构仅将其选择的指标体系和评价指南告知用户，帮助或指导用户进行评价，而不是代替用户评价。

（2）**专家评价法**：是邀请有关学科专家、中医药学信息资源管理者、中医药学信息专家等依照定的指标体系对网站进行投标评比，将评比结果相加后，依高分向低分顺序排列，或按星级进行评级，一般有较严格、详细的评价准则。

（3）**第三方评价法**：是由第三方根据特定的信息需求，建立符合需求的中医药学文献评价体系，按照一定的评价步骤，得出评价结论。

**2. 定量评价方法** 传统的以专家评价意见为主要依据的第三方评价法存在诸多缺点，如人工评价不可避免地受到主观因素影响，各评价机构采用的评价标准和评价指标体系不尽相同，在一定程度上影响评价结果的客观性，也降低评价的可信度，评价过程花费时间过多等。为克服定性评价方法的缺陷，有学者提出了根据网络信息资源自身规律进行定量网络评价的思路，即网络计量法。

网络计量法是应用文献计量学、科学计量学及信息技术来分析各种信息媒介、信息交流的一种方法，可为网络信息资源评价提供依据。网络计量法在一定程度上克服了第三方评价法和用户评价法的主观性、价值偏向性，为人们提供了一个系统、客观、规范的数量分析方法，评价结果直观、具体，是网络信息评价的一个发展方向。

采用定量方法相对于第三方评价法或专家评价法来说，具有方便快速、客观公正、评价范围广等优点。但是，评价方法有局限性。目前，网络中医药学文献评价适宜的做法应是定性与定量的评价方法相结合。

(五) 网络中医药学文献的评价步骤

网络文献纷繁复杂，其文献质量良莠并存、鱼龙混杂。因此，在网络中医药文献的科研应用中，须使用最审慎的态度对网络文献进行评价。其具体过程大致可分为以下三步。

**1. 对网站和作者进行评价**
(1) 评价网页主办者的声誉，网站及其建站机构的权威性与知名度。一般来说，权威机构或者知名机构发布的信息在质量上比较可靠，尤其是政府机构、著名研究机构或大学发布的网络文献信息，可信度较高。同时，从网站的域名后缀，可预先了解网站的目的和网站上文献的相关信息。

.net：Network operations and service centers，网络服务商。
.org：Other organizations，非营利组织。
.gov：Governmental entities，政府部门。
.edu：Educational institutions，教研机构。
.pub：public，大众、公共、知名。
.info information，信息网与信息服务。
.name：一般由个人注册和使用。

整体而言，从.edu 或.gov 上获取的文献质量和可信程度较高。

(2) 评价网络文献作者的个人情况，包括作者的声誉与知名度，通常某领域的著名专家、学者或者社会知名人士发布的文献信息可信度较高，更能赢得用户的信任。网络文献如提供有作者的电子邮箱地址、电话等联系方式，可靠性较高，可以和作者取得联系，并和他讨论你关心的问题；相反，如果查到的文献没有作者、组织机构名称，甚至连电子邮箱地址都没有，则无法确定文献的权威性，不管其内容多么吸引人，都不能采用。

**2. 评价文献的时效性** 对许多研究课题来说，时效性是非常重要的。不同于传统文献，网络文献可以不停地被修改和更新，因此需要确定最初的文献创建日期、更新间隔周期和最新修改日期，是否还有其他的提供方式，如是否有印刷形式或者别的电子形式。然后确定该文献对研究课题是否必要，是否为最新的研究成果，如果所查到的文献达不到要求，或是需要更新的文献，则必须查找更好的资源。

**3. 评价文献内容** 该过程可参考传统文献内容的评价方法完成。

# 第四节　中医药科技项目查新

## 一、查新工作概述

"查新"一词，来源于专利审查，最早见于1978年6月公布的《专利合作条例》，其本意是新颖性检索（novelty search）。1985年，随着《中华人民共和国专利法》的实施，我国一些科技情报机构配合检索各国专利开展了专利查新公正。20世纪80年代后期，随着各行各业对科学研究、技术开发工作投入的增加，各级科研管理部门为了提高科研立项、成果鉴定与奖励的严肃性、公正性、准确性和权威性，制定了一系列科研管理办法和规定。其中，《中共中央关于科学技术体制改革的决定》的颁布，对科技查新工作的起始与发展起到了积极的引导和推动作用。国家科学技术委员会（现科学技术部）于1987年颁布了《中华人民共和国国家科学技术委员会科学技术成果鉴定办法》，1988年3月又颁布了《科学技术成果鉴定办法若干问题的说明》，对科技成果鉴定做出了许多新的规定，并对此赋予了法律效力。但当时评价科技成果所采取的方法主要还是依靠同行专家评议和生产实践效益证明，基本上属于"经验评价"的范畴，存在一定的局限性。于是，将科技查新作为科技项目的"情报评价"引入科研管理程序的方法就应运而生。1991年11月，国家科学技术委员会选定产生了第一批科技查新机构。实践证明，通过查新得到的"情报评价"极大提高了相关评议的准确性和客观性。

从科技查新产生发展到现在，我国的科技查新行业不断壮大，在科技查新机构数量、科技查新从业人员队伍、每年完成的科技查新项目的数量等方面都有了较大幅度的增长，科技查新工作所涉及的各个环节也日趋完善。2015年9月11日发布，2016年4月1日实施的《科技查新技术规范》（GB/T 32003—2015）规定：科技查新，简称查新，是以查新项目主题内容的查新点为依据，以计算机检索为主要手段，以获取密切相关文献为检索目标，运用综合分析和对比方法，对查新项目的新颖性做出文献评价的情报咨询服务。

根据《科技查新技术规范》（GB/T 32003—2015），申请查新业务资质的信息咨询机构应当具备下列条件。①查新机构文献资源要求：科技查新机构须具有连续15年以上的基本覆盖本机构查新专业范围的国内外文献资源（数据库），同时具备方便获取相应原文的能力；具有国际联机检索或网络数据库检索的手段。②查新机构设施要求：拥有固定的办公场所及方便接待用户的环境；配有查新工作所需的办公自动化设备及畅通的网络；配有查新项目文件归档管理的计算机、专用文件柜并有固定场所放置；按照本标准中的保密原则，对涉密查新项目应配有专用计算机、专用文件柜以及固定场所存放查新文档，并有专人管理；具有科技查新计算机管理系统。③查新机构人员要求：至少应具有取得资质的3名查新员和1名审核员。其中，查新人员需具有科技查新相关的专业知识和较宽的知识覆盖面，具有一定的外语阅读能力和计算机水平，熟悉新颖性判断原则，具有基本检索技能和文献分析与综合提炼能力，具有良好的沟通、理解和文字表述能力；具有中级（含）以上专业技术职称及本科（含）以上学历；经国家有关查新员的正规培训，具备从事查新的资格；遵守本标准及相关法律、法规。审核员需具有丰富的科技查新相关专业知识和宽阔的知识覆盖面，了解国家或省市相关科技政策，具有较高的外语水平和文献分析能力，熟悉新颖性判断原则，具有把握科技查新全过程的能力，具有对科技查新报告进行审核、对查新质量进行把关的能力及对查新员工作进行具体指导和纠错的能力；具有高级专业技术职称及本科（含）以上学历；具备查新员资格，且有5年以上查新工作经历，经国家有关查新审核员的正规培训，具备从事查新审核的资格；遵守本标准及相关法律、法规。④查新机构制度要求：具有健全的内部规章制度、质量管理体制和规范的业务流程。⑤证书要求：查新机构应当具有权威机构颁发的资质证书。

科技部、国家卫生健康委员会、教育部、中国人民解放军总后勤部等分别授权和设立国家级或部级查新机构，并有相应的科技查新管理办法。查新机构在从事查新活动中应当遵循文献依据、公正、客观、独立的基本原则，并在特定条件下遵循回避和保密原则。

科技查新是文献检索和情报调研相结合的情报研究工作，它以文献为基础，以文献检索和情报调研为手段，以检出结果为依据，通过综合分析，对查新项目的新颖性进行情报学审查，写出有依据、有分析、有对比、有结论的查新报告，是科学研究、产品开发和科技管理等活动中的一项重要基础工作。科技查新必须拥有较为齐全的查新资源（检索工具和数据库），工作人员需掌握了一定的查新知识和检索技能，有较高的外语水平和综合分析能力。根据查新委托人申请查新目的和用途，医药学科技查新可分为立项查新、成果鉴定查新、科技成果奖励或转化查新、新药报批查新和专利申请查新。根据医药学查新项目所涉及的学科进行分类，又可将查新分为生物科学查新，预防医学、卫生学查新，基础医学查新，临床医学查新，特种医学查新，中医、中药学查新，药学查新，生物医学工程学查新等。

## 二、查新工作意义

科技查新将科技信息部门与科研工作有机结合，既推动了科技信息的开发与利用，又在科研开发、科研管理中发挥着积极作用。

（一）为科研立项提供依据

科研领域为了避免低水平研究或重复性研究，在科研课题立项之前，需要在前期对每一个新的项目、新的研究进行充分的调研和论证，以确保其研究价值、创新性和可行性。研究人员和科研管理部门委托专门的查新机构对科研项目进行专题检索，针对研究目的、立论依据、技术路线、技术内容、技术指标、技术水平等方面是否具有科学性和新颖性作出评估。借此可以全面了解国内外相关领域科学技术的发展水平、研究开发方向；是否已研究开发或正在研究开发；研究开发的深度及广度；已解决和尚未解决的问题等，对所选课题是否具有新颖性的判断提供客观依据。通过查新报告，有助于科研人员判断自己的研究方向是否具有创新性，避免重复研究开发而造成人力、物力和财力的浪费和损失。同时，有助于更加精准地定位研究方向和目标，制定更加科学、合理的研究计划和技术路线。

（二）为科技成果鉴定、评审、验收、转化、奖励等提供依据

科技成果鉴定、评审、验收、转化、奖励等之前，科研管理部门需要针对科技成果的创新性进行评估，并由查新机构提供可靠的查新报告作为文献依据。首先，科技查新通过对现有文献、专利、技术报告等资料的检索和分析，能够全面了解国内外相关领域的研究现状和技术进展，借此鉴定科技成果是否具有创新性和先进性，有助于准确判断成果的价值和水平。其次，科技查新有助于确保科技成果的评审和验收过程的公正性和科学性。在评审和验收过程中，借助查新报告能够提供全面、客观的信息支持，评审专家可对成果的创新性、实用性及技术难度等方面做出更加准确、公正的判断。最后，科技查新还能为科技成果的转化和奖励提供有力支持。在成果转化阶段，投资者和合作方通常需要了解成果的技术特点、市场前景及潜在风险等信息。科技查新能够提供这些关键信息，有助于促进成果的顺利转化。同时，在奖励评审过程中，查新报告可以作为证明成果创新性和贡献度的重要依据，有助于确保奖励的公正性和合理性。因此，高质量的查新，结合专家丰富的专业知识，可以保证科技成果鉴定、评审、验收、转化、奖励等的权威性和科学性，从而确保科技成果的质量和价值得到准确评估，推动科技创新和进步。

（三）为新药研发与报批提供依据

新药研发是一个严谨的过程，药品研发立项或报批之前，相关管理机构需要由研发机构提供查新报告，作为立项或审批的重要的参考依据，借此可以了解国内外同类药物的研制动态，其研究进程如何，是否通过认证，是否申请专利，是否已进入流通，以及已流通的国家、地区或区域性的组织。在新药研发的初期阶段，科技查新能够帮助研发团队全面了解当前的药物研发趋势、已有的研究成果及潜在的研发方向。通过对相关文献、专利和临床数据的深入检索和分析，研发团队可以获取到最新的科研信息，从而避免重复劳动，提高研发效率。同时，查新还能为研发团队提供灵感，引导他们探索新的药物作用机制、优化药物结构，进而提升新药的疗效和安全性。新药报批过程中，科技查新报告也是不可或缺的重要材料。报批机构需要依据查新报告来评估新药的创新性、科学性和实用性。查新报告能够证明新药在研发过程中的独特性，以及其在治疗特

定疾病方面的潜在优势。此外，查新报告还能提供关于新药安全性、有效性等方面的充分证据，有助于确保新药顺利通过报批流程。科技查新还有助于提升新药的市场竞争力，拥有独特创新点的新药更容易获得市场认可。通过科技查新，研发团队可以更加准确地把握市场需求，针对特定疾病领域进行精准研发，从而提升新药的市场竞争力。

（四）为专利申请提供依据

科研成果申请专利前，按知识产权相关管理机构要求提交专利查新报告，借此了解国内外是否已有相同成果申报专利、专利保护的权限要求、批准的国家、地区或区域性组织及专利期限等，还可以通过专利查新了解与同类专利在技术指标和性能方面有无类似之处，为专利申报和获批提供文献参考依据。同时，通过检索和对比相关领域的现有专利和文献，科研人员可以判断自己的发明是否具有新颖性和创新性，从而避免重复申请或侵犯他人专利权，规避专利申请的风险，提高申请成功率。

（五）为教学、科研、医药工作人员提供科技信息

随着科学技术的不断发展，学科分类越来越细，信息的不同形式和不同载体已成为普遍现象，这给研究人员获取信息带来了一定的难度。有关研究表明，医药专业技术人员查阅文献所花的时间，约占其工作量的50%。然而，若通过专业查新人员查新，则可以大量节省科研人员查阅文献的时间。查新机构拥有丰富的信息资源、专业的检索技巧和完善的计算机检索系统，可提供从一次文献到二次文献的全面服务，内容涉及各种学术会议和期刊的论文、技术报告、学位论文、政府出版物、科技图书、专利、标准和规范、报纸和通告等，充分保证了信息的回溯性和时效性，基本能满足医药工作人员教学和科研工作的信息需求。

（六）为抵制各种不正之风提供了强有力的手段

科技查新坚持独立、客观、公正原则，所有查新人员从事的查新活动不受任何行政部门控制，也不受其他机关、企业、个人、查新委托人等的非法干预。同时，科技查新以公开发表的文献为基础，运用计算机检索和手工检索等手段，查出委托项目相关的文献，查新报告中的任何分析、技术特点描述及每一个结论，都以客观存在的文献为依据，查新人员不进行任何的主观判断和评述，并在附件处附上密切相关文献的原文。评审专家和管理人员在项目立项、成果鉴定、报奖等方面进行评议时应以此为重要依据，科技查新为抵制各种不正之风提供了强有力的手段。

## 三、查新工作原理

查新工作的原理是根据查新项目的需求，在对应的信息源中检索、匹配的过程。具有资质的查新机构利用所占有的文献资源优势和专业检索人员的技术优势，编制符合数据源标引格式和编制特点的检索策略，尽可能查全、查准相关文献，并将具有代表性的检索结果与查新项目进行比对，分析检索结果，总结差异和相同之处，并及时与查新委托人沟通和反馈，直至最终以查新报告的形式完成此项查新。

查新工作与文献检索的区别在于：文献检索是针对具体课题的需要，查找一定范围内的文献，仅提供文献或文献线索，对检出的文献不进行分析和评价，其关键是相关文献的查全率，其目的是提供文献依据。查新则是文献检索和情报调研相结合的情报研究工作，其以文献为支撑，以文献检索和情报调研为手段，以查新项目的科学技术要点和检出的科技文献及相关信息为基础，通过运用文献对比、综合分析等情报学研究方法，对查新项目的新颖性进行情报学审查，撰写并提

供具有参考价值的查新报告,其目的是为科研单位、科研管理部门及相关的评审机构提供立项和评审依据。因此,查新有较严格的年限、范围和程序规定,有查全、查准尤其是查准率的严格要求,要求给出明确的结论,查新结论具有鉴证性,这些都是单纯的文献检索所不具备的。

## 四、查新工作原则

### (一)基本原则

基本原则包括文献依据原则、公正原则、客观原则和独立原则。文献依据原则指科技查新是以公开文献为依据判断查新项目的新颖性,不包括"使用公开"和"以其他方式公开"。公正原则指查新机构应当站在公正的立场上完成查新。客观原则指查新机构应当依据公开文献客观地完成查新,查新报告中的任何技术性描述、分析对比、结论,不包含任何个人偏见。独立原则指查新不受任何行政部门、社会团体、企事业单位、个人、查新委托人等的干预。

### (二)单一性原则

单一性指一个查新项目应当限于一个主题,只有当多个主题有一个密不可分的特定技术特征时才允许出现在同一查新项目中。

### (三)新颖性原则

**1. 新颖性判断原则**　新颖性指查新内容在查新委托日之前,除委托人发表的文献外,查新委托项目的部分或全部科学技术要素没有在国内外出版物上公开发表过。

新颖性是查新报告的重点,其判断原则包括单独对比原则、相同排斥原则、具体(下位)概念否定一般(上位)概念原则、突破传统原则、惯用手段的直接置换(否定)原则。其中,相同排斥原则、具体(下位)概念否定一般(上位)概念原则、突破传统原则、惯用手段的直接置换(否定)原则是从技术层面对"是否具备新颖性"给出的判定标准。

(1)单独对比原则:要求在判断查新项目新颖性时,应当将查新项目的各查新点分别与每一篇对比文献公开的相关内容单独比较,不得将其与几篇对比文献公开的相关内容的组合或者与一篇对比文献中的多项技术方案的组合进行比较,也不得要求一篇文献覆盖所有的查新点才能比较。本原则是从操作层面上对"如何对比"作出的规定。例如,查新项目为"代谢组学联合转录组学研究人参和制远志防治阿尔茨海默症的作用机制",相关文献如果仅使用了代谢组学方法或转录组学方法,那么不能否定查新项目的新颖性。

(2)相同排斥原则:如果查新项目在科学技术领域、研究目的、技术方案和技术效果等方面均与已公开报道的某一对比文献实质上相同,则该项目缺乏新颖性。另外,同样的项目还可以是科学技术领域和目的相同,技术解决手段实质上相同,预期效果相同的项目。在查新时,对"同样的项目"采取"相同排斥原则",查新项目的科学技术要点与检出文献相比较,在研究内容、研究目标、研究方法、技术方案、研究结果和结论等方面均出现了实质性相同,即可以判断其缺乏新颖性,反之则存在新颖性。本原则在实际应用中相对容易理解和把握,如查新项目为"利用斜外侧椎间融合术治疗腰椎感染疾病",检索中查到一篇"斜外侧椎间融合术联合侧方椎体螺钉固定治疗腰椎间隙感染早期临床疗效"的文献,虽然这篇文献与查新项目的细节存在不一致,但都是利用斜外侧椎间融合术治疗腰椎感染,其实质相同,因此新颖性不成立。

(3)具体(下位)概念否定一般(上位)概念原则:在同一科学技术主题中,当查新项目和对比文献分别采用一般(上位)概念和具体(下位)概念限定同类技术特征时,具体(下位)概念的公开可使采用一般（上位）概念的查新项目失去新颖性。反之，一般（上位）概念的公开并不影响采用具体（下位）概念的查新项目的新颖性。本原则要求查新员对概念之间的上下位关系有所了解，在实际查新工作中，可参考 Mesh、Emtree 和中国中医药学主题词表。例如，查新点为"中西医结合治疗肾功能不全"，检索时查到一篇有关"中西医结合治疗急性肾损伤"的文献，在 Mesh 词表中，"急性肾损伤"为"肾功能不全"的下位词，根据具体（下位）概念否定一般（上位）概念原则，判定新颖性不成立。

（4）惯用手段的直接置换否定原则：如果查新项目与对比文献的区别仅仅是所属技术领域惯用手段的直接置换，则不具备新颖性。

（5）突破传统原则：传统上对某个技术问题普遍存在的认识是引导人们舍弃某种技术手段，如果查新项目恰恰突破传统，采用了其他技术手段解决了技术问题，则查新项目具有新颖性。突破传统原则强调技术问题的解决，而立项阶段问题尚未解决，因此这条原则仅适用于成果查新中新颖性的判断。如果在现有技术中公开的某个数值范围或操作是为了告诫所属技术领域的技术人员不应当选用该数值范围或操作，而查新项目却正是突破这种传统确立该数值范围或操作，那么项目具有新颖性。例如，查新项目将某种药物或手术应用于其禁忌证人群的治疗中，发现该药物或手术能成功治疗疾病而不引发患者更大的风险，则查新项目具有新颖性。

**2. 新颖性分析的内容与方法**

（1）新颖性分析的内容：查新工作的新颖性分析主要是针对查新项目的查新点与检索结果的科学技术要素进行比对分析。查新点所体现的是查新项目的创新内容，包括理论、原理、方法、成分、材料、配方、功能及效用等。检索结果的科学技术要素体现的是整个相关研究主题的现状和动态。通过比较两者之间有无实质性差异，可以分析创新的类型，包括开拓、组合、选择、领域转用、要素变更、应用情况等。常用于判断查新点新颖性的条件如下。

1）发明创造：如在所属技术领域内外，各个查新点均未见相关报道。

2）开拓创新：如主要查新点未见相关报道，仅个别技术手段采用了通用方案。

3）领域转用：如在所属技术领域外，已有同样成果，且覆盖全部查新点，但在该领域范围内属首次移植应用。

4）付诸应用：如已覆盖全部技术领域，但首次应用于实践层面。

5）要素变更：如借鉴国外研究成果，但在国内属首次应用。

（2）新颖性分析的方法：包括技术创新来源分析、技术研究现状分析、国内外信息对比分析和新颖点特征分析。

1）技术创新来源分析：分析查新项目的新颖性，首先应该分析查新项目所属的学科专业、理论基础、技术方法、研究方式等，即查找创新源。任何科学研究都不会是无源之水、无本之木，其必须建立在一定的理论基础和实验方法之上。还应该分析本学科领域和相关学科的理论支持和技术支撑，它是科研立项、成果查新、专利申报、新药审批的重要创新源泉，也为分析查新项目是否新颖提供方向性的指导。

如中药材远志传统"辨状论质"理论认为其"皮厚者佳"，但是其发生发育规律、物质基础及分子调控机制尚不清楚。拟开展分析"多组学联合分析远志中三萜皂苷类成分在不同组织间的空间分布定位及其转录调控机制"，该研究项目尝试基于比较代谢组学、空间代谢组学、基因组学和比较转录组学相结合的研究方式，分析三萜皂苷类成分在远志药用部位根的周皮、次生韧皮部、次生木质部中的空间分布情况及调控分布的分子机制。通过该项目的名称及主要技术内容，即可判断其属于中医药学的基础实验研究，提示了其技术创新的来源。

2）技术研究现状分析：对同类研究技术、方法、手段、成果的总体特点和水平进行分析，可以判断查新点是否具有新颖性。技术研究现状以检索获取的全部文献作为依据，作出现有技术水平的总结，将其与查新点进行对比，也是判断查新项目有无新颖性的基础。

如对"多组学联合分析远志中三萜皂苷类成分在不同组织间的空间分布定位及其转录调控机制"查新项目技术文献和文献检索结果内容进行阅读分析，发现国内外对远志的研究集中在化学成分、药理作用、栽培等方面。因此，该查新项目拟开展远志不同组织部位的主要有效成分空间分布与积累差异、代谢调控机制等研究内容，在国内外均具有前瞻性。

3）国内外信息对比分析：将国内外各种相关文献与查新委托项目查新点进行分析判断，是判断查新项目新颖性的宏观特征。

如我国有关远志皂苷类的研究主要集中于不同产地样品的含量差异、药理作用，未涉及空间分布、转录调控等实验室研究。而国内外已见有文献报道空间代谢组学分析中药主要有效成分的空间分布，基于基因组学、比较转录组学探讨主要有效成分的生物合成途径关键酶基因的挖掘与验证等实验研究的报道，但未涉及远志中三萜皂苷类成分具体空间分布与积累的报道，也未涉及转录调控是如何影响远志根结构发育及成分组织分布的报道。

4）新颖点特征分析：对查新项目宏观特征进行把握后，还可以进一步深入其技术层面，探讨是否还存在有新颖点，是判断查新项目新颖性的微观把握。

就"多组学联合分析远志中三萜皂苷类成分在不同组织间的空间分布定位及其转录调控机制"查新项目以上宏观内容的分析把握，即可发现该查新项目至少具有 2 个新颖点。①基础理论方面：从理论上探讨了三萜皂苷类成分在远志根部不同组织间的分布、积累及分子调控机制。②研究方法方面：多组学联合分析，系统解析远志中三萜皂苷类的空间分布及转录调控机制，系统回答远志"皮厚者佳"这一中医药传统"辨状论质"特征。

（四）回避和保密原则

**1. 回避原则**　查新机构在从事查新活动时，应当执行如下回避制度。
1）查新机构、查新员、审核员应当与查新项目无利害关系。
2）查新机构受理本机构内部的查新委托时，不得对外出具查新报告。
3）查新机构在委派查新员和审核员时，应当遵循下列回避原则。
A. 不得委派在与查新项目有关联的单位（包括查新项目承担单位、使用单位或者申请单位及合作单位等）任职，或者离职后未满 2 年的人员。
B. 不得委派持有与查新项目有关联的单位的股票、债券，或者在这些单位有其他经济利益的人员。
C. 不得委派与查新项目有其他利害关系的人员。

**2. 保密原则**　查新机构及其工作人员在处理查新事务时，应当遵循以下保密原则。
1）维护查新项目所有者的知识产权，不得非法占有、使用或者向他人披露、转让查新项目所有者的科技成果。除以下人员和机构外，查新机构及其工作人员不得向任何人泄露查新项目的科学技术秘密和查新结论。
A. 查新委托人或者由查新委托人明确指定的人（或机构）。
B. 法律、法规允许的第三方（如省、自治区、直辖市的科学技术行政部门，国务院有关部门、直属机构、直属事业单位的科技项目管理机构等）。
C. 具有管辖权的专业检查组织。
2）涉及国家秘密的查新项目，应依照《中华人民共和国保守国家秘密法》和科学技术保密的有关规定处理。

（彭　亮　王莉宁）

# 第八章 中医药文献信息的数据挖掘

## 第一节 数据挖掘概述

### 一、数据挖掘的产生

数据挖掘（data mining）是用于大规模数据处理的一种新的思维方法和技术手段。它是在现实生活中的各种数据量呈指数级不断增长，以及以数据库（database）技术为核心的信息技术逐渐成熟的条件下而产生。数据挖掘可以帮助用户发现隐藏在大型数据库中的规律和模式，它融合了人工智能（artificial intelligence，AI）、统计（statistics）、机器学习（machine learning，ML）、模式识别（pattern recognition，PR）和数据库等多种学科的理论、方法与技术。近年来，数据挖掘已经广泛应用于商业、企业、政府、科研及体育等多种不同类型的组织机构和领域中，尤其是在中医药领域的广泛应用正在兴起。在日常生活中，数据挖掘技术也已经潜移默化地参与到对人们生活质量的改善过程中。

一个数据挖掘最有名的例子，即"尿布与啤酒"的故事，并以此说明数据挖掘的几个特征。实际上，数据挖掘最初的应用领域就是在商业上，"尿布与啤酒"的故事只是一个广为人知的有趣范例而已。为了分析顾客最有可能一起购买哪些商品，全球最大的零售商沃尔玛（Wal-Mart）利用数据挖掘方法，对数据库中的大量数据进行分析，意外发现，跟尿布一起购买最多的商品竟然包括啤酒。为什么两件风马牛不相及的商品会被人一起购买？分析发现，原来妻子们常叮嘱她们的丈夫，下班后为小孩买尿布，而丈夫们在买尿布时又随手带回几瓶啤酒。既然尿布与啤酒一起购买的次数最多，商店就将它们摆放在一起，结果，尿布与啤酒的销售量都得到较大的增长。

数据挖掘的兴起还有着它的应用背景。当全球向信息化社会迈进之际，人类利用信息技术收集、加工、组织、生产信息的能力也极大提高，诞生了数以万计的数据库，这些数据库在科学研究、技术开发、生产管理、市场扩张、商业运营、政府办公等方面发挥巨大作用。然而，随着信息量的不断增多，特别是网络信息资源的迅猛扩张，人类面临着新的挑战。如何不被堆积如山的信息淹没？如何迅速地从海量信息中获取有用数据？如何充分提高信息的利用率？数据挖掘技术应运而生。从目前的发展趋势来看，数据挖掘技术的研究与应用越来越显示出其强大的生命力。

数据挖掘出现于 20 世纪 80 年代末，最早是以从数据库中知识发现（knowledge discovery in database，KDD）研究起步。KDD 一词首先出现在 1989 年人工智能国际会议上，以后这一研究逐渐成为热点。由于这项研究对象的扩展，人们更多的称之为数据挖掘。1995 年，召开了第一届知识发现和数据挖掘国际会议，以后每年召开一届。我国从事数据挖掘的研究较晚，约开始于 20 世纪 90 年代中期，近年来许多高校、科研院所在这一领域开展研究，并取得了许多成绩。数据挖掘不仅是来自对"堆积如山"的信息量的处理需求，更是由于社会发展各方面的迫切需要而发展起来的。如企业为了提高自己的竞争力，开展良好的商业运作，信息提供商对网络信息资源的组织等都需要数据挖掘技术。

数据库系统经过数十年的发展，已经保存了大量的日常业务数据。随着数据库和各类信息系统应用的不断深入，每年都要积累大量的数据，并呈增量发展趋势。大量信息是当今信息社会的特征之一，是我们的宝贵财富。然而面对海量数据，我们往往无所适从，无法发现数据中存在的关系和规则，无法根据现有的数据预测未来的发展趋势，导致"我们淹没在数据的海洋中，但却缺少知识"的现象。人们开始考虑："如何才能不被信息淹没，而是从中及时发现有用的知识，提高信息利用率"。我们希望运用数据挖掘技术从这些数据中挖掘出知识来。大量数据的背后隐藏了很多具有决策意义的信息，通过对海量数据的分析，发现数据之间的潜在联系，为人们提供自动决策支持。

数据挖掘技术是人类长期对数据库技术进行研究和开发的结果。数据库技术最初用于联机事务处理，即实现对大量数据的统一存储，并提供数据查询、插入、删除等事务性操作。随着大量历史数据的积累，人们不再满足于只是简单地查询和修改数据，而是希望能够发现数据之间的潜在关系。因此，人们对数据库技术提出了新的要求，随着相关学科和研究领域的日渐成熟，以及现实世界中商业竞争压力的日渐残酷，企业急切希望通过快速处理这些数据获得有利于企业进一步发展的决策依据，而是否能够最大限度地使用信息资源来管理和影响企业决策流程，将决定企业是否能拥有最大限度的竞争优势，数据挖掘技术应运而生，并得到快速的应用。

数据挖掘可以应用在不同的领域。数据挖掘能够对将来的趋势和行为进行预测，从而很好地支持人们的决策，如银行可以使用数据挖掘发现有价值的客户，保险公司和证券公司可以使用数据挖掘来检测欺诈行为。通过数据挖掘能自动在大量数据中寻找预测性信息，因此以往需要领域专家和分析人员进行大量人工分析的问题，如今可以直接由数据本身迅速得出基于知识的决策。

## 二、数据挖掘的概念

数据挖掘，顾名思义就是从大量的数据中挖掘出有用的信息，即从大量的、不完全的、有噪声的、模糊的、随机的实际应用数据中，发现隐含的、规律性的、人们事先未知的，但又是潜在有用的，并且最终可理解的信息和知识的非平凡过程。事先未知的信息是指该信息是预先未曾预料到的或称之为新颖性。数据挖掘就是要发现那些不能靠直觉发现的信息或知识，甚至是违背直觉的信息或知识。挖掘出的信息越是出乎意料，就可能越有价值。所挖掘的知识类型包括模型、规律、规则、模式、约束等。潜在有用性是指发现的知识将来有实际效用，即这些信息或知识对于所讨论的业务或研究领域是有效的、有实用价值和可以实现的。常识性的结论或已被人们掌握的事实或无法实现的推测都是没有意义的。最终可理解性要求发现的模式能被用户理解，目前它主要体现在简洁性上。发现的知识是可接受、可理解、可运用，最好能用自然语言表达所发现的结果。非平凡过程是指数据挖掘过程不是线性的，在挖掘过程中有反复、有循环，所挖掘的知识往往不易通过简单的分析得到，这些知识可能隐含在表面现象的内部，需要经过大量数据的比较分析，应用一些专门处理大数据量的数据挖掘工具来进行挖掘。

数据挖掘的定义非常模糊，对它的定义取决于定义者的观点和背景。因此，数据挖掘并没有一个完全统一的精确定义，在不同的文献或应用领域也有一些其他的定义，现在被人们广泛采用的是由美国 Usama M. Fayyad 等给出的定义。①Fayyad 定义数据挖掘是一个确定数据中有效的，新的，可能有用的并且最终能被理解的模式的重要过程。②Zekulin 定义数据挖掘是一个从大型数据库中提取以前未知的、可理解的、可执行的信息，并用它来进行关键的商业决策的过程。③Ferruzza 定义数据挖掘是用在知识发现过程中，来辨识存在于数据中的未知关系和模式的一些方法。④Jonn 定义数据挖掘是发现数据中有益模式的过程。⑤Parsaye 定义数据挖掘是我们为那些未知的信息模式而研究大型数据集的一个决策支持过程。这些定义主要是从数据挖掘的商业应用出发，从此角度看，数据挖掘的主要特点是对商业数据库中的大量事务数据进行抽取、转化、分析和模式化处理，从中提取商业决策的关键知识，即从数据库中自动发现相关商业模式。

数据挖掘是一个利用各种分析工具在海量数据中发现模型和数据间关系的过程，使用这些模型和关系可以进行预测，它帮助决策者寻找数据间潜在的关联，发现被忽略的因素，因而被认为是解决当今时代所面临的数据爆炸而信息贫乏问题的一种有效方法。数据挖掘的方法和数学工具包括统计学、决策树、神经网络、模糊逻辑、线性规划等。

## 三、数据挖掘的分类

从不同的角度出发，可以对数据挖掘进行不同的分类，如根据所挖掘的数据库类型、发现的知识类型和采用的技术类型等，都可以对数据挖掘进行分类。下面仅从挖掘发现的知识类型对数据挖掘进行分类。

发现各类规则是数据挖掘可以提供的结果之一。如果目的是发现关联规则，则可以称为关联规则挖掘，类似地，还有特征规则挖掘、分类规则挖掘、时序规则挖掘及偏差规则挖掘等。

（一）关联规则挖掘

关联规则（association rule）是数据挖掘中最先研究的对象之一，Agrawal 等在 1993 年首先提出了顾客交易数据库中"项集间"的关联规则挖掘问题，之后这方面的研究论文已经达到数千篇。关联规则的挖掘在实践中也有比较成熟的应用，挖掘的目的也从最初的发现项集之间的关联关系扩展为不同类型的关联关系。

（二）特征规则挖掘

从与学习任务相关的一组数据中提取出这些数据的表达式，用来描述数据集的总体特征。特征规则挖掘在商业中有着广泛的应用。例如，将客户分成不同类型后，再进一步分析各类客户的特征。具体方法有：①通过购买力分析发现不同类型客户的不同特征规则，把高购买力的消费群体发展成固定客户；②通过时段分析获得客户最近购买情况的特征规则；③通过购买频率分析，挖掘各购物频率范围的客户特征规则；④以客户购买的金额分析为依据，挖掘购物总金额在某个范围内的客户的特征规则；⑤以客户最近购物日、购物频率、购物总金额等为依据，挖掘最有价值的客户的特征规则。

（三）分类规则挖掘

分类是数据挖掘的主要内容之一，主要是通过分析实验数据样本，产生关于类别的精确描述。分类的结果通常是分类规则，可以用来对未来的数据进行预测。例如，信用卡公司的数据库中一般会保存着持卡人的记录，公司根据信誉程度，将持卡人分为三类：良好、一般、较差。分类规则挖掘就是发现不同信誉等级的规则，如"年收入在 5 万元以上且年龄在 40～50 岁的客户信誉良好"，根据得到的规则就可以对其他客户进行分类。

## （四）时序规则挖掘

时序规则指的是和时间有关的规则，有时也可以称为序列模式。例如，在保险业里，可以利用时序规则找出在顾客的生命周期中，购买保险的时间顺序与规律，协助保险公司找出针对既有保户再销售的最佳方案。

## （五）偏差规则挖掘

偏差包括分类中的反常实例、例外模式、观测结果对期望值偏离量及其随时间变化等。偏差规则挖掘的基本思想是寻找观察结果与参照量之间有意义的差别。

## 四、数据挖掘的对象

从原则上讲，数据挖掘可以针对任何类型的数据库进行，当然也包括非数据库组织的文本数据源、WEB 数据源及复杂的多媒体数据源等。下面对关系数据库、数据仓库、文本数据库、多媒体数据库等进行简要介绍。

### （一）关系数据库

关系数据库是表的集合，每张表都有一个唯一的标识（表名），表的每一列表示一个属性（也称字段），用唯一的字段名来标识，表中每一行为一个元组（也称记录），所有的记录都被顺序指定了记录号。对数据库进行管理、存取、维护和完整性与安全性控制的软件称为数据库管理系统（database management system，DBMS）。

关系数据库是数据挖掘最重要、最流行，也是信息最丰富的数据源，是对数据挖掘研究的主要对象之一。关系数据库的结构化查询语言主要为 SQL（Structured Query Language），SQL 查询被转换成一系列的关系操作，如选择、连接、投影等。这些操作可以解决人们提出的许多问题，也可以产生新的关系表，几乎所有的资源都可以用关系表（关系模型）来表达。数据挖掘用于关系数据库时，可以通过关联分析等技术发现知识和潜在信息，如超市所销售的商品之间的联系，分析不同年龄层次的顾客购物倾向等。

### （二）数据仓库

数据仓库可以说是数据技术发展的高级阶段，它是面向主题的、集成的、内容相对稳定的、随时间变化的数据集合，可以用来支持管理决策的制定过程。数据仓库系统允许将各种应用系统、多个数据库集成在一起，为统一的历史数据分析提供坚实的平台。

数据仓库是源于决策支持过程的需要而产生的，因此它首先是面向决策支持的，其目的是要建立一种高度一体化的数据存储处理环境，将分析决策所需的大量数据从传统的操作环境中分离出来，使分散的、不一致的操作数据转换成集成的、统一的、相对固定的信息。数据仓库最有效的数据挖掘工具是多维分析方法（multidimensional data analysis，MDA），也称为联机分析处理（online analytical processing，OLAP）。

数据挖掘需要有良好的数据组织和"纯净"的数据，数据的质量直接影响数据挖掘的效果，而数据仓库的特点恰恰最符合数据挖掘的要求，它从各类数据源中抓取数据，经过清洗、集成、选择、转换等处理，为数据挖掘所需的高质量数据提供了保证。可以说，数据挖掘为数据仓库提供了有效的分析处理手段，而数据仓库为数据挖掘准备了良好的数据源。因此，随着数据仓库与数据挖掘的协调发展，数据仓库必然成为数据挖掘的最佳环境。与传统数据库相比，数据仓库具有如下特点。①面向主题：如政策数据仓库，客户数据仓库。②集成性：不是简单的数据堆积，而是经过清理、去冗，综合多个数据源将其集成到数据仓库。③数据的只读性：对用户来说，数据仓库中数据只供查询、检索、提取，不能进行修改、删除等操作。④数据的历史性：历史性主要指对过去数据的积累。⑤随时间的变化性：数据仓库中的数据随时间推移而定期地被更新。数据仓库还有其他一些特点，但与数据库对比并不十分明显。总之，数据仓库的这些特点是非常适合进行数据挖掘的。

### （三）文本数据库

文本数据库所记载的内容均为文字，这些文字并不是简单的关键词，而是有句子、段落甚至全文等，文本数据库多数为非结构化，也有些是半结构化的（如题录数据加全文、HTML、email邮件等）。Web网页也是文本信息，把众多的Web网页组成数据库就是最大的文本数据库，如果文本数据具有良好的结构，也可以使用关系数据库来实现。

在文本数据库中数据挖掘能够挖掘的内容如下。首先从用户的角度分析。用户从大量的文本信息源中获取信息，希望能够得到反映某个主题的所有文本，或是希望获取某一类信息的所有文本。当然，由于找到的文本很多，篇幅也可能很长，希望能够把长文本浓缩成反映文本主要内容的短文本（摘要），通过对短文本的阅读进一步筛选信息。因此，针对文本数据库的数据挖掘，主要包括文本的主题特征提取、文本分类、文本聚类及文本摘要等。

### （四）复杂类型数据库

复杂类型的数据库是指非单纯文本的数据库或能够表示动态序列数据的数据库，主要有如下几类。

**1. 空间数据库**　是指主要存储空间信息的数据库，其中数据可能以光栅格式提供，也可能用矢量图形数据表示。例如，地理信息数据库、卫星图像数据库、城市地下管道、下水道各类地下建筑分布数据库等。对空间数据库的挖掘可以为城市规划、生态规划、道路修建提供决策支持。

**2. 时序数据库**　是指主要用于存放与时间相关的数据，它可用来反映随时间变化的即时数据或不同时间发生的不同事件。例如，连续的存放即时的股票交易信息，卫星轨道信息等。对时序数据的挖掘可以发现事件的发展趋势、事物的演变过程和隐藏特征。这些信息对事件的计划、决策和预警非常有用。

**3. 多媒体数据库**　是指用于存放图像、声音和视频信息的数据库。由于多媒体技术的发展，以及相关研究（如可视化信息检索、虚拟现实技术）的成就，多媒体数据库也逐渐普及，并应用于许多重要研究领域。目前，多媒体数据的挖掘主要放在对图像数据的检索与匹配上，随着研究的深入，会拓展到对声音、视频信息的挖掘处理，如对影视信息的摘录处理。

## 五、数据挖掘与知识发现

前面讲述数据挖掘来源的时候已经提到了数据挖掘和知识发现两个词之间的关系，在很多情况下两个词可以不加区分地混用，但是它们之间还是有一定的差别，前者是后者的一个阶段。

### （一）知识发现的定义

数据库中的知识发现是指识别出存在于数据库中有效的、新颖的、具有潜在效用的、最终可理解的模式的过程。知识发现用数学语言可以定义如下。

设 $F$ 是数据集合，$E$ 是用语言 $L$ 描述 $F$ 的子集 $F_E$ 的表达式，知识价值是指有效的（$C$）、新颖的（$N$）、具有潜在效用的（$U$）、简单的（$S$）综合体，即 $I(E,F,C,N,U,S)$。如果对指定阈值 $i$，有 $I(E,F,C,N,U,S) > i$，则 $E$ 被称为知识。

（二）知识发现的步骤

KDD 的整个过程包括在指定的数据库中用数据挖掘算法提取模型，以及围绕数据挖掘所进行的预处理和结果表达等一系列步骤。尽管数据挖掘是整个过程的核心，但它通常只占 15%~25% 的工作量。KDD 是一个以知识使用者为中心，人机交互的探索过程。

其主要步骤如下。①熟悉应用领域、背景知识及用户的 KDD 任务性质。②数据获取：从各种类型的数据源中抽取数据，通过选择、抽样、映射、汇总等操作确定相关的数据集合。③数据清理和预处理：检查数据的完整性，除去错误和冗余数据，整理不一致数据，处理丢失数据，更新数据和时序信息，并将其准备成数据挖掘工具所需的表达形式。④数据转换：通过汇总、聚集、降低维数等数据转换方法将数据统一成适合挖掘的形式，减少数据量，降低数据的复杂性。⑤确定数据挖掘的任务，如聚类、分类、回归分析等。⑥选择数据挖掘算法：选择适当的模型和参数。⑦执行数据挖掘过程：发现数据中存在的潜在模式并表示成容易理解的形式。⑧评价和解释发现的模式，必要时反复执行步骤①至步骤⑦。⑨采用可视化方法和知识表现技术，将发现的模式提交给用户。

这 9 个步骤可以归结为知识发现的 3 个过程。①数据准备：包括数据集成、数据选择、数据预处理 3 个子步骤。数据集成将多文件或多数据库运行环境中的数据进行合并处理，解决语义模糊性，处理数据中的遗漏和清洗脏数据等。数据选择的目的是辨别出需要分析的数据集合，缩小处理范围，提高数据挖掘的质量。预处理是为了克服目前数据挖掘工具的局限性，将数据转换为数据挖掘工具所要求的格式。②数据挖掘：首先确定挖掘任务，然后选择合适的工具，进行挖掘知识的操作，最后证实发现的知识。③结果的表达和解释：根据最终用户的决策目的对提取的信息进行分析，把最有价值的信息区分出来，并且通过决策支持工具提交给决策者。

一个知识发现系统是从存储在现实数据库的数据中发现并抽取未知的、有价值的模式的一系列结构的综合体，由一组功能各异而又相互作用的子系统组成，基本结构包括：①控制器处理其他部件的请求。②界面生成数据查询及返回发现结果。③知识库存储领域信息。④集中器确定相关数据。⑤模式抽取器包括若干知识抽取算法。⑥评价器评价所发现知识的价值。

输入包括三部分信息：①用户向控制器提供高层挖掘命令。②DBMS 提供源数据。③知识库提供领域知识。DBMS 选择的源数据经过抽取算法的处理产生候选模式，将被评价器认为有价值的模式返回给用户，同时将之存入知识库，以支持以后的数据挖掘。

（三）知识发现与数据挖掘的区别

一般认为，知识发现和数据挖掘的区别主要在于以下两点：①知识发现应用特定的数据挖掘算法按指定方式和阈值抽取有价值的知识和模式，并进行评价和解释的一个反复循环的过程，对发现的知识不断求精深化，使其易于理解；而数据挖掘只是这一过程的一个特定步骤，即利用特定的数据挖掘算法生成模式的过程，而不包括数据的预处理、领域知识结合及发现结果的评价等步骤。②数据挖掘多为统计学家、数据分析专家及管理信息系统采用；知识发现则是一个众多学科相互交融形成的一个有广阔前景的领域，如有人工智能、机器学习、模式识别、统计学、数据库、知识库及数据可视化等。

# 第二节　数据挖掘的常用技术

## 一、数据挖掘特点与过程

数据挖掘是汇集数据库、人工智能、统计学等不同学科领域知识的交叉学科，因而近年来备受关注。它与知识发现（KDD）含义不同，"啤酒与尿布"的例子也可以展示数据挖掘的一些重要特点，归纳如下。①处理的数据规模巨大，否则单纯使用统计方法处理数据就足够了。②查询一般是决策制定者（用户）提出的即时随机查询，往往不能形成精确的查询要求，要依靠数据挖掘技术寻找可能感兴趣的东西，也就是说挖掘出来的知识不能预知。③数据挖掘既要担负发现潜在规则的任务，还要管理和维护规则。在一些应用中，由于数据变化迅速，规则只能反映当前数据库的特征，随着不断地加入新数据，规则要不断更新，要求在新数据的基础上修正原来的规则，从而快速做出反应，这种情况可称为"增量式"数据挖掘。④在数据挖掘中，规则的发现基于大样本的统计规律，当置信度达到某一阈值时，就可以认为规则成立。

数据挖掘的基本过程包括数据收集、整理、挖掘、挖掘结果评价、分析决策。这需要多个循环反复的过程才可能达到预期效果。具体来言，在不同的应用领域，其步骤不尽相同，在医药领域有它的独特性。①理解拟解决问题在本领域的意义，确定目标和成功标准；②理解熟悉数据；③根据提炼的主题处理数据、建立数据仓库，这也是个动态的循环过程；④数据挖掘包括数据模型的选择、训练和验证过程、建模和模型的品质评价，对于同过程可利用不同算法，这是对数据的不同角度理解每种算法合理的可能性，实际运用时要反复验证比较；⑤结果评估应用，对于提取的新知识合理解释，并要求合理解释具有一定的应用价值。

## 二、常用数据挖掘方法

分析时需根据不同目的，运用不同方法，并且采用单一分析方法常难以满足要求。当前数据挖掘工具常采用决策树、神经网络、关联规则、OLAP 联机分析处理、遗传算法、Knearest 最邻近、数据可视化和传统统计方法等。这些工具蕴含大量的挖掘模型，医药领域常用的是关联分析、趋势分析、分类分析、聚类分析、序列分析、偏差检测和可视化技术。

### （一）决策树

决策树（decision tree）是在模式识别中进行分类的一种有效方法，它可以帮助人们把一个复杂的多类别分类问题转化成若干个简单的分类问题，在形式上是一棵树的结构，由中间结点、叶结点和分支组成。决策树的构造从根结点开始，选择合适的属性把样本数据集合分割为若干子集，建立树的分支，在每个分支子集中，重复建树的下层结点和分支的过程，直到条件满足为止。训练好的决策树用来预测新样本的类别。

决策树是建立在信息论基础上的，主要解决分类问题的一种方法。它利用信息"增益"寻找数据库中最大信息量的属性建立个节点，采用递归方式自顶向下逐个依据节点属性的不同取值建立树的分支，从而构建树的模型。它实现了数据规则的可视化，具有精度高、运算速度快、结果易理解、效益好的优点。①决策树方法不需要假设先验概率分布，这种非参数化的特点使其具有更好的灵活性和鲁棒性（鲁棒性是"robustness"一词的音译，也可意译为稳健性）。②决策树方法不仅可以利用连续实数或离散的数值样本，而且可以利用"语义数据"，如离散的语义数据：

东、南、西、北等。③决策树方法产生的决策树或产生式规则集具有结构简单直观，容易理解，以及计算效率高的特点。④决策树方法能够有效地抑制训练样本噪声和解决属性缺失问题，因此可以解决由于训练样本存在噪声而使分类精度降低的问题。

（二）关联规则

关联规则挖掘是为了发现大量数据中项集之间有趣的关联或相关联系。它在数据挖掘中是一个重要的课题，最近几年已被业界广泛研究。关联规则是通过关联分析描述事物中某些属性出现的规律和模式，从而依据所期望的可信度、支持度、作用度建立相关规则，对未知问题进行推测。关联规则挖掘的一个典型例子是购物篮的分析，著名的例子是市场分析中的啤酒和尿布关系的销售分析联机分析处理（OLAP）。关联规则研究有助于发现交易数据库中不同商品（项）之间的联系，找出顾客购买行为模式，如购买某一商品对购买其他商品的影响。分析结果可以应用于商品货架布局、存货安排等，以及根据购买模式对用户进行分类。它从不同层次、维度进行数据库汇总，利用多维方式对数据分析、查询、报表，以达到对当前及历史数据分析辅助决策之目的。

Agrawal 等的工作包括对原有的算法进行优化，如引入随机采样、并行的思想等，以提高算法挖掘规则的效率；对关联规则的应用进行推广。通过域划分把数值目标属性值转化为离散值，关联规则方法可以用来预测数值目标的属性值。关联规则用对条件属性的测试描述目标属性的性质，利用关联规则可以预测目标属性的值。设 $Y$ 为目标属性，$X$ 为条件属性测试，关联规则 $X \Rightarrow Y \Rightarrow a$ 表示若元组 $t$ 满足测试 $X$，则 $t$ 的属性 $Y$ 的值等于 $a$ 的可能性较高。

关联规则种类包括：①基于规则中处理的变量的类别，关联规则可以分为布尔型和数值型。布尔型关联规则处理的值都是离散的、种类化的，它显示了这些变量之间的关系。数值型关联规则可以和多维关联或多层关联规则结合起来，对数值型字段进行处理，将其进行动态的分割，或者直接对原始的数据进行处理，当然数值型关联规则中也可以包含种类变量。②基于规则中数据的抽象层次，可以分为单层关联规则和多层关联规则。在多层关联规则中，对数据的"多层性"已经进行了充分的考虑。③基于规则中涉及的数据的"维数"，关联规则可以分为单维关联规划和多维关联规则。在单维关联规则中，只涉及数据的一个维度，如用户购买的物品；而在多维关联规则中，要处理的数据将会涉及多个维度。

（三）神经网络

神经网络（neural network，NN）是为了模拟生物大脑的结构和功能而构成的一种信息处理系统。它是建立在自学习的数学模型基础上，通过训练来学习的非线性预测模型，在机器学习中普遍作分类器使用。其分类精度远高于决策树，可以对大量复杂的数据分析，完成对人脑或其他计算机而言极为复杂的模式抽取及趋势分析，但其所需时间长，且提取的规则可视化程度逊于决策树。

神经网络由大量的简单处理单元彼此按照某种方式相互连接而成，靠其状态对外部输入信息的动态响应来处理信息。神经网络具有自学习、自组织、自适应、联想、模糊推理、大规模并行计算、非线性处理、鲁棒性、分布式存储和联想等方面的能力，可以帮助人们有效地解决许多非线性问题。神经网络技术是属于软计算领域的一种重要方法，它是多年来科研人员进行人脑神经学习机能模拟的成果，已成功应用于多个行业和领域。神经网络的研究和应用已经渗透到机器学习、专家系统、智能控制、模式识别、计算机视觉、信息处理、智能计算、联想记忆、编码理论、医学诊断、金融决策、非线性系统辨识及非线性系统组合优化、实时语言翻译、企业管理、市场分析、决策优化、物资调运、自适应控制、神经生理学、心理学和认知科学研究等领域。数据挖掘也是人工神经网络的应用领域之一，人工神经网络基于自学习数学模型，通过数据的编码及神经元的迭代求解，完成复杂的模式抽取及趋势分析功能。

神经网络系统由一系列类似于人脑神经元一样的处理单元（又称结点）组成，结点间彼此互连，分为输入层、中间（隐藏）层及输出层。主要的神经网络模型有以下几类。①前馈式网络：如形式神经元的数学模型，包括旧神经元模型、感知机、反向传播模型、径向基函数网络、Madaline网络和多层前馈网络等，用于预测及模式识别等方面。②反馈式网络：如Hopfield离散模型和连续模型等，用于联想记忆和优化计算。③自组织网络：如ART模型和Kohonen模型等，用于智能控制、模式识别、信号处理和优化计算等领域。

神经网络系统具有非线性学习、联想记忆的优点，但也存在以下问题：神经网络系统是一个黑盒子，不能观察中间的学习过程，最后的输出结果也较难解释，影响结果的可信度及可接受程度。另外，神经网络需要较长的学习时间，在数据量大的情况下性能将可能出现严重问题。当需要从复杂或不精确数据中导出概念和确定走向比较困难时，利用神经网络技术特别有效。经过训练后的神经网络就像具有某种专门知识的"专家"，可以像人一样从经验中学习。

（四）传统统计方法

传统统计方法是对数据属性之间存在的函数和相关关系，采用回归、相关、主成分等方法进行分析。

此外，还有遗传算法、Knearest最邻近法、粗糙集理论、可视化技术，以及Bayesian网络等方法，在实际数据处理中，应视具体情况和方法的特点适当选取。

## 三、数据挖掘与决策支持系统

（一）数据挖掘系统

数据挖掘系统的结构非常复杂，它是集信息管理、信息检索、专家系统、分析评价、数据仓库等为一体的，技术含量很高的应用软件系统。通常由数据库管理模块、挖掘前处理模块、挖掘操作处理模块、模式评估模块、知识输出模块组成。通过这些模块的有机组成，就构成了数据挖掘系统的体系结构（图8-1）。

**1. 数据库管理模块** 负责对系统内数据库、数据仓库、挖掘知识库进行维护和管理。通过对外部数据库进行转换、清理、净化得到系统所需的数据库和数据仓库，这些是数据挖掘的基础。挖掘知识库记载有经验、规则、技术、方法、理论、事实数据，以及挖掘过程中用到的知识等，其作用为指导挖掘和模式评估。

**2. 挖掘前处理模块** 对所收集的数据进行清理、集成、选择、转换等处理，生成数据仓库和数据挖掘库。清理处理主要是清除噪声；集成处理是将多种数据源组合在一起；选择则是选择那些与所研究的问题有关的数据；转换是将所选择的数据转换成可以挖掘的形式。如果是因为所准备的数据问题影响到挖掘模式，模式评估会发现这一问题，并返回重新进行数据挖掘前处理过程或程序。

**3. 挖掘操作处理模块** 利用各种数据挖掘算法，针对不同的数据库、数据仓库和数据挖掘库，借助挖掘知识库中的规则、方法、经验和事实数据等，挖掘和发现知识。挖掘操作处理模块是数据挖掘系统的核心，它涉及的算法与技术较多，通常有决策树法、关联分析法、神经网络法、联机分析处理、文本挖掘技术、多媒体数据挖掘技术等。

**4. 模式评估模块** 对数据挖掘结果进行评估。由于所挖掘的模式可能有许多，需要将用户的兴趣度与这些模式进行分析对比，评估模式价值，分析不足原因，如果挖掘出的模式与用户兴趣度相差较大，则返回相应过程重新执行，如返回挖掘操作或是挖掘前处理模块。

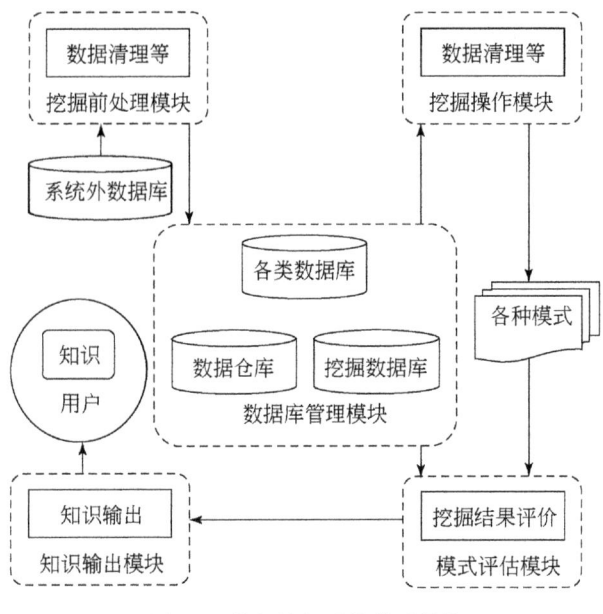

图 8-1 数据挖掘系统体系结构

**5. 知识输出模块** 完成对数据挖掘出的模式进行翻译、解释等任务，以易于人们理解的方式，给真正渴望得到所需知识的决策者提供最佳结果。知识输出模块是用户与数据挖掘系统交流的桥梁，用户可以通过这个界面与数据挖掘系统直接交互制定数据挖掘任务，提供信息、帮助挖掘聚焦，根据数据挖掘的各个步骤的结果进行探索式的数据挖掘，从而输出所需知识。

（二）决策支持系统

20 世纪 70 年代提出的决策支持系统（decision support system，DSS）能够根据用户需要提供各种决策信息及许多商业问题的解决方案，从而减轻管理者从事低层次信息处理和分析的负担，使其可以专注于最需要决策智慧和经验的工作，提高决策的质量和效率。DSS 是在管理信息系统（management information system，MIS）基础上发展起来的。MIS 是利用数据库技术实现各级管理者的管理业务，在计算机上进行各种事务处理工作，DSS 是要为各级管理者提供辅助决策的能力。1980 年，Sprague 提出 DSS 三部件结构，即对话部件、数据部件（数据库和数据库管理系统）和模型部件（模型库 MB 和模型库管理系统 MBM 等），为 DSS 的发展起到了很大的推动作用。1981 年，Bonczak 等提出 DSS 三系统结构，即语言系统（language system，LS）、问题处理系统（problem processing system，PPS）和知识系统（knowledge system，KS）。决策支持系统主要是以模型库系统为主体，通过定量分析进行辅助决策。其模型库中的模型已经从数学模型扩大到数据处理模型及图形模型等多种形式，可以概括为广义模型。决策支持系统的本质是将多个广义模型有机地组合起来，对数据库中的数据进行处理而形成决策问题大模型。决策支持系统的辅助决策能力从运筹学、管理科学的单模型辅助决策发展到多模型综合决策，使辅助决策能力上了一个新台阶。主管信息系统（executive information system，EIS，又称经理信息系统）和 DSS 类似，也属于分析性系统（analytical system），它们都是建立在数据仓库上的系统，可以为用户提供决策支持。EIS 主要是为缺乏计算机使用经验的高级主管人员提供访问、创建和传播信息的有效方法。这里的信息是指决策类的信息。EIS 通常提供数据的高级别的综合视图，这是由于高级主管需要的是对同一类数据进行"切片"和"切块",而较少去查看细节数据。

20世纪80年代末至90年代初,决策支持系统与专家系统(expert system,ES)相结合,形成了智能决策支持系统(intelligent DSS)。专家系统是定性分析辅助决策,和以定量分析辅助决策的决策支持系统结合,进一步提高了辅助决策能力。智能决策支持系统是决策支持系统发展的一个新阶段。而群决策支持系统(group decision support system,GDSS)则有利于克服某些个人决策中主观判断的失误,但决策过程比较长。为了实现高效率的群决策,在理论方法和应用软件开发方面,许多人做了大量工作,并获得了一些成果,如多人多目标决策理论、主从决策理论、协商谈判系统和冲突分析等。

把数据仓库、查询报表工具、数据挖掘和模型库结合起来形成的综合决策支持系统,是更高级形式的决策支持系统,可以有效地提高系统的决策支持能力。这表现在以下几方面:①数据仓库包括基本数据、历史数据、综合数据及描述数据特征的元数据,实现对决策主题数据的存储和综合。②查询报表工具实现对数据的查询和管理等日常事务操作,OLAP对数据进行综合、统计和多维分析,形成专业报表。③数据挖掘用以挖掘数据库和数据仓库中的知识,并利用这些有价值的知识进行预测分析辅助决策。④模型库实现多个广义模型的组合辅助决策。⑤专家系统利用知识推理进行定性分析。它们所集成的综合决策支持系统,可以相互补充、相互依赖,发挥各自的辅助决策优势,实现更有效的决策。可以说,数据挖掘技术为决策支持系统的发展提供了新的手段。

## 第三节 数据挖掘工具

### 一、数据挖掘工具的分类与选择

随着越来越多的软件供给商加入数据挖掘这一行列,使得现有的挖掘工具的性能得到进一步的增强,使用更加便捷,也使得其价格门槛迅速降低,为应用的普及带来了可能,目前有50余种相关软件问世,对其进行挑选应视分析者的分析能力、目的、数据类型、软件提供的分析方法和易用性而定。

(一)数据挖掘工具的分类

一般来讲,数据挖掘工具根据其适用范围分为两类:专用数据挖掘工具和通用数据挖掘工具。专用数据挖掘工具是针对某个特定领域的问题提供解决方案,在涉及算法的时候充分考虑数据、需求的特殊性,并进行优化;而通用数据挖掘工具不区分具体数据的含义,采用通用的挖掘算法,处理常规的数据类型。

(二)数据挖掘工具的选择

数据挖掘是个过程,只有将数据挖掘工具提供的技术和实施经验和企业的业务逻辑和需求紧密结合,并在实施的过程中不断地磨合,才能取得成功,因此我们在选择数据挖掘工具的时候,要全面考虑多方面的因素,主要包括以下几点。

**1. 数据挖掘的功能和方法**　是指能够完成各种数据挖掘任务的功能与方法总称,如关联分析、分类分析、序列分析、回归分析、聚类分析、自动预测等。我们知道数据挖掘的过程一般包括数据抽样、数据描述和预处理、数据变换、模型的建立、模型评估和发布等,因此一个好的数据挖掘工具应该能够为每个步骤提供相应的功能集。数据挖掘工具还应该能够方便地导出挖掘的模型，从而在以后的应用中使用该模型。

**2. 数据挖掘工具的可伸缩性**　是指能解决复杂问题的能力，一个好的数据挖掘工具应该能够处理尽可能大的数据量，处理尽可能多的数据类型，尽可能高地提高处理效率，以及尽可能使处理的结果有效。假如在数据量和挖掘维数增加的情况下，挖掘的时间呈线性增长，那么能够认为该挖掘工具的可伸缩性较好。

**3. 操作的简易性**　一个好的数据挖掘工具应该为用户提供友好的可视化操作界面和图像化报表工具，在进行数据挖掘的过程中应该尽可能提高自动化运行程度。总之是面向广大用户而不是熟练的专业人员。

**4. 数据挖掘工具的可视化**　包括对源数据的可视化、挖掘模型的可视化、挖掘过程的可视化、挖掘结果的可视化等。可视化的程度、质量和交互的灵活性都将严重影响到数据挖掘系统的使用和解释能力。毕竟人们接收的外界信息有80%是通过视觉获得的，自然数据挖掘工具的可视化能力就相当重要。

**5. 数据挖掘工具的开放性**　是指数据挖掘工具和数据库的结合能力。好的数据挖掘工具应该能够连接尽可能多的数据库管理系统和其他的数据资源，应尽可能地和其他工具进行集成；尽管数据挖掘并不一定需要在数据库或数据仓库上进行，但数据挖掘的数据采集、数据清洗、数据变换等会耗费大量的时间和资源，因此数据挖掘工具必须要和数据库紧密结合，减少数据转换的时间，充分利用整个的数据和数据仓库的处理能力，在数据仓库内直接进行数据挖掘，而且研发模型，测试模型，部署模型都要充分利用数据仓库的处理能力，另外多个数据挖掘项目能够同时进行。

当然，上述只是一些通用的参考指标，具体选择挖掘工具时还需要从实际情况出发具体分析。

## 二、现行数据挖掘的工具

现行数据挖掘的工具众多，比较著名的有 IBM Intelligent Miner、SAS Enterprise Miner、SPSS Clementine 等，它们都能够提供常规的挖掘过程和挖掘模式。

### （一）Intelligent Miner

由美国 IBM 公司研发的数据挖掘软件 Intelligent Miner 是一种分别面向数据库和文本信息进行数据挖掘的软件系列，包括 Intelligent Miner for Data 和 Intelligent Miner for Text。在 Intelligent Miner 产品组合中，存在许多不同的功能，其中常用的有 2 个挖掘功能：一个是"群集"挖掘功能，另一个是"关联"挖掘功能，使用这 2 个挖掘功能便可以进行银行客户的风险分析和银行产品的营销活动。Intelligent Miner for Data 能够挖掘包含在数据库、数据仓库和数据中央中的隐含信息，帮助用户利用传统数据库或普通文档中的结构化数据进行数据挖掘。它已成功应用于市场分析、诈骗行为监测及客户联系管理等；Intelligent Miner for Text 允许企业从文本信息进行数据挖掘，文本数据源能够是文本文档、Web 界面、电子邮件、Lotus Notes 数据库等。

### （二）Enterprise Miner

这是一种在我国企业中采用的数据挖掘工具，比较典型的是上海宝钢配矿系统应用和铁路部门在春运客运研究中的应用。SAS Enterprise Miner 是一种通用的数据挖掘工具，按照"抽样—探索—转换—建模—评估"的方法进行数据挖掘。能够和 SAS 数据仓库和 OLAP 集成，实现从提出数据、抓住数据，到得到解答的"端到端"知识发现。

### （三）SPSS Clementine

SPSS Clementine 是一个开放式数据挖掘工具，曾两次获得英国政府 SMART 创新奖，它不但支持整个数据挖掘流程，从数据获取、转化、建模、评估到最终部署的全部过程，还支持数据挖掘的行业标准，即 CRISP-DM。Clementine 的可视化数据挖掘使得"思路"分析成为可能，即将集中精力在要解决的问题本身，而不是局限于完成一些技术性工作（如编写代码等）。它还提供了多种图像化技术，有助于理解数据间的关键性联系，指导用户以最便捷的途径找到问题的最终解决办法。

其他常用的数据挖掘工具有 LEVEL5 Quest、MineSet（SGI）、Partek、SE-Learn、SPSS 的数据挖掘软件 Snob、Ashraf Azmy 的 SuperQuery、WINROSA、XmdvTool 等。

经过十多年的发展，数据挖掘工具的性能获得了显著改善，无论是自动化程度还是适用范围都发生了巨大变化，价格的门槛迅速降低，对于推进数据挖掘在企业和电子商务中的应用具有特别的意义。但是还应该看到，现在的数据挖掘工具还存在许多不足，1999 年的调查显示多数的数据挖掘工具只使用了有限的几种技术，且集中在比较简单的数据挖掘技术种类上。

## 三、医药数据挖掘的特性

数据挖掘技术的产生虽仅有十多年的历史，但其在商业、产业工程、电信等领域已经得到了广泛的应用，并取得了可观的经济效益及社会效益。然而其在医学领域尚处起步阶段，医疗卫生系统本身有其复杂和时变的双重特性，加之医学技术具有较强的实践性、实验性和统计性，是一门验证性科学。这导致医学数据挖掘有其独特性，同时在该领域的数据挖掘却有着较强的实用价值和广阔的前景。医学信息蕴含了医疗过程和医生患者活动的全部数据资源，既有有关临床的医疗信息又有医院管理的信息，尤其是前者反映了医学的独特性。这些信息具有模式的多态性（纯数据、图像、信号、文字记录等）、不完整性（疾病信息的客观不完整和描述疾病的主观不完整）、较强时间性、复杂性和冗余性。加上其具有数学特征差、非规范化形式，以及医生患者信息的不对称和医学资料涉及较多的伦理、法律问题，从而决定了医学数据挖掘的独特性。医学数据由于来源的广泛和容量的庞大，因此其中常蕴含模糊的、带噪声的及冗余的信息，这就需要在进行挖掘时要采用些特有的技术。例如，进行数据的预处理、清理过滤数据、确保数据的确定性；采用信息融合技术，使不同模式数据在属性上趋同或一致，从而进行综合；针对数据库类型的众多、面广、信息量大，考虑到挖掘的效率，因而医学数据的挖掘算法应具有较强的容错性和鲁棒性；同时如何确保挖掘结果的准确性、可靠性和科学性，降低挖掘的风险，是其能否为医疗活动和管理提供科学决策、切实得到实际应用的关键。

## 四、数据预处理

数据源中的数据可能不完整（如某些属性的值不确定或空缺）、含噪声和不一致（如同一个属性在不同表中的名称不同）。在这些不完整、含噪声、不一致的数据上进行数据挖掘，其质量难以得到保证。而且数据挖掘所需的数据可能涉及多个数据源，各个数据源中的数据量大，可能包含冗余，数据状况分散，往往被存放在缺乏统一设计和管理的异构环境中，不易综合查询访问，而且还有大量的历史数据处于脱机状态，不能在线集中存储查询。这些因素会影响数据挖掘的效率。因此可以在数据挖掘前使用清理、集成、变换、归纳等预处理方法改善数据质量，从而提高数据挖掘的效率与质量。

## （一）数据清理

**1. 消除不完整**

1）使用一个全局常量填充。例如，某顾客表中的年龄属性，使用"unknown"填充。

2）使用属性平均值填充。例如，某顾客表中的薪水属性，使用薪水属性平均值填充。

3）使用相同类的属性平均值填充。例如，在分类规则挖掘中，可以使用与给定样本属于相同类的其他样本的属性平均值填充。

4）使用最可能的值填充。例如，将某顾客表中的薪水属性设为预测属性，采用预测算法，预测给定样本的薪水属性最可能的值并填充。

**2. 消除噪声**

（1）通过平滑数据消除噪声：例如，分箱技术，它将数据排序，根据分布规则将数据分布到不同箱中，根据平滑规则将同一箱中的数据用相应数据替换。分布规则可以是等深、等宽。等深是指每个箱中的数据个数相等；等宽是指每个箱的取值区间大小相等。平滑规则可以是平均值平滑、中值平滑、边界平滑。平均值平滑是指将同一箱中的数据全部用该箱中数据的平均值替换；中值平滑是指将同一箱中的数据全部用该箱中数据的中值替换；边界平滑是指将同一箱中的数据分别用该箱中最近的边界值替换。

例 8-1　假设某属性的值为 18，12，3，9，7，6，15，21，16，采用分箱技术平滑数据消除噪声。分布规则为等深，深度为 3，平滑规则为平均值平滑。

首先，将属性的值排序为 3，6，7，9，12，15，16，18，21。

然后，按分布规则（等深，深度为 3）将数据分布如下。

箱 1：3，6，7。

箱 2：9，12，15。

箱 3：16，18，21。

最后，根据平滑规则将数据替换如下。

箱 1：5.3，5.3，5.3。

箱 2：12，12，12。

箱 3：18.3，18.3，18.3。

（2）通过识别孤立点消除噪声：例如，采用聚类算法得到类（或簇），在类之外的数据可视为孤立点（或噪声）并消除。

**3. 消除不一致**　例如，通过描述数据的数据对一元数据消除不一致。

## （二）数据集成

数据集成是将多个数据源中的数据结合起来存放在一个一致的数据存储（如数据仓库）中。这些数据源可能包括多个数据库、数据立方体或一般文件。在数据集成时，有许多问题需要考虑。如来自多个信息源的现实世界的实体如何才能"匹配"。

冗余是一个重要问题。一个属性如果能由另外的属性"导出"，则被认为是冗余的，如年薪。属性或维度命名的不一致也可能导致数据集中的冗余。

有些冗余可以被相关分析检测到。例如，对给定的两个数值属性 A、B，它们之间的相关性可以根据式（8-1）计算：

$$r_{A,B} = \frac{\sum(A-\overline{A})(B-\overline{B})}{(n-1)\sigma_A \sigma_B} \tag{8-1}$$

式（8-1）中，$n$ 是元组个数，$\overline{A}$、$\overline{B}$ 分别是 $A$、$B$ 的平均值，即 $\overline{A} = \dfrac{\sum A}{n}$，$\sigma_A$、$\sigma_B$ 分别是 $A$、$B$ 的标准差，即 $\sigma_A = \sqrt{\dfrac{\sum(A-\overline{A})^2}{n-1}}$。

如果 $r_{AB} > 0$，则 $A$ 与 $B$ 正相关，$A$ 的值随 $B$ 的值的增加而增加；如果 $r_{AB} < 0$，则 $A$ 与 $B$ 负相关，$A$ 的值随着 $B$ 的值的增加而减少；如果 $r_{AB} = 0$，则 $A$ 与 $B$ 独立。因此，$|r_{AB}|$ 很大时，$A$ 与 $B$ 可以去除一个。

除了检测属性间的冗余外，"重复"也应当在元组级进行检测。重复是指对于同一数据，存在两个或多个相同的元组。

数据集成的另一个重要问题是数据值冲突的检测和处理。例如，对于现实世界的同一实体，来自不同数据源的属性值可能不同。这可能是因为表示、比例或编码不同。这种数据语义上的不一致，是数据集成的巨大挑战。

仔细将多个数据源中的数据集成起来，能够减少或避免结果数据集中数据的冗余和不一致性。这有助于提高其后挖掘的精度和速度。

### （三）数据变换

数据变换将数据转换成适于挖掘的形式。最常见的数据变换方法是规格化数据。即将属性数据按比例缩放，使之落入一个小的特定区间，如 -1.0 到 1.0 或 0.0 到 1.0。

**1. 最小-最大规格化** 对给定的数值属性 $A$，$[\min_A, \max_A]$ 为 $A$ 规格化前的取值区间，$[new\_\min_A, new\_\max_A]$ 为 $A$ 规格化后的取值区间，最小-最大规格化根据式（8-2）将 $A$ 的值 $v$ 规格化为值 $v'$：

$$v' = \dfrac{v - \min_A}{\max_A - \min_A}(new\_\max_A - new\_\min_A) + new\_\min_A \tag{8-2}$$

例 8-2 假设某属性规格化前的取值区间 [-100, 100]，规格化后的取值区间 [0, 1]，采用最小-最大规则对值 88 进行规格化，得：

$$v' = \dfrac{88-(-100)}{100-(-100)}(1-0) + 0 = 0.94 \tag{8-3}$$

**2. 零-均值规格化** 对给定的数值属性 $A$，$\overline{A}$、$\sigma_A$ 分别为 $A$ 的平均值、标准差，零-均值规格化根据式（8-4）将 $A$ 的值 $v$ 规格化为值 $v'$：

$$v' = \dfrac{v - \overline{A}}{\sigma_A} \tag{8-4}$$

例 8-3 假设某属性的平均值、标准差分别为 90、30，采用零-均值规格化值 88：

$$v' = \dfrac{88-90}{30} = -0.067 \tag{8-5}$$

**3. 小数定标规格化** 对给定的数值属性 $A$，$\max_A$ 为 $A$ 的最大绝对值，$j$ 为满足式（8-6）的最小整数：

$$\dfrac{\max_A}{10^j} \leq 1 \tag{8-6}$$

小数定标规格化根据式（8-5）将 $A$ 的值 $v$ 规格化为值 $v'$：

$$v' = \dfrac{v}{10^j} \tag{8-7}$$

**例 8-4** 假设某属性规格化前的取值区间为[-120，110]，采用小数定标规格化值 88，$A$ 的最大绝对值为 120，$j$ 为 3，值 88 规格化后为：

$$v' = \frac{88}{10^3} = 0.088 \tag{8-8}$$

### （四）数据归约

数据归约技术可以用来得到数据集的归约表示，它比原数据的冗余少得多，但仍接近于保持原数据的完整性。这样，在归约后的数据集上挖掘将更有效，并产生相同（或几乎相同）的分析结果。其归约方法主要有以下几种。

**1. 属性归约（维归约）** 例如，采用基于信息增益的决策树分类算法得到决策树，在决策树之外的属性可以视为与数据挖掘任务无关的属性，并删除。

**2. 记录归约** 例如，数据概化通常采用面向属性归纳，根据属性的概念分层，通过阈值属性的低层属性值用相应高层概念替换，并合并由此得到的相同记录，达到记录归约概念分层定义一组映射序列，将更具体的低层概念映射到更一般的高层概念。概念分层分为模式定义的分层、集合分组的分层、操作导出的分层与基于规则的分层四种类型。集合分组的分层是最常用的一种类型，一般可以用树结构描述，称为概念层次树。同一属性可以根据不同角度定义多个概念分层。

阈值控制面向属性归纳过程，可以分为属性阈值与关系阈值两种类型。属性阈值是最常用的一种类型，一般可以对所有属性设置同一属性阈值，也可以对不同属性设置不同属性阈值。

给定关系表、各个属性的概念层次树及属性阈值，面向属性归纳对各个属性进行如下处理。首先根据属性 A 的概念层次树，将关系表中 A 的属性值转换为最低层的相应概念，也称为叶概念，统计关系表中 A 的不同叶概念个数，如果 A 的不同叶概念个数大于 A 的属性阈值，再根据 A 的概念层次树，将关系表中 A 的叶概念转换为上一层的相应概念，如此重复，直至关系表中 A 的不同概念个数小于等于 A 的属性阈值；最后合并相同记录，并统计重复记录数目。

### （五）中药信息量子化处理

近年来，我国学者研究的重点放在了中药信息数据库系统的研究上，中药的信息分为两类：一类是还在不断增加的信息，如新的天然产物组分、药理活性数据等；另一类是基本上已经稳定但需要标准化的信息，如中药的传统药效、炮制方法等。中药信息数据库研究绝大多数针对的是具有排它作用和相对独立内涵的词组型短小数据，如功效、归经、用法用量、毒性、化学成分等中药信息建立数据库，这类数据大多数可以利用计算机进行直接的量化处理。而另一类则是由多个汉字组合而成的复杂大文本的中药数据或图片，如药理作用、临床诊断、各家论述及中药图片等信息。这类数据与发掘中药深层信息有着非常重要的关系，但是大部分内容如果不经过特殊处理是不适合用计算机进行量化处理的，并且传统的方法不能有效解决描述模糊的中药信息的提取，提高中药数据定量提取的准确度需要解决模糊概念的准确描述。为此，作者率先在研究中药数据库设计中引入了中药信息"量子化"概念，此概念是指通过合理的剖析将原有复杂的中药数据进行细化，成为由若干汉字或数字组成的具有相对独立内涵的、不可再行细分的和排他作用的最小信息单位，这种最小信息单位就称之为中药信息的"量子"，中药信息的量子化处理过程称之为"量子化"，中药信息经过量子化后，将中药数据中大量带有模糊性、有噪声和冗余的数据进行清理和过滤，保证中药数据的确定性、一致性和唯一性，以满足适合数据挖掘的需求。例如，中药炮制研究是中药药性理论的重要组成部分，不同药物有着不同的炮制方法，对中药非药用部位的分离和清除经量子化后，被细化成去根、去茎、去枝、去梗、去皮、去壳、去毛、去心、去核、去芦、去瓤、去头、去尾、去皮、去骨、去足、去翅、去残肉、去杂质、去霉等 20 个量子。对中药图片的相关信息采用量子化的方式是拼音首字母加数字进行编码，如第一张山药图片可以编码为 SY001。通过对中药的原始数据进行"量子化"处理，能够使原来内容复杂的中药数据被细分成若干个拥有独立概念的"量子"信息，在这些中药"量子"信息的基础上建立中药量子信息数据库，为实现中药数据的深度挖掘奠定基础。

## 第四节　数据挖掘在中医药学领域的应用

　　数据挖掘技术从一开始就是面向应用的。它不仅是面向特定数据库的简单查询，还要对这些数据进行微观、中观乃至宏观的统计、分析、综合和推理，以指导实际问题的求解，企图发现事件间的相互关联，甚至利用已有的数据对未来的活动进行预测。数据挖掘可以在任何类型的数据上进行，可以是商业数据，也可以是社会科学、自然科学处理产生的数据或者卫星观测得到的数据。数据形式和结构也各不相同，可以是层次的、网状的、关系的数据库，可以是面向对象和对象－关系的高级数据库系统，可以是面向特殊应用的数据库，如空间数据库、时间序列数据库、文本数据库和多媒体数据库，还可以是 Web 信息。在药学领域中，也是广泛应用到数据库技术。文献检索、联机查询、在 Internet 上检索信息、办公信息系统、医院药房信息管理系统，这一切应用技术背后都有数据库技术的支持。现在已经很少有数据不以数据库的形式来存储，数据库技术的应用给人们存储、管理和查询大量甚至海量数据带来了极大方便。

　　下面主要从生物信息知识发现、药品销售中的数据挖掘、科学和统计数据挖掘、化学数据挖掘、Web 挖掘等方面来阐述数据挖掘在中医药领域的应用及其展望。

### 一、生物信息知识发现

　　生物信息学（bioinformatics）是 20 世纪 80 年代末随着人类基因组计划的启动而兴起的一门新的交叉学科，最初常被称为基因组信息学。广义地说，生物信息学是用数理和信息科学的观点、理论和方法去研究生命现象、组织和分析呈现指数增长的生物学数据的一门学科。首先是研究遗传物质的载体 DNA 及其编码的大分子蛋白质，以计算机为主要工具，发展各种软件，对逐日增长的浩如烟海的 DNA 和蛋白质的序列和结构进行收集、整理、储存、发布、提取、加工、分析和研究，目的在于通过这样的分析逐步认识生命的起源、进化、遗传和发育的本质，破译隐藏在 DNA 序列中的遗传语言，揭示人体生理和病理过程的分子基础，为人类疾病的预测、诊断、预防和治疗提供最合理和有效的方法或途径。生物信息学已经成为生物医学、农学、遗传学、细胞生物学等学科发展的强大推动力量，也是药物设计、环境监测的重要组成部分。它是当今生命科学和自然科学的重大前沿领域之一，同时也将是 21 世纪自然科学的核心领域之一。其研究重点主要体现在基因组学（genomics）和蛋白组学（proteomics）两方面。目前基因组学的研究出现了几个重心的转移：一是将已知基因的序列与功能联系在一起的功能基因组学研究。二是从作图为基础的基因分离转向以序列为基础的基因分离。三是从研究疾病的起因转向探索发病机制。四是从疾病诊断转向疾病易感性研究。生物芯片（biochip）的应用将为上述研究提供最基本和必要的信息及依据，将成为基因组信息学研究的主要技术支撑。生物信息学的发展为生命科学的进一步突破及药物研制过程革命性的变革提供了契机。就人类基因组来说，得到序列仅仅是第一步，下一步工作是所谓后基因组时代（post-genome era）的任务，即收集、整理、检索和分析序列中表达的蛋白质结构与功能的信息，找出规律，生物信息学将在其中扮演至关重要的角色。目前数据挖掘在生物信息学中的作用主要包括以下几个方面。

## （一）用于生物信息数据库的建立与查询

**1. 基因和基因组数据库**  如美国基因数据库 Genbank、欧洲分子生物学实验室（the European Molecular Biology Laboratory，EMBL）核酸序列数据库、基因组数据库（GDB）、日本的 DNA 数据仓库（DDBJ）等。Genbank 库包含所有已知的核酸序列和蛋白质序列，以及与它们相关的文献著作和生物学注释。它是由美国国立生物技术信息中心（National Center for Biotechnology information，NCBI）建立和维护的。它的数据直接来源于测序工作者提交的序列，由测序中心提交的大量 EST 序列和其他测序数据，以及与其他数据机构协作交换数据而来。Genbank 每天都会与欧洲分子生物学实验室的数据库、日本的 DNA 数据仓库交换数据，使这三个数据库的数据同步。EMBL 核酸序列数据库由欧洲生物信息学研究所（European Bioinformatics Institute，EBI）维护的核酸序列数据构成，由于与 Genbank 和 DDBJ 的数据合作交换，它也是一个全面的核酸序列数据库。基因组数据库为人类基因组计划（HGP）保存和处理基因组图谱数据。日本 DNA 数据仓库也是一个全面的核酸序列数据库，与 Genbank 和 EMBL 核酸库合作交换数据。

**2. 蛋白质数据库**  如蛋白质信息资源（Protein Identification Resource，PIR）国际蛋白质序列数据库 IPSD、蛋白质数据仓库（Protein Data Bank，PDB）、蛋白质结构分类数据库（Structural Classification of Proteins，SCOP）、蛋白质直系同源簇数据库（Clusters of Orthologous Groups of proteins，COGs）等。国际蛋白质序列数据库（International Protein Sequence Database，IPSD）是由蛋白质信息资源、慕尼黑蛋白质序列信息中心和日本国际蛋白质序列数据库共同维护的国际上最大的公共蛋白质序列数据库。PDB 是国际上唯一的生物大分子结构数据档案库，由美国 Brookhaven 国家实验室建立。SCOP 详细描述了已知的蛋白质结构之间的关系。COGs 是对细菌、藻类和真核生物的 21 个完整基因组的编码蛋白，根据系统进化关系分类构建而成。

**3. 功能数据库**  如京都基因和基因组百科全书（Kyoto Encyclopedia of Genes and Genomes，KEGG）、可变剪接数据库（ASDB）、转录调控区数据库（TRRD）等。KEGG 是系统分析基因功能，联系基因组信息和功能信息的知识库。相互作用的蛋白质数据库收集了由实验验证的蛋白质-蛋白质相互作用；ASDB 包括蛋白质库和核酸库两部分。TRRD 是在不断积累的真核生物基因调控区结构-功能特性信息基础上构建的。

## （二）用于生物信息的对比与分析

**1. 用于序列比对**  即蛋白质序列之间或核酸序列之间的比对。包括序列的两两比对和多序列比对。两两比对是通过比较两个序列之间的相似区域和保守性位点，寻找两者可能的分子进化关系。Genbank、SWISS-PROT 等序列数据库提供的序列搜索服务都是以序列两两比对为基础的。多序列比对就是把两条以上可能有系统进化关系的序列进行比对的方法。目前对多序列比对的研究还在不断前进中，现有的大多数算法都基于渐进比对的思想，在序列两两比对的基础上逐步优化多序列比对的结果。进行多序列比对后可以对比对结果进行进一步处理，如构建序列模式的 profile，将序列聚类构建分子进化树等。

**2. 核酸与蛋白质结构和功能的预测分析**  针对核酸序列的预测就是在核酸序列中寻找基因，找出基因的位置和功能位点的位置，以及标记已知的序列模式等过程。在针对蛋白质的预测方法，传统的生物学认为，蛋白质的序列决定了它的三维结构，也就决定了它的功能。由于用晶体 X 射线衍射和核磁共振技术测定蛋白质的三维结构，以及用生化方法研究蛋白质的功能效率不高，无法适应蛋白质序列数量飞速增长的需要，因此近几十年来许多科学家致力于研究用理论计算的方法预测蛋白质的三维结构和功能，经过多年努力取得了一定的成果。

**3. 基因组序列信息分析和功能基因组相关信息分析**  包括大规模基因表达谱分析、基因组水平蛋白质功能综合预测。序列分析、基因表达、蛋白质结构预测、药物发现及设计是生物学领域的关注点。已有许多有意义的挖掘模式、挖掘算法应用在这些方面并取得相应成果。

研究证明数据挖掘是生物信息处理的强有力工具。具体而言，生物信息知识发现中应用的数据挖掘技术包括：①构造基因数据库或数据仓库。由于广泛多样的 DNA 数据高度分散，为了便于对 DNA 数据库进行系统分析，需要利用数据挖掘中的数据清理和数据集成的方法来构造集成式数据仓库和开发分布式数据库。②数据清理，数据集成，异种、分布式数据库的语义集成。许多国家和研究组织都建立了生物序列数据库、蛋白质结构和功能数据库，为人们提供了丰富的信息。但是这些数据分散，且存储介质多样，在同一数据库中存在着大量具有重复信息的序列及一些高度相似的数据，造成数据冗余。因此对这种异构的和广泛分布的数据库的语义集成就成为一项重要任务。数据挖掘中的数据清理、数据集成方法有助于该问题的解决。③DNA 序列相似搜索和比对。为识别一个新发现的基因和一个已知基因家族之间的进化关系，确定它们的同源性或相似性，通常需要序列比对，找出它们之间的最大匹配，从而定量给出其相似程度。基因数据是非数字的，所以数据挖掘中针对非数字的序列模式分析方法在基因序列比对中能起到非常重要的作用。因此探索高效的搜索和比对算法在序列分析中非常重要。④基因组特征及同时出现的基因序列的分析。对于基因家族的成组序列来说，必须阐明多个序列之间的关系，才能揭示整个基因家族的特征。多序列比对在识别一组相关序列中有重要生物意义。⑤关联分析。大部分疾病不是由一个基因引起的，而是由多个基因组合起来共同起作用的结果。因此采用数据挖掘中的关联分析方法有助于发现基因组之间的联系，进而揭示人类疾病背后的基因原因。⑥生物数据可视化和可视的数据挖掘。由于生物数据的复杂性和高维性，既不能以数字公式表示，也不能以逻辑公式表示，可借助各种可视化工具以图、树、链等形式来表现。常用的生物数据可视化工具有语义镜技术、信息壁技术、基因调控网格等。同时，将经过数据挖掘工具得到的数据结果也以图形、图像的形式展现给用户，便于用户寻找数据间的规律和关系。

（三）科学研究和统计数据挖掘

目前，科学数据上的数据挖掘和知识发现的重要性迅速提高。许多领域，如生物信息学、地球物理学、天文学、医药学、气象学、粒子物理学等学科，面临着数据量指数增长的情况。各领域的专家都需要定义元数据标准和提出挖掘的目标。

数据挖掘已在信息技术领域、地理及天文学等不同的科研领域获得应用，包括对宇宙图像数据分类、监测地壳活动和发现生物模型等。例如，加州理工学院喷气推进实验室开发的 SKICAT 帮助天文学家发现了 16 个新的类星体。SKICAT 使用决策树方法构造分类器，结果使得能分辨的星体较以前的方法在亮度上要低一个数量级之多，而且新的方法比以往方法的效率要高 40 倍以上。在生物医学领域，科学家利用数据挖掘中的序列模式分析和相似检索技术分析 DNA 数据，完成异构、分布式基因数据库的语义集成和 DNA 序列间相似搜索和比较，利用关联分析识别同时出现的基因序列，利用路径分析发现疾病不同阶段的致病基因。

数据挖掘与统计学都试图从数据中发现某种结构，从而得到有价值的信息，所以从数据挖掘诞生时起，就与统计学有了不可分割的联系。统计学、数据库和人工智能共同构成数据挖掘技术的三大支柱。统计学是搜集、展示、分析以及解释数据的科学，统计学并不是方法的罗列，而是处理数据的科学。数据挖掘是从大量的、不完全的、有噪声的、模糊的、随机的数据中提取隐含的、事先不为人们所知的、潜在有用的信息和知识的过程。数据挖掘大部分核心功能的实现都以计量和统计分析方法作为支撑。统计思想在数据挖掘整个系统中的各个阶段都担负着不可忽视的重任。统计学对于数据挖掘方法创新做出了重大贡献。

在数据挖掘的整个过程中，统计学起着至关重要的作用，用统计学方法开发的工具可用于数据的抽取、清洗、转换、整合等方面，统计逻辑推理还可以使数据分析人员站在更高层次上，以更广阔的视角进行数据的模式识别。统计分析方法是利用统计学、概率论的原理对各属性进行统计分析，从而找出它们之间的关系和规律。数据挖掘技术基础之一即是统计学，统计分析方法是最基本的数据挖掘技术方法之一。

需要注意的是，科学和统计数据挖掘在应用数据挖掘一般方法的同时，必须要结合相关的学科背景知识，以提高挖掘结果的质量。构造一个数据库（或数据仓库）和特定学科知识库，以及数据挖掘系统一体化的信息系统是值得推荐的选择。

（四）化学数据挖掘

**1. 化学数据挖掘概述**　在现代分析测试技术的支持下，化学化工领域的数据信息也在飞速地积累着，数量和种类都在迅猛增长，如何利用这些海量数据正是化学化工信息工作者所面临的严峻挑战。然而，理论发展常会滞后于实践，尤其是化学化工等与实验密切相关的学科，往往只有少量数据结果可用机理解释或推导，大量结果尚需有效的数据处理手段辅助探索，发现蕴藏于其中的规律。随着信息技术的发展，人们开发了很多种方法，获得了良好的效果，并由此发展了化学计量学，以及基于数据的化工过程建模、优化和控制的各种方法。但是这些处理方法通常仅依据在特定目的下通过试验所收集的数据，数据量相对较小，不适合使用已有的大量的相关数据库，特别对高维数据、噪声数据、混合类型的数据缺乏有效的处理手段。另外这些方法的分析能力有限，对数据内含规律（知识模式）的探索尚依赖于研究者对问题的认识程度，还不能超越这种认识，从大量已有的数据资源中自动地获取更为广泛的有用知识。因此众多的化学信息检索系统（化学数据库）应运而生，已经建立起各种内容丰富、规模庞大的化学数据库（各类化学物质的性质数据库、化学图谱数据库等）。近年来，随着化学数据的大量积累和数据库的普遍使用，研究者逐步认识到海量数据的利用是十分困难和不充分的，更具价值的规律性的信息和知识反而被隐蔽了起来。如何从化学数据中发现更多、更有价值的化学规律正逐步成为化学家们关注的焦点。因此，化学数据挖掘作为一种新的信息技术开始应用于计算机化学中。这一技术的关键是用软件来从海量的化学数据中自动地发现新的不明显的有潜在应用价值的信息和知识。

化学数据挖掘是计算机科学、统计学、人工智能、化学及化学计量学等多学科交叉的一个研究领域。技术关键是利用计算机技术、数学模型和化学背景知识等从海量化学数据中自动发现、揭示和表征那些原来不明显的、具有潜在应用价值的新知识和新信息。从实现技术上看，它通常与数据筛选、分类、分析、表征和知识发现紧密结合。从实现目标上看，化学数据挖掘是研究如何综合运用各种方法来开采海量化学数据中隐藏的有价值的信息（或知识）的理论和实现技术。涉及的主要内容包括数据清理（data cleaning）和数据归约（data reduction）、特征检测（feature detection）和特征约简（feature reduction）、分类和类别检测（classifier and category detection）、假象检测（fraud detection）、非常规模式识别（recognizing unusual patterns）、新知识检测（novelty detection）、样板数据库的建立（construction of sample databases）、大型数据库中知识和规则的检测（knowledge discovery and rule detection from large databases）和相关技术。

**2. 化学结构与化学反应的计算机处理**　长期以来化学家在应用计算机解决化学问题中遇到的第一个困难就是化学结构的计算机处理的问题。可以说化学的一切领域无一不与化合物的结构密切相关，在过去的30多年中，这一问题得到了广泛的重视和深入的研究，从而形成了计算机化学的一个重要研究领域。经过多年努力，化学结构计算机处理中的理论和绝大部分技术问题已基本得到解决。然而，这些方法还是有局限性的，难以应用于如族性结构处理、结构-活性相关的自动化研究和反应机制研究等方面。即使对确定结构处理中的问题，现有的解决方案仍不被所有的化学家接受。因此，确定结构的计算机处理仍有一些难题，如无机化合物、金属有机化合物、互变异构的化学结构等，需要做更深入的研究。同时，应当看到这些问题又是计算机化学中诸多领域的基础，它们的完全解决将有利于计算机化学的发展。

由于可将化学反应看成是一些化学结构向另一些化学结构的转换，所以化学反应的处理问题归根结底是对化学结构的处理。但是，化学反应的计算机处理也有它自己特定的问题，如反应中心的自动识别、反应知识的发现、组织和利用、同类反应的自动产生等问题。这些问题是当前计算机处理化学反应领域的主要研究方向，解决这些问题，一方面会推动化学反应数据库向更高层次的发展，另一方面会通过与数据挖掘技术的结合，发现反应知识，使计算机辅助有机合成路线设计有更扎实的基础，从而使这些问题得到更合理的解决。

（五）Web 挖掘

随着数据库技术的迅速发展及数据库管理系统的广泛应用，人们积累的数据越来越多。激增的数据背后隐藏着许多重要的信息，人们希望能够对其进行更高层次的分析，以便更好地利用这些数据。目前的数据库系统可以高效地实现数据的录入、查询、统计等功能，但无法发现数据中存在的关系和规则，无法根据现有的数据预测未来发展趋势。缺乏挖掘数据背后隐藏的知识手段，导致了"数据爆炸但知识贫乏"的现象。在 WWW 迅猛发展的同时，人们也面临着同样的问题。在信息量极其丰富的 Web 资源中，蕴含着大量潜在的有价值的知识，为数据挖掘研究提供了丰富的资源，同时也提出了新的挑战。从海量的网络信息中寻找有用的知识，早已成为人们的迫切需求。各种类似百度的搜索引擎也层出不穷。但搜索引擎只解决了信息查询的问题，人们迫切希望能够从 Web 上快速、有效地发现知识。传统 KDD 技术所涉及的主要是结构化的数据库，而网络资源却没有统一的管理和结构，数据往往是经常变动和不规则的。因此，人们需要比信息检索层次更高的新技术，这种技术我们称之为 Web 挖掘。

Web 挖掘建立在对大量的网络数据进行分析的基础上，采用相应的数据挖掘算法，在具体的应用模型上进行数据提取、数据筛选、数据转换、数据挖掘和模式分析，最后做出归纳性的推理，预测客户的个性化行为及用户习惯，从而帮助进行决策和管理，减少决策的风险。Web 数据挖掘涉及多个领域，除数据挖掘外，还涉及计算机网络、数据库与数据仓储、人工智能、信息检索、可视化、自然语言理解等技术。相对于 Web 上的数据而言，传统数据库中的数据结构性很强，即其中的数据为完全结构化的数据，而 Web 上的数据最大特点就是半结构化。所谓半结构化是相对于完全结构化的传统数据库的数据而言。显然，面向 Web 的数据挖掘比面向单个数据仓库的数据挖掘要复杂得多。

**1. Web 挖掘的环境**

（1）异构数据库环境：从数据库研究的角度出发，Web 网站上的信息也可以看作一个数据库，一个更大、更复杂的数据库。Web 上的每一个站点就是一个数据源，每个数据源都是异构的，因而每一站点之间的信息和组织都不一样，这就构成了一个巨大的异构数据库环境。如果想要利用这些数据进行数据挖掘，首先必须要研究站点之间异构数据的集成问题，只有将这些站点的数据都集成起来，提供给用户一个统一的视图，才有可能从巨大的数据资源中获取所需的东西。其次还要解决 Web 上的数据查询问题，因为如果所需的数据不能很有效地得到，对这些数据进行分析、集成、处理就无从谈起。

（2）半结构化的数据结构：Web 上的数据最大特点就是半结构化。但是 Web 上的数据与传统的数据库中的数据不同，传统的数据库都有一定的数据模型，可以根据模型来具体描述特定的数据而且按照一定的组织有规律的集中或者分布存放，结构性很强；而 Web 上的数据非常复杂，没有特定的模型描述每一站点的数据，都各自独立设计并且数据本身具有自述性和动态可变性，因而 Web 上的数据不是强结构性的。但与此同时 Web 界面又是有描述层次的，单个网站也是按照各自的结构构架的，具有一定的结构性。因此研究者认为 Web 上存在的数据既不是完全结构化的也不是完全非结构化的，而是介于两者之间，一般称之为半结构化数据。半结构化是 Web 上数据的最大特点，显然面向 Web 的数据挖掘比面向单个数据仓库或其他结构化数据集的数据挖掘要复杂得多。

（3）解决半结构化的数据源问题：Web 数据挖掘技术首要解决的是半结构化数据源模型和半结构化数据模型的查询与集成问题。解决 Web 上的异构数据的集成与查询问题，就必须要有一个模型来清晰地描述 Web 上的数据。针对 Web 上的数据半结构化的特点，寻找一个半结构化的数据模型是解决问题的关键所在。除了要定义一个半结构化数据模型外，还需要一种半结构化模型抽取技术，即自动地从现有数据中抽取半结构化模型的技术。面向 Web 的数据挖掘必须以半结构化模型和半结构化数据模型抽取技术为前提。

**2. Web 搜索引擎** 目前对 Web 信息的查询主要是利用基于索引的 Web 搜索引擎。它可以完成对 Web 的搜索，对 Web 页面进行索引，建立和存储大量的基于关键字的索引，用于定位包含某关键字的 Web 界面。利用搜索引擎，有经验的用户可以通过设定一组紧密相关的关键字和词组，快速搜索到所需的文档。当前，搜索引擎技术已经趋于成熟，用户满意度也保持在一个可以接受的水平。在信息搜集技术，索引建立技术，检索技术和结果集排序技术方面，近几年没有突破性的进展。而搜索引擎的研究与信息集成逐渐融合，在这方面的研究主要集中在两个方面：查询扩展（query expansion）和结果集的动态分类。

（1）查询扩展：由于用户使用搜索引擎查找信息时，往往不能用搜索引擎提供的标准准确的表述想要查找的东西，从而在基于用户查询请求到索引库检索前，需要进行查询扩展。查询扩展包括两个步骤：用新的关键词扩展初始查询串；对扩展后查询串里的关键词重新进行权重分配。查询扩展的方法分为三类：基于用户注册兴趣的方式；基于用户对结果集操作反馈信息的方式；基于搜索结果文档集全局信息的方式。这些方式分别通过不同的途径扩展用户初始查询，以期提高查询结果的用户贴近度。

（2）搜索结果的动态分类：由于结果集通常十分庞大，因而如何组织结果集展现形式，方便用户快速地找到需要的信息就成为一个十分关键的问题。虽然通过改进界面排序算法，可以尽量使"重要"的界面出现在返回结果的前面，但由于用户职业、兴趣、年龄等方面的差异，很难让所有用户都接受服务商给出的重要性顺序。另外，统计显示，用户一般不会在结果集中向后翻超过 5 页。所以将查询结果以一定的类别层次组织，让用户能方便地选择查看类别，可以很好地缩小结果集，从而使用户能更快的查找信息。

**3. Web 挖掘任务** Web 挖掘是一项综合技术，涉及 Web、数据挖掘、计算语言学和信息学等多个领域，可以实现对 Web 存取模式、Web 结构和规则，以及动态的 Web 内容的查找。Web 数据挖掘是一项具有挑战性的课题。它实现对 Web 存取模式，Web 结构和规则，以及动态的 Web 内容的查找。一般来说，Web 数据挖掘的任务可分为四类：Web 内容挖掘（Web content mining）、Web 结构挖掘（Web structure mining）和 Web 使用记录的挖掘（Web usage mining）和 Web 用户性质挖掘。其中，Web 内容挖掘、Web 结构挖掘和 Web 使用记录挖掘是 Web1.0 时代就已经有了的，而 Web 用户性质挖掘则是伴随着 Web2.0 的出现而出现的。

（1）Web 内容挖掘：基于 Web 的内容挖掘实际上就是从 Web 文档及其描述中获取知识，Web 文档文件挖掘及基于概念索引或 Agent 技术的资源搜索也应该归于此类。Web 信息资源类型众多，目前 WWW 信息资源已经成为网络信息资源的主体，然而除了大量人们可以直接从网上抓取、建立索引、实现查询服务的资源之外，相当一部分信息是隐藏的数据（如由用户的提问而动态生成的结果，存在于数据库系统中的数据，或是某些私人数据），无法被索引，从而无法提供有效的检索方式，这就迫使人们把这些内容挖掘出来。若从信息资源的表现形式来看，Web 信息内容是由文本、图像、音频、视频、元数据等种种形式的数据组成的，因而所说的基于 Web 内容的挖掘也是一种针对多媒体数据的挖掘。

　　Web 内容挖掘一般从两个不同的角度进行研究。从资源查找（IR）的观点来看，Web 内容挖掘的任务是从用户的角度出发，怎样提高信息质量和帮助用户过滤信息。而从 DB 的角度讲 Web 内容挖掘的任务主要是试图对 Web 上的数据进行集成、建模，以支持对 Web 数据的复杂查询。

　　（2）Web 结构挖掘：对象是 Web 本身的超链接，即对 Web 文档的结构进行挖掘。对于给定的 Web 文档集合，通过算法能够发现它们之间连接情况的有用信息，文档之间的超链接反映了文档之间的包含、引用或从属关系，引用文档对被引用文档的说明往往更客观、更概括、更准确。Web 结构挖掘在一定程度上得益于社会网络和引用分析的研究。把网页之间的关系分为 Incoming 连接和 Outgoing 连接，运用引用分析方法找到同一网站内部及不同网站之间的连接关系，有助于用户找到相关主题的权威站点，而且对网络资源检索结果的排序有很大意义。此外，Web 结构挖掘另一个尝试是在 Web 数据仓库环境下的挖掘，包括通过检查同一台服务器上的本地连接衡量 Web 结构挖掘 Web 站点的完全性，在不同的 Web 数据仓库中检查副本以帮助定位镜像站点，通过发现针对某一特定领域超链接的层次属性去探索信息流动如何影响 Web 站点的设计。

　　（3）Web 使用记录挖掘：基于 Web 使用的挖掘，也称为 Web 日志挖掘（Web log mining）。通过挖掘 Web 日志记录，分析其中的规律，了解用户的网络行为数据所具有的意义，发现用户 Web 页面的模式，识别 Web 网站的潜在用户和电子商务的潜在客户，进而改进 Web 服务器系统的性能。

　　（4）Web 用户性质挖掘：是伴随着 Web2.0 的出现而出现的。基于 RSS、Blog、SNS、Tag 及 WiKi 等互联网软件的广泛应用，Web2.0 帮助人们从 Web 1.0 时代各大门户网站"填鸭"式的信息轰炸，过渡到"人人对话"，每个普通用户既是信息的获取者，也是信息的提供者。在 Web2.0 时代，网络彻底个人化了，它完全允许客户用自己的方式、喜好和个性化的定制服务创造自己的互联网，它一方面给予互联网用户最大的自由度，另一方面给予有心商家有待发掘的高含金量信息数据。通过对 Web 用户自建的 RSS、Blog 等 Web2.0 功能模块下客户信息的统计分析，能够帮助运营商以较低成本获得准确度较高的客户兴趣倾向、个性化需求及新业务发展趋势等信息。有关 Web2.0 下的数据挖掘正在进一步的研究。

**4. XML 技术在基于 Web 数据挖掘中的应用**

　　（1）XML 技术简介：XML（extensible markup language）是 SGML（standard general markup language）的一个子集，近年来为 IBM、Microsoft 等公司大力推崇。和 HTML（hyper text markup language）类似，XML 也是一种标示语言，可提供描述结构化资料的格式，它们都可以用于可视化和用户界面标准。

　　目前，Internet 只是文本和图片的访问媒体，并没有智能搜索、数据交换、自适应表示和个人化的标准。为了超出设置信息访问和显示标准的限制，Internet 必须设置信息理解标准（表示数据的通用方式）以便软件能够更好地搜索移动显示和处理上下文中隐藏的信息。由于 HTML 是一种描述如何表示 Web 页的格式，并不表示数据，所以它并不能完成以上处理。而 XML 提供了一种独立的运行程序的方法来共享数据是用来自动描述信息的一种新的标准语言，它通过计算机通信"把 Internet 的功能由信息传递扩大到其他多种多样的活动中去"。

　　（2）技术的特点及其在 Web Mining 中的应用：XML 技术最大的特点在于其 Tag 是具有语义的，可由用户定义能够反映一定的数据的含义。此外，XML 还具有简单易用、可扩展性、开发性、强标准化等特点，非常适合应用于 Web Mining。从某种意义上说，XML 非常接近半结构化的数据模型,它可供操作的基础要比 HTML 好。XML 的文档描述的语义非常清楚,而且用户可以很容易将之和关系数据库中的属性一一对应起来,能够支持实施十分精确的查询,以及其他高级操作。而 HTML 文档只是按显示方式进行描述的。由此可见,XML 为在 Web 上的数据查询和模式抽取提供了一个重要的契机。

XML 由若干规则组成,这些规则可用于创建标记语言,并能用一种被称作分析程序的简明程序处理所有新创建的标记语言。XML 解决了 HTML 不能解决的两个 Web 问题,即"Internet 发展速度快而人们的接收速度慢"的问题,以及可利用的信息多到难以找到自己所需要的信息。XML 能增加结构和语义信息可使计算机和服务器即时处理多种形式的信息。因此,运用 XML 的扩展功能不仅能从 Web 服务器下载大量的信息,还能大大减少网络业务量。

以 XML 为基础的新一代 WWW 环境是直接面对 Web 数据的,不仅可以很好地兼容原有的 Web 应用而且可以更好地实现 Web 中的信息共享与交换。XML 可看作一种半结构化的数据模型,可以很容易地将 XML 的文档描述与关系数据库中的属性一一对应起来,实施精确地查询与模型抽取。

当用标准的 HTML 无法完成某些 Web 应用时,XML 便能大显身手。这些应用从大的方面讲可以被分成以下四类:①需要 Web 客户端在两个或更多异质数据库之间进行通信的应用;②试图将大部分处理负载从 Web 服务器转到 Web 客户端的应用;③需要 Web 客户端将同样的数据以不同的浏览形式提供给不同的用户的应用;④需要智能 Web 代理根据个人用户的需要裁减信息内容的应用。显而易见,这些应用和 Web 数据挖掘技术有重要联系,基于 Web 数据挖掘必须依靠它们来实现。

## 二、数据挖掘在中医药领域的应用与展望

### (一)数据挖掘在医学领域中的应用

目前,数据挖掘的研究和应用非常热门,虽然其产生的时间较短,但已在其他领域应用广泛且成果斐然。虽然医学领域的数据挖掘起步较慢,但医学的特殊性预示着在该领域进行探索必然有广阔的前景和价值,同时当前该领域的数据挖掘应用和研究已取得了较多成果,给后续研究揭示了许多全新的途径和模式。

**1. 在基础医学领域的应用** 许多的研究者正不断探索将数据挖掘方法运用于 DNA 序列分类,以及对基因组的测序数据进行分析,结果发现非线性相关统计法,如 AMI、神经网络、分类及聚类算法均有重大的应用价值。

**2. 在临床诊疗领域的应用** 通过比较发现这些数据挖掘的方法在预测,以及其他应用方面比传统的统计方法有更多的优越性。例如,疾病的临床诊断和治疗方面。疾病的诊断、治疗和治愈后的预测等,由于某些疾病的错综复杂性,加之医学技术本身是个具有很强实践性、统计性的验证科学,所以诊断、治疗过程是医师知识和经验的交织作用过程。而数据挖掘可以通过对患者资料数据库中大量历史数据处理、提炼蕴含其中的大量有价值的信息,从而为临床决策服务。经过尝试、探索而发现分类分析、粗糙集理论、人工神经网络、模糊逻辑分析在这方面有其独特的价值。例如,Bayesian 学习法对患者 CT 图像的自动诊断,模糊神经网络用于分析心脏的超声图像,决策树方法对于治疗方法的选择,粗糙集理论在宫颈癌病变阶段判断的检测中的运用等。

**3. 流行病学研究和医学统计方法学方面** 由于数据挖掘方法是基于机器学习基础上的,与传统统计方法在不同资料处理中各有优势。在实际的运用中常联合使用进而取长补短,如将决策树与回归、神经网络方法联合运用分析影响疾病死亡率的因素,从而弥补神经网络产生的结果不易

理解的弊端。同时数据挖掘方法应用于流行病学研究也效果显著。

**4. 医院和卫生事业管理方面**　医院信息系统（HIS）的建立为医院科学管理提供了大量的信息资源，同时也为医疗保健政策的制定、卫生资源的合理配置提供了决策支持的信息来源。但是传统的数据库方法及分析方式多停留在了数据的录入、查询和统计功能上，而数据挖掘方法的出现和发展为从错综复杂的、庞大的医学信息库中提取有价值的决策支持信息提供了有效的途径和方法，进而提升医院服务质量和管理水平。

**5. 其他方面**　如数据挖掘在药物的研发、毒理学研究等方面，亦有探索和应用性研究。

数据挖掘还用于分析病例及患者特征、药方管理、安排医疗方案、判断药方的有效性、验证药物的治疗机理、分析健康数据及确定偏差等。生物信息或基因（bioinformatics / genomics）的数据挖掘是目前研究的热点。Incyte 生物软件公司利用 MineSet 工具挖掘基因数据库，分析基因和疾病之间的关系，成功地发现新的基因模式。旧金山心脏研究所每年对来自全球各地的数百名病患者提供心脏监视和治疗服务。他们用数据挖掘技术对超过 20000 名患者的治疗医师的表现和疗效进行跟踪，使医院的运作效率极大提高，提高了医生诊断的准确性，减少了患者的留医时间。例如，在对冠状收缩治疗的过程中，通过对有关因素进行分析，将平均留院时间由 7 晚缩减到 3 晚。这样，每年节约了 50 万美元，并且有效地改进了治疗质量。

## （二）数据挖掘在中医药领域的应用

**1. 数据挖掘在中医药领域应用背景**　在中医药领域，数据库技术已经得到广泛应用。数据挖掘作为数据库知识发现的主要环节，后台数据库的建立是十分重要的。随着计算机技术的飞速发展，数据库技术已变得越发重要。中医药数据库的建设起源于 20 世纪 80 年代，经过 20 余年的建设已经取得了初步的成果，中医药领域已经建设了不同类型和规模的中医药信息数据库，如古代文献数据库、结构型数据库、现代文献型及事实型数据库以及各种中医数据仓库等。另外，自 2002 年起，国家中医药管理局中国中医药文献检索中心利用虚拟研究中心平台，联合全国十多家中医药大学、学院及科研机构进行结构型中药科技基础信息数据库的创建。近些年，中医药治疗信息的数据挖掘技术也被一些研究者或研究机构在一定程度上进行了研究。由于中医药治疗体系包括辨症论治、辨证论治和辨病论治，因此各家研究者与研究机构主要从症、证与病之间的关联开展了大量的研究工作。数据挖掘作为一个对隐含的、非平凡知识获取技术，决策支持系统的建立是必要的。

**2. 数据挖掘在中医药配伍规律研究的应用**　数据挖掘作为数据库知识发现的主要环节，知识获取是其主要功能，特别是对隐含的、非平凡知识的获取，以数据仓库为数据存储工具，将现有不同结构、不同地点的中医药相关数据库进行整合的"多库融合"平台系统正在建设。建立数据挖掘与数据仓库、在线分析处理、知识库和模型库等结合的智能决策支持系统，以 OLAP、数据挖掘为数据分析与知识获取工具，对数据仓库中的数据进行有目的分析，以获取其中对于事物发展有用的、可理解的知识，并将获得的知识存入相应知识库。以知识库和模型库为基础，应用专家系统对事物未来的发展趋势进行科学预测，将是加速中医药信息化、规范化和知识化进程的必要途径。数据挖掘在中药药性理论和复方配伍规律科学内涵的现代化研究中有广泛的应用，中药药性理论是中药配伍应用的核心内容之一，其内容完善的程度将直接影响到组方的准确性和治疗的有效性。中医对于中药药性的认识是一个逐渐积累和完善的过程，至今还存在某些药物的药性不完善的情况，对于中药的功效归类也因专家对药物认识程度的不同而导致同一药物分属不同类别。数据挖掘技术可以在分析大量历史数据的基础上，协助中药药性的完善研究。例如，数据挖掘中的分类方法可以依据药性特征的辨识结果，将一些还未归类的中药进行分类；也可用聚类方法将药味聚类后，根据同类药物的药性相近，归类也应相近的特点进行分类预测；用关联规则分析可以自动对方剂中各药物药性的联系进行关联模式或规则研究，进行中药药性特征的数据挖掘研究，对于进行中药复方配伍的科学规律研究有着重要意义。中药复方在中医药科学中扮演着非常重要的角色，几千年来积累的数十万首中药复方和已建立的众多中医药复方数据库是中医药最为宝贵的资源和财富，中医专家系统虽然在一定程度上实现了对专家知识的挖掘和再现，但"百花齐放、百家争鸣"的局面使得复方经常出现药味和药量千差万别的情况，无法形成中医在整体上对疾病及配伍规律的深入认识与研究。应用数据挖掘方法对数十万首中药复方全面整理和挖掘，将会比较全面地获得对中医药基础理论和临床实践规律的全面认识，进而进行配伍规律研究。中药复方是按照"君臣佐使"的原则，在辨证论治的基础上，由2味或2味以上的药物组成的有机共同体。用数据挖掘方法对中医药复方配伍历史数据进行智能分析，实现针对中医病症与复方配伍的本质规律认识，能为有效地精简复方和合理配伍提供理论支持。其中频率模式、关联规则、贝叶斯网络等方法，可以在不同配伍层次上分析药物配伍的模式或规则，实现对复方共性规律的认识。数据挖掘技术在研究症状与复方组方、中医证候与复方组方的关系等方面也有广泛应用。对于中药复方配伍规律的数据挖掘研究目前尚处于起步阶段。

**3. 数据挖掘在医药领域的应用展望**　从医药学领域庞大而繁杂的数据中挖掘知识，以指导今后的工作是富有较好的前景和应用价值，但又是困难复杂的课题。医学数据的挖掘是计算机技术、人工智能、统计学与现代医学相融合的产物，是面向整个医学信息库提取知识的过程，是医疗服务整体决策科学化的重要组成成分。而由于医学数据挖掘对象的广泛性、算法要求高效性地提取知识，以及决策建议要求更高的准确性，加之现有医学信息库相对于数据挖掘的要求还存在不完备性，这些都需要计算机、数学、统计学工作者，及广大医疗工作者的多方协作，从而在信息的多方融合、算法的高效性、获取知识准确性等关键技术上取得更大的突破。相信随着数据挖掘技术的广泛应用、方法的不断改进、可实现软件的发展，数据挖掘在医学领域的应用将更为广泛和深入，从而产生更大的社会效益和经济效益。

（章新友　王静波）

# 第九章　循证医学证据的检索与利用

## 第一节　循证医学与资源概述

### 一、循证医学简介

(一) 循证医学的定义

循证医学（evidence based medicine，EBM）是20世纪90年代初兴起的一门交叉学科。1996年，David Sackett将循证医学定义为"慎重、准确、明智地应用当前所能获得的最佳研究证据来确定患者的治疗措施"。2000年，David Sackett更新其定义为"慎重、准确、明智地应用当前可得最佳研究证据，同时结合临床医师个人的专业技能和长期临床经验，考虑患者的价值观和意愿，完美地将三者结合在一起，制定出具体的治疗方案"。2014年，Gordon Guyatt将循证医学定义完善为"临床实践需结合临床医生个人经验、患者意愿和来自系统化评价和合成的研究证据"。

(二) 循证医学的三要素

循证医学的定义表明，其实践具有以下三个要素特点。
(1) 医务工作者的专业技能与经验，是实践循证医学的基础。
(2) "证据"的质量及其运用，是实践循证医学的决策依据。
(3) 患者的期望与选择，是实践循证医学的独特优势。
由此可见，在实践循证医学的过程中，文献检索具有重要作用。

(三) 循证医学的四原则

**1. 基于问题研究**　循证实践需从实际问题出发，科学构建临床问题。例如，在防治性研究中，按照"PICOS"进行要素分析，从而明确问题，检索证据（表9-1）。

表9-1　"PICOS"要素分解

| P | I | C | O | S |
|---|---|---|---|---|
| 研究对象的类型、特征、所患疾病类型等 | 干预措施 | 对照措施 | 结局指标 | 研究设计 |

**2. 遵循证据决策**　决策是多因素互相关联且需要进行综合权衡的复杂过程，受到证据本身、决策环境、决策者和患者偏好等多因素影响。因此，决策需依据当前可得到的所有最佳证据，充分考量证据的科学性、适用性和可靠性，并综合分析证据与问题的匹配度。

**3. 关注实践结果**　关注对证据指导实践的结果，将已解决的问题上升为新的证据，查找未解决的问题的原因，开展深入研究。

**4. 加强后效评价**　随着研究的增加及技术的进步，更新证据，对实践的结果进行后效评价。

（四）循证医学的基本步骤

**1. 明确问题**　问题包括临床问题及卫生政策问题等。
**2. 检索证据**　科学严谨地制定检索策略，系统全面地搜集解决问题的研究证据。
**3. 评价证据**　根据循证医学证据分级标准，采用科学的方法、公认的工具，对证据的真实性、可靠性、适用性、临床重要性及相关性等方面进行严格评价。
**4. 指导实践**　将经过严格评价的最佳证据应用于指导决策，制定实施方案。
**5. 后效评价**　对应用当前最佳证据指导实践的效果进行后效评价。若效果理想，则可用于进一步指导实践；反之，则查找问题，分析原因，针对问题进行新的循证研究及实践，探索新的解决方案。

## 二、循证医学资源

加拿大 McMaster 大学临床流行病学与生物统计学教授 R. Brian Haynes 等分别于 2001 年、2007 年和 2009 年提出了循证医学证据资源的"4S""5S"和"6S"金字塔模型，循证医学证据资源模型的演进从侧面反映了循证医学证据资源的发展。

如图 9-1 所示，在"6S"金字塔模型中，居于顶层的计算机决策辅助系统（system）是循证医学证据来源的首选，但当现有数据库智能化水平不能解决问题时，则需要利用证据总结（summary）；若问题仍不能解决，则需要从系统评价摘要（synopses of synthese）及系统评价（synthese）中寻求解决方案；若问题还未得到解决，则可利用原始研究摘要（synopses of study）和原始研究（study）。"6S"循证医学证据资源分类介绍具体参见表 9-2。

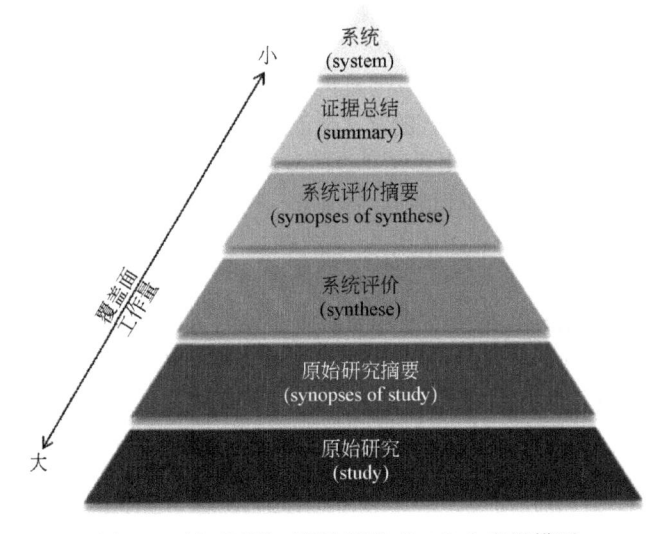

图 9-1　循证医学证据资源的"6S"金字塔模型

表 9-2　"6S"循证医学证据资源分类介绍

| 分类 | 特点 | 资源举例 |
| --- | --- | --- |
| 系统 | 是指将医院信息系统与循证知识库相整合的计算机决策辅助系统。针对临床问题，主动向医生提供循证的诊断意见、治疗方案、护理文件、药物信息及其他与患者安全相关的重要信息 | ProVation MD<br>ZynxCare<br>VisualDX<br>GIDEON |

续表

| 分类 | 特点 | 资源举例 |
|---|---|---|
| 证据总结 | 是指循证知识库及循证临床指南。针对临床问题，整合来自系统评价摘要、系统评价、原始研究摘要和原始研究的最佳证据，直接提供相关背景知识、专家推荐意见、推荐强度和证据级别 | UpToDate<br>DynaMed Plus<br>Best Practice<br>Clinical Key<br>Essential Evidence Plus<br>GIN<br>NGC |
| 系统评价摘要 | 是指对系统评价和原始研究证据的简要总结，以及专家对证据质量和证据结论的简要点评和推荐意见，表现形式通常为期刊、临床实践指南等 | EBM 系列期刊<br>ACP Journal Club |
| 系统评价 | 是指对原始研究的系统评价 | Cochrane Library-CDSR<br>Cochrane Library-DARE |
| 原始研究摘要 | 是指对原始研究数据的评价和总结 | ACP Journal Club<br>EBM 系列期刊 |
| 原始研究 | 是指原始单个研究 | PubMed<br>Embase<br>Cochrane library-CENTRAL |

# 第二节　循证医学证据检索

## 一、循证医学证据概念

"证据"一说源自我国春秋战国时期，"证"在古代汉语意指"证据"，"据"同样有"证据"的含义。《现代汉语词典》对"证据"的定义是"能够证明某事物真实性的有关事实或材料"。

2005年，加拿大卫生服务研究组用系统评价的原理对"证据"进行定义，指出"证据是最接近事实的一种信息，其形式取决于具体情况，高质量、方法学适当的研究结果是最佳证据。因为用于决策的证据有时并不充分、自相矛盾或并不能获取，其他类型的信息就成为研究证据的必要补充或替代"。

循证医学的证据（evidence）是指以患者为研究对象的各种临床研究（包括病因、诊断、预防及治疗干预措施、经济学研究及评价等）所得到的结果和结论。证据来源主要包括数据库（互联网在线数据库、公开发行的光盘等）、期刊及指南等。不同的临床问题要求不同的研究证据，循证医学强调证据应是由多种研究方法、多种来源的研究结果构成的"证据体"（evidence body）。

（一）循证医学证据的分类

证据分类的主要目的在于更好地使用证据。不同人群对证据的需求不同，对同一证据的理解也不同，因此，给临床医生和患者使用的证据也不尽相同，给研究人员和决策者使用的证据也各有特色。根据研究和应用的不同需求，证据有以下几种分类方法。

**1. 按照研究方法分类**　可分为原始研究证据和二次研究证据。

（1）原始研究证据（primary research evidence）：指直接以受试者（包括健康人及患者）为研究对象，通过单个的预防、病因、诊断、干预及预后研究，获得一手数据，经统计学分析和总结后得出的结论。

根据设计类型不同，又可分为观察性研究证据和试验性研究证据。观察性研究是未向研究对象施加干预措施的研究设计，主要包括队列研究、病例对照研究、横断面调查、描述性研究、病例系列和病例报告；试验性研究是基于研究对象干预措施的研究设计，主要包括随机对照试验、交叉试验、自身前后对照试验和非随机同期对照研究。

（2）二次研究证据（secondary research evidence）：指对某一具体问题系统地收集全部原始研究证据，然后应用科学的标准严格评价、整合处理、分析总结后所得出的结论。二次研究证据是对多个原始研究证据进行再加工后得到的更高层次的证据，主要包括临床实践指南、临床证据手册、系统综述、卫生技术评估报告和卫生经济学研究等。二次研究证据的质量取决于原始研究证据的质量。

**2. 按照研究问题类型分类** 可分为病因学研究证据、诊断学研究证据、治疗学研究证据、预防性研究证据和预后性研究证据。

**3. 按照用户需求分类** 可分为临床证据手册、临床实践指南、临床决策分析、系统综述、卫生技术评估报告及健康教育资料等，主要面向临床医生、卫生政策制定者、广大群众及患者（表9-3）。

表9-3 按用户需求角度的证据分类

|  | 政策制定者 | 研究者 | 卫生保健人员 | 其他用户 |
| --- | --- | --- | --- | --- |
| 代表人群 | 政府官员、机构负责人 | 基础、临床、教学研究者等 | 临床医生、护士、医学技术人员等 | 患者、健康人群 |
| 证据形式 | 法律、法规、报告 | 原始研究证据为主（原始研究、方法学研究等） | 二次研究证据为主（指南、摘要、手册等） | 科普材料、健康宣传教育材料、大众媒体信息 |
| 证据特点 | 简明概况、条理清晰 | 详尽细致、全面系统 | 方便快捷、针对性强 | 形象生动、通俗易懂 |
| 使用目的 | 侧重国计民生，解决重大问题 | 侧重科学探索，解决研究问题 | 侧重实际应用，解决专业问题 | 侧重个人保健，解决自身问题 |

**4. 按照获得渠道分类** 可分为公开发表的研究证据、灰色文献、在研的研究证据及网上信息。公开发表的研究证据主要有期刊、专著、手册和光盘等；灰色文献指已完成，但未公开发表的研究证据，主要有非公开出版的政府文献、会议文献、技术档案、企业产品资料及内部刊物等；在研的研究证据主要包括正在进行的，但未完成的原始研究和二次研究；网上信息包括不同医学组织和机构建设的各种数据库。

（二）循证医学证据的分级与推荐

证据质量与推荐强度分级方法的发展主要经历了三个阶段。第一阶段为单纯以研究设计为基础进行判断，以随机对照试验为最高质量证据。第二阶段为在研究设计的基础上考虑精确性、一致性及特殊的偏倚，以随机对照试验的Meta分析作为最高级别的证据。第三阶段始于2000年，针对证据质量与推荐强度分级存在的不足，由来自包括WHO在内的19个国家和国际组织60多名循证医学专家、指南制定专家、医务工作者和期刊编辑等共同创建了推荐分级的评估、制定与评价（The grading of recommendations, assessment, development and evaluations, GRADE）工作组，旨在通力协作，遵循证据，制定出国际统一的证据质量和推荐强度分级系统，该系统于2004年正式推出。

2004年正式发布的GRADE证据等级及推荐强度见表9-4和表9-5。GRADE对证据质量等级的判断始于研究设计。一般情况下，没有严重缺陷的随机对照试验的证据起始质量等级为高（即

A 级），但有 5 个因素（偏倚风险、不一致性、间接性、不精确性和发表偏倚）可降低其质量等级。没有突出优势的观察性研究的证据起始质量等级为低（即 C 级），但有 3 个因素（效应值很大、负偏倚和有剂量-效应关系）可提高其质量等级。对于推荐强度，GRADE 突破了之前将证据质量等级和推荐强度直接对应的弊端，进一步提出，除了证据质量等级，资源的多寡和患者的价值取向等证据以外的因素也影响推荐强度，并将推荐强度的级别减少为两级。

表 9-4　GRADE 证据等级及其定义

| 证据等级 | 定义 |
| --- | --- |
| 高（A 级） | 对观察值非常有把握，即观察值接近真实值 |
| 中（B 级） | 对观察值有中等把握，即观察值可能接近真实值，但也可能与真实值差别很大 |
| 低（C 级） | 对观察值的把握有限，即观察值与真实值可能有很大差别 |
| 较低（D 级） | 对观察值几乎没有把握，即观察值与真实值可能有极大差别 |

表 9-5　GRADE 推荐强度

| 推荐强度 | 具体描述 |
| --- | --- |
| 强推荐 | 明确显示干预措施利大于弊或弊大于利 |
| 弱推荐 | 利弊不确定或无论质量高低的证据均显示利弊相当 |

## 二、循证医学证据检索

### （一）循证医学证据检索的特点

循证医学证据检索的目的主要有 3 个：①为开展原始研究而进行文献检索，如设计临床随机对照试验，系统分析已发表的文献有助于为研究者提出新的假设或研究提供理论依据，关于某一研究问题的系统化文献分析还可以使研究者避免开展不必要的重复研究。②为开展二次研究而检索，如为制作系统评价/Meta 分析检索证据。③为了解决临床实践过程中提出的前景问题而进行证据检索，此时要关注系统化证据，如系统评价/Meta 分析，还需要补充检索与问题密切相关且新近发表的原始研究证据。

无论是为了开展原始研究、二次研究，还是循证解决临床实践过程中的难题，都需要研究人员围绕提出的问题明确检索词和制定检索策略，全面获取相关文献。如果研究人员未能获取某一特定问题的全部文献，进行证据分析时就会得到错误的结论。

为了方便用户检索研究证据，信息技术专家开发了检索过滤器（search filter）。检索过滤器是在数据库中专门为用户设计的内置证据检索策略，该理念由加拿大流行病学和生物统计学研究人员 R. Brian Haynes 等在 1994 年提出，并进行了查全率和查准率分析。用户通过检索过滤器，不需要掌握复杂的检索策略即可检索医学研究证据。如 PubMed 的"clinical queries"设有检索临床研究证据的检索过滤器，"species"设有检索动物实验的检索过滤器，"medical genetics searches"设有检索医学遗传学研究证据的检索过滤器。

因此循证医学证据检索的特点主要有：①以计算机检索为主，手工检索为辅；②注重检索的科学性，需要制定严谨的检索策略，系统查找文献；③有针对医学证据的检索过滤器及可供参考的检索步骤；④注意检索的全面性，重视对文献的方法学评价。

## （二）循证医学证据检索与传统文献检索的区别

循证医学证据检索的目的是为循证临床实践查找此前所有最佳临床证据，因而其检索范围、策略、方式必然有别于传统的文献检索，主要区别见表9-6。

表9-6 循证医学证据检索与传统文献检索的比较

| | 循证医学证据检索 | 传统文献检索 |
| --- | --- | --- |
| 信息来源 | 强调全面收集各种数据库、检索工具书、相关期刊及正在进行的研究和未发表的临床研究文献 | 很少对正在进行的研究和未发表的文献进行检索 |
| 检索范围 | 强调获得当前可得的全部相关文献（多国别、多语种文献） | 对检索范围和检全率没有严格要求 |
| 检索方式 | 以计算机检索为主，辅以手工检索，参考文献追查，灰色文献的搜索 | 很少对参考文献追查和灰色文献搜集 |
| 数据库选择 | 检索所有相关的临床证据数据库、临床实践指南数据库和书目型数据库 | 对数据库的选用无严格要求 |
| 检索策略的制定 | 严谨，科学 | 无严格要求 |
| 对检索结果的关注 | 关注临床证据级别，尤其重视系统评价和随机对照试验的研究结果，重视证据真实性、方法学的评价 | 较多关注述评文献或综述文献，不涉及文献真实性和方法学的评价 |

## （三）证据利用检索与证据制作检索的区别

循证医学证据检索根据检索目的不同分为证据利用检索与证据制作检索，证据利用检索更多关注如何检索到当前最佳研究证据以指导临床决策，与证据制作检索在信息来源、检索策略、检索方法等方面有所区别，主要区别见表9-7。

表9-7 证据利用检索与证据制作检索的比较

| | 证据利用检索 | 证据制作（如系统评价制作） |
| --- | --- | --- |
| 信息来源 | 临床实践指南数据库<br>循证医学循证教科书<br>循证医学数据库<br>其他综合评价资源期刊<br>综合性文献数据库资源 | 综合性文献数据库资源<br>专题性文献数据库资源<br>循证医学数据库<br>各国家生物医学文献数据库<br>在研临床试验数据库<br>灰色文献（药厂、会议论文） |
| 检索策略 | 关注特异性，重点检索主题词相关内容 | 关注敏感性，确保最大限度查找相关研究 |
| 检索方式 | 首选计算机检索，人工检索不作强制要求 | 计算机检索，要求辅以人工检索 |
| 检索顺序 | 可遵循"6S"循证信息服务模型 | 先检索主要数据库，再扩展检索其他相关来源 |
| 检索结果 | 关注证据级别高和推荐意见强的报告，如GRADE系统推荐的高质量证据 | 关注高质量原始研究 |

## （四）循证医学证据检索步骤

**1. 按照 PICOS 原则明确临床问题及问题类型** 当临床医师在医疗实践中发现一个有临床意义的问题，首先按照PICOS原则提出明确可解答的临床问题。按照PICOS进行要素分解，可使问题变得清晰，"P"表示患者/人群/研究对象，即年龄、性别、种族、所患疾病种类，如青少年近视；"I"表示干预措施，即治疗手段或暴露因素，如针灸；"C"表示比较措施，即对照措施，如药物或安慰剂对照等；"O"表示结局指标，即干预措施的影响，包括主要结局指标和次要结局指标;"S"表示研究设计,即采用何种研究设计回答临床问题。

通过分析以下临床情景,提出临床问题并对其进行证据检索。

> **临床情景**
>
> 患者,男性,36岁,司机,全身肌肉疼痛1日。患者1日前曾在空调汽车内持续驾驶7小时,下车后即感觉全身发紧、不适、四肢发凉、不出汗等症状。当晚全身肌肉开始疼痛,并逐渐加重,翻身困难,曾服用芬必得等药物及贴敷膏药等治疗,但仍觉疼痛不减,于第2日下午来医院就诊。检查见患者痛苦面容,全身肌肉肤色正常,触之发凉,疼痛部位以肩、背、臀、腓肠肌处的肌肉较为剧烈。体温、血压正常。实验室检查结果显示抗"O"正常,血沉正常,类风湿因子正常。舌质淡、苔薄白、脉浮紧。西医诊断为空调综合征;中医诊断为痹证。针对该病例,若患者想采用中医针灸治疗,能否达到预期效果。

基于临床情景提出问题:对空调综合征者进行针刺治疗是否有效?其中 P 为空调综合征者,I 为针刺治疗,C 为镇痛西药,O 为疼痛缓解,S 为针对证据生产为随机对照试验(randomized controlled trial,RCT)、针对证据利用为 Meta 分析/系统评价。

临床问题按来源可分为诊断、治疗、预后、病因、预防、不良反应及成本和经济学问题等。明确问题来源,有助于在检索原始研究数据库时,选择合适的过滤器缩小检索范围提高查准率,如 PubMed 的 Clinical Queries 可提供诊断、治疗、预后、病因和预防5种临床研究过滤器,方便读者针对相应问题快速找到最适合解决该类问题的最佳临床研究证据。

**2. 选择恰当的数据库** 根据所提临床问题的类型和现有条件,先检索密切相关的数据库,若检索的结果不能满足需要,再检索其他相关数据库。或先检索可能直接相关的数据库,当检出结果不理想时,再检索第二个或多个数据库。同时,可以根据"6S"模型,检索时按照计算机辅助决策系统、证据总结、系统评价摘要、系统评价、原始研究摘要和原始研究顺序逐级检索,如果从上一级数据库检索获得的文献解决了提出的临床问题,则不需要继续检索下一级数据库,以避免不必要的时间浪费。

**3. 确定检索词** 选择好数据库后,还应针对已分解的临床问题选择恰当的检索词。列出一组与临床问题有关的词,这些词应包括关键词和主题词。由于研究的内容可能涉及特殊的人群、特殊的干预措施或结果,而研究内容的主题概念在数据库中的检索用词又常标引得不够完善,没有列入主题词表,在这种情况下用主题词检索就很难得到令人满意的检索结果。关键词检索与主题词检索的检索结果差别较大,检索结果不仅受检索方式、检索策略的影响,也与各数据库主题标引的质量和收录范围有直接关系。为了提高检索质量和检索效率,应熟悉数据库的主题词表,了解相关主题词在词表中的收录情况。在选择检索词时,既要重视对主题词的选择,充分利用主题词检索系统的优点(如主题词的树状结构,主题词和副主题词的组配,对主题词扩展或不扩展检索等),也不能忽视关键词检索方式的应用。表 9-8 为针刺治疗疼痛的检索词列表,首选 P 和 I 或两者之一作为检索词,根据检索结果数量决定是否增加检索 Meta 分析/系统评价。

**表 9-8 针刺治疗疼痛的检索词列表**

| 主题概念 | | 主题词 | 同义词 |
| --- | --- | --- | --- |
| 疾病 | 英文 | — | air conditioning syndrome,air conditioning disease 等 |
| | 中文 | — | 空调病,空调综合征等 |

续表

| 主题概念 | | 主题词 | 同义词 |
|---|---|---|---|
| 干预措施 | 英文 | "Acupuncture Therapy" [MeSH]<br>"acupuncture" /exp | acupuncture, pharmacoacupuncture, acupotomy, acupotomies, electroacupuncture, meridians, moxibustion, auriculotherapy 等 |
| | 中文 | 针刺疗法 | 针刺,温针,手捻针,气针,火针等 |
| Meta分析/系统评价 | 英文 | "meta analysis" /exp<br>"meta analysis(topic)" /exp<br>"systematic review" /exp<br>"systematic review(topic)" /exp<br>"Meta-Analysis" [Publication Type]<br>"Meta-Analysis as Topic" [MeSH] | Meta analysis, meta analyses, Meta-analysis, metaanalyses, systematic review, systematic reviews, metaanalysis, metaanalyses 等 |
| | 中文 | Meta分析 | Meta分析,系统评价,荟萃分析,系统综述,整合分析,元分析等 |

注：MeSH表示该词在PubMed和Cochrane Library数据库中为主题词；/exp表示该词在Embase数据库中为主题词。

**4. 制定检索策略并实施检索** 根据检索课题的已知条件和检索要求，以及所选定的信息检索系统所提供的检索功能，确定适宜的检索途径，如主题途径或关键词途径等。

确定检索途径后，编写检索策略表达式，即确定作为检索标识的主题词、关键词及各种符号等，用各种检索运算符（如布尔逻辑运算符、截词符等）进行组合，形成既可为计算机识别又能体现检索要求的提问表达式。

若以证据制作为目的，则通过提升敏感度扩大检索范围，增加相关文献被检出的比例，提高查全率；若以证据利用为目的，则通过提升特异度缩小检索范围，排除非相关文献被检出的比例，提高查准率。检索者可根据检索目的进行选择。而检索策略的制定应以高敏感度为主，以提高检出率，降低漏检率。

制定针对疾病和干预措施的检索策略的一般步骤如下：①针对某疾病的检索词（主题词/关键词）及其同义词和别名，还要考虑到不同语言可能有不同的后缀或前缀。如所有检索词之间用"OR"检索符，可实现任意一个检索词相符就命中。②针对干预措施可能涉及的检索词用"OR"检索符。③将涉及疾病和干预措施的两组检索词用"AND"检索符。④如果检索结果较多时，可考虑加入研究设计检索策略，如系统评价/Meta分析检索策略，与疾病和干预措施进行逻辑"AND"运算。

**5. 评估检索结果** 对检索结果进行评价主要是看检索的结果是否在预期的范围之内。若以证据制作为目的，对检索结果的评价步骤为：浏览检出记录的标题和摘要，评价该记录是否符合事先制定好的纳入和排除标准，纳入符合要求的文献。对潜在的有可能符合纳入标准的记录及不确定是否需要纳入和排除的记录，应阅读全文，以进一步判断或评估。若以证据利用为目的，主要是从证据的内部真实性、临床重要性和证据适用性进行评价。①内部真实性：从当前研究对象得到的结果能否准确地反映目标（源）人群的真实情况。影响内部真实性的主要因素有研究对象范围和研究实施环境等。可通过采取对研究对象类型、研究实施环境和干预措施进行限定来改善内部真实性。②临床重要性：针对不同的临床研究问题，其临床重要性评价指标也有所不同。以干预性研究证据为例，除需呈现每组干预措施相关结局指标外，还应报告该干预措施的效应量及其95%可信区间（95%CI）以表示估计值的精确度。③证据适用性：指基于当前证据中的研究对象得到的结果能否适用于目标人群以外的其他人群（外推性）。研究人群与其他人群的特征差异、研究对象类型等因素会影响外部真实性。增加研究对象的异质性可以提高外部真实性。

若检索结果不能满足需要,有必要对已检索过的数据库进行再次检索或检索其他数据库。由于不同的数据库收录范围不同,检索术语、主题词表及检索功能存在差异,因此,需在检索过程中仔细选择检索词,并且不断修改和完善检索策略,调整检索策略的敏感度或特异度,以制定出能满足检索需求的高质量的检索策略。

(五)循证医学证据检索来源

根据前面提到的"6S"金字塔模型,循证医学证据检索时遵循从高到低的原则选择数据库。优先选择证据总结类数据库,如 UpToDate、DynaMed Plus、Best Practice、Clinical Key、Essential Evidence Plus、GIN 和 AHRQ 等;其次选择系统评价摘要类数据库,如 Evidence-based 系列杂志、ACP Journal Club 等;再次选择系统评价类数据库,如 Cochrane Library;最后选择原始研究类数据库,如 PubMed、Embase 等。下面依次介绍循证医学证据检索的常用数据库。

**1. UpToDate**

(1)简介:UpToDate 数据库由美国的 3 名医学博士 Dr. Burton、Dr. Rose 和 Dr.Rush 于 1992 年创建,现隶属荷兰威科(Wolters Kluwer)出版集团。UpToDate 覆盖 25 个临床医技专科(变态反应与免疫学、心血管医学、皮肤病学、成人与小儿急救医学、内分泌学与糖尿病、家庭医学与全科医学、胃肠病学与肝脏病学、普通外科学、老年病学、血液病学、医院医学、肾脏病与高血压、神经病学、妇产科学与妇女保健、肿瘤学、姑息治疗、儿科学、成人初级保健、青少年与成人初级保健运动医学、精神病学、肺部与重症医学、风湿病学、睡眠医学、麻醉学等),共 13000 多个临床专题,每个专题下划分有很细的专业类别,全部临床主题皆由 UpToDate 的专编和超过 6500 位临床医师撰写,是由作者们浏览同行评审的期刊再加上专业经验和意见而成。

UpToDate 数据库采用 GRADE 对证据进行分级与推荐。同时,提供超过 34000 多张图表(图片、图例、影片和插图等内容)、超过 190 个医学计算器、6300 多篇英文药物专论、440 000 多条 Medline 参考文献和 9600 多条经过循证医学 GRADE 分级推荐意见。图 9-2 是 UpToDate 数据库的中文检索界面。

(2)检索:如图 9-2 所示,在 UpToDate 中文检索界面中,可在检索框中输入疾病名、症状、药名和检验检查等作为检索的关键词,可以是一个或多个关键词,建议尽量避免采取过于详细的检索词,如"甲沟炎"比"左手食指甲沟炎"更合适作检索词。检索界面还可以选择"所有专题""成人""儿童""患者"和"图表",此处的"患者"并不是检索词对应的"患者",而是将检索内容限制于患者教育的相关信息。如在检索框输入"acupuncture",选择"成人",即可执行检索,逐一浏览检索结果的标题判断是否满足要求。点击"acupuncture"进入该临床主题,主题开头注明了该主题的作者、编者、审稿者信息及最后更新时间。点击作者名字可获得作者身份等更详细的信息,左侧为专题提纲,使用者根据需要点击相应内容浏览。若对这些冗长的内容不感兴趣,大多数情况下可点击专题提纲的"总结与推荐",直接查看有关该主题的总结和推荐意见。

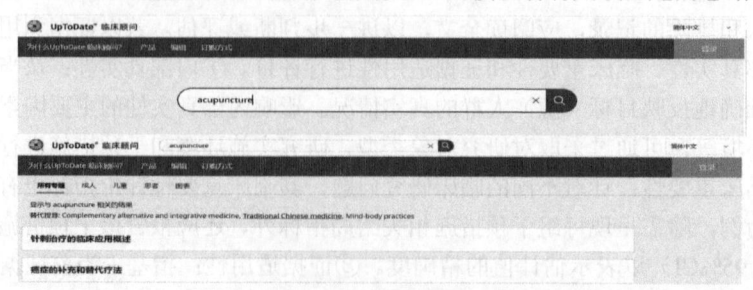

图 9-2 UpToDate 数据库的中文检索界面

## 2. DynaMed Plus

（1）简介：DynaMed Plus 数据库为 DynaMed 升级版本，早期 DynaMed 免费，用户自愿充当审稿者、作者和编辑，其运行主要依靠志愿者团体的奉献。2004 年美国国家科学基金（NSF）对 DynaMed 立项进行资助，并要求进一步深入探索该数据库对临床医生查证用证的意义和作用。2005 年，EBSCO 出版集团正式收购 DynaMed。拥有综合检索功能和大量全文文献服务的 EBSCO 平台为 DynaMed 的快速发展提供了强有力的支持。2011 年，DynaMed 再次升级，采用更加简洁友好的界面，进一步优化了检索过程，用户可以从订阅的 EBSCO 数据库中获得相关的检索结果。

DynaMed Plus 有 3 个独特优势：①系统评估当前所有相关的研究，力求呈现给临床医生最小偏倚的证据；②每日更新，新的研究证据一经发表就会在第一时间被整合到 DynaMed Plus；③可采用多种方式进行检索和阅读，可通过网址（本地和远程）和移动设备轻松访问 DynaMed Plus。

DynaMed Plus 提供的信息主要包括以下内容。①证据概述与推荐意见：提供与临床问题密切相关的最新研究证据及循证推荐意见。②循证临床实践指南：常见疾病的临床诊疗过程的循证临床实践指南及证据分级概要。③患者相关信息：为患者提供常见疾病的临床症状、病因、治疗和预防等信息。④辅助决策的计算功能：通过录入患者年龄、已有的实验室结果等信息预测某些临床结果指标、疾病的严重程度及健康状况，包括根据医学公式、临床标准、决策树、统计学计算器进行预测，并可根据不同的医学专科选择该学科常用的计算模块。

DynaMed Plus 将证据分为 3 级。Ⅰ级：可以信任，表明研究结果可用于解决临床问题并满足证据的质量评价标准，偏倚存在的可能性较小。Ⅱ级：中等程度的信任，表明研究结果可用于解决临床问题，研究证据虽采用了某些科学研究方法，但并未符合证据的质量评价标准，无法达到Ⅰ级证据的质量要求。Ⅲ级：缺少直接的研究证据，表明并非基于临床研究的结果得到的科学结论，例如根据病例报告、病例系列和个人观点。DynaMed Plus 根据 GRADE 将证据的推荐意见分为强推荐和弱推荐。

（2）检索：DynaMed Plus 数据库的主检索界面如图 9-3 所示。在该界面中，用户可根据主题浏览数据库的内容，也可以直接输入所要检索的关键词进行检索，如在检索框输入"acupuncture"，点击"Search"执行检索。DynaMed Plus 数据库的检索结果界面如图 9-4 所示，在检索结果界面逐一浏览检索结果的标题，判断是否满足要求。点击标题进入该主题。

图 9-3 DynaMed Plus 数据库的主检索界面

## 3. Best Practice

（1）简介：Best Practice 数据库是 BMJ 出版集团于 2009 年发布，是在"Clinical Evidence"（临床证据）基础上全面升级的临床诊疗辅助系统，需使用。Best Practice 涵盖疾病预防、诊断、治疗和随访等各个临床关键环节的信息，还嵌入了国际公认的药物处方指南，与药物数据库系统 Martindale 实时对接。Best Practice 主要提供以下信息。①疾病的证据概要：包括精粹、基础知识、

图 9-4 DynaMed Plus 数据库的检索结果界面

预防、诊断、治疗、随访和资源。②BMJ 临床证据：提供来自 BMJ "Clinical Evidence" 证据。③药品信息：药品内容可以直接链接至在线药物数据库，通过点击药品名称获取药品剂量、用法、剂型、副作用和禁忌证等信息。④患者教育：用患者及其家属易理解的语言描述疾病的临床表现、治疗措施、可能取得的疗效、发病时应立即采取的措施。⑤临床实践指南：提供源于官方资源、专业医疗机构或医学专科学会的临床诊断实践指南链接。

Best Practice 主要有以下特点。①疾病种类多：Best Practice 收录 1000 多种临床常见疾病、多发病，以及疑难和罕见疾病。②权威性强：Best Practice 中的每一种疾病都由世界权威临床专家撰写，包括专家自己的经验和建议，并由同行评审完成，权威性获得国际同行高度认同。Best Practice 收录"临床证据"数据库中主要针对治疗环节的最新证据。③内容丰富：Best Practice 不仅收录数千项国际治疗指南和诊断标准，包括疾病的鉴别诊断、实验室检查、病史检查、诊断步骤和方法等内容，并可定制中文版的指南和标准，还提供了大量的彩色病例图片和图像。④高度整合：Best Practice 不仅嵌入国际标准的药物处方数据库，提供最新的药物副作用和多种药物相互作用的最新证据，还整合了"临床证据"数据库的全部内容。⑤使用方便：Best Practice 可以实现远程访问方式，用户获得授权后可随时访问网上资源。⑥更新及时：Best Practice 的内容每月定期更新。此外，每年还对已收录的内容进行重新审核和全面更新。

（2）检索：Best Practice 数据库可提供中文检索界面，但其检索功能较弱，仅支持布尔逻辑运算符和词组检索，不支持截词检索、优先检索和字段检索。由于该数据库的内容都是按照疾病编排，用户也可采用简便的方法，即只检索疾病名称，然后点击感兴趣的部分进行浏览（图 9-5）。

图 9-5 Best Practice 检索界面

Best Practice 数据库的正文界面直观方便（图 9-6），界面上方以导航栏的形式给出了每个疾病对应的"概述""理论""诊断""治疗""随访""资源"等信息，每部分信息又包含若干子项目。

图 9-6 Best Practice 正文界面

## 4. Clinical Key

（1）简介：Clinical Key 全医学平台是 Elsevier 公司在 2012 年推出的全医学平台，整合了 8 种以上的数据库，囊括了 Elsevier 几乎全部医学内容。Clinical Key 全医学平台的内容主要有以下 12 大类资源。

1）全文期刊（journal）：其中收录 SCI，包括 *The Lancet*（《柳叶刀》）系列、*European Urology*（《欧洲泌尿》）系列等顶级期刊。

2）北美临床系列期刊（clinics）：收录最新最精的针对临床疑难文章的专家综述。

3）电子图书（book）：医学图书，包括临床参考书和医学教科书，其中获得 Doody 评分的图书超过 530 种。

4）医学文摘（medline）：涵盖全球最核心的 5600 多种医学期刊。

5）操作视频（procedures consult）：临床操作视频，并配有文字、图解等诠释操作流程和关键点，源于 Procedures Consult 数据库。

6）医学视频（video）：涵盖内、外、妇、儿各医学专科及教学、实验视频，以及新上线部分 Expert Consult 视频资源内容。

7）影像图片（image）：医学影像、照片、图片、图表等。

8）临床概览（clinical overview）：以疾病为主题的循证专论，源自 First Consult 数据库。

9）药物专论（drug monograph）：以药物为主题的专论，来源于 Gold Standard's monographs。

10）临床试验（clinical trial）：来源于美国卫生研究院（NIH）在全球注册的临床试验。

11）诊疗指南（practice guideline）：权威诊疗指南，来源于欧美的专业学、协会。

12）患者教育（patient education）：患者教育讲义，来源于 ExitCare LLC、Gold Standard、AAFP 等机构和权威著作。

Clinical Key 全医学平台既能浏览、下载各种文献资源，解决医生在诊疗过程中遇到的疑难临床问题，还能观看视频，导出图片制作课件。

（2）检索：如图 9-7 所示，Clinical Key 主页由中央的检索区域及右上角的功能区域组成。检索区域包括检索、浏览和工具功能，功能区域包括语言选择、CME 查询、登录、注册、帮助和选项功能。

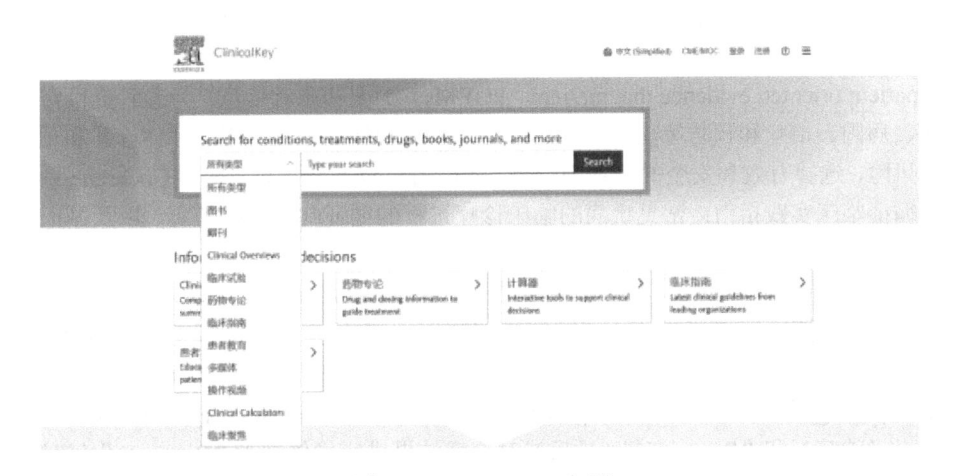

图 9-7 Clinical Key 主页

如图 9-8 所示，Clinical Key 支持中文检索，用中文或是英文均可以检索到相同的结果（中文检索仅供参考，以英文关键词检索结果为准）。检索结果界面主要由三部分组成，左侧为筛选窗口,中间为检索结果,右侧为疾病主题,若无疾病主题则不显示。在筛选窗口可通过选择"Source Type"(资源类型)、"Specialty"(专科分类)、"Study Type"(研究类型)和"Date"(出版时间)进一步筛选检索结果。

图 9-8　Clinical Key 检索结果界面

### 5. Essential Evidence Plus

(1)简介:Essential Evidence Plus 数据库由 Wiley InterScience 公司研发,是一个强大、综合的临床决策支持系统,包括若干个子数据库,如 Essential Evidence Topics(Essential Evidence Plus 的主要数据库,涉及 11 个主题)、Cochrane Systematic Reviews(Cochrane 系统评价数据库)、POEMs Research Summaries(POEMs 研究概要)、EBMG Guidelines(EBMG 指南数据库)、EBMG Evidence Summaries(EBMG 研究概要)、Decision Support Tools(决策支持工具库)和 Diagnostic Test Calculators(诊断试验计算器)等。

Essential Evidence Plus 主要提供以下内容。①证据主题摘要:对所有相关文献按主题进行评价,以保证证据的真实性,并将证据整合成临床医生短时间内做出决策所需的精要。②针对患者的证据(patient oriented evidence that matters,POEMs)摘要和患者信息:为患者提供常见疾病的临床症状、病因、治疗和预防等信息。③决策支持工具和计算工具:用于评估诊断和预后措施、计算患病风险、选择有效和安全的药物剂量等。④Cochrane 系统评价:提供 Cochrane 系统评价的摘要。⑤循证临床实践指南:常见疾病的临床诊疗过程的循证临床实践指南,以及循证的证据分级概要等。

(2)检索:Essential Evidence Plus 数据库的主页如图 9-9 所示。Essential Evidence Plus 提供全部数据库跨库检索和单一数据库的检索与浏览查询,如在检索界面输入"acupuncture",选择 Essential Evidence Topics 进行检索,在检索结果界面,用户在左侧界面"Content"(内容)部分可通过"Epidemiology"(流行病学)、"Diagnosis"(诊断)、"Screening and Prevention"(筛查与预防)、"Treatment"(治疗)和"Prognosis"(预后)对检索结果进行优化,在"Resource"(资源)部分,可以分别浏览"Evidence"(证据)、"Guidelines"(临床实践指南)和"Calculators"(计算器)等内容,点击检索结果界面的"Treatment"进入"Pain management(chronic non-malignant)"的"Essential Evidence"界面,可以浏览相关信息。

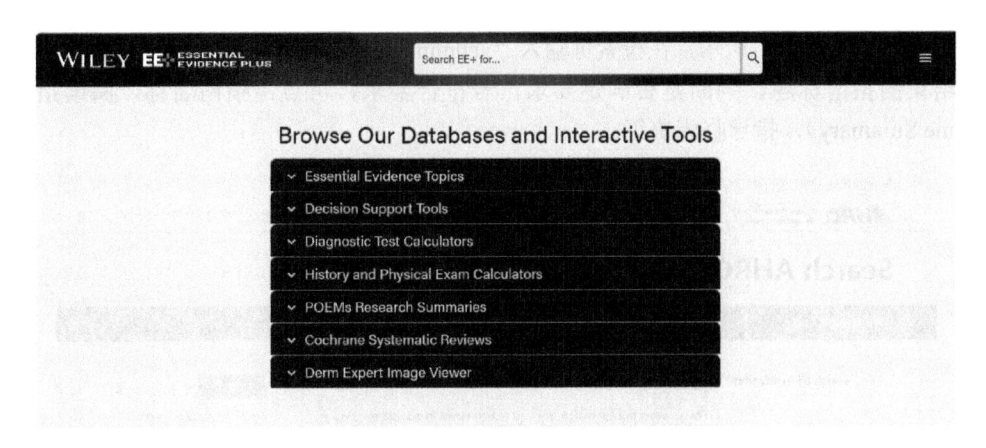

图 9-9　Essential Evidence Plus 主页

**6. GIN**

（1）简介：国际指南协会（Guidelines International Network，GIN）是一个全球性非政府学术组织，是全球最大且最权威的指南行业学会。GIN 成立于 2002 年，现已有来自 48 个国家和地区的 103 个成员单位和 132 位个人成员。其宗旨是领导、加强和支持成员组织和个人之间在制订、改变和实施指南的合作，通过支持循证卫生保健、减少全球范围内不合理的医疗差异及改善健康结局。目前，GIN 已经有 7 个区域分会，分别是 GIN Africa、GIN Arab、GIN Asia、GIN Australia & New Zealand、GIN Iberoamerica、GIN Nordic、GIN North America。GIN 数据库共包含 6400 个指南、证据报告和相关文件。

（2）检索：可直接在检索框中输入相应检索词，点击"Search"进行检索，也可通过左侧的筛选功能，限定出版范围、指南应用国家、指南状态、语言等进行指南查询（图 9-10）。

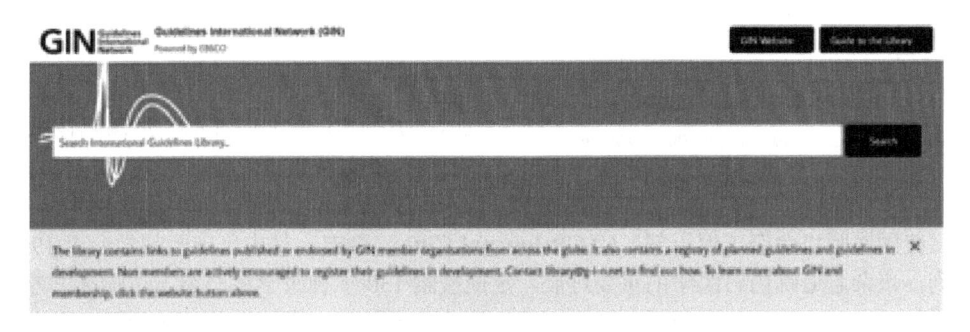

图 9-10　GIN 检索界面

**7. AHRQ**

（1）简介：美国卫生保健研究与质量机构（The Agency for Healthcare Research and Quality，AHRQ）旨在为用户提供高质量的循证临床指南，以确保医疗安全，同时使这些指南的获取途径更加容易、公平。美国临床指南网的前身为美国国立指南文库（NGC），以拥有数量众多的高质量指南、完善的检索功能和独特的指南比较功能而著称。它是循证临床实践指南及其相关文献的免费数据库，每周更新，是目前最大的循证临床指南数据库，包括心血管病学、口腔医学、胃肠道疾病学、感染性疾病学、眼科专业等。AHRQ 数据库指南数量多、范围广，更新速度快，内容丰富，检索方便，部分指南提供全文链接，对指南的参考文献、指南制作方法、指南的评价、指南使用等提供链接、说明或注释。

（2）检索：如图9-11所示，在检索框输入"acupuncture"，进行检索，在检索结果界面，浏览检索结果的指南标题，判断是否满足要求，若符合要求，可点击指南名称，阅读指南概要（Guideline Summary），指导临床决策。

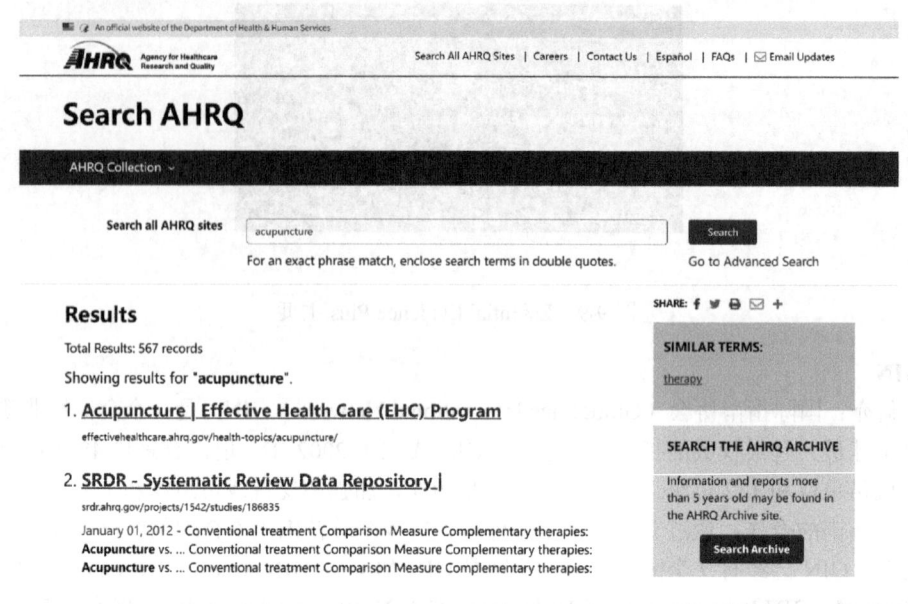

图9-11 AHRQ检索界面

表9-9 Evidence-Based系列杂志的名称

| 杂志名称 |
| --- |
| Evidence-Based Medicine |
| Evidence-Based Obstetrics and Gynecology |
| Evidence-Based Mental Health |
| Evidence-Based Healthcare and Public Health |
| Evidence-Based Nursing |

**8. Evidence-Based 系列杂志** 由英国医学杂志（BMJ）出版集团和美国斯坦福HighWire Press联合主办，是获取原始研究精要的主要来源。从100多种国际主要医学期刊筛选具有科学性和实践意义的重要研究论文进行摘要和述评，为医疗卫生工作者从大量国际性医学杂志中筛选和提供全科、外科、儿科、产科和妇科方面的研究证据。各杂志名称及网址见表9-9。

**9.《美国医师协会杂志俱乐部》（ACP Journal Club）杂志** 是由美国医师学会于1991年创办的期刊，该杂志追踪内科医学的重要进展，定期搜索130多种医学核心杂志，筛选出方法学完善、临床相关性强的临床研究或系统评价，并为精选出来的论文邀请有关领域的国际专家，制作简明扼要的结构性摘要文摘，并给予精当的临床价值点评。旨在通过筛选和提供已出版的研究报道和文献综述的详细文摘，使医疗卫生工作者掌握治疗、预防、诊断、病因、预后和卫生经济学等方面的重要进展。ACP Journal Club既有系统评价的精要内容，也有单个临床研究的精要内容。ACP Journal Club网站收录了《美国内科医师学会杂志俱乐部》电子版，用户可以免费检索，但只有注册用户（ACP会员）才能获取全文。

**10. Cochrane Library**

（1）简介：Cochrane Library是Cochrane协作网的主要产品，由Wiley InterScience公司出版发行，是一个包含高质量、独立证据的数据库集合，也是临床研究证据的主要来源，涵盖7个方面的内容。

1) Cochrane系统评价库：由系统评价全文和研究计划书两部分构成，主要收录由Cochrane系统评价各专业工作组在协作网注册后发表的研究计划书和系统评价全文。

2）疗效评价文摘库：包括非 Cochrane 协作网成员发表的普通系统评价的摘要，是对 Cochrane 系统评价的补充。

3）Cochrane 临床对照试验中心注册库：由 Cochrane 协作网临床对照试验注册中心管理，为 Cochrane 协作网系统评价工作组和其他制作系统评价的研究人员提供随机对照试验或对照临床试验信息，是制作系统评价的必检数据库。

4）Cochrane 协作网方法学文献注册数据库：搜集关于方法学应用于对照试验的文献信息，包含从 MEDLINE 数据库或人工查找的期刊文献、图书和会议论文集等。

5）卫生技术评估数据库：提供全世界已完成和进行中的健康技术评估数据（研究关于医学、社会学、伦理学和卫生医疗的经济性），目的是改善医疗质量和卫生保健的成本效益。

6）英国国家卫生服务部卫生经济评价数据库：可协助决策者从全世界搜集系统性的经济性评估，并评估其质量及优缺点。

7）Cochrane 协作网的其他相关信息：收录 Cochrane 协作网各工作组、网络和中心等的相关内容。

（2）检索：Cochrane 检索功能有基本检索和高级检索。

1）基本检索：如图 9-12 所示，Cochrane Library 提供浏览功能，可按主题（Topic）或按 Cochrane 综述组（Cochrane Review Group）进行浏览；也可在检索框直接输入检索词，进行一般检索；还可选择高级检索，实现 MeSH 主题检索、组配检索或 PICO 检索。

图 9-12 Cochrane Library 主页

2）高级检索：点击主页右上角"advanced search"进入高级检索界面。支持常见的检索语法：布尔逻辑算符（AND、OR、NOT）、位置算符（NEAR、NEXT）和截词符（*或?）。如图 9-13 所示，选择检索字段（Title Abstract Keyword、Record Title、Abstract、Author、Keyword、All Text、Publication Type、Source、DOI、Language、Accession Number、Trial Registry Number、Cochrane Group、Cochrane Topic），输入检索词，即可进行检索，在检索结果界面点击"Add to Search Manager"可将本次检索添加到检索历史中，方便组配检索。点击"Search limits"，还可按 Content type、Date published on the Cochrane Library 或 Cochrane Group 等进行限制检索，进一步提高查准率。

图 9-13　Cochrane Library 高级检索界面

3）主题检索：如图 9-14 所示，点击高级检索界面的"medical terms（MeSH）"进入主题检索界面，在"enter MeSH term"检索框内输入检索词，在检索词输入框后选择副主题词（需要时选择），点击"look up"可查看输入检索词的主题词及其定义和树状结构，若想要移到 MeSH 树状结构的上位词，则只需选择位于树状结构上层的上位词即可。选好要查询的主题词后，选择"explode all trees"选项会自动扩大检索结果。有些主题词不止一个树状结构，可选择是否包括所有的树状结构，或者只选择所需的树状词汇进行检索。点击"add to search manager"将执行的主题检索添加到检索历史中，以便组配检索。

图 9-14　Cochrane Library 主题检索界面

4）组配检索：在高级检索界面点击"search manager"进入检索历史界面，可显示检索过的检索策略和结果。在检索框内，可使用逻辑运算符将多个检索结果的检索序号组合在一起进行二次检索。

**11. PubMed 数据库**　是最常用的免费医学文献检索平台。在循证医学文献检索时，通过 PubMed 检索平台，在检索结果界面将"article type"限制为"clinical trial"、"Meta-Analysis"、"Randomized Controlled Trial"或"systematic review"，即可筛选出与临床相关的文献（图 9-15）。

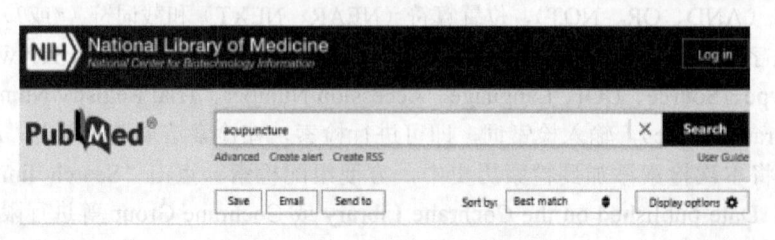

图 9-15　PubMed 检索结果界面

为提高检索效率，建议使用 PubMed Clinical Queries 数据库（PubMed 临床问题数据库），其检索结果以临床试验为主。如图 9-16 所示，在 PubMed 主页，点击"clinical queries"进入临床问题数据库。

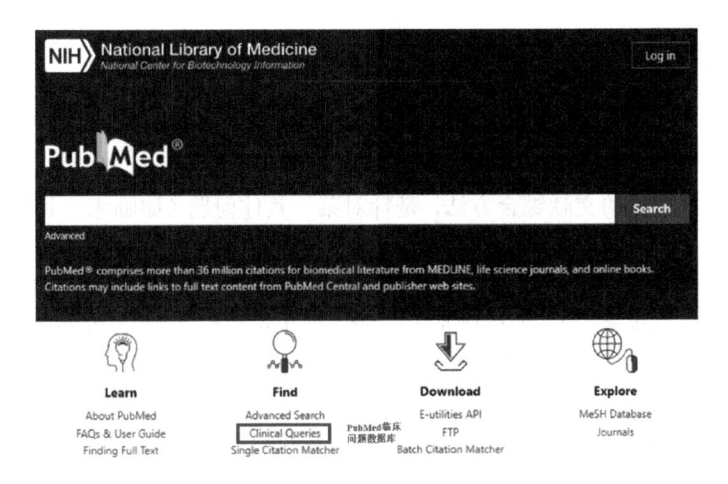

图 9-16　PubMed 主页

如图 9-17 所示，在 Clinical Queries 检索界面可以筛选干预、临床预测、诊断、病因、预后等类型，还可以限制检索范围（scope）为窄（narrow）或宽（broad）。通常将检索范围先限制为"窄"，若不能检索到目标文献，再将检索范围限制为"宽"。

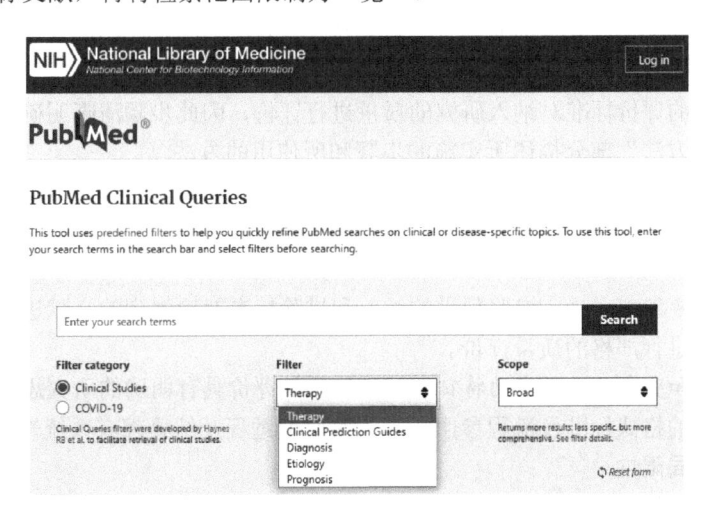

图 9-17　PubMed Clinical Queries 检索界面

**12. Embase 数据库**　是 Elsevier（爱思唯尔）公司在 2000 年推出的生物医学网络检索平台，其前身是 1946 年荷兰阿姆斯特丹国际非营利机构医学文摘基金会编辑出版的印刷型出版物《医学文摘》（*Excerpta Medica*，EM），EM 于 1972 年并入 Elsevier 出版社。1974 年，《医学文摘》推出 Embase 光盘版和联机检索版本。

为了方便循证医学检索，Embase 数据库具有 PICO 检索功能，可从研究人群（population）、干预措施（intervention）、对照措施（comparison）、结局（outcome）及研究设计（study design）5 个方面进行检索。

## 第三节　循证医学文献利用

### 一、文献检索与系统评价

**（一）系统评价的定义**

系统评价是一种全新的文献综合方法，是针对某一具体问题（如临床、卫生决策、基础医学、医学教育等问题），系统、全面收集已发表或未发表的相关研究，采用严格评价文献的原则和方法，筛选出符合质量标准的文献，进行定性或定量合成，得出当前最佳的综合结论。系统评价可以是定性的（即定性系统评价），也可以是定量的（即定量系统评价），即包含 Meta 分析过程。系统评价非常明确的研究过程使其具有良好的重复性，可为某一领域、某一专业提供大量新信息和新知识。但因其是对原始文献的二次综合分析和评价，质量受原始文献质量、系统评价方法及评价者本人专业知识、认识水平和观点的制约，因此在阅读系统评价的观点和结论时一定要谨慎，不能盲目被动接受。

**（二）系统评价的特点和局限性**

**1. 系统评价的特点**

（1）研究目的明确，文献纳入标准清晰。系统评价是针对特定临床问题进行的系统性研究，因此具有明确的指向性。研究目的明确，使得系统评价具有清晰、明确的文献纳入和排除标准。

（2）步骤清晰明确，可重复性强。可重复性是系统评价的优势。系统评价采用固定化的格式和流程，使用统一的评价标准对纳入研究的质量进行评价，因此步骤清晰明确，可重复性强。通常在系统评价的"方法"部分描述所实施的步骤和所使用的方法。

（3）系统性地检索文献。系统评价对文献检索具有很高的要求，高质量的系统评价通常会使用多种文献检索方法，如电子检索或手工检索，尽可能搜索多个信息源，如 PubMed、Embase、Cochrane library 等。

（4）严格的质量控制方法。参照预设的纳入和排除标准对检索到的文献进行系统筛选，对纳入研究的偏倚风险进行严格的质量评价。

（5）系统描述和整合纳入研究的特征和结果。系统评价具有明确的研究思路及方法，研究报告的书写也有明确的格式标准及流程参照，因此对研究过程及结果都有系统性的描述。

**2. 系统评价的局限性**

1）某些临床问题目前虽有系统评价，但因纳入的研究质量不高或相关研究缺乏，尚无确切的结论。

2）新干预措施面世时间短，缺乏足够研究用于制作系统评价。

3）罕见疾病研究多以个案报道为唯一证据，缺乏进行系统评价的数据。

4）评估不良反应时，因系统评价纳入的临床试验特别是 RCT 样本量和研究时限往往有限，难以发现潜伏期长、罕见、对患者有严重影响的不良反应，此时相关的不良反应监察数据库可能更能提供全面的信息。

**（三）系统评价与其他文献的区别**

系统评价与传统综述、Meta 分析既有区别又有联系，它们之间有各自的特点又相互重合。

**1. 系统评价与传统的文献综述**　传统的文献综述又称叙述性文献综述（narrative review），是一种叙述性的研究方法，没有固定的格式和流程，也没有对纳入研究的质量进行评价的统一标准，对文献的广度和深度并无特定的要求。

系统评价和传统文献综述均是对临床研究文献的二次分析和总结。但系统评价的写作过程严谨、科学，可重复性强，并提供大量可靠信息，在证据体系中被认为是最高级别的证据。区分一篇综述是叙述性文献综述还是系统评价，主要看其是否采用科学的方法来减少偏倚或混杂因素的影响。高质量的系统评价与传统文献综述的主要区别如表 9-10 所示。

表 9-10　系统评价与传统文献综述的区别

| 区别 | 系统评价 | 传统文献综述 |
|---|---|---|
| 研究目的 | 有明确的研究目的及研究假设 | 可能有明确的研究目的，但往往是针对某一主题的综合讨论，缺少研究假设 |
| 文献检索 | 有广泛且明确的检索策略，检索所有发表与未发表的研究，尽量避免发生偏倚 | 无严格规定，易发生偏倚 |
| 文献筛选 | 有明确的文献纳入及排除标准，减少选择偏倚 | 无严格规定，筛选时易受主观因素的影响 |
| 原始研究的质量评价 | 评价原始研究证据，发现潜在偏倚并分析异质性来源 | 通常不考虑原始研究的方案和质量 |
| 研究结果的整合 | 综合方法学最佳的研究得出结论，必要的时候采用 Meta 分析 | 通常不区分研究的方法学差异 |

**2. 系统评价与 Meta 分析**　两者的区别主要体现在以下几个方面。

（1）系统评价并非必须对纳入的研究进行统计学合并，即 Meta 分析。

（2）是否进行 Meta 分析要根据原始研究文献是否具有足够的同质性。

（3）Meta 分析也并非一定是系统评价，因为其本质是一种用于数据合并的统计学方法。

（4）对多项同质研究进行 Meta 分析的系统评价称为定量系统评价。

（5）若纳入的研究因异质性而无法进行 Meta 分析，仅进行描述性分析的系统评价，称为定性系统评价。

可见，系统评价不一定都运用 Meta 分析，而 Meta 分析也不一定是系统评价。

（四）Cochrane 系统评价与其他系统评价

Cochrane 系统评价（Cochrane database of systematic review，CDSR）是研究人员根据 Cochrane 系统评价手册，在相应 Cochrane 评价小组的指导和帮助下完成的系统评价。由于 Cochrane 协作网有严谨的组织管理和质量控制系统，有固定的格式，使用统一的系统评价软件 RevMan（Review manager）录入与分析数据、撰写系统评价计划书和报告，发表后根据新的研究定期更新，故具有及时反馈和更新机制。因此，Cochrane 系统评价的质量较高，被认为是评价干预措施疗效的最佳证据。Cochrane 系统评价与一般系统评价的区别见表 9-11。

表 9-11　Cochrane 系统评价与一般系统评价的区别

| 区别 | Cochrane 系统评价 | 一般系统评价 |
|---|---|---|
| 资料收集 | 全面 | 不一定全面 |
| 质量控制措施 | 完善 | 不一定完善 |
| 方法学 | 规范 | 不一定规范 |
| 不断更新 | 是 | 否 |
| 反馈意见及修正 | 及时 | 不一定及时 |

图 9-18 形象描述了循证医学研究中系统评价与传统综述、Meta 分析、Cochrane 系统评价之间的关系。

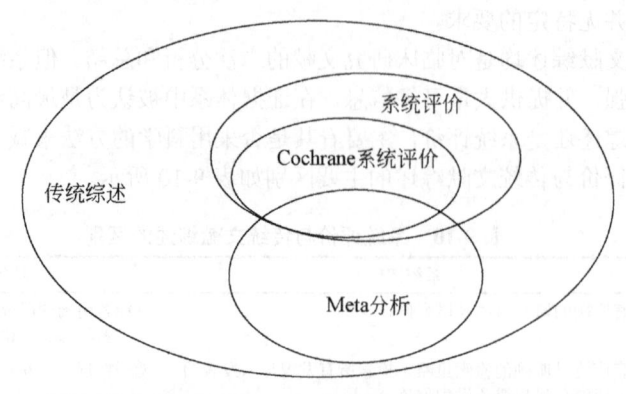

图 9-18 系统评价与传统综述、Meta 分析、Cochrane 系统评价之间的关系

（五）系统评价的分类和研究过程

**1. 系统评价的分类** 系统评价作为一种科学研究方法，能根据不同的研究需求来解决不同的临床问题，其具体类型见表 9-12。目前，基于 RCT 进行的系统评价在理论和方法学上较完善且论证强度较高，故关于 RCT 或评估治疗措施疗效和安全性的系统评价数量较多。

表 9-12 系统评价的分类

| 分类依据 | 系统评价类型 |
| --- | --- |
| 研究领域 | 基础研究、临床研究、医学教育、方法学研究和政策研究的系统评价 |
| 临床问题 | 病因、诊断、治疗、预后、卫生经济学系统评价 |
| 纳入的原始研究类型 | 临床试验（RCT 和非 RCT）的系统评价，观察性研究（队列研究、病例对照研究、横断面研究）的系统评价 |
| 纳入原始研究的方式和数据类型 | 前瞻性、回顾性、累积性、单个病历资料、系统评价再评价等 |
| 是否采用 Meta 分析 | 定性系统评价、定量系统评价 |

**2. 系统评价的研究过程** 系统评价作为一种系统性的研究方法，是针对特定临床问题系统、全面地收集现有研究（包含公开发表或未发表的临床研究），采用严谨规范的文献评价方法，筛选出符合质量标准的文献，进行定性或定量合成，从而得出基于当前最佳证据的综合结论。因此，系统评价方法和步骤的科学性，对其结果和结论的效度和信度起决定性作用，只有严格把关系统评价的制作过程，才能确保其质量。系统评价制作过程一般可分为 4 个阶段、9 个步骤（表 9-13）。

表 9-13 系统评价制作过程

| 4 个阶段 | 9 个步骤 |
| --- | --- |
| 第 1 阶段：确定系统评价目标 | 步骤 1：确定研究目标 |
| 第 2 阶段：制定系统评价方案 | 步骤 2：撰写系统评价研究方案 |
| 第 3 阶段：完成系统评价全文 | 步骤 3：检索文献 |
| | 步骤 4：筛选文献 |
| | 步骤 5：评价文献质量 |
| | 步骤 6：提取数据 |
| | 步骤 7：分析和报告结果 |
| | 步骤 8：解释结果，撰写报告 |
| 第 4 阶段：更新系统评价 | 步骤 9：更新系统评价 |

（六）文献检索与系统评价

**1. 检索文献** 系统、全面收集所有相关文献资料是进行系统评价的先决条件，检索是否全面、如何实施检索均会影响纳入研究的数量，进而可能会对系统评价的结果产生偏倚。在系统评价文献资料检索和收集过程中存在的偏倚主要有发表偏倚、被检数据库的标引偏倚、检索偏倚、参考文献或引文偏倚、重复发表偏倚、重复使用研究对象偏倚和限制语种偏倚等。为了检索的全面性，避免漏检，增强研究实用价值，研究者除了要全面检索数据库外，还应当进行手工检索、追踪参考文献和检索搜索引擎。

全面的文献检索则依赖于敏感的检索策略和齐全的检索资源。检索文献应确定检索词、制定检索策略和选择数据库或可能的数据源，不同类型临床问题有所不同，建议由系统评价者和信息专家共同决定。如果是 Cochrane 评价小组注册的系统评价，多数小组有信息专家负责检索，可请求他们帮助或协助。

为了有效管理检出的文献，特别是当文献量较大时，一般需要借助文献管理软件如 EndNote、Reference Manager、Procite 等管理文献题录、摘要信息、全文等，便于剔重、浏览、筛选和排序等，也有助于撰写文章时编写参考文献格式和插入参考文献等。

**2. 筛选文献** 是指根据研究方案拟定的纳入和排除标准，从收集到的所有文献中检出能够回答研究问题的文献。如以"脑血疏口服液治疗出血性脑卒中"为例，若确定研究对象为出血性脑卒中患者，不考虑患者性别、年龄；干预措施为对照组采用西医常规治疗，治疗组为在对照组基础上联合应用脑血疏口服液；主要研究结果包括总有效率、脑内血肿体积、美国国立卫生研究院卒中量表评分、Barthel 指数评分、血肿周围水肿体积，设计方案为 RCT，所选研究文献必须符合上述条件。研究类型为动物实验、队列研究、综述性文献、病例观察报道、专家评述等非 RCT 文献资料均不能纳入。

如图 9-19 所示，文献资料的筛选分三步进行。①初筛：根据检出的引文信息，如题目、摘要剔除明显不合格的文献，对肯定或不能确定的文献应查出全文再行筛选；②阅读全文：对可能合格的文献资料，应逐一阅读和分析，以确定是否合格；③与作者联系：若文献提供的信息尚不明确、有疑问或分歧之处，可尝试与作者联系后进行取舍。文献筛选至少需 2 名作者独立进行，并交叉核对筛选结果，若有分歧则需与第 3 名作者来共同商讨定夺。

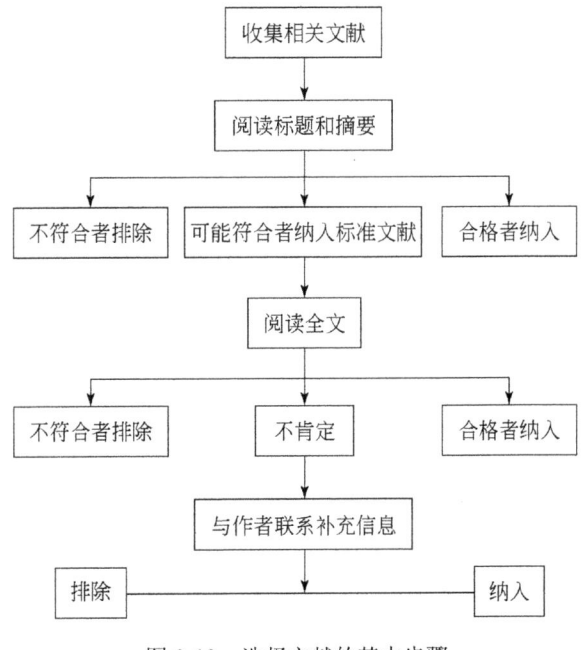

图 9-19 选择文献的基本步骤

文献筛选过程应采用流程图展示，列出检出的文献总量、根据题目和摘要排除的文献量、获取的全文文献量、阅读全文后排除的文献量及原因分类、纳入研究数量、提供主要结局指标研究数量等，详细要求可见 PRISMA 声明。

（七）中医药系统评价的研究意义

**1. 临床实践的需要** 系统评价作为一种文献研究方法，可以用于中医药研究，但不能照搬，需结合中医药的特点加以改良。中医药虽在临床广泛应用，但也存在定位不清、优势不明、作用规律认识不足等问题，需要借助系统评价予以阐述。更需要围绕临床问题进行系统的顶层设计，有序开展一系列严谨、科学的研究，形成高级别证据链，指导临床科学决策。

**2. 科研工作的需要** 中医药系统评价研究主题以临床诊疗问题、中药同类比较评价、指南与政策制定等方面为主，主要涉及疾病和中医药干预两方面内容。中医药虽被广泛使用，但尚缺乏客观证据，争议较多，对中医药干预措施进行系统评价，具有重要价值。可以从中西医病证差异、中医证型、中医治法、方药种类等角度选题，如比较活血化瘀类中成药对冠心病不同疗效指标的差异，为合理用药提供依据；比较不同针刺方法效果的差异，优化诊疗方案和路径。可见，中医药系统评价选题角度较为多样。

**3. 反映学科新动态** 中医药临床研究的结局指标普遍存在不一致、不规范、不公认、随意性等问题，导致研究结果脱离临床决策需求、同类研究数据不能合并或比较分析、选择性报告偏倚等问题，这也是导致中医药临床研究结果价值不高的关键问题。针对这些问题，天津中医药大学张俊华教授团队提出了建立中医药临床研究核心指标集（COS-TCM）研究策略，探索建立COS-TCM 指标条目产生方法、指标域确定方法、核心指标条目遴选方法、核心指标一致性认定方法等。

随着大数据时代的到来，中医药研究者主动实践，建立了临床科研信息共享系统，基于大数据的中医药循证评价技术方法不断发展。刘保延教授团队提出了真实世界中医临床科研范式，建立了分阶段阶梯递进的临床研究模式、定性与定量相结合的研究方法，将真实世界实践中产生的信息数据化、数字化，在大数据管理和工具的辅助下，从不同思维角度去再现、分析、重构等已经成为一种现实。基于大数据中医药临床评价，可为中医药复杂干预、动态干预、治未病等作用的评价提供新的思路和方法，弥补传统 RCT 和小样本试验的不足，更契合中医药研究的特点。

**4. 不断发展循证中医药学的需要** 中文中医药系统评价/Meta 分析的数量逐年递增。1981～2001 年每年发表数量不足 10 篇，2004 年突破 50 篇，2007 年突破 100 篇，2009 年突破 200 篇，2010 年突破 300 篇，2011 年突破 400 篇，2013 年突破 500 篇，2014 年突破 600 篇，2015 年突破 800 篇，2016 年、2017 年、2018 年、2019 年突破 900 篇，2020～2024 年的年均发表数量超过 1000 篇，2024 年发表 1164 篇。但相对于每年近万篇的临床研究报告，文献转化效率不高，存在低水平重复问题。系统评价和 Meta 分析研究对纳入试验的质量评价和数据合并分析也存在较多问题，影响系统评价结果的客观性和可靠性。需要进一步探索适应中药特点和辨证论治模式的中药临床评价方法学，加强评价指标体系、数据模型、质量控制方面的研究，解决中医药临床研究质量和转化效率两个关键问题，制作高质量的证据。

**5. 卫生决策的需要** 随着人口增长、年龄老化、新技术和新药物的应用、人类健康需求层次的提高，使有限卫生资源与无限增长的卫生需求之间的矛盾日益加剧，要求各级卫生管理人员制定卫生政策时应以科学、可靠的研究结果为依据，合理分配卫生资源，提高有限卫生资源的利用率。目前许多国家在制定卫生政策时，均要以医学文献资料特别是系统评价结论为依据。如比较同类中药的成本/效果，为医保药物目录筛选提供决策依据。

## 二、循证医学文献利用案例

（一）口服中药辅助治疗原发性肝癌的 Meta 分析

参考文献：章新友，王姝，潘树茂，等. 口服中药辅助治疗原发性肝癌的 Meta 分析及基础用药筛选［J］. 中国实验方剂学杂志，2021，27（20）：180-190.

**1. 研究背景** 原发性肝癌（PHC）是一种常见的恶性肿瘤，发病较为隐匿，大多数患者确诊时已到癌症中晚期，错过了最佳的手术治疗时机。肝动脉插管化疗栓塞术（TACE）是临床常用的 PHC 非手术治疗方法，对于不能手术切除的肿瘤，具有一定的疗效，但是也存在恶心呕吐、肝功能损伤、骨髓抑制、发热、胃肠道反应等各种不良反应，影响患者生活质量。中医对 PHC 病机的普遍认识为 PHC 由内外交互产生，与脏腑虚弱、气血瘀滞、癌毒内生密切相关，病性本虚标实，治疗多采用扶正消积之法。大量临床试验发现，在 TACE 基础上，采用中药治疗，可使患者毒副反应降低，提高患者的生存质量；同时瘤体近期疗效也得到显著改善，在延长患者远期生存率方面也存在一定疗效。尽管越来越多的临床证据表明，中药联合 TACE 治疗 PHC 具有增效减毒、改善患者生活质量和延长患者生存期等效果，但尚缺少此方面的系统评价和 Meta 分析，无法为中药联合 TACE 治疗 PHC 的疗效评价和治疗提供参考。因此研究借助系统评价和 Meta 分析，为中药联合 TACE 治疗 PHC 的疗效评价和临床用药提供一定的证据和参考。

**2. 文献检索**
（1）检索数据库。使用中国生物医学文献数据库（CBM）、万方数据库（WANFANG）、重庆维普数据库（VIP）及中国知网数据库（CNKI）4 个常用中文数据库，时间为建库至 2020 年 8 月 1 日。

（2）检索策略。通过"专业检索"模式，制定检索策略，查阅中医药治疗肝癌的相关文献。疾病的检索词主要包括"原发性肝癌""肝肿瘤"和"中晚期原发性肝癌"等；中药的检索词主要包括"中药""中草药"和"中成药"等；疗效变化的检索词主要包括"疗效""变化"和"观察"等；试验的检索词为"化疗"；无关文献的检索词为"鼠""动物"和"Meta 分析"等。以 CNKI 为例，其专业检索式为 SU=（'原发性肝癌'+'肝肿瘤'+'中晚期原发性肝癌'+'肝癌病'）*（'中药'+'复方'+'汤'+'方'+'中成药'+'中医药'+'中草药'+'丸'+'剂'+'颗粒'+'胶囊'+'汤剂'+'汤药'+'散'+'口服液'+'液'）*（'疗效'+'病例'+'观察'+'例'+'变化'+'对照组'+'随机'+'影响'+'临床'）*（'化疗'）-（'鼠'+'动物'+'Meta 分析'+'系统评价'）。

**3. 文献筛选及评价方法**
（1）文献纳入标准。①文献范围：2020 年 8 月之前公开发表的中药治疗 PHC 的临床随机对照试验（RCT）文献。不论是否对实施者、结果评价者和被研究对象实施盲法。②纳入患者：临床确诊为 PHC 的患者，且患者无基线差异。③干预措施：对照组采用 TACE 疗法；试验组在对照组的基础上采用中药（口服）治疗。④结局指标：瘤体近期疗效，不良反应，免疫功能变化、卡氏评分和中医证候改善率等。

（2）文献排除标准。①一稿多投、重复发表的文献，试验设计不完整的文献。②统计学方法有误且无法修正的文献。③结局效应不明显的研究报告，试验数据有明显错误的文献。④临床个案报道的文献。⑤伴有其他癌症或者癌症转移的文献。⑥动物类实验和其他非治疗性文献等。

（3）文献评价方法

1）文献资料提取。2 位具备循证医学专业知识背景的人员分别独立筛选文献，排除明显不符合纳入标准的文献，然后交换结果，核对各自纳入的文献及数据，如果遇到双方意见存在分歧的部分，则请第三方专业人员裁定，确定最终结果。

2）文献质量评价。结果偏倚风险的评估参考循证医学 Cochrane 手册，从分配隐藏、随机序列产生、结局数据完整性等几方面开展。

3）统计学处理。软件：RevMan5.3 分析软件。效应指标：计数资料采用比值比（OR），计量资料采用均数差（MD）或标准化均数差（SMD）；效应量使用 95%置信区间（CI）来表示。同质/异质性分析根据 $I^2$ 检验确定异质性大小，判定规则，若 $P>0.10$，$I^2 \leq 50\%$，表明异质性较小，使用固定效应模型；若 $P \leq 0.10$，$I^2 > 50\%$，表明异质性较大，使用随机效应模型。

**4. 结果与结论**

（1）文献筛选及偏倚风险评价结果。按照制定的检索策略得到原始文献，CNKI 得到 195 篇，万方得到 794 篇，VIP 得到 374 篇，CBM 得到 280 篇，共 1643 篇相关文献。根据排除标准，剔除重复文献 594 篇；浏览题目和摘要，剔除不相关的文献 860 篇；快速纵览全文，再剔除 80 篇文献；最后精读全文，纳入文献 75 篇。所纳入的文献均为 RCT 研究。发表时间为 1998~2020 年。共包括 7406 例患者，其中治疗组 3929 例、对照组 3477 例。分组方法包括随机数字表法，SAS 统计软件，抽签法，信封法等。治疗组的干预措施为中药（口服）联合 TACE 治疗，其中，中药主要包括中药汤剂以及颗粒剂、胶囊等口服中成药。对照组的干预措施为单独使用 TACE 治疗。结局指标主要包括瘤体近期疗效、肿瘤标志物、肝功能水平、免疫功能、中医证候和生存率等。

研究纳入的 75 项 RCT 均使用随机分配原则，其中 39 篇文献描述了具体的随机分配方法，其余均仅提及随机法。4 篇文献使用分配隐藏，3 篇文献使用双盲，1 篇文献使用单盲。2 篇文献提及安慰剂的使用。9 篇文献报道了病例的脱落。偏倚风险评估结果，见图 9-20。

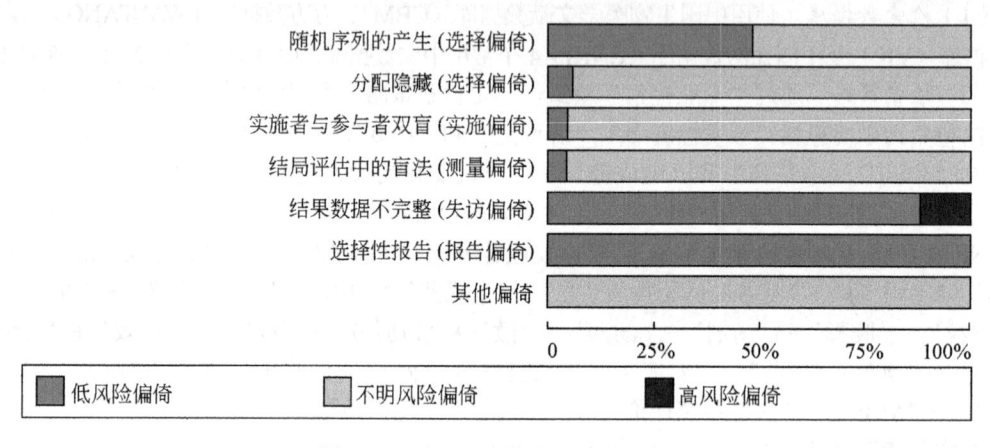

图 9-20　纳入研究偏倚风险的评价

（2）Meta 分析结果

1）瘤体近期疗效改善。瘤体近期疗效改善以（完全缓解例数+部分缓解例数）计算。63 项研究报道了中药联合 TACE 治疗 PHC 的瘤体近期疗效，治疗组 3399 例，对照组 2952 例。采用固定效应模型。Meta 分析结果表明，中药联合 TACE 治疗 PHC 的近期临床疗效优于对照组，差异有统计学意义 [OR=2.05，95%CI（1.83，2.29），$Z$=12.41，$P$<0.00001]。

2）甲胎蛋白。20 项研究报道了中药联合 TACE 对甲胎蛋白（AFP）的影响，治疗组 778 例，对照组 773 例。采用随机效应模型。Meta 分析结果表明，治疗组患者的 AFP 低于对照组，差异有统计学意义 [MD=-59.02，95%CI（-79.03，-39.01），$Z$=5.78，$P$<0.00001]。

3）肝功能。20 项研究报道了中药联合 TACE 对 PHC 患者肝功能的影响。采用随机效应模型。Meta 分析结果表明，在谷丙氨酸氨基转移酶（ALT），天冬氨酸氨基转移酶（AST）和总胆红素（TBIL）指标方面，相对于对照组，治疗组的指标均降低，差异均有统计学意义（$P$<0.01）。总体上，中药联合 TACE 治疗在改善 PHC 患者肝功能方面优于对照组 [SMD=-1.23，95%CI（-1.58，-0.88），$P$<0.00001]。

4）免疫功能。24 项研究报道了中药联合 TACE 对 PHC 患者免疫功能的影响。采用随机效应模型。Meta 分析结果表明，在分化群 3（$CD3^+$）细胞水平，分化群 4（$CD4^+$）细胞水平，$CD4^+$/分化群 8（$CD8^+$），自然杀伤细胞（NK）水平，治疗组各项指标均升高，明显优于对照组，差异有统计学意义（$P$<0.01），而在 $CD8^+$ 细胞水平方面，治疗组 $CD8^+$ 虽然有所降低，但是和对照组

相比，差异无统计学意义。总体上，中药联合 TACE 治疗在改善 PHC 患者免疫功能方面显著优于对照组 [SMD=1.08，95%CI（0.84，1.32），$P$<0.00001]。

5）卡氏评分改善率。27 项研究报道了中药联合 TACE 治疗 PHC 患者的卡氏评分改善情况，治疗组 1633 例，对照组 1207 例。采用固定效应模型。Meta 分析结果表明，治疗组在卡氏评分改善方面优于对照组，说明中药联合 TACE 治疗在改善 PHC 患者生活质量方面具有显著性优势，差异有统计学意义 [OR=2.7，95%CI（1.11，11.02），$Z$=11.08，$P$<0.00001]。

6）中医证候改善率。中医证候改善率以（显效例数+有效例数）计算，中医证候疗效参考《中药新药临床研究指导原则》拟定中医证候积分量表和疗效评定标准。15 项研究报道了中药联合 TACE 对 PHC 患者中医证候疗效的影响，治疗组 1240 例，对照组 830 例。采用固定效应模型。Meta 分析结果表明，中药联合 TACE 改善 PHC 患者中医证候优于对照组，差异有统计学意义 [OR=4.07，95%CI（3.31，7.88），$Z$=13.33，$P$<0.00001]。

7）生存率。21 项研究报道了中药联合 TACE 对 PHC 患者生存期的影响。采用固定效应模型。Meta 分析结果表明，在 6 个月生存率、1 年生存率、18 个月生存率、2 年生存率和 3 年生存率方面，治疗组的生存率均高于对照组，差异有统计学意义（$P$<0.01），而在 3 个月生存率方面，两者差异无统计学意义。总体上，中药联合 TACE 治疗可以提高 PHC 患者的生存率，尤其是远期生存率 [SMD=2.31，95%CI（1.96，2.71），$P$<0.00001]。

8）不良反应发生率。27 项研究报道了不良反应的发生。采用固定效应模型。Meta 分析结果表明，在恶心呕吐、发热、血小板减少、白细胞减少、骨髓抑制、胃肠道反应和肝功能损伤方面，治疗组的发生率均低于对照组，差异有统计学意义（$P$<0.01）。总体上，中药联合 TACE 治疗可以减缓 PHC 患者不良反应的发生 [OR=0.38，95%CI（0.34，0.43），$P$<0.00001]。

（3）敏感度分析结果。通过 RevMan 5.3 软件，采用随机效应模型对近期疗效、卡氏评分、中医证候改善、生存率和不良反应发生率进行再次分析，采用固定效应模型对 AFP、肝功能、免疫功能进行分析，结果显示其研究结果的方向和显著性基本未改变，说明该研究结果对不同效应量的改变均较为稳定。其中，通过固定效应模型对免疫功能进行再分析时，结果显示在 $CD8^+$ 细胞水平方面，Meta 分析结果发生改变，差异有统计学意义，说明中药联合 TACE 治疗是否改善 $CD8^+$ 细胞水平，仍需进一步研究。对不同的研究依次删除后，重新分析剩余研究，评价结果未发生显著性变化。敏感性分析结果显示，本研究结果较可靠，具有参考价值。

（4）讨论与结论。将口服中药联合 TACE 与单独使用 TACE 治疗 PHC 进行比较，共纳入 75 项研究。Meta 分析结果显示，在瘤体近期疗效改善、肿瘤标志物 AFP 的降低、肝功能改善、免疫功能的提高、卡氏评分改善率、生存率的提高和不良反应的降低方面，中药联合 TACE 治疗 PHC 具有显著优势。另外，在生存率的指标中，3 个月生存率无统计学意义，但其余均有显著性差异，提示中药联合 TACE 疗法可提高患者远期生存率。敏感性分析结果显示，本研究结果较可靠，具有参考价值。其中对免疫功能中的 $CD8^+$ 指标进行敏感性分析时，Meta 分析结果发生显著性变化，提示中药联合治疗是否改善 $CD8^+$ 细胞水平，仍需更高质量的临床证据支持。

主要结论：口服中药联合 TACE 疗法治疗 PHC 的疗效显著优于单独使用 TACE。

**5. 点评** 该研究文献检索采用专业检索，检索策略完善，能很好地控制检索方面的偏倚。是首个对中药辅助治疗 PHC 疗效的系统评价，制作过程中各步骤较规范（如有详尽的发表偏倚检测），研究结果能充分表明中药在治疗 PHC 上具有潜在的研究与应用价值。

（二）银杏酮酯滴丸治疗冠心病心绞痛疗效的系统评价

参考文献：王可仪，王虎城，金鑫瑶，等. 银杏酮酯滴丸治疗冠心病心绞痛有效性与安全性的系统评价 [J]. 中国中药杂志，2021，46（9）：2317-2324.

**1. 研究背景**　冠状动脉粥样硬化性心脏病简称为冠心病,是指由于冠状动脉粥样硬化使管腔狭窄或闭塞导致心肌缺血、缺氧或坏死而引发的心脏病。冠心病归属为缺血性心脏病,是动脉粥样硬化导致器官病变的最常见类型。心绞痛是由于冠状动脉供血不足,心肌急剧的、暂时的缺血与缺氧所引起的临床综合征。现代医学治疗冠心病的临床常规用药包括硝酸酯类、β受体阻滞剂及钙通道阻滞剂等,以扩张冠脉血管、减轻心肌耗氧量。此外,临床还常用他汀类药物进行冠心病的一级预防,阿司匹林、氯吡格雷、替格瑞洛等抗血小板药物进行冠心病的二级预防。常规西药治疗可有效减少心血管事件发生率,但也存在部分患者由于基因多态性等因素出现药物抵抗现象、长期服药增加不良反应发生率等情况。

银杏酮酯滴丸是一种双跨性药物,其有效成分为总黄酮、萜类内酯等活性成分,临床用于治疗冠心病、心绞痛和脑动脉硬化、眩晕等心脑血管疾病,具有改善心肌血液循环、清除氧自由基、降低心肌耗氧量、拮抗PAF的作用。部分临床研究表明,银杏酮酯与常规西药联用可以改善心肌血液循环,增加血氧饱和度,降低心绞痛复发频率,避免肝脏损伤,使药效更持久。目前,银杏酮酯滴丸联合常规西药治疗冠心病心绞痛在临床上逐渐受到重视,并广泛应用,临床研究结果不断发表,但由于展开的各个临床研究均为单中心、小样本的临床随机对照试验,缺乏系统评价,其使用缺少临床证据的支持。该研究全面检索银杏酮酯滴丸治疗冠心病心绞痛的临床随机对照试验(RCT),评价其临床有效性,以期为临床实践和决策提供参考。

**2. 文献检索**

(1)检索数据库。计算机检索中文数据库:中国知网、万方、中国生物医学文献数据库,英文数据库:PubMed、Cochrane Library、Embase,时间段为建库至2019年12月31日。

(2)检索策略。中文数据库采用题名或关键词和主题词相结合的方式进行检索,检索词为"冠心病心绞痛""冠心病""心绞痛""心绞疼""胸痹""心痛""银杏酮酯"。英文数据库检索词为"gingko ketone ester""stenocardia""angina pectoris""angina stable""angina unstable""angina pectoris variant""microvascular angina",采用主题词结合自由词的方式进行检索。中文数据库检索以CNKI为例,具体的检索式为(SU=冠心病 OR SU=心绞痛 OR SU=心绞疼 OR SU=心痛 OR SU=胸痹)AND(SU=银杏酮酯)。

英文数据库检索以PubMed为例,具体检索如下:

#1 search angina pectoris[MeSH Terms] OR search angina, stable[Title/Abstract] OR angina, unstable[Title/Abstract] OR angina pectoris, variant[Title/Abstract] OR microvascular angina[Title/Abstract] OR stenocardia[Title/Abstract]

#2 gingko ketone ester[Title/Abstract] OR GEB50[Title/Abstract]

#3 search randomized controlled trial[Publication Type]

#4 #1 AND #2 AND #3

**3. 文献筛选及统计分析方法**

(1)文献纳入标准

1)研究类型:随机对照试验(RCT)。

2)研究对象:纳入符合冠心病心绞痛诊断标准的患者,性别、年龄不作限制。

3)干预措施:对照组患者使用西药常规治疗,试验组患者在对照组的基础上加用银杏酮酯滴丸进行治疗,试验组与对照组西药治疗方案完全一致。疗程及用量不作限制。

4)结局指标:有效性指标包括总有效率,心绞痛发作次数,心绞痛持续时间,心电图疗效,硝酸甘油用量。

(2)文献排除标准。重复发表的文献;动物实验、综述、疾病与干预措施不符合的文献;结局指标数据缺失的文献。

（3）文献评价方法。采用 Cochrane 系统评价员手册 5.3.0 推荐的偏倚风险评估工具评价纳入研究的质量，根据随机方法、分配隐藏、受试者盲法、结果评价盲法、数据完整性、选择性报告、其他偏倚等 7 个方面评价纳入研究质量。

应用 RevMan 5.3.0 软件对收集的信息进行统计分析。计数资料采用相对危险度（relative risk，RR）或比值比（odds ratio，OR）进行分析，计量资料分析时，若结局测量值是基于同样的度量单位得到的使用均数差（mean difference，MD）分析，若评估同样的结局但按不同的方法进行测量时则用标准化均数差（standardized mean difference，SMD）分析，合成结果均以效应值及其 95% 置信区间（confidence interval，CI）表示。对研究间临床异质性和统计学异质性进行判断，临床异质性根据研究间的研究对象、干预措施、对照、结局指标是否相似来判断；统计学异质性采用 $I^2$ 评价其大小：若 $I^2 \leqslant 50\%$ 且 $P > 0.1$，则认为统计学同质性好，采用固定效应模型进行合并；若 $I^2 > 50\%$ 或 $P \leqslant 0.1$，说明统计学异质性较大，则进一步分析异质性来源，在排除明显临床异质性后，采用随机效应模型进行 Meta 分析。当存在明显的临床异质性时，采用亚组分析或敏感性分析等进行处理，或只进行描述性分析。采用漏斗图判断纳入研究的发表偏倚。

**4. 结果与结论**

（1）文献筛选及偏倚风险评价结果。共检索到中文文献 111 篇，英文文献 0 篇。使用 NoteExpress 3.2.0 软件进行查重，剔除重复后得到 46 篇。通过阅读题目及摘要进行初筛，得到 22 篇文献，阅读全文进行复筛，最终得到 10 篇符合纳入、排除标准的文献。纳入的 10 篇文献，均为中文，最早发表于 2010 年，最晚发表于 2019 年。10 项研究共纳入冠心病心绞痛患者 1186 例。试验组均为对照组干预措施联合银杏酮酯滴丸，7 项研究采用西药常规作为对照组，2 项研究对照组仅用单硝酸异山梨酯片或硝酸异山梨酯片，1 项研究采用西药常规联合替格瑞洛片作为对照。10 项研究均提到"随机"，其中 3 项研究采用了随机数字表法，1 项研究采用了硬币投掷法，评为"low risk"，其余试验均未指出具体的随机方法（仅有"随机"字样），评为"unclear risk"。10 项研究均未报告分配隐藏和盲法，评为"unclear risk"。8 项研究全部无法获得研究方案，均为"unclear risk"。2 项研究报告了研究中提及的部分结局指标，为"high risk"。偏倚风险评价结果如图 9-21 所示。

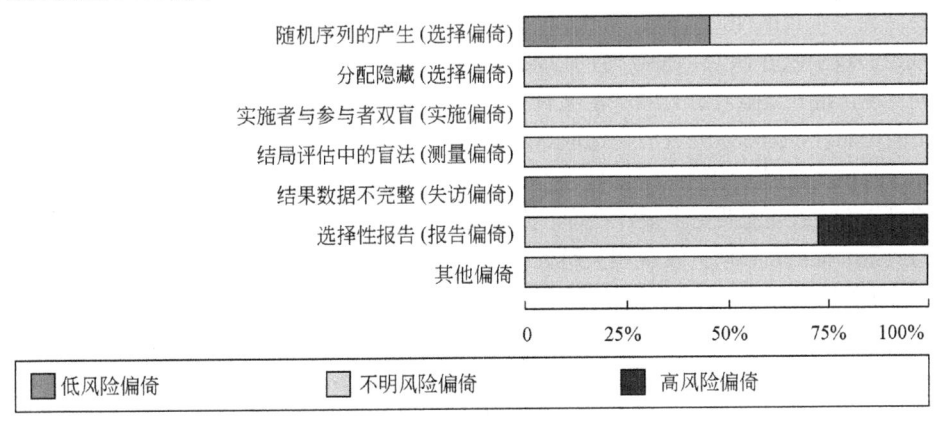

图 9-21 纳入研究偏倚风险的评价

（2）Meta 分析结果

1）总有效率：9 项研究报告了银杏酮酯滴丸治疗冠心病心绞痛的治疗总有效率。共纳入 866 例患者，其中试验组 433 例，对照组 433 例。其中，2 项研究采用临床症状消失、心电图 ST 段改善、心绞痛发作次数减少作为总有效率的判定方式。采用固定效应模型合并效应量。结果显示银杏酮酯滴丸联合常规西药治疗冠心病心绞痛疗效优于单纯使用西药常规，其差异具有统计学意义

[RR=1.21，95%CI（1.10，1.33），$P$=0.0001］。

3项研究采用临床症状消失、心电图ST段改善作为总有效率的判定方式，采用固定效应模型合并效应量。结果表明银杏酮酯滴丸联合常规西药治疗冠心病心绞痛疗效优于单纯使用西药常规，其差异具有统计学意义［RR=1.22，95%CI（1.06，1.40），$P$=0.005］。

3项研究采用临床症状消失、心电图改善、运动试验阳性作为总有效率的判定方式，采用随机效应模型合并效应量。结果表明银杏酮酯滴丸联合常规西药治疗冠心病心绞痛疗效优于单纯使用西药常规，其差异具有统计学意义［RR=1.29，95%CI（1.05，1.60），$P$=0.02］。

1项研究采用心电图ST段、T波改善、心绞痛发作频率、发作时间作为总有效率的判定方式，但由于无法合并效应量，只做描述性分析。结果显示2组差异有统计学意义，试验组优于对照组，［RR=1.26，95%CI（1.02，1.55），$P$=0.03］。

2）心绞痛发作次数。7项研究报告了银杏酮酯滴丸疗冠心病心绞痛的心绞痛发作次数，共纳入患者910例，其中试验组455例。Meta分析显示异质性较大，进行敏感性分析发现，6项研究采用3种方式计算心绞痛发作次数，分别为次/分，次/日，次/周，1项研究未说明计算方式。按照计算单位的不同进行亚组分析，结果显示亚组的异质性仍然较高，无法进行异质性检验。在亚组内进行敏感性分析未发现影响异质性的因素，只进行描述性分析。

3）心绞痛持续时间。6项研究报告了心绞痛持续时间，共纳入患者830例，其中试验组415例，对照组415例。异质性检验显示纳入研究间异质性较高，无法合并，进行敏感性分析，未发现影响异质性的因素，采用描述性分析。

4）心电图疗效。2项研究报告了心电图疗效，共纳入患者190例，其中试验组98例，对照组92例。采用固定效应模型合并效应量。银杏酮酯滴丸联合常规西药治疗冠心病心绞痛心电图疗效优于单纯使用常规西药，其差异具有统计学意义［RR=1.43，95%CI（1.20，1.71），$P$<0.0001］。

5）硝酸甘油用量。1项研究报告了硝酸甘油用量，共纳入患者200例，其中试验组100例，对照组100例。结果显示银杏酮酯滴丸联合常规西药治疗冠心病心绞痛在减少硝酸甘油用量方面具有疗效，2组差异有统计学意义，治疗组优于对照组［MD=-3.81，95%CI（-5.45，-2.17），$P$<0.00001］。

（3）讨论与结论

主要结论：银杏酮酯滴丸联合常规西药治疗冠心病心绞痛可以提高其临床总有效率、心电图疗效，减少心绞痛发作次数、持续时间以及硝酸甘油用量。

研究发现，纳入文献对总有效率定义有多种描述，对数据合并分析造成一定困难，降低了样本量和结果的可靠性，提示研究者应在选取结局指标过程中重视客观性结局指标，参考指南中推荐的结局指标，勿过度使用主观性结局指标。由于文献质量低，样本量小，试验流程不规范，可能会影响结果的可靠性。后续需要更多设计严谨、流程规范、多中心、大样本的临床试验对结果进行验证，提供更高质量的证据。该研究发现相关研究者在试验设计、盲法、分配隐藏、随机方法等方面均存在问题，降低了试验的质量与真实性。今后的临床试验应重视研究方案的设计，试验环节的严谨性，严格按照CONSORT报告规范所要求的内容进行报告，为临床实践提供更高质量的证据。

**5. 点评** 该研究制定了完善的检索策略和文献筛选标准，较好地控制了文献检索和筛选的偏倚。在心绞痛发作次数的Meta分析中，按照发作次数计算单位的不同进行亚组分析，考虑到了计算单位差异对制作系统评价的影响，具有一定的启示作用。该研究对异质性较高的情况进行了敏感度分析，但难以发现影响异质性的因素。

（张　超　唐琍萍）

# 第十章 中医药论文写作与学术不端

## 第一节 中医药参考文献书写规范

目前中文的科技期刊文后参考文献的著录参照《信息与文献 参考文献著录规则》（GB/T 7714—2015）的规范和标准，该标准参考国际标准《信息和文献 参考文献和信息资源引用指南》[ISO 690：2010（E）]编制，规定了各个学科、各种类型信息资源的参考文献的著录项目、著录顺序、著录用符号、著录用文字、各个著录项目的著录方法及参考文献在正文中的标注法。中医药信息索引参照《索引编制规则（总则）》（GB/T 22466—2008），该总则为各种类型索引的编制提供有关内容、表示及其组织的一般规则和说明性的规定及实例，提高中文索引和数据库的编制质量，促进知识和信息的快捷检索和有效利用。

### 一、中医药参考文献的书写格式

（一）参考文献常用术语和定义

**1. 参考文献（reference）** 对一个信息资源或其中一部分进行准确和详细著录的数据，位于文末或文中的信息源，为撰写或编辑论文和著作而引用的有关文献信息资源的总称。

**2. 主要责任者（creator）** 主要负责创建信息资源的实体，即对文献的知识内容或艺术内容负主要责任的个人或团体，包括著者、编者、学位论文撰写者、专利申请者或专利权人、报告撰写者、标准提出者和析出文献的著者等。

**3. 专著（monograph）** 以单行本或多卷册（在限定的期限内出齐）形式出版的印刷型或非印刷型出版物，包括普通图书、古籍、学位论文、会议文集、汇编、标准、报告、多卷书和丛书等。

**4. 连续出版物（serial）** 通常载有年卷期号或年月日顺序号，并计划无限期连续出版发行的印刷或非印刷形式出版物，包括期刊、报纸等。

**5. 析出文献（contribution）** 从整个文献中析出的具有独立篇名的文献。

**6. 电子资源（electronic resource）** 以数字方式将图、文、声、像等信息存储在磁、光、电等介质上，通过计算机、网络或相关设备使用的记录有知识内容或艺术内容的文献信息资源，包括电子公告、电子图书、电子期刊和数据库等。

**7. 顺序编码制（numeric references method）** 一种引文参考文献的标注体系，即引文采用序号标注，参考文献表按照引文的序号排序。

**8. 著者-出版年制（first element and date method）** 一种参考文献的标注体系，即引文采用著者-出版年标注，参考文献表按著者字顺和出版年排序。

**9. 合订题名（title of the individual works）** 由 2 种或 2 种以上的著作汇编而成的无总题名的文献中各部著作的题名。

**10. 阅读型参考文献（reading reference）** 著者为撰写或编辑论著而阅读过的信息资源，或供读者进一步阅读的信息资源。

**11. 引文参考文献（cited reference）** 著者为撰写或编辑论著而引用的信息资源。

**12. 数字对象唯一标识符（digital object identifier，DOI）** 针对数字资源的全球唯一永久性标识符，具有对资源进行永久命名标志、避免重复的唯一性，以及动态解析链接等特性。

（二）著录信息源

参考文献的著录信息源是被著录的信息资源本身。

（1）专著、论文集、学位论文、报告、专利文献等可依据题名页、版权页、封面等主要信息源著录各个著录项目。

（2）专著、论文集中析出的篇章与报刊上的文章依据参考文献本身著录析出文献的信息，并依据主要信息源著录析出文献的出处。

（3）电子资源依据特定网址中的信息著录。

（三）著录用文字

（1）参考文献原则上要求用信息资源本身的语种著录。必要时，可采用双语著录。用双语著录参考文献时，首先应用信息资源的原语种著录，然后用其他语种著录。

（2）著录数字时，应保持信息资源原有的形式。但是，卷期号、页码、出版年、版次、更新或修改日期、引用日期、顺序编码制的参考文献序号等应用阿拉伯数字表示。外文书的版次用序数词的缩写形式表示。

（3）个人著者，其姓全部著录，字母全大写，名可缩写为首字母；如用首字母无法识别该人名时，则用全名。

（4）出版项中附在出版地之后的省名、州名、国名等；以及作为限定语的机关团体名称可按国际公认的方法缩写。

（5）西文期刊刊名的缩写可参照 ISO4 的规定。

（6）著录西文文献时，大写字母的使用要符合信息资源本身文种的习惯用法。

（四）参考文献常用符号与代码

**1. 常用符号** GB/T 7714—2015 规定，著录用符号为前置符。如主要责任者、析出文献主要责任者、专利申请者或所有者前不使用任何标识符号。按顺序编码制组织的参考文献表中的各篇文献序号用方括号，如［1］、［2］。

**2. 参考文献常用下列规定的标志符号**

（1）用于题名项、析出文献题名项、其他责任者、析出文献其他责任者、连续出版物的"年卷期或其他标识"项、版本项、出版项、连续出版物中析出文献的出处项、专利文献的"公告日期或公开日期"项、获取和访问路径，以及数字对象唯一标志符前。每条文献的结尾可用"."。

（2）用于其他题名信息、出版者、引文页码、析出文献的页码、专利号前。

（3）用于同一著作方式的责任者、"等"或"译"字样、出版年、期刊年卷期标识中的年或卷号前。

（4）用于期刊后续的年卷期标志与页码、同一责任者的合订题名前。

(5)"//"用于专著中的析出文献的出处项前。
(6)"（ ）"用于期刊年卷期标识中的期号、报纸的版次、电子文献更新或修改日期及非公元纪年的出版年。
(7)"［ ］"用于文献序号、文献类型标志、电子文献的引用日期及自拟的信息。
(8)"/"用于合期的期号间及文献载体标识前。
(9)"-"用于起讫序号和起讫页码间。

**3. 常用代码**　通常参考文献表中需按照 GB/T 7714—2015 规定标明文献类型及代码。

(1)以单字母标识。M-专著，C-论文集，N-报纸，G-汇编，J-期刊，D-学位论文，R-研究报告，S-标准，P-专利，A-专著、论文集中的析出文献，Z-其他未说明的文献。
(2)电子文献类型以双字母作为标识。DB-数据库，CP-计算机程序，EB-电子公告。
(3)电子文献载体和标识代码。MT-磁带，DK-磁盘，CD-光盘、OL-联机网络。
(4)非纸张型载体电子文献，在参考文献标识中同时标明其载体类型。DB/OL-联机网上的数据库，DB/MT-磁带数据库，M/CD-光盘图书，CP/DK-磁盘软件，J/OL-网上期刊，EB/OL-网上电子公告。

（五）参考文献著录格式

在《信息与文献 参考文献著录规则》（GB/T 7714—2015）中，参考文献按著录对象将参考文献分为专著、专著中的析出文献、连续出版物、连续出版物中的析出文献、专利文献、电子文献等六大类型。

**1. 专著著录格式**　主要责任者.题名：其他题名信息［文献类型标识/文献载体标识］.其他责任者.版本项.出版地：出版者，出版年：引文页码［引用日期］.获取和访问路径.数字对象唯一标识符.

示例：

［1］么厉，肖诗鹰，刘红.中国当代新医药论丛［M］.南昌：江西高校出版社，2004：119.

［2］赵耀东.新时代的工业工程师［M/OL］.台北：天下文化出版社，1998［1998-09-26］.http://www.ie.nthu.edu.tw/info/ie.newie.htm.

［3］瓦希列佐夫.搅拌设备［M］.姚兆生，译.北京：化学工业出版社，1983：12.

［4］全国信息与文献工作标准化技术委员会出版物格式分委员会.GB/T 12450-2001 图书书名页［S］.北京：中国标准出版社，2002.

［5］King MB，Bott TR.Extraction of Natural Products Using Near-Critical Solvents［M］.London：Blackie，1993：36.

**2. 专著中的析出文献著录格式**　析出文献主要责任者.析出文献题名［文献类型标识/文献载体标识］.析出文献其他责任者//专著主要责任者.专著题名：其他题名信息.版本项.出版地：出版者，出版年：析出文献的页码［引用日期］.获取和访问路径.数字对象唯一标识符.

示例：

［1］周易外传：卷5[M]//王夫之.船山全书：第6册.长沙：岳麓书社，2011：1109.

［2］白书农.植物开花研究［M］//李承森.植物科学进展.北京：高等教育出版社，1998：146-163.

［3］程根伟.1998年长江洪水的成因与减灾对策[M]//许厚泽，赵其国.长江流域洪涝灾害与科技对策.北京：科学出版社，1999：32-36.

［4］王锦山.原子（基团）转移自由基聚合（ATRP）［M］//何天白，胡汉杰.海外高分子科学的新进展.北京：化学工业出版社，2001：5.

［5］WEINSTEIN L，SWERTZ M N.Pathogenic properties of invading micro organism［M］// SODEMAN WA,

Jr.，SODEMAN WA.Pathologic physiology：mechanisms of disease. Philadephia：Saunders，1974：745-772.

**3. 连续出版物著录格式**　主要责任者. 题名：其他题名信息［文献类型标识/文献载体标识］. 年，卷（期）-年，卷（期）.出版地：出版者，出版年［引用日期］. 获取和访问路径. 数字对象唯一标识符.

该著录项目及格式应用较少。

示例：

［1］中华医学会湖北分会. 临床内科杂志［J］.1984,1（1）：武汉：中华医学会湖北分会，1984.

［2］中国图书馆学会. 图书馆学通讯［J］.1957（1）-1990（4）. 北京：北京图书馆，1957-1990.

［3］American Association for the Advancement of Science. Science［J］.1883,1-3.

［4］Washington, D.C.：American Association for the Advancement of Science，1883-1889.

**4. 连续出版物（期刊、报纸）中的析出文献著录格式**　析出文献主要责任者. 析出文献题名［文献类型标识/文献载体标识］. 连续出版物题名：其他题名信息，年，卷（期）：页码［引用日期］. 获取和访问路径. 数字对象唯一标识符.

示例：

［1］袁训来，陈哲，肖书海，等. 蓝田生物群：一个认识多细胞生物起源和早期演化的新窗口［J］. 科学通报，2012,55（34）：3219.

［2］余建斌. 我们的科技一直在追赶：访中国工程院院长周济［N/OL］. 人民日报，2013-01-12（2）［2013-03-20］. http://paper.people.com.cn/rmrb/html/2013-01/12/nw.D110000renmrb 20130112_5-02. htm.

［3］李炳穆. 韩国图书馆法［J/OL］. 图书情报工作 2008,52（6）：6-12［2013-10-25］. http://www.docin.com/p-400265742.html.

［4］X.L. Li，Y.Zhao，Xiao Cheng，etc. Japonicumins A.D.：Four New Compounds from Lycopodium japonicum［J］. Helv. Chim. Acta. 2006,89（7）：1467-1473.

［5］郑海兴. 伸筋草煎剂对小鼠抗炎镇痛药理实验研究［J］. 牡丹江医学院学报，2005,26（2）：10.

**5. 专利文献著录格式**　专利申请者或所有者. 专利题名：专利号［文献类型标识/文献载体标识］. 公告日期或公开日期［引用日期］. 获取和访问路径. 数字对象唯一标识符.

示例：

［1］邓一刚. 全智能节电器：200610171314.3［P］.2006-12-13.

［2］西安电子科技大学. 光折变自适应光外差探测方法：中国，01128777.2［P/OL］.2002-03-06［2002-05-28］. http://211.152.9.47/sipoasp/zljs/hyjs yx-new.asp?recid=01128777. 2&-leixin=0.

［3］姜锡洲. 一种温热外敷药制备方案：中国，88105607.3［P］.1989-07-26.

［4］Wildsmith E.Aminodeoxoerythromyeins：DE，2106615［P］.1971-10-28.

［5］McGill JM.One step process of dirthromycin：EP，0535900A1［P］.1992-09-28.

**6. 电子文献著录格式**　凡属电子图书和电子报刊等中的析出文献的著录格式分别按上述相关规则处理。其他的电子文献的著录格式为：主要责任者. 题名：其他题名信息［文献类型标识/文献载体标识］. 出版地：出版者，出版年：引文页码（更新或修改日期）［引用日期］. 获取和访问路径. 数字对象唯一标识符.

示例：

［1］中国互联网络信息中心. 第29次中国互联网络发展现状统计报告［R/OL］.（2012-0116）［2013-03-26］. http://www.nnic.net.cn/hlwfzyi/hlwxzbg/201201/P020120709345264469680.pdf.

［2］北京市人民政府办公厅. 关于转发北京市企业投资项目核准暂行实施办法的通知，京政办发［2005］37号［A/Ol（2006-07-12）［2011-07-12］. http://china.Indlaw.en/fagui/p_1/39934.htnl.

［3］PACS-L：the public-access computer systems forum［EB/OL］. Houston, Tex：University of Houston

Libraries. 1989［1995-05-17］. http：//info.lib.uh.edu/ pacsl.html.

［4］Online Computer Library Center，Inc.History of OCLC［EB/OL］.［2000-01-08］. http：//WWW.oclc.org/about/history/defauh.htm.

（六）参考文献著录注意事项

**1. 主要责任者或其他责任者**　个人著者采用姓在前名在后的著录形式。欧美著者的名可以用缩写字母，缩写名后省略缩写点。欧美著者的中译名可以只著录其姓；同姓不同名的欧美著者，其中译名不仅要著录其姓，还需要著录其名的首字母；用汉语拼音书写的人名，姓要大写，其名可缩写，取每个汉字拼音的首字母。

（1）著作方式相同的责任者不超过3个时，全部照录。超过3个时，只著录前3个责任者，其后加"，等"或与之相应的词。

示例一：杨森林，吴胜利，张俊飞。

示例二：杨森林，吴胜利，张俊飞，等。

（2）无责任者或者责任者情况不明的文献，"主要责任者"项应注明"佚名"或与之相应的词。凡采用顺序编码制组织的参考文献可省略此项，直接著录题名。

（3）对文献负责的机关团体名称，通常根据著录信息源著录。机关团体名称应由上至下分级著录，上下级间用"."分隔，用汉字书写的机关团体名称除外。

**2. 出版日期**

（1）出版年采用公元纪年，并用阿拉伯数字著录。如有其他纪年形式时，将原有的纪年形式置于"（　）"内。

示例：1947年（民国三十六年）。

（2）报纸的出版日期按照"**YYYY-MM-DD**"格式，用阿拉伯数字著录。

示例：如2013-01-08。

（3）出版年无法确定时，可依次选用版权年、印刷年、估计的出版年。估计的出版年应置于方括号内。

示例：1988，1995印刷，［1936］。

**3. 参考文献表**　可以按顺序编码制组织，也可以按著者-出版年制组织。引文参考文献既可以集中著录在文后或书末，也可以分散著录在页下端。阅读型参考文献著录在文后、各章节后或书末。

（1）参考文献表按顺序编码制组织时，各篇文献要按正文部分标注的序号依次列出。

示例：

［1］国家药典委员会. 中华人民共和国药典. 一部［M］. 北京：中国医药科技出版社，2020.125.

［2］王永茂. 菝葜的临床应用事例［J］. 四川中医，1991，2：18.

［3］Kasai T.Acidic N-acylarginine derivatives in arginine-accumulating plant tissues［J］. Phytochemistry，1983，22（1）：147.

（2）参考文献表按照著者-出版年制组织时，各篇文献首先按语种集中，可分为中文、日文、西文、俄文、其他文种五部分；然后按著者字顺和出版年排列。中文文献可以按著作汉语拼音字顺排列，也可按著作笔画顺序排列。

示例：

［1］汪冰. 1997. 电子图书馆理论与实践研究［M］. 北京：北京图书馆出版社.

［2］杨宗英. 1996. 电子图书馆的现实模型［J］. 中国图书馆学报（2）：24.

［3］BAKER S K，JACKSON M E.1995.The future of resource sharing［M］. New York：The Haworth press.

## （七）参考文献标注法

正文中引用的文献标注方法可以采用顺序编码制，也可以采用著者-出版年制。

（1）顺序编码制是按正文中引用的文献出现的先后顺序以上角标形式连续编码，将序号置于方括号中。如果顺序编码制用脚注方式时，序号可由计算机自动生成圈码。

示例一：类风湿关节炎（RA）是最常见的一种关节炎，是最主要的致残性疾病之一。在中国RA的患病率约为0.3%，有近400万患者[1]。……放射线上关节周围的骨质疏松和侵蚀损害（囊性变）是RA诊断的重要标准之一[2]。

示例二：《汉语大词典》和张相①都认为"可"是"痊愈"，侯精一认为是"减轻"②。……另外，根据侯精一，表示病痛程度减轻的形容词"可"和表示逆转否定的副词"可"是兼类词③，这也说明二者应该存在着源流关系。

1) 同一处引用多篇文献时，只需将各篇文献的序号在方括号内全部列出，每个序号间用"，"。如遇连续序号，起讫序号间用短横线连接。

示例一：裴伟[570，88]提出……

示例二：莫拉德对稳定区的节理格式的研究[255-258]……

2) 多次引用同一著者的同一文献时，在正文中标注首次引用的文献序号，并在序号的"[ ]"外著录引文页码。

示例：

由于"思想"的内涵是"客观存在反映在人的意识中经过思维活动而产生的结果"[2]1194，所以……理性的成熟与热点的凝聚[3]，表明……"引导事业前进的方向和目标"[2]354。

（2）采用著者-出版年制时，各篇文献的标注内容由著者姓氏与出版年构成，并置于"（ ）"内。如只标注著者姓氏无法识别该人名时，可标注著者姓名，如中国人用著者姓名、日本人用汉字姓名的著者等。集体著者著述的文献可标注机关团体名称。如正文中已经提及著者姓名，则在其后的"（ ）"内只需著录出版年。

示例：

The notion of an invisible college has been explored in the science（Crane 1972）. Its ab-sence among historians is notes by Stieg（1981）……

1) 在正文中引用多著者文献时，对欧美著者只需标注第一个著者的姓，其后附"et al"；对中国著者应标注第一著者姓名，其后附"等"，姓氏与"等"之间留适当空隙。

2) 在参考文献表中著录同一著者在同一年出版的多篇文献时，出版年后应用小写字母a、b、c等区分。

3) 多次引用同一著者的同一文献，在正文中标注著者与出版年，并在"（ ）"外以角标的形式著录引文页码。

示例：

指"引导事业前进的方向和目标"（中国社会科学院语言研究所词典编辑室.1996）354。

## 二、中医药信息索引的书写格式

**1. 索引的术语和定义**

（1）索引（index）：指向文献或文献集合中的概念、语词及其他项目等的信息检索工具，由一系列款目及参照组成，索引款目不按照文献或文献集合自身的次序排列，而是按照字顺或其他可检索的顺序排列。

（2）索引款目（index entry）：对某一文献或文献集合的主题内容、涉及事项或外部特征加以描述的记录，是索引的基本单元，索引款目由标目、注释及出处组成。

（3）索引标目（index heading）：用于表示文献或文献集合中的某一概念或事项，并决定索引款目排列位置的词语。

（4）索引副标目（subheading）：从属于主标目、用来表示从属或限定关系的标目，使标目含义更为专指。

（5）限义词（qualifier）：又称限定词，是标目的组成部分，置于标目后用圆括号围起的解释性语词，用以区分标目中的同形异义词和多义词，或表示特殊含义。

（6）标目注释（heading note）：排在索引标目后，用以说明索引标目的范围、含义、历史演变或使用方法的文字。

（7）索引出处（locator）：又称索引地址，跟在标目或副标目之后，指明索引标目或副标目所识别的某一概念或事项在文献或文献集合中的具体位置（例如页码、区段、文献号或条目编号等）。

（8）参照（cross-reference）：又称交互参照，是由一个索引标目或副标目指向另一个或多个索引标目或副标目的指示。可以增强相关索引标目之间的联系，故又被称为索引的连接系统。通常分为见参照、参见参照两大类。

（9）规范档（name authority file）：也称名称规范档，对未加控制的索引用词（包括术语名、人名、团体名、会议名、文献名等）做规范化处理而建立的记录，以确保标目的一致性，并揭示相关的内容。

（10）索引项（indexing item）：即文献或文献集合中被标引对象的类称。凡是文献中论及的主题（整体主题或局部主题）和事项，如人名、地名、团体名、事件名、物品名、著作名，文献中的字、词、句，文献的某种功能，以及文献与文献之间的关系等，只要具有检索意义，皆可用作索引项，制成索引标目。

**2. 索引的类型**

（1）按索引在文献检索中的功用可分为文献内容索引、文献篇目索引。

（2）按索引的标目可分为主题索引、著者索引、名称索引、地名索引、题名索引、代码索引、关键词索引、全文索引、引文索引等。

（3）按索引的编排和组织方式可分为字顺索引、分类索引、分类-字顺索引等。

（4）按索引发表、出版方式可分为附录式索引、单行索引、索引期刊等。

（5）按索引的载体可分为印刷型索引、缩微型索引、电子索引等。

**3. 专有名词的标目选择和形式**

（1）人名

1）在图书内容索引中，应该选择文献中人名的使用形式（惯用名），以方便用户查找。如果在原文中用法不一，则选择其中一种形式作为标目。选择人名形式时，应考虑姓名的正式化问题。

2）在编制文献篇目索引时，一个人如果有2个以上的名号，如本名、笔名、表字、别号、别名、法名、谥号、封号、艺名、网名等，选择最新或最常用的人名形式为标目，并为其他形式的人名编制必要的见参照（或制作重复款目）。应该注意与名称规范档取得一致。

3）2个或多个同名同姓的人名，应该附加限定信息予以区分，中国古代责任者，以朝代为首选附加成分；中国现代责任者以生卒年为第一附加成分，学科/职业为第二附加；外国责任者以姓名原文为首选附加成分。

4）少数民族人名，根据本民族的习惯及本人著作中所采用的形式，选择最常用的名或姓与名,为其他形式的人名编制见参照。

5) 欧美人名的译名,选择姓在前名在后的形式。如系知名度极高的人名,一般只标引姓氏,如斯大林、罗斯福、邱吉尔等,可直接采用。为避免同姓的人物混淆,在部分人物的姓之后,可以加括号列出姓名原文、生卒年或朝代、国籍或籍贯、职业或头衔等特征予以区别。韩国、日本等东方国家的人名,则列出姓名全称。

(2) 团体名称

1) 在标引单一文献的索引时,团体名称应该选择被标引文献使用的形式。如果原文中用法不一,则选择其中的一种形式作为标目,为其他形式编制见参照。

2) 在编制文献篇目索引时,选择最新的或最常用的团体名称作为标目,并为其他形式的团体名称编制见参照(或制作重复款目)。应该注意与名称规范档取得一致。

3) 团体名称所包含的"民办""股份有限公司"等,可以在标目中删除,但是需要为其编制见参照。若可能产生歧义,则不能删除。

4) 团体名称有简称与全称时,若选用简称作为标目,则制作简称见全称的参照;若选用全称作为标目,则制作全称见简称的参照。但是必须两者选一,不可同时制作。

5) 外国团体名称,一般选取中译名。查找中译名有困难,可以直接采用外文名称作为标目。采用外文名称的公司,其后一般加"公司"字样。涉及国家部门和有关团体时要冠国家惯用名称。公司名称前一般不冠国名,除非该国名是公司名称的一部分。如团体名称完全相同,可以加地名区分。

(3) 地名

1) 如果同一个地方有不同的名称,则选用正式的地名作为标目,为其他形式的地名编制见参照,为清晰起见,地名的标引应该尽可能完整;为避免相同地名的混淆,可以附国别或行政区划等加以说明。

2) 省、市、县名可省略"省"、"市"、"县",当出现重名或与同名自然特征相混淆时(例如吉林省与吉林市、黑龙江省与黑龙江等),则予以保留。自治区名、特别行政区名用简称(内蒙古、新疆、广西、西藏、宁夏、香港、澳门等)。

(4) 文献题名:异书同名,即文献题名相同而文献内容不同的,分别用作标目,并注明作者、版本、版次等加以区别;文献题名冠"钦定""增补""影印""最新""实用"等字样,在制作索引标目时一律忽略不用;文献有别名、改名、原名、译名等多种题名时,则选择常用的题名作为标目。

**4. 索引款目排序**

(1) 汉字字符排序:汉语拼音排序、笔画排序和四角号码排序三种排序规则。

1) 汉语拼音排序首先比较标目首字的音节,按汉语拼音字母表的顺序进行排序。如果音节相同,比较音调,按阴平、阳平、上声、去声、轻声的次序排列。如果音节和音调相同,比较首字的总笔画数,从少到多排列。如果笔画数相同,比较该字的起笔至末笔各笔笔形,依"横、竖、撇、点、折"顺序排列。若起笔至末笔各笔笔形仍相同,则按该字在汉字编码字符集中的编码值从小到大排列。首字相同,则比较第二字,方法同前,依次类推。

2) 笔画排序法。首先比较标目首字的笔画数,从少到多排列。若首字笔画数相同,按首字起笔至末笔各笔笔形"横、竖、撇、点、折"顺序排列。如果首字的上述笔形仍相同,则按首字的编码值从小到大排列(参见《文字条目通用排序规则》(GB/T 13418—1992))。首字相同,则比较第二字,方法同前,依次类推。

3) 四角号码排序法。将汉字笔形分为十种,分别赋予号码0~9。通用的笔形口诀为"横一垂二三点捺,叉四插五方块六;七角八八九是小,点下有横变零头"。每字按左上、右上、左下、右下依次取四角的笔形，形成汉字的四角号码，如端（0212），烙（9786）；四角号码同码字较多时，再取靠近右下角（第四角）上方一个笔形作"附号"；四角号码排序首先比较标目首字的四角号码（包括附号），从小到大排列；首字相同，比较第二字，方法同前，依次类推。

（2）非汉字字符串排序

1）索引标目中若包含非汉字字符，如标点符号、数字、拉丁字母、希腊字母等，均应按照它们在汉字编码字符集中顺序排列，通常排于中文汉字款目之前；历史事件索引按照纪年次序排列时索引标目如由数字构成，按数字所表示的数值从小到大排列。

2）汉字和非汉字字符混合出现时排序常情况下，按照汉字编码字符集中字符的排列顺序：空格、序号、阿拉伯数字、罗马数字、拉丁字母（大写、小写）、日文假名（平假名、片假名）、希腊字母、俄文字母、汉字。

（3）索引标目的排序

1）索引标目可以按照或主要按照下列一种次序排列：①汉字字顺或拉丁字母顺序；②汉字和非汉字字符混合出现顺序；③分类排序；④编年顺序；⑤数字顺序。

2）以相同词语起始的索引标目应该采用逐字排序法，采用必要的标点符号，并按下列顺序排列：①空白；②-副标目（也可不带连号）；③，说明语或倒置标题；④:组配词；⑤（）限义词。

3）标目中的标点符号，各有不同含义，用于揭示或限定标目的含义，并形成不同的分组，便于依次排序。

（4）参照的排序：见参照或者参见参照的排序应不影响原标目在字顺排列中的位置。见参照和参见参照指向多个标目时，其排序应与索引标目自身排序一致，并用分号隔开。

（5）计算机排序

1）即使计算机排序软件有区分同音字或同声字的功能，对于一字多声、一字多音的汉字标目，也要用人工逐一检查。

2）汉字标目中带有引号或书名号，会影响其正常排序（不带引号或书名号时）位置，应该尽量不用或少用引号或书名号，或规定引号及书名号一律不参加排序。

3）逐一检查索引中出现的生僻字，如果超出了字符集的范围，应该设法解决，要尽量避免人工造字或留空。

4）如果索引的标目或副标目出现因为按照汉语拼音排序规则破坏其数值排序或等级次序的情况，应该用手工予以调整。

5）应该安排人工校验计算机自动标引或半自动标引的结果，计算机生成的索引至少应该安排格式校验，以确保质量。

**5. 索引的版面设计**

（1）款目：排列形式取决于被标引文献（或文献集合）的规模、复杂性和可获取性。按照副标目排列的方式，索引款目分为分行式（line-by-line）和连排式（run-on）两种版式，索引款目应该优先使用分行式。虽然连排式节省索引篇幅，但是不如分行式便于理解和浏览。

（2）间隔距离：不同的标目之间或款目与其他款目之间应该保留适当的间隔距离。当无法使用各种印刷字体时，款目与款目或行与行的间隔距离，应该适当加大。

（3）标点符号：每一标目、副标目或说明语后均需附加空格或逗号与文献出处分开，当索引款目最后一个字母为数字时尤应注意。所有并列资料出处需以标点符号或另起行加以分隔，标点符号可以采用逗号、分号或分隔符。

（4）眉题：无论是专门索引或综合索引，都应该设置眉线和眉题，在眉题注明索引的名称、当页内容，标明其笔画、拼音或汉字等。

（5）索引员的署名：出版者应该给予索引员在文献中署名的机会，通常可以印在索引的末尾。

**6. 索引编制注意事项**

（1）一部有效的索引必须能够满足用户检索被标引文献（或文献集合）信息的需求。索引款目应该考虑到用户可能采用的各种不同检索途径，并向用户提供交互参照和各种助检标志。

（2）凡文献正文中的重要概念或项目，都必须出现在索引之中。

（3）索引应该按照一种合乎逻辑的、均衡的、前后一致的和易于识别的方式进行编制。

（4）索引必须准确，索引中给出的出处应该与文献正文（或文献集合）相符。

（5）索引必须是全面的（但是允许对索引的可标引内容的范围加以限制，但必须在索引前言中说明），要做到疏而不漏，不能过度标引，标引过多过滥。

## 第二节  中医药论文写作

中医药论文的 2 种主要形式是科研型论文和综述型论文。前者是将研究人员的实验成果或对某些问题、理论等的独特见解以论文形式发表；后者是对某科研领域或课题国内外研究状况进行综合评述。两者在科学研究中都占有重要的地位。此外，学位论文也是中医药论文的另外一种形式，是作者为获得某种学位而撰写的研究报告或科学论文。

### 一、中医药文献综述的写作

**1. 文献综述概述**　文献综述（review，简称综述）是在确定选题后，在对选题所涉及的研究领域或专题文献资料进行广泛阅读和理解的基础上，对该研究领域的研究现状（包括研究成果、研究进展、争论焦点和存在的问题等）、发展前沿、新动态、新的实验方法和技术等内容进行归纳整理、分析评论，并且提出作者自己的思考、观点、见解所形成的科学研究信息交流的书面形式。从具体工作来看，针对某一特定的主题，对在一个时间范围内大量原始研究论文中的数据、资料和主要观点进行归纳整理、分析提炼而写成的论文。综述属三次文献，专题性强，具有一定的深度和时间性，能反映出这一专题的历史背景、研究现状和发展趋势，具有较高的情报学价值。

文献综述是"综"与"述"相结合。"综"是基础和核心，指通过作者对阅读材料的整理和分析，是将文献资料的结论、结果和方法技术整理分析出来，按一定思维程序加以综合分析的过程。"述"是精华和手段方法，是指在"综"的基础上，专门深入系统的论述某方面的问题，依据写作程序把它表达出来展示给读者的过程。

中医药文献综述是作者在阅读了有关中医中药专题的大量文献资料的基础上，经过综合分析、归纳整理和评论总结而形成的一种科技论文。其内容以中医中药文献为主，遵循一般文献综述的撰写原则与方法。

（1）文献综述的文献特征：文献综述属于整理性论文，是一种有目的地对大量分散的一定时期内某一主题/专题文献资料进行整理、分类、归纳、总结、分析、评价和预测，揭示该学科专业研究现状和发展动态的专题情报研究论文。从文献学角度看，综述是建立在一次文献和二次文献的基础上产生的三次文献，可继续作为文献检索的重要资源。

（2）文献综述的类型：由于目的和角度不同，文献综述的类型有很多种划分方法，各种划分方法的类型之间有较多交叉。

1）根据文献综述的信息含量不同：分为叙述性综述、评论性综述及专题研究报告。

叙述性综述是针对某一主题或者专题检索、整理、分析文献资料，用高度概括的语言对相关的理论、观点、数据、方法、发展概况等做客观综合的阐述。它最主要的特点是客观地介绍和描述原始文献中的各种观点和方法，不包括作者评论和思考。可以使读者在较短时间内了解到该主题或者专题的研究结论、观点、结果、方法、手段等。该工作更多的是从"综"的角度开展。

评论性综述是在对某一主题或专题进行综合描述的基础上，进行分析评价，提出作者的观点和见解，以及评论、批评和展望。这类文献的主要特点是在于作者的分析和评价。概括而言，该工作更多的是从"述"的角度开展。这类文献可以给读者以启迪，引导读者寻找新的研究方向。

专题研究报告是就某一专题，一般是涉及某个领域的科研发展方向的重大课题，开展分析和评价，并提出发展对策、趋势预测。它最显著的特点是预测性，对于科研部门确定研究重点和学科发展方向，以及领导部门制定各项决策等具有参考和依据的作用。

2）根据文献综述的内容性质不同：分为历史回顾、成就概述、学术争鸣、未来展望等，根据各方面所占的比例不同，可分为以下几种。

动态性文献综述是以历史回顾为主。针对某一专题，按时代先后和学科发展的历史阶段，由远及近的进行综合分析和介绍，旨在反映某专题的历史阶段性成就，强调时间上的顺序性。

成就性文献综述是以成就概述为主。重在介绍某一专题的研究成果，如新观点、新方法、新技术、新进展等，对科研的借鉴和指导意义较大，实用价值较高。

展望性文献综述是以未来展望为主。重在分析预测某一学科或某一专题研究的发展趋势，对学科的发展和专题研究有一定的导向作用。

争鸣性文献综述是以学术争鸣为主。针对某一学科的不同学术观点，进行广泛的搜索、归类和总结，很少加入作者的观点。该类综述对活跃学术气氛、开拓思路有一定益处。

3）根据文献综述报道的时空范围不同：分为纵向综述和横向综述。

纵向综述是按年代顺序展开叙述，可揭示综述主题的发展概况。

横向综述不分时序，是按照主题或地域、国家等展开叙述，对比性较强。

此外还有按照综述的服务对象划分，可分为决策性综述、研究性综述和普及性综述；按照综述文献报道的对象划分，可分为学科综述、文献综述、会议综述和专题综述等。

（3）文献综述的作用：综述是对各种专题文献进行搜集、分析、归纳和综合，是高度浓缩的情报信息。

1）科学研究的前提和基础：随着各学科的文献量激增，交叉学科和边缘学科大量涌现，且文献分散程度日益增大。综述是在大量原始文献基础上凝聚成的情报性文献，提供综合信息，指导科学研究。通过阅读文献综述，研究者可以花费较少的时间获取最新的综合信息，了解学科新进展、存在问题、努力方向，在把握学科动态的基础上及时指导自己的工作，并作为确定新的研究方向的参考，还可以避免重复开发研究。

2）信息检索的重要工具：文献综述一般都在文后附参考文献及其有关信息。文献综述一般是按一个或几个专题、问题进行综述，因此参考文献一般也属于同类专题或与之具有相关性，读者可从文后参考文献入手进行回溯检索，直接查找或阅读自己感兴趣的原始文献，并集中掌握一批相关文献。尤其在缺乏专门检索工具的情况下，科研人员可将文献综述作为检索工具来使用，从而省时省力地获取所需原始文献的线索。

3）培养学生的基本科研素质：文献信息研究能力是本科生、研究生必须掌握的基本技能。撰写文献综述需要查阅大量原始文献，并对其进行整理和研究。这是科研人员获取一手情报信息，把握自己所从事的专业研究状况的重要手段。撰写文献综述通常是申报课题、撰写学位论文的前期准备工作。同时，撰写文献综述是培养学生文献检索、快速阅读、分析整理、综合归纳和写作等能力的重要手段。

**2. 中医药文献综述的写作方法**　　中医药文献综述不是文献的简单罗列或组合，而是一个研究性的创作过程，编写流程包括确定选题，文献资料的搜集、阅读、跟踪与积累，文献资料的整理、分析、评价及筛选，综述撰写。

（1）中医药文献综述的选题：做好选题是写好文献综述的基础和关键。首先，选题要新，确定主题之前必须检索近期是否有类似文献综述发表，如果所选主题与发表的文献重复，且与其相比又没有独到的见解和新进展时，应另选主题。选择与自己研究相关领域的原始文献多，有一些新的方法、技术应用且研究结果存在争论的主题。中医药文献综述选题要具有中医药研究特点。

（2）中医药文献资料收集：广泛搜集文献资料是写好文献综述的基础和前提。首先要确定查找范围，必须明确文献综述所涉及的主题内容和所需资料的范围，进而确定资料查找的范围和重点，划定检索范围。

检索文献的方法主要有两种。一种是通过各种检索工具、光盘及网络数据库进行系统检索，全面和广泛地搜集一切可能的相关资料；另一种是从综述性文章、专著或教科书等参考文献中检索相关内容。

（3）中医药文献资料整理：系统化整理资料的主要任务是对搜集和积累的资料进行分类。具体方法是按照应用中医药对象、领域、观点、方法、技术等详细分类，将其分类归纳。在此基础上继续依据对象、年代、地域等进一步分类归纳。在分类归纳文献的过程中多采用重点阅读摘要内容从而明确研究的内容、方法和结论进行分类。完成分类后，围绕综述核心的内容文献进行详细的阅读和分析。非核心重点文献，可以关注其需要的内容而不是全文，从而使得资料的脉络分明和层次清晰。总之，在这一阶段需要对原始文献的内容进行系统分析，将研究对象、理论、观点与方法按类总结在一起，并提炼出主要内容，这样就构成了文献综述的"综"部分。

（4）中医药综述撰写：综述的撰写过程主要涉及以下几个方面。

1）设计论文的总体框架：撰写论文的首要工作是构建文章的总体框架，在此基础上将已经系统化的资料有机地组织起来，各种内容在文章中安排布局，选择主题进行综述和评述。

2）拟定提纲：拟定提纲就是整体构思及框架设计的具体化，也就是设计综述的一级标题。提纲是按照一定的逻辑关系逐级展开，一个问题或一个方面列出一个标题，如理论、观点和方法等。

拟定提纲的重点是确定前言内容和正文的各级标题。主要观点放在前，次要观点放在后，通过顺序上的安排以突出文章重点。根据写作提纲将内容逐项展开，并注意观点与内容的一致。在写作过程中，可根据需要调整结构和补充内容。

3）细化大纲：确定综述的二级、三级标题。列出各级标题的分论点，以及对每个分论点展开论述的小论点。论述的每个问题所包含和涉及内容的详简和深浅程度都不同，因此要根据具体情况列出二级、三级标题。细化大纲可明确文章各部分的逻辑关系及各部分要阐述的具体内容。提纲的粗细与思考问题的深入程度成正比，考虑问题越深，所要综述的问题就论述得越透彻、全面。

4）撰写初稿：根据提纲的逻辑顺序，逐个问题、逐个层次地加以阐述，注意重点突出、说理透彻、论点明确、论据充分，大体完成综述文章的撰写工作。

5）审稿定稿：初稿完成后，还需对论文的结构、内容及形式进行全面审查，反复修改和补充，最终定稿。

**3. 中医药文献综述的格式** 综述与研究性论文不同，综述的形式与结构是多种多样的，一般包括题目、作者和作者单位、摘要、关键词、前言、正文、结语、参考文献等。

（1）题目：应对综述内容起到概括和揭示的作用，要确切、简明、一目了然，且文题相符，准确反映论文内容，一般采用名词词组表达，字数一般控制在20字以内。

（2）摘要：不同期刊对综述类文章的要求不同，有些不需要摘要，但字数在3000字以上的文章一般应附有摘要。摘要是对文章内容的简短陈述，是一个完整的部分，但是一般不加注释和评论，字数控制在 100 字以内。

（3）**关键词**：选用能够反映文章特征和主要内容的 3~5 个词组。

（4）**前言**：又称引言、导言、绪言等。前言是文章的开端，是核心主题的引子，可使读者能对全文有一个基本了解和初步的认识，简明扼要地介绍该综述的学术意义、内容主题和撰写目的，与题目相呼应。

（5）**正文**：是全文的主体部分，一般是先提出问题，然后围绕问题展开讨论，罗列证据，分析论点，得出结论，其间还包括历史回顾和现状介绍等。正文大多采用大标题下分列小标题方式展开，每一个小标题下论述一个观点、事件或内容，以论点引路，以论点加论据方式进行叙述。

（6）**结语**：对综述内容所得出的最后结论做扼要论述。作者在此对全文进行一个简要的概括和总结，指出本综述所涉及的专题研究中主要成果、存在的问题和未来发展动向，并表明自己的见解或评价。

（7）**参考文献**：文章末尾附有较多参考文献，是综述的重要组成部分，是衡量综述质量和水平的标志。这些参考文献应是作者亲自阅读过的主要参考文献，并依据期刊具体要求整理参考文献。

**4. 写作文献综述的注意事项**

（1）文献搜集不全面。全面搜集资料是写好综述的前提，不能只掌握片面的资料就动手写综述。

（2）去粗取精。搜集的文献一定要仔细阅读，剔除陈旧的、重复的及与主题相关性差的文献。

（3）忠实文献内容。采用文献中的观点或数据等，一定要认真核对以保证引用的数据、观点、人名、术语等准确无误。忠实原文，不能任意删减或添枝加叶，不要把原始文献的观点与综述作者自己的观点相混淆。

（4）概括性、逻辑性差。将收集的文献生搬硬套，简单摘抄罗列，缺乏概括性；没有用自己的思路、方式和语言来表达，缺乏逻辑性。

（5）切忌剽窃行为。不能将国内外期刊上一篇或多篇综述改头换面拼凑成自己的综述进行发表。

## 二、中医药科研论文的写作

**1. 中医药科研论文概述**

（1）中医药科研论文的概念和特征：中医药科研论文（research paper）是中药学科学研究成果的文字表现形式，是研究或讨论中药学术问题的论述说理性文章，是对中医药科研中的新观点、新进展、新技术、新成就及对中药学科有关问题的认识，用论文的形式加以介绍和表述。只有通过文字介绍，将自身的研究成果和学术观点公布于世，才能得到学术界的认可，才能与国内外学术界进行交流。撰写中药科研论文是中药科技工作者的重要基本功之一，也是科研成果的表现形式之一，是交流学术、传播信息、存储科技知识的基础和有效方式。

中医药科研论文是某一中医药领域课题在实验性、理论性或观测性上具有新的科学研究成果或创新见解和知识的科学记录；或是某种已知原理应用于实际中取得新进展的科学总结，供学术会议上宣读、交流或讨论；或在学术刊物上发表；或作其他用途的书面文件，是中医药科研成果的文字体现。其特点为科学性、首创性、逻辑性和有效性。

（2）中医药科研论文的类型：中医药科研论文种类较多，可从不同角度进行分类。按资料来源不同，分为原著（各学科论文）和编著（教科书、综述、专著等）；按写作目的文献分为学术论文和学位论文；按学科文献可分为基础性实验研究、临床药学及临床应用方面的研究、回顾性临床评价等；按课题性质、研究内容文献可分为调查研究、实验研究、实验观察、资料分析和经验体会等。

（3）中医药科研论文的作用

1）探讨中医药术问题、进行学术研究的重要载体：通过论文，研究人员可以系统地阐述科学研究的结果和发现。

2）描述中医药研究成果、传播中医药信息的主要工具：论文中详细记录了实验过程、数据分析方法和结果，为其他研究者提供了重要的参考依据。同时，论文的发表也有助于中医药信息的传播，促进中医药知识的交流和共享。

3）培养人才的重要手段：通过撰写和发表论文，研究人员可以提高自己的学术水平和研究能力，培养良好的学术素养和研究习惯。这对于年轻学者的成长和发展具有重要意义。

4）考察某个人或某个集体的学术水平的重要依据：在学术界，论文的质量和数量是衡量研究人员学术水平的重要标准之一。因此，论文的发表情况可以反映一个人的学术水平和研究能力。

（4）中医药科研论文的要求：各种类型的中医药论文的目的、内容和格式各不相同，但是都遵循一定的要求，如数据可靠、论点明确、实事求是、结构严谨、层次清楚、语句通顺、合乎文字修辞要求。另外，所使用的计量单位、名词术语、符号及缩略语等都应符合规范。

（5）中医药科研论文的意义：对社会而言，中医药知识的积累和学术交流具有深远的社会意义。随着科技的发展，中医药知识在医疗、制药、生物技术等领域的应用越来越广泛。通过科研论文的撰写和发表，中医药知识的积累得以实现，进而推动相关领域的技术进步和应用拓展。此外，学术交流也有助于打破学术壁垒，促进不同学科之间的交叉融合，进一步推动中医药领域的发展。对研究者个人而言，撰写和发表学术论文是其研究成果得到社会认可的重要途径。通过论文的发表，研究者的劳动成果得以公之于众，为整个学术界所认可。这不仅有助于研究者获得更多的研究机会和资源，还有助于提升其学术声誉和影响力。同时，论文的质量也是研究者研究能力和学术水平的重要体现，直接影响其未来的职业发展。因此，无论是对于社会还是对于个人，我们都应该高度重视科研论文的撰写和发表。

**2. 中医药科研论文写作方法** 要想撰写中药科研论文，首先必须选题。选题就是提出问题，是开展科研活动的第一步，即选择一个有价值且适合研究者个人能力，并符合客观条件的课题。实践证明，选题的动机和灵感与科研工作者日常的科研活动、思维方法、对研究动态的把握和专业技术能力密切相关。所以说选题是对横向专业知识和科学信息理论的提炼，正确的选题可使中药科研工作取得事半功倍的效果。

（1）中医药科研论文选题的原则

1）目的性：论文的选题目的一定要明确。准备提出什么问题，解决什么问题，避免研究工作的盲目性。

2）创新性：实验研究论文要求揭示事物的现象、属性、特点及规律等，必须是前所未有的，新颖的、首创的或部分首创的，而不是他人劳动的重复。因此，应将选题的起点放在学科的前沿，选择前人没有做过，或虽已做过但尚不完备，仍值得深入探讨的专题。无论是在学术观点上，还是在研究方法上，都要具备创新性，要有新的见解。既要善于发现新问题，又要能提出新观点，找出新方法。

3）可行性：即所选课题的最大可能突破度。为了保证论文的顺利完成，选题必须与自己理论水平、技术能力、经费状况、研究条件等实际情况相符合，考虑人力、财力、物力、信息等因素，选择一些力所能及的课题。选题太难或太大，会力不从心，导致研究半途而废或泛泛而谈，难以深入。

4）科学性原则：论文的选题必须要有科学依据，符合最基本的科学原理。准备提出什么问题、解决什么问题，要遵循客观规律，做到心中有数，符合实际，符合逻辑推理。科学性是中药科研的生命，中药科研人员只有全面掌握有关本课题的科学理论，掌握国内外最新研究现状及发展趋势，才能避免研究工作的盲目或低水平的重复。

（2）中医药科研论文选题的程序

1）提出问题：一切发明创造都是从问题开始的。问题就是研究的原动力。对问题产生一种困惑或探究心理状态，能促进人们不断提出问题、分析问题、解决问题。在中药科研实践过程中，往往会遇到很多无法解释的现象和难以解决的问题及矛盾，科研工作者必须有敏锐的观察力和丰富的想象力。利用自己掌握的科研手段，汲取国内外的先进试验方法，从而形成探讨问题或解决问题的构想，这就是提出问题。提出问题是科研人员在研究工作中的起点，是研究人员的素质体现，也是研究成功与否的关键。只有提出问题，才能做好选题，进一步解决问题，才可能有所创新。

2）整理选题：初步选题之后，要对选题的理论依据与实践依据、历史概况和现代研究进展、课题的先进性及创新性、研究方法和技术手段等进行必要的自我评估，分析整理。其目的就是周密思考、谨慎从事，确保科研构思的成熟度，从而顺利完成科研项目。

3）查阅资料：提出问题之后，要围绕着问题去查阅资料，要注意发现学科领域的空白点与薄弱环节，弄清是否已有类似的研究，以及自己的观点是否有创新，寻找解决问题正反两方面的证据，即分析选题是否具有新颖性和可行性。

4）确定选题：经过初步的调研之后，形成科研意念，明确自己的观点，确立科研课题，这是科研工作的核心。

（3）**论文素材的收集**：一篇中药科研论文的思想性、独创性及科学性是决定其质量的重要因素，而实用性、规范性及可读性也是撰写中药科研学术论文的基本要求。所以，论文素材的收集，是写好论文的重要前提。一般来讲，论文素材主要来源于以下两方面。

1）自己研究和文献分析发现：作者应亲自进行调查研究或实验研究，围绕主题收集文献资料。实验是人们获取第一手资料的主要方法之一，通过实验可以掌握大量实验数据。

2）他人的研究成果：可以通过查阅文献资料来获取。确定收集范围后，紧紧围绕当前课题，拟定文献收集大纲，明确收集目的、内容、时间界限和文献类别等。首先可利用工具书查找相关文献，较全面掌握相关的最新研究状态，为撰写论文开拓思路，提供理论依据。在整理、分析研究结果时，应避免有意或无意的剽窃行为（引述他人思想、数据或论述时应注明出处）。收集资料要全面，不但要收集与自己观点一致的资料，也要收集与自己观点不一致甚至矛盾的资料。在完成了资料的收集后，仔细整理资料，对其中的观点进行提炼。在整个过程中要融入自己的思考，做好摘录和笔记，为自己的写作服务。

**3. 中医药科研论文的写作格式**  中医药研究论文对于不同类型的论文，其目的、内容和格式各有不同，但都需要遵循一定的规范。

（1）**论文的文题**：文题也称标题、题目、题名或篇名等，是对文章的高度概括和浓缩，是反映报告、论文中最重要的特定内容的最恰当、最简明词语的逻辑组合。好的文题会引起读者的兴趣，文题好坏直接影响文章的被阅读频次，继而影响文章的价值。国家标准也从文献学角度对文题进行了规定，即题名所用每一词语必须考虑到有助于选定关键词和编制题录、索引等二次文献，可以提供检索的特定实用信息。

一个好的文题应经过反复推敲，选择能够反映论文核心内容的关键词，基本要求是简洁、明了、准确。此外还应注意：忌用冗长、主谓宾均有的完整句子；切忌过分笼统、空泛、文题不符、题目大内容小；所用概念要准确，逻辑性强；避免使用结构式、公式、同行不熟悉的符号与缩写，药品名称应使用通用名。文题一般不超过20个字，外文文题实词不宜超过10个。

（2）作者和作者单位：论文的作者是文稿的法定主权人、责任者。

由于中医药属于多学科研究领域，科研项目多数需要团结协作完成，但是论文署名不能全部列出。论文作者应只限于那些对选定研究课题和制订研究方案、直接参加全部或主要部分研究工作并做出主要贡献，以及参加撰写论文并能对内容负责的人。至于参加部分工作的合作者、按研究计划分工负责具体小项的工作者、某一项测试的承担者，以及接受委托进行分析检验和观察的辅助人员等，均不列入。这些人可以作为参加工作的人员一一列入致谢部分，或排于脚注。作者署名次序按其对论文的贡献大小排序。第一作者或通讯作者须事先征得其他作者的同意。

作者单位和通讯方式有助于研究者之间的交流探讨，所以在署名的同时应按各期刊稿约的要求注明作者单位及通讯地址等详细信息，一般将第一作者或者通讯作者简介、单位、地址、邮编等列于文章首页的页脚，如属基金资助课题还应注明基金项目名称和编号。其他作者只写工作单位，如单位不同，可用上标数字分别标注。

（3）摘要：是对于报告或论文内容的简短、不加注释和评论的陈述。其主要功能是为读者提供关于研究的核心信息，帮助他们决定是否有必要阅读全文。摘要的内容应包含与论文同等量的主要信息，这些信息可以为文摘等二次文献的编写提供基础。为了促进国际交流，大部分论文还会配备与中文摘要意义相同的外文（多为英文）摘要。

摘要具有独立性和自明性两大特点。独立性意味着摘要的内容不应与文题、正文中的大小标题及结论部分重复，它应能够独立地传达论文的重要信息。自明性则强调，即使不阅读整篇报告或论文，读者也能从摘要中获得必要的信息。摘要中包含数据和结论，实质上是一篇完整的短文，可以独立使用，也可以被引用。

摘要的写作规则：在摘要的撰写过程中，遵循一些特定的规则，可以使摘要保持清晰和简洁：①除非实在没有其他变通办法，否则摘要中不应使用图、表、化学结构式、非公知公用的符号和术语。②摘要应在正文的基础上完成，通常在论文初稿完成后进行书写。③中文和外文摘要字数不宜太多，有些期刊提出字数不应超过 250 个实词。

根据论文的类型、内容和发表方式及写摘要的目的等，可将摘要分为以下几类。①指示性摘要：表明文章主题范围与内容概括的一种"简介"，篇幅短，一般在 50~150 字，仅适用于综述、述评、泛述等文章。②报道性摘要：以浓缩信息及具体数据介绍研究工作的目的、方法、结果、结论，一般在 200~300 字。研究报告、科研论文等都应当附有报道性摘要。③指示/报道性摘要（150~250 字）。④资料性摘要（1000~2000 字），如会议论文和学位论文摘要。

（4）关键词：是从报告、论文中选取出用以表示全文主题内容信息款目的单词或术语。每篇论文选取 3~8 个词作为关键词，科研论文一般 3~5 个，以显著的字符另起一行，排在摘要的左下方。如有可能，尽量用《汉语主题词表》《医学主题词表》《中国中医药主题词表》等词表提供的规范词。为了国际交流，应标注与中文对应的英文关键词，以上述同样方式列于英文摘要的下方。

关键词是为快速检索文献而设置，贵在确切、规范，应准确反映论文的研究领域、研究对象、研究方法和结果等，它决定着文章被检索和应用的次数。

（5）正文：是论文的灵魂，也是论文的核心部分，占据了论文的主要篇幅，并决定了论文的质量和价值。由于研究领域的多样性，正文的内容和格式可能会有所不同。但无论研究领域如何，都必须确保内容实事求是、客观真切、准确完备、合乎逻辑、层次分明，并且简练可读。

正文一般包括以下部分。

1）引言（或绪论）：在论文中起到定向的作用，简要介绍研究工作的目的、背景、相关领域的前人工作、知识空白、理论基础和分析、研究设想、研究方法和实验设计、预期结果和意义等。引言应言简意赅，不要与摘要雷同，也不要成为摘要的注释。切忌赘述一般教科书中或者一般研究者具备的知识；切忌离题、公式化和大而全的叙述；切忌过多地叙述历史与罗列文献；切忌与正文尤其是讨论部分重复。

2）材料与方法：是论文的关键部分，决定论文是否具有科学性，贵在尊重事实，逻辑性强，应着重阐述有创新和有实质性改革等重要内容，表明如何研究和用什么方法研究。该部分可供他人重复（应用）或验证，同时可以使读者根据其介绍判断研究设计的科学性和结果的可信性。主要内容及注意事项如下。

研究的对象（人、动物、年龄、性别、体重、病种等），材料（药品、试剂）要注明规格、批号及提供单位；仪器要注明型号及生产厂家。

详细介绍具体方法和实验步骤，采用他人的文献方法可简要描述并注明文献出处。所创建的方法或改进之处，应详细描述，并说明理由和评价其应用范围。

临床研究要说明诊断标准、治疗方法、药品剂量、疗程长短等，要有严格的疗效判断标准，要设对照组（双盲对照更理想）。

文中文字、量与单位的使用应规范，符合现行标准。计量单位、使用各种量、单位和符号，必须遵循国家标准的规定执行。单位名称和符号的书写方式一律采用国际通用符号；符号和缩略词应遵照国家标准的有关规定执行。如无标准可循，可采纳本学科或本专业的权威性机构或学术团体所公布的规定；也可以采用全国自然科学名词审定委员会编印的各学科词汇的用词。如不得不引用某些不是公知公用的，且又不易为同行读者所理解的，或系作者自定的符号、记号、缩略词、首字母缩写字等时，均应在首次出现时加以说明，给予明确的定义。

3）结果：是整篇论文的重点和价值所在，是作者研究成果的结晶。如正文是论文的核心一般，结论是正文最为核心的部分，通过结论部分，读者可以了解到相关研究的最新成果、意义和价值。结果不是对实验数据、现象的简单罗列，应是全面分析实验结果，严格处理实验数据，详细阐述实验方法，科学取舍实验数据，客观描述实验中出现的与实验设计不符的结果或现象的总结性文字。

4）图表：在论文中适当采用图表可以有效传达信息。图和表都应具有"自明性"，即只看图、图题和图例或只阅读表题和表头，不阅读正文，就可理解图意或表意。图可以表达精确的数据和趋势，表可以系统地展示大量数据。应根据具体情况选择使用图或表。同时，应避免文字描述与图表表达重复。图表的数据也不能和正文数据重复。

在使用图时，应编排序号。每一图应有简短确切的题名，连同图号置于图下。必要时，应将图上的符号、标记、代码及实验条件等，用最简练的文字横排于图题下方，作为图例说明。曲线图的纵横坐标必须标注量、标准规定符号、单位，此三者只有在不必要标明（如无量纲等）的情况下方可省略。坐标上标注的量的符号和缩略词必须与正文一致。

表应编排序号。每一表应有简短确切的题名，连同表号置于表上。必要时应将表中的符号、标记、代码及需要说明事项，以最简练的文字，横排于表的题目下方，作为"表注"，也可以附注于表的下方。

表的编排，一般是内容和测试项目由左至右横读，数据依序竖排。表内附注的序号宜用小号阿拉伯数字并加圆括号置于被标注对象的右上角，如（×××1），不宜用"*"，以免与数学上共轭和物质转移的符号相混。表的各栏均应标明量或测试项目、标准规定符号、单位，只有在无必要标注的情况下方可省略。表中的缩略词和符号必须与正文一致。表内同一栏的数字必须上下对齐。表内不宜用"同上""同左""，"或类似词，一律填入具体数字或文字。表内"空白"代表未测或无此项，"—"或"……"（因"-"可能与代表阴性反应相混）代表未发现，"0"代表实测结果确为零。现多数期刊建议采用三线表。

（6）讨论与结论：讨论是论文的精华部分，是对研究结果的说明、评价和推论，其内容可包括实验结果所揭示的原理、论文在理论上与实用上的价值与意义、实验中例外情况及论文尚难以解释或解决的问题、实验条件的不足之处及解决办法，提出进一步研究的方向、建议和设想等。讨论需立论严谨，突出重点，紧紧围绕结果展开，要突出新发现和新认识。结论不是正文中各段小结结果内容的简单重复。结论应该准确、完整、明确，篇幅不宜过长，不用图表，不要轻易使用"首次报道""前人未见研究""国内外首创"等词句。

（7）致谢：是对给予研究工作支持，而没有被列为或者不能列为作者的人或单位表示感谢，可以在正文后对下列方面提出致谢：①国家科学基金、资助研究工作的奖学金基金、合同单位及资助或支持的企业、组织或个人；②协助完成研究工作和提供便利条件的组织或个人；③在研究工作中提出建议和提供帮助的人；④给予转载和引用权的资料、图片、文献、研究思想和设想的所有者；⑤其他应感谢的组织或个人。

（8）参考文献：按照《信息与文献 参考文献著录规则》（GB/T 7714—2015）的规定执行。

文后参考文献是科技论文不可缺少的一部分，目的在于体现科学的继承性和对他人劳动的尊重，指出论文的科学论据，节约文章的篇幅，有助于评估论文的学术水平，便于检索有关资料，提供参阅资料。

引用参考文献时需要注意以下问题：①引用学科权威人士及单位署名的经典文献，只列出关键性文献；②忠实反映文献作者的真实观点；③引用较新的文献，尽量少用陈旧的文献，一般要求近5年的文献占50%以上；④只能引用公开出版的文献，内部资料不能引用；⑤论文作者没有阅读的文献不能引用。

**4. 写作中医药科研论文的注意事项**　中医药学研究论文对于不同类型的论文，其目的、内容和格式各有不同，但都需要遵循一定的专业学术规范。除了论文的通用特点外，还需要满足一些特定的要求。第一，数据必须可靠，论点需明确，内容要实事求是。第二，论文的结构需要严谨，层次清晰，语句通顺，符合文字修辞的标准。此外，计量单位、名词术语、符号及缩略语等都必须符合相关的规范和标准。

## 三、中医药学位论文的写作

### （一）中医药学位论文的概述

学位论文是作者为获得某种学位而撰写的研究报告或科学论文。其格式等方面有严格要求，学位论文是学术论文的一种形式。一般分为学士论文、硕士论文、博士论文三个级别。其中博士论文质量最高，是具有一定独创性的科学研究著作。学位论文代表不同的学识水平，是重要的文献情报源之一。它一般不在刊物上公开发表，只能通过学位授予单位、指定单位和私人途径获得。北京图书馆、中国科技情报所和中国社会科学院文献情报中心是指定的博士论文收藏单位。按照研究方法不同，学位论文可分理论型、实验型、描述型三类，理论型论文运用理论证明、理论分析、数学推理等研究方法获得科研成果；实验型论文运用实验方法，进行实验研究获得科研成果；描述型论文运用描述、比较、说明方法，对新发现的事物或现象进行研究而获得科研成果。按照研究领域不同，学位论文又可分为人文科学学术论文、自然科学学术论文与工程技术学术论文三大类，这三类论文的文本结构具有共性，而且均具有长期使用和参考的价值。中医药学位论文是中医药专业学生为获取学位而进行的一项重要学术活动并撰写的学术研究报告。

**1. 中医药学位论文的创新要求**

（1）学士学位论文：能密切联系专业理论知识和实际应用；分析问题正确、全面，具有一定深度；毕业论文对实际应用或学术研究有一定的现实意义。

（2）科学学位硕士论文：围绕着传承与创新的目的，学位论文应该具有一定的理论价值和应用价值，并对所研究的课题和领域有新的见解。

（3）专业学位硕士论文：中医专业硕士学位论文选题应从临床实际出发，紧密结合临床需求，具有科学性与实用性，鼓励与专业最新进展密切相关的自主选题。学位论文必须体现中医学特点，反映研究生运用相关学科理论、知识和方法，分析、解决临床实际问题的能力。中药学专业硕士学位论文选题一般应在校企导师指导下完成，应紧密结合中药产业发展的实际，深入基层现场，对中药产业领域中某些亟待解决的问题进行调查研究，制订、设计调查方案，收集资料。论文应反映作者运用所掌握中药学及相关学科理论、知识和方法进行调查研究、分析和解决中药产业领域中实际问题的能力。

（4）博士学位论文：论文选题应在中医药学术上具有较大的理论意义和实践价值。论文所涉及的内容应反映作者具有坚实宽广的理论基础和系统深入的专业知识，并表明作者具有独立从事科学研究工作的能力。实验设计和方法在国内同类研究中属先进水平，并能独立掌握本研究课题的研究方法和技能。对研究课题有创造性见解，并取得显著的科研成果。学位论文必须是作者本人独立完成，与他人合作的只能提出本人完成的部分。

**2. 中医药学位论文的类型**　中医药学位论文的类型多种多样，依据主题内容，可以分为中医古籍梳理分析、中医药理论研究、临床研究、实验研究、文献综述等。

**3. 中医药学位论文的作用**　中医药学位论文在阐释中医药理论，规范、推广和提升中医临床作用，开发中药新药，提升中药质量，培养中医药人才等方面具有显著作用。

（二）中医药学位论文完成过程

**1. 选题**　与本学科的发展与实际应用相结合，围绕研究课题，广泛查阅有关国内外文献，分析文献资料，撰写文献综述。

**2. 预实验**　在完成文献查阅基础上，做好预实验，并在导师（指导小组）指导下独立完成科研设计。

**3. 确定选题**　开题工作不仅是研究生确定选题的重要步骤，也是研究生加强交流、加深理解、广集贤言、整理思路、弥补不足的重要途径。通过开题，可以对研究课题的目的和意义、国内外研究进展情况、存在的问题、实验路线、仪器设备、实验的可行性、预期结果、时间进度等方面作出比较明确的论述。

开题报告包括：①课题研究目的，其理论与实际意义，国内外的研究动态和发展趋势；②课题研究生的内容和主要研究方法、技术路线；③完成课题的条件；④研究进度、具体安排及预期结果等。

**4. 开展研究**　认真严谨的开展系列实验，对实验数据处理分析，获得实验结果和结论。

**5. 撰写学位论文**　在数据准备充分和构思清楚的条件下，开始撰写学位论文。

（三）中医药学位论文的组成

**1. 封面和扉页**　采用学位单位的统一格式。封面通常包括以下内容。

（1）论文题目：应准确、简明地反映论文的主要研究内容。题目应避免使用笼统、含糊不清的词汇，应尽可能具体、明确。

（2）作者姓名：列出主要作者（通常是研究生）的姓名。

（3）导师姓名：导师是研究生在学术道路上的指导者，他们的名字和职称也是封面上的重要信息。

（4）学校名称：标明论文作者所在的高等教育机构。
（5）专业名称：表明论文所属的专业或学科领域。
（6）学位级别：如硕士或博士，这反映了论文的学术层次和作者的学术成就。
（7）提交日期：论文完成并提交给学校或相关机构的日期。

扉页通常位于封面之后，可能包含对论文的简短介绍，如研究背景、目的、方法、主要结论等。扉页的设计应简洁明了，与封面风格一致。

**2. 独创性声明** 是论文作者向读者和学术界保证论文原创性的重要环节。在这部分，作者需要明确声明论文的研究成果是其独立完成的，没有抄袭或剽窃他人的工作。同时，作者还需要承诺对论文中的数据、实验结果等内容的真实性负责。独创性声明的存在有助于维护学术诚信，确保论文的学术价值。

**3. 摘要和关键词**
（1）摘要：是对论文内容的浓缩和提炼，它应简洁明了地概括论文的主要研究内容、方法、结果和结论。摘要应突出论文的创新点和学术价值，使读者能够快速了解论文的核心内容。
（2）关键词：是从论文中提炼出的反映论文主题和核心内容的词汇或短语。关键词的选择应准确、规范，有助于读者和搜索引擎快速定位论文。一般来说，关键词的数量控制在3~5个为宜。

**4. 目录和主体部分**
（1）目录：是论文的"导航图"。它列出了论文的所有章节、小节和相应的页码。目录应清晰、准确地反映论文的结构和内容，方便读者快速定位到感兴趣的部分。目录的排版应简洁明了，与论文的整体风格相协调。
（2）主体部分：是论文的核心内容，包括引言、正文、结论等部分。

1）引言：主要介绍了论文的研究背景、研究的重要性和意义，以及研究的目的和预期目标。这部分应该清晰地阐述研究的动机和背景，为后续的研究内容做铺垫。同时，引言还应综述前人的相关研究，找出研究的缺口，从而凸显本研究的必要性和创新性。

2）正文：是论文的主体部分，详细描述了研究的设计、实施过程、结果分析和解释。正文应该按照逻辑顺序组织，从研究方法的描述开始，逐步过渡到实验结果的展示和分析，最后得出结论。正文的内容应翔实、客观，数据应准确可靠，分析方法应科学合理。同时，正文还应注重论证的严密性和逻辑性，确保研究的可信度和说服力。

3）结论：总结了论文的主要发现和贡献，强调了研究的意义和价值。结论应简洁明了地概括论文的主要观点和结论，突出研究的创新点和学术价值。同时，结论还可以提出对未来研究的展望和建议，为读者提供进一步研究的思路。

**5. 参考文献** 是中医药学位论文的重要组成部分，它列出了论文所引用的文献和参考书籍。这些文献不仅为论文提供理论支持和数据依据，也是确保论文学术诚信的重要环节。参考文献的选择应遵循一定的原则和标准，如相关性、权威性、时效性等。

**6. 致谢** 是对在论文研究过程中提供帮助和支持的人员和机构的感谢，包括导师的悉心指导、实验室的提供设备支持、同学的协助及家人的鼓励等。通过致谢，作者可以向这些贡献者表示感激之情，同时也可以增强论文的人文关怀和社会责任感。

**7. 附录** 是中医药学位论文的补充和参考部分，包括实验数据、图表、程序代码等附加材料。这些材料对于读者进一步了解论文的研究过程和细节具有重要意义。附录的内容应根据论文的需要和实际情况而定，可以是实验数据的详细记录、相关软件的使用说明、研究模型的详细介绍等。附录的存在使得论文更加完整和具有说服力。

总之，中医药学位论文的每一部分都有其独特的作用和价值，它们共同构成了论文的完整框架和内容体系。通过合理规划和认真撰写每一部分，作者可以确保论文的质量和学术价值得到充分体现。

（四）中医药学位论文的注意事项

1）选题应具有新颖性、科学性、实用性和可行性，紧密结合中医药的理论和实践，具有一定的研究价值和创新点。

2）文献综述应全面、系统地梳理和分析相关领域的研究现状和进展，为后续的实证研究提供理论支撑和参考依据。

3）实验设计应具有科学性、严谨性和可行性，确保实验数据的准确性和可靠性。同时，应遵循伦理规范和法律法规，确保实验过程的安全性和合规性。

4）数据分析应采用科学、合理的方法和技术手段，确保分析结果的准确性和可靠性。同时，应遵循统计学原理和规范，确保分析结果的客观性和公正性。

5）论文结构应清晰、合理，符合学术论文的基本规范。论文应包括封面、目录、引言、正文、结论、参考文献等部分，并按照逻辑顺序进行组织安排。

6）论文语言应准确、流畅、规范，符合学术论文的语言表达要求。同时，应注意避免抄袭和剽窃行为，确保论文的原创性和学术诚信。

7）论文应遵守学术道德，不得抄袭、剽窃他人的研究成果，引用文献应注明出处。学生应具备严谨的学术态度和良好的学术道德素养。

## 第三节　学术不端文献监测系统

### 一、学术不端文献监测系统简介

诚信是科学研究的基石，科研诚信既是对科学究过程可信性的保证，也是科学繁荣发展的保证。长期以来，广大科研人员坚持严谨治学，为科研事业作出重要贡献。但极个别情况下也会出现或潜在一些令人忧虑的学术失范问题和学术不端行为，败坏学术风气，制约学术发展，造成不良的社会影响。特别是近年来学术不端行为频发，引起了学术界的广泛关注。论文抄袭、剽窃、伪造等学术造假行为屡见不鲜，对科研成果的真实性、原创性、新颖性提出质疑。

学术行为规范迫切需要获得国际公认。普遍采用"保证体系"，要求研究机构定期提交关于学术不良行为的报告，引导和促使研究机构树立诚信意识，加强学术诚信教育和管理，但这只是自我约束的规则，不是法律的一部分。现今对学术不端行为的查处，全球都增加了多种惩处措施，情节严重者将面临法律的制裁。我国科技部监督司编制的《负责任研究行为规范指引（2023）》从研究选题与实施、数据管理、成果署名、同行评议、伦理审查、监督管理等 11 个方面，对科研人员和科研机构、高等学校、医疗卫生机构、企业等提出了开展负责任研究应普遍遵循的科学道德准则和学术研究规范。国家自然科学基金委员会办公室 2023 年也发布了《科研诚信规范手册》。教育部成立学风建设协调小组，对学术不端者有开除公职甚至判刑等处罚。再者我国高校和出版机构相继公布了学术道德守则。例如，2012 年，北京中医药大学通过了《北京中医药大学学术道德规范管理办法（试行）》。

整体来讲，现有的学术不端行为主要分为四类：抄袭、伪造、篡改及其他。"其他"主要包括不当署名、一稿多投、一个学术成果多篇发表等不端行为。传统上学术不端现象的发现多是通过举报等手段，这种方法耗时耗力，还会因专业知识不足无法进行准确判断。随着互联网的发展，在线监测技术逐渐成熟，学术不端文献监测系统可对抄袭与剽窃、伪造、篡改等学术不端行为进行准确、快速的监测，成为编辑初审稿件时的主要工具。

## 二、我国学术不端文献监测系统

（一）CNKI 学术不端文献监测系统

CNKI 科研诚信管理系统研究中心是从事科研诚信管理产品研发的专门机构，该研究中心开发的学术不端监测系统分为"学术不端文献监测系统"和"科研诚信管理系统（人事版）"两部分。其中"学术不端文献监测系统"根据用户群的特点分为科技期刊学术不端文献监测系统（AMLC）、社科期刊学术不端文献监测系统（SMLC）、学位论文学术不端行为监测系统（TMLC）、大学生论文抄袭监测系统（PMLC）；"科研诚信管理系统（人事版）"包括英文监测系统和中英文对照监测系统。

**1. CNKI 学术不端文献监测系统特点**

（1）资源数量庞大、种类丰富：CNKI 学术不端文献监测系统涵盖中国学术期刊网络出版总库、中国博士学位论文全文数据库、中国优秀硕士学位论文全文数据库、中国重要会议论文全文数据库、中国重要报纸全文数据库、中国专利全文数据库、互联网资源、英文数据库、港澳台学术文献库、优先出版文献库、互联网文档资源等。概括而言，CNKI 学术不端文献监测系统涵盖期刊、博硕士学位论文、会议论文、报纸、专利等学术资源数据的 6000 万条数据的中国知识总库、上百亿网页资源数据及数百万的英文学术文献数据，并实现定期比对数据更新。

（2）监测结果准确：CNKI 学术不端文献监测系统采用基于数字指纹的多阶快速监测方法，对用户指定的文档做数字指纹分析，与相关文档进行指纹比对，按照文档类型与内容特征不同，支持从词到句子、段落、篇章级别的数字指纹比对，使得监测结果更准确。

（3）指标体系详细：监测结果中除总复制比外，还有复制比（去除引用文献监测结果复制比、去除本人文献监测结果复制比）、总监测指标（重合字数、总字数、总段落数、疑似段落数、前部重合字数、后部重合字62数）、子监测指标（重合字数、小段落数、大段落数、最大段长、平均段长、前部重合度、后部重合度）。

另外，在监测结果中能详细显示比对源文献的篇名、作者、发表刊物、发表时间等信息。如果点击抄袭来源篇名，可以查看文件相似内容对比情况，也可以删除系统给出的某些抄袭来源文献，得到新的监测结果。

**2. CNKI 学术不端监测系统的使用方法**　文章监测功能是 CNKI 学术不端监测系统的核心，每个监测系统功能范围不同。以 AMLC 为例，详细介绍学术不端监测系统的使用方法。AMLC 可快速、准确、高效的检测文献中的文字复制情况，为发现抄袭与剽窃、伪造、篡改、不当署名、一稿多投等学术不端行为提供科学、准确的线索和依据。

（1）创建文件夹：根据不同需求创建多个文件夹，设定该文件夹下稿件的监测范围、监测数据库与监测时间。以下三种限定条件可以任意组合：①监测范围限定只和某些特定学科领域内文献进行比较。②监测时间限定只和特定时间段内发表的文献进行比较。③监测数据库限定只和特定类型的文献进行比较。

（2）提交稿件：系统支持单篇提交或多篇稿件压缩后提交。多篇稿件时需按照系统要求填写详细的稿件信息。具体操作如下。

1）选择稿件保存的文件夹，稿件可以保存为扩展名为.doc、.txt、.caj、.kdh、.nh 及.pdf 的文件。

2）选择监测方式，包括有自动监测、手动监测、服务器自主监测。其中自动监测是监测后台依据自动分配监测到任务从而进行排队处理。手动监测是由通过触发实时监测提交内容。服务器自主监测是最低优先级监测,只在服务器空闲时监测。

3)上传至服务器进行监测。

(3)监测结果:可以通过提交稿件与文献的重合字数、文字重合度、引证关系和诊断类型等多个方面判断。

(二)维普——通达论文引用监测系统

维普——通达论文引用监测系统(VTTMS)是论文写作辅导及管理的一站式平台。VTTMS与CNKI划分方式相同,提供个人自监测服务、高校学生论文监测服务、期刊稿件监测服务及其他类型的监测服务等,可以满足教育界、出版社、媒体、科研机构等行业客户及各类论文撰写者等不同用户的需求。

**1. VTTMS特点**

(1)监测方法科学,监测速度快:VTTMS单句监测速度可达到毫秒级,处于领先水平。系统采用自主研发的业界领先的"F&V"算法,集合了VSM、语义指纹、自动分类三种方式的计算模型。语义指纹用于对整段文本进行监测、VSM用于对语义片段进行分析、自动分类用于将被监测文档自动定位到专业的比对源中进行监测。监测颗粒度最小支持词组级语义,能够精确、快速的命中并识别出论文与比对资源相似的内容。

(2)跨学科领域比对资源:VTTMS突破了单一学科领域比对资源的限制,可以同时与规模庞大的、跨学科领域的、跨文献类型的文本资源进行高速的比对。

(3)特殊的监测指标:VTTMS通过对文档关键语义片段的识别和监测,讲义篇论文的语义片段分为明确引用其他文献内容、与其他文献内容存在雷同部分、其他内容三部分。VTTMS根据这三部分的语义贡献比率定义了"引用率""复写率"和"自写率"三个指标,对论文的创新性进行评价。

**2. 使用方法** VTTMS使用方法简便易行。与CNKI不同,VTTMS仅支持.doc、.docx及.txt格式,且无须建立文件夹,在线自主选择数据库进行监测。

**3. 监测结果** 显示论文的复写率、引用率及自写率。系统默认相似度≥50%为相似片段。

(三)万方论文相似性监测系统

万方相似性监测系统可以对新论文、已发表论文和大学生论文进行监测,监测范围包括中国学术期刊数据库、中国学位论文全文数据库、中国学术会议论文数据库和中国学术网页数据库。

**1. 万方相似性监测系统特点** 系统采用独创算法对论文的相似性进行评价,计算监测论文的总相似比、参考文献相似比、剩余相似比。

**2. 使用方法** 在线上传扩展名为.pdf、.doc、.txt或.rtf的文件后,系统自动与数据库资源进行比对。与CNKI不同,系统还支持断点续传及可与既有业务系统集成、监测任务管理功能。

**3. 监测结果** 显示论文的总相似比、参考文献相似比、剩余相似比,比对源文献的篇名、作者、发表刊物、发表时间等信息,便于用户参考。

(四)PaperPass监测系统

PaperPass监测系统是全球首个中文文献相似度比对系统,已经发展成为最权威、最可信赖的中文原创性检查和预防剽窃的在线网站。

**1. PaperPass监测系统特点**

(1)海量比对库:PaperPass监测系统由超过9000万的学术期刊和学位论文及一个超过10亿

数量的互联网网页数据库组成，资源丰富。

（2）监测方法先进：PaperPass 监测系统自主研发的动态指纹越级扫描监测技术，已经领先于国内外其他监测系统所用技术，成为了论文抄袭监测技术的领导者。

（3）监测结果准确：论文提交后，系统以句子为单位对论文进行监测，准确率可以达到 99%。

**2. 使用方法**　　PaperPass 监测系统使用方法简单，用户在线提交论文后系统自行进行监测。

**3. 检测结果**　　以不同颜色标示，红色和橙色表示相似度高。

（五）我国其他文献监测平台

除上述常用监测系统外，我国还有其他学术不端文献监测系统。例如，由武汉大学信息管理学院出版科学系沈阳教授带领课题小组开发的文档相似性监测工具 ROST 反剽窃系统，该系统目前不对个人开放；采用动态语义跨域识别技术的 PaperRater 论文监测系统；通达恒远（北京）信息技术有限公司研制的基于五维的比对源，以语义指纹+VSM+算法为核心技术的 Gocheck 论文引用监测系统；超星公司推出的大雅相似性分析系统，对比库资源类型齐全，包括图书、报纸、期刊等。

## 三、国外学术不端文献监测系统

国外高校对于反剽窃的研究高度重视，在反剽窃领域研究较国内相关研究提前，技术成熟。目前反学术不端、反剽窃系统作为论文初筛工具已经成为欧美高校的常用软件。

（一）Turnitin

Turnitin 是由 ROGEAM DIGITAL 推出的一款数字图书馆平台建设产品。Turnitin 剽窃检测是一款学术工具类系统，它通过大部分主流浏览器接入互联网，将用户提交的文稿与 Turnitin 背后大量的全球数据库和网页内容作比对，以很快的速度得出一个相似度比例和涵盖大量相关信息的"原创性报告"，评审者能够根据 Turnitin 精确定位文稿中的非原创内容，对文稿整体的原创性作出一个客观判断。

**1. Turnitin 特点**

（1）资源丰富：ROGEAM DIGITAL 与国内外出版社和资源商紧密合作，为系统平台提供了 1.5 亿的海量论文数据库、90000 多种世界知名期刊数据库、200 多亿的网页数据库，涵盖自然科学、社会科学、人文科学、管理科学等诸多领域的学术文献、专利信息等科技资源。

（2）版本不同：Turnitin 系统分为两个版本，一个是国际版，另外一个是 UK 版。两个版本是有区别的，国际版适用于 30 多种语言；UK 版有专门的英国文献数据库，适用于绝大多数英国学校。这个数据库在国际版中是不存在的，所以两个版本的监测结果也是不同的，使用的时候要注意选择。

**2. 使用方法**　　在线上传需监测的论文后，系统自动与数据库文献进行比对，无任何人工的干预。

（二）CrossCheck

CrossCheck 是由 CrossRef 推出的一项服务，用于帮助检测论文是否存在剽窃行为。它的软件技术来自 iParadigms 公司的 iThenticate。CrossCheck 的功能由两部分组成，一个基于全球学术出版物所组成的庞大数据库和一个基于网页的检验工具。这个基于网页的检验工具可用于编辑过程中鉴别相似文档，生成对比报告，并通过分析来判断是否存有学术剽窃行为。

CrossCheck 的工作原理很简单，用户通过客户端将可疑论文上传，然后系统将该论文与 CrossCheck 数据库中的已发表文献进行比较，最后报告给用户可疑论文与数据库中已发表文献的相似度，以百分比表示，并将相似的文本标示出来。

**1. CrossCheck 特点**　　CrossCheck 与 Turnitin 不同，CrossCheck 更注重保护用户的隐私，被监测文献不会被 CrossCheck 数据库收录，可以放心使用。但 CrossCheck 最擅长比较英文论文，对其他语种并不支持。

**2. 使用方法**　　CrossCheck 工作原理简单。通过客户端将论文上传，然后系统将该论文与 CrossCheck 数据库中的已发表文献进行比较。

**3. 监测结果**　　显示监测稿件与数据库中已发表文献的相似度，并将相似的文本标示出来。当其相似度总量超过 50% 时，系统会自动显示黄色背景。

（三）SafeAssign 和 PlagiarismSearch

SafeAssign 是 Blackboard 教学管理平台下强有力的反抄袭监测工具。该系统采用独特的原创性监测算法将提交的文章与数据库内批量收藏的文章进行对比，以相似百分比作为评价文章原创性的指标；结果中还详细显示比对源文献的信息，用户可以删除系统给出的某些抄袭来源文献，得到新的检测结果。

PlagiarismSearch 因为安全高效的特点，已经在全球数百个国家应用。PlagiarismSearch 操作简单，支持所有文件格式，方便用户使用。

（四）国外其他文献监测平台

除了上述几家著名的学术不端文献监测平台外，国外还有相当多的学术不端文献监测平台，如 Article Checker 公司、Plagiarism Detect 公司，以及艾斯维尔的 PERK 监测系统等。

学术不端文献监测系统是由计算机数字信息处理系统所组成的功能平台，实际上起到的作用是预防剽窃，防止作者将文献投稿并公开出版后被公众指认为剽窃而后悔莫及。但监测系统的数据库有限，文字复制比只是经过执行一系列查询与比较算法后生成的数字和提示，至于可疑论文是否真的存在剽窃行为，需要由相关研究领域的专家对相似论文进行仔细比较，才能做出比较客观的结论。

（折改梅　杨立勇）

# 参 考 文 献

柴晓娟，2013. 网络学术资源检索与利用［M］. 南京：南京大学出版社.
崔蒙，吴朝晖，乔延江，2015. 中医药信息学［M］. 北京：科学出版社.
邓发云，2013. 信息检索与利用［M］. 北京：科学出版社.
冯天亮，2012. 医院信息系统教程［M］. 北京：科学出版社.
李幼平，2014. 循证医学［M］. 北京：人民卫生出版社.
林丹红，2016. 中医药文献信息检索与利用［M］. 北京：中国中医药出版社.
邱均平，2019. 文献计量学［M］. 北京：科学出版社.
王家良，2015. 循证医学［M］. 北京：人民卫生出版社.
吴颖著，2019. 专利情报分析与应用［M］. 广州：广东旅游出版社.
张兰珍，2012. 中药文献检索［M］. 北京：人民卫生出版社.
章新友，2017. 药学文献检索［M］. 北京：中国中医药出版社.
章新友，2018. 中药文献检索［M］. 北京：人民卫生出版社.
周晓政，2012. 医药信息检索与利用［M］. 南京：东南大学出版社.
朱丽君，2011. 信息资源检索与利用［M］. 北京：化学工业出版社.

以下请扫二维码阅读

# 附　　录

附录 1　中医药主要中文期刊
附录 2　医学主要中文期刊
附录 3　医药信息主要网络资源
附录 4　古代重要中医药文献

# 复习思考题

# 思 政 元 素